LAS CLAVES
DE SEIS SIGMA

*La implantación con éxito
de una cultura que revoluciona
el mundo empresarial*

LAS CLAVES DE SEIS SIGMA

La implantación con éxito de una cultura que revoluciona el mundo empresarial

PETER S. PANDE
ROBERT P. NEUMAN
ROLAND R. CAVANAGH

Traducción

Ana Martos

Revisión técnica

Dirección:
Gregorio del Rey Sanz, Director del Área de Calidad, Telefónica de España, S.A.U.

Coordinación:
Francisco Alonso Prieto, Gerente de Innovación de la Gestión,
Telefónica de España, S.A.U.

Equipo:
José Domingo Bullido Morós, Experto en Viabilidad de Mejoras,
Telefónica de España, S.A.U.
Juan Manuel Caro Bernat, Experto en Metodología
de Aseguramiento en Proveedores, Telefónica de España, S.A.U.
Miguel Ángel Sánchez-Urán González, Catedrático de la Escuela
Universitaria de Ingeniería Técnica Industrial de la UPM
Laura Barbas Calvo, Estudiante de Ingeniería de Telecomunicación, UAH

**Mc
Graw
Hill**

MÉXICO • BUENOS AIRES • CARACAS • GUATEMALA • LISBOA • MADRID • NUEVA YORK
PANAMÁ • SAN JUAN • SANTAFÉ DE BOGOTÁ • SANTIAGO • SÃO PAULO
AUCKLAND • HAMBURGO • LONDRES • MILÁN • MONTREAL • NUEVA DELHI • PARÍS
SAN FRANCISCO • SIDNEY • SINGAPUR • ST. LOUIS • TOKIO • TORONTO

DERECHOS RESERVADOS © 2002, respecto a la primera edición en español, por
McGRAW-HILL/INTERAMERICANA DE ESPAÑA, S.A.U.
Edificio Valrealty, 1.ª planta
Basauri, 17
28023 Aravaca (Madrid)

Traducido de la primera edición en inglés de
THE SIX SIGMA WAY
ISBN: 0-07-135806-4

Copyright de la edición original en lengua inglesa © 2000 por The McGraw-Hill
Companies, Inc.

ISBN: 970104782-6
ISBN: 84-481-3772-8 (Edición Telefónica)
Depósito legal: M. 44.127-2002

Diseño de cubierta: Luis Sanz Cantero
Compuesto en GEA Consultoría Editorial, S.L.L.

IMPRESO EN MEXICO - PRINTED IN MEXICO

A Anne y Al Pande, que han sido unos padres
«Seis Sigma» y mis mejores amigos.

–P.S.P.

A mi querida esposa Mabel.

–R.P.N.

A mi papá, Hale Cavanagh,
que hubiera estado encantado y orgulloso
de ver los resultados de este reto.

–R.R.C.

Tabla de contenidos

Prólogo

Nada perdura sino el cambio. Esta cita de Heráclito (600 a.C.) conserva plena vigencia en el entorno empresarial actual, en el que un cúmulo de factores como la variabilidad de las necesidades de los clientes, el avance de las nuevas tecnologías y la globalización de las comunicaciones, entre otras, exigen una gran flexibilidad y rapidez de adaptación a las empresas.

Adaptarse o morir se convierte así en el lema a seguir por cualquier organización para poder permanecer en el mercado. Permanecer..., pero ¿y si el objetivo no es simplemente mantenerse en el juego sino alcanzar cada vez cotas más y más altas? En este sentido cobra especial relevancia la capacidad para innovar y, como parte de ella, su principal abanderada: la mejora, entendida en toda la extensión del término. Se define mejora[1] como *medra, adelantamiento y aumento de una cosa.* Es decir, que mejorar no sólo es perfeccionar (*aumentar*), sino también innovar *(adelantamiento),* lo que conlleva una alta dosis de creatividad y planificación a todos los niveles.

En Telefónica, la *innovación* y la *mejora* han sido siempre dos pilares fundamentales de la gestión que, en los últimos años, han adquirido un especial protagonismo. Y uno de los proyectos en los que más han brillado ha sido en el de implantación de la metodología Seis Sigma, como herramienta y como cultura de trabajo.

Este libro, cuyo título original es *The Six Sigma Way*, fue una de nuestras inspiraciones a la hora de embarcarnos en esta gran aventura. Y, por ello, año y medio después de que llegara a nuestras manos, hemos impulsado su traducción a nuestra lengua de la mano de McGraw Hill. Además, como elemento de valor añadido, este prólogo recoge la experiencia de la implantación de Seis Sigma en Telefónica de España: desde las razones que nos llevaron a elegirla hasta nuestras expectativas de futuro. Espero que tanto el libro como nuestra pequeña his-

---

[1] *Diccionario de la Lengua Española* (R.A.E.).

toria colmen las expectativas del lector y le ayuden a acercarse a los fundamentos de Seis Sigma.

El concepto de Calidad en Telefónica

Desde su nacimiento en abril de 1924 como *Compañía Telefónica Nacional de España* (CTNE) hasta llegar a la gran multinacional que hoy forma el *Grupo Telefónica*, presente en 49 países en sus diferentes líneas de negocio, ha sido preciso recorrer un largo camino en el que la calidad, la innovación y la mejora siempre han estado presentes. Sin embargo, en los últimos años, el cambio radical en las reglas del juego que ha supuesto la evolución de un sector históricamente monopolístico hacia la libre competencia no ha sido un escenario fácil de manejar para las operadoras de telecomunicaciones europeas. Inmersos, pues, en este nuevo marco regulador, y anticipando que los métodos de gestión internacionalmente aceptados hasta ese momento no iban a ser los adecuados para sobrevivir en el nuevo mercado del siglo XXI, en Telefónica decidimos escoger y potenciar al máximo un elemento estratégico con el que diferenciarnos de nuestros competidores: la calidad se erige como protagonista. Calidad entendida como el oído atento que escucha las necesidades del cliente en su propia voz, para después entregarle lo que pide de acuerdo con sus expectativas y consiguiendo su máxima satisfacción. Calidad, no sólo en los productos y servicios que ofrecemos, sino también en nuestra manera de gestionar.

Cuando se pretende conducir un cambio estratégico radical en una organización tan grande, en este caso Telefónica de España, es preciso desarrollar una serie de mecanismos que lo impulsen con decisión, que lo hagan práctico. En nuestro caso, estos mecanismos se orientaron, en primer lugar, a la acción por medio de los denominados *proyectos estratégicos de cambio*; y en segundo lugar, al establecimiento de un sistema que actuara como marco de referencia y aportara todas las herramientas necesarias para abordar esas acciones y al mismo tiempo consolidar lo logrado.

Los *proyectos estratégicos de cambio* son grandes iniciativas encaminadas a impulsar y coordinar los esfuerzos de la organización hacia sus objetivos estratégicos: la *excelencia*, la *eficiencia*, la *banda ancha* y el *e-business*. Siguen una planificación de actuaciones escalonadas que abarca varios años, y mediante sucesivos proyectos en los que participa personal de todos los departamentos consiguen movilizar poco a poco el funcionamiento de los procesos internos en la dirección adecuada.

Otro mecanismo con un papel fundamental en este cambio ha sido el *Sistema Integrado de Calidad*, que articula y plasma de manera definitiva este nuevo concepto de calidad como referente en todas nuestras actuaciones. En él se hace uso de las mejores herramientas disponibles en cada uno de sus campos de aplicación, como son la gestión por procesos, la evaluación según el modelo de la EFQM[2], los estándares ISO[3] 9000, ISO 14000, la norma TL 9000[4] y otras

---

[2] European Foundation for Quality Management (Fundación Europea para la Gestión de la Calidad).

[3] International Organization for Standardization (Organización Internacional para la Estandarización).

[4] Publicada por el Foro de Excelencia en Calidad para Proveedores de Telecomunicación.

muchas. Con este engranaje, la mejora obtiene todo el protagonismo en la gestión empresarial.

La implantación de este nuevo sistema integrado ha supuesto un gran esfuerzo a todos los niveles. Aunque su funcionamiento, basado en el clásico ciclo PDCA[5] de Demming, puede parecer sencillo *a priori*, la búsqueda de una máxima implicación con los procesos de negocio existentes, así como la variedad de herramientas que lo forman, lo han convertido en un gran reto para todos.

Por qué Seis Sigma

Cualquier compañía, implícita o explícitamente, dispone de sistemas que permiten la detección e implementación de mejoras. La correcta elección de la metodología de mejora se torna, pues, fundamental. Telefónica tiene larga tradición en el uso de diversas sistemáticas, estando además en continua prospección y evaluación de las metodologías existentes y de nueva aparición en el mercado. La fuerte apuesta que hemos hecho por la calidad nos ha impulsado a querer ir más allá de nuestros límites actuales y a buscar soluciones innovadoras, que nos permitan incrementar el binomio eficacia-eficiencia de manera radical: buscar la máxima satisfacción del cliente al menor coste posible puede parecer utópico, pero es un norte revelador.

El abanico de tecnologías para acometer cualquier mejora es enormemente amplio. Sin embargo, algo que en principio debería ser conceptualmente simple, como resolver un problema, llevado a la práctica puede complicarse hasta el extremo de, incluso, empeorar las cosas. Tras un análisis detallado de las diferentes opciones disponibles, hemos identificado algunos de los problemas más comunes en este tipo de prácticas. Para todos ellos, Seis Sigma ofrece soluciones específicas, lo que ha sido uno de los determinantes de su implantación final en Telefónica de España.

Las metodologías que ofrecen peores resultados, y paradójicamente las más utilizadas históricamente, son las que podríamos denominar *ingenuas*. Su principal característica es que, una vez identificada la solución del problema, no movilizan todos los medios para garantizar su implantación y seguimiento, por lo que no pocas veces se quedan en una simple declaración de intenciones. Sus principales representantes podrían ser los clásicos grupos de mejora, en los cuales no es infrecuente que su trabajo se diluya al disolverse el grupo sin que nadie asuma las nuevas responsabilidades.

Seis Sigma tiene muy presente este problema, y lo resuelve gracias a dos aspectos básicos de su funcionamiento. Como se verá más adelante en el texto del libro, en todo proyecto de mejora se otorga, entre otras, la responsabilidad de la implantación a un directivo (el *Champion*[6]), al cual se le nombra patrocinador de ese proyecto. También hay una fase específicamente destinada a implantar las mejoras y establecer los mecanismos que permitirán su mantenimiento y consolidación en el tiempo. Hasta que no se completen con éxito todos los hitos de esta fase, el proyecto no se puede considerar terminado. Esta forma de trabajar aumenta de forma es-

---

[5] *Plan, Do, Check, Act* (Planificar, Hacer, Comprobar, Actuar).

[6] *Champion*, campeón: Persona que obtiene la primacía en el campeonato. Persona que defiende esforzadamente una causa o doctrina. (Diccionario R.A.E.)

pectacular las posibilidades de implantación de las mejoras obtenidas y su integración en los procesos normales de la organización.

Otro de los riesgos que sufren los equipos de mejora tradicionales es el que podríamos llamar de *la solución más fácil*. Casi siempre sucede que alguien, por haberse enfrentado con anterioridad a problemas que parecen similares al actual o por llevar mucho tiempo trabajando con él, *sabe* la solución de antemano y pretende utilizar el grupo para implantarla sin buscar otras alternativas. Evidentemente, la participación de personas con experiencia en problemas similares, muy cercanas al proceso en estudio y con ideas, es más que deseable en la mejora, pero es igual de importante dotarlas de una herramienta que aproveche sus conocimientos y confirme (o no) sus teorías, sin lugar a dudas, antes de introducir ninguna modificación en los procesos en marcha. Seis Sigma tiene como una de sus máximas virtudes el rigor en la obtención y análisis de los datos. A lo largo de las fases de un proyecto, se deben realizar mediciones y análisis estadísticos avanzados hasta llegar a las verdaderas *causas raíz* del problema. Sólo así se puede conseguir una solución totalmente satisfactoria, basada en hechos y no en intuiciones.

Otra cualidad de Seis Sigma es el empeño por conseguir una escrupulosa definición del problema a resolver. Muchas veces se tiene la percepción de que algo marcha mal, pero es difícil precisar qué es exactamente. Esto se complica todavía más en una empresa como Telefónica, donde la casi totalidad de los procesos tienen como resultado servicios o información. Seis Sigma propone una definición exhaustiva, no sólo del problema existente, sino también del objetivo que se pretende alcanzar (tanto en términos de calidad como económicos) y del alcance exacto del proyecto. Además, esta definición es flexible, y puede ser matizada a la luz de los datos y conclusiones que se vayan obteniendo hasta la implantación definitiva de las mejoras. En una metodología basada en el trabajo de equipos heterogéneos (tanto en la formación de sus miembros como en su ubicación en la estructura de la empresa), ésta es la única manera de garantizar que todos los esfuerzos están alineados hacia una meta común y evitar malentendidos.

Seis Sigma plantea una nueva forma de enfocar la mejora, que se plasma en dos de sus pilares fundamentales: el *beneficio económico* y la calidad percibida por el cliente.

La calidad puede llegar a ser un negocio rentable, no sólo en la forma tradicional de mejora de los servicios y de la imagen exterior, sino directamente con un fuerte *impacto en la cuenta de resultados*. Cualquier directivo que escucha esta frase por primera vez desea inmediatamente conocer cómo es posible conseguir lo que parece una paradoja.

Seis Sigma propone un mecanismo de optimización de procesos cuyo impacto abarca desde la calidad ofrecida a los clientes hasta la mayor eficiencia en el funcionamiento interno de la organización. También propone como filosofía de trabajo la inclusión de las áreas económicas en los proyectos de mejora, de forma que todos los ahorros de costes o incrementos de ingresos conseguidos puedan ser correctamente cuantificados y trasladados a la cuenta de resultados de la empresa. Hacer las cosas mejor y con unos costes menores es posible con Seis Sigma; y nuestra experiencia, como se comentará más adelante, lo ha demostrado.

Ser competitivos en el mercado es imprescindible para ser más eficientes, pero no suficiente. La clave del éxito de cualquier empresa moderna, hacia donde debe dirigir todos sus esfuerzos, es el cliente, y hay que tenerlo presente en todo momento. El cliente no es algo exclusivo del departamento comercial, encargado de tratar con él directamente, sino que una *cultura de cliente* debe estar arraigada en toda la organización para que transpire al exterior espontánea y naturalmente.

Seis Sigma posibilita la creación de esta cultura de muchas formas, pero quizá la más relevante sea su lucha contra la *variabilidad* de los procesos. Éste es un parámetro que históricamente no ha tenido la importancia que merece. Muchas empresas definen sus indicadores internos y sus objetivos en términos de valores medios. El tiempo medio que se tarda, por ejemplo, en prestar un servicio es un indicador que, sin duda, merece ser medido. Pero, si no obtenemos ninguna información adicional del proceso es posible que un gran número de clientes estén esperando un tiempo muy superior, mientras que a otros se les está atendiendo mucho más rápido. Es posible, incluso, que introduzcamos un cambio en el proceso que mejore ligeramente la media, pero que deje a más clientes descontentos al empeorar la variabilidad.

Los valores medios deben conocerse pero, para acoplarse a la sicología del cliente, es más importante obtener datos sobre la variabilidad de nuestros procesos: *la variabilidad es el enemigo*. A un cliente no le importa cómo de buenos somos *de media*, sino cómo de bien atendemos su caso particular. Hay que tener en cuenta que, suponiendo una distribución normal de los sucesos, aproximadamente la mitad de los clientes van a sufrir un trato *peor* (y algunos incluso *mucho peor*) que la media de la que tan orgullosos estamos. Por eso, Seis Sigma se plantea como un objetivo principal la reducción de la variabilidad (como factor fundamental de la calidad percibida por el cliente) y su estudio en profundidad. Hay que tener en cuenta que una variabilidad importante es una clara oportunidad de mejora si conseguimos responder a la siguiente pregunta: *¿qué hacemos diferente en los casos que están muy alejados de la media?* Un análisis detallado de esos casos nos permitiría implantar esas mejores prácticas en todo el proceso y obtener resultados de forma inmediata.

Como último aspecto a valorar de Seis Sigma, se puede destacar su posible aplicación al campo del desarrollo de nuevos productos, servicios y procesos. El *Diseño para Seis Sigma*, basado en los mismos principios que la herramienta de mejora, permite acortar los tiempos de desarrollo, obteniendo además productos o servicios libres de defectos, adaptados a las necesidades de los clientes desde el primer momento. La posibilidad de aprovechar las sinergias creadas al utilizar estas dos metodologías de forma combinada es una ventaja competitiva a tener en cuenta.

Llegados a este punto, Seis Sigma consiguió crear grandes expectativas e ilusiones entre todos. Los beneficios parecían incontestables, y consideramos la implantación masiva de Seis Sigma como una *tecnología de mejora* que estamos consiguiendo convertir en una cultura empresarial. Además de los costes asociados, tanto en recursos humanos como económicos (valorados inicialmente en varios millones de euros), suponía iniciar un camino con una muy difícil vuelta atrás. Sin embargo, basta mirar la historia de éxitos que viene acompañando a Seis Sigma desde su aparición en los años ochenta para darse cuenta de que es una herramienta que vale la pena incorporar. Grandes multinacionales también han demostrado que realmente es posible obtener buenos resultados, y avalan con sus cifras todas las virtudes de la metodología.

Los primeros pasos. La experiencia piloto

Tomada la decisión de seguir adelante, Telefónica de España se convirtió en la primera gran empresa española en implantar la metodología Seis Sigma, iniciando lo que denominamos la fase piloto de implantación. Había que probar si esta nueva herramienta, tan prometedora sobre el papel, respondía de verdad, con hechos tangibles, a las necesidades de una empresa como la nuestra. Para ello, elegimos a la consultora Juran Institute como compañera de viaje. Sus éxitos en pasadas implantaciones, así como su participación en los comienzos de Seis Sigma, nos parecieron los mejores avales.

El Comité de Dirección de Telefónica de España pidió formación específica en Seis Sigma, liderando así el cambio cultural que conlleva una iniciativa de este tipo. La piedra angular de una implantación exitosa es un liderazgo proactivo en todo el proceso.

Al mismo tiempo, se creó una estructura organizativa dedicada en exclusiva a la nueva metodología: *La Oficina del Proyecto Seis Sigma*, encargada de coordinar los proyectos, adaptar la metodología a las particularidades de nuestra empresa e informar periódicamente al Comité de Dirección, al que pertenece el Director de Área de Calidad, responsable último de la misma.

Los proyectos de la experiencia piloto debían ser estratégicos para la compañía, para poder probar la eficacia de la herramienta en un entorno real y poder aprovechar sus virtudes desde el primer momento. Para su identificación, el Presidente de Telefónica de España cursó un correo personal a todos los directivos y mandos intermedios de la compañía (más de 4.000 personas en total) informándoles y animándoles a participar en esta iniciativa. Se hizo una campaña muy fuerte en los medios de difusión corporativa para que todo el personal conociera Seis Sigma y las características que debe tener todo proyecto que se quiera abordar con esta metodología.

Posteriormente, se recogieron propuestas de todos los niveles de la organización, que se estudiaron una a una, entre las que el Comité de Dirección seleccionó 21 para convertirse en los primeros proyectos de mejora Seis Sigma de Telefónica de España. Por citar algunos ejemplos, entre los procesos afectados se encontraban el de atención de las reclamaciones, la provisión de líneas ADSL[7], el funcionamiento de los Centros de Atención del Cliente, etc.

Se impartió un curso a 20 *Sigma Champions* (directivos que lideran los proyectos) y, posteriormente, se comenzó con la formación de 21 *Black Belts* (o responsables operativos de los proyectos), con una duración de cuatro semanas extendidas a lo largo de cuatro meses consecutivos. Según nuestra experiencia, es clave en la implantación de Seis Sigma el hecho de que la formación de que hablamos sea teórico-práctica: cada cual va a los seminarios de formación con un proyecto, su proyecto real de mejora, que aprende a gestionar y lleva a buen puerto en el curso.

La alta dirección los sigue muy de cerca, incluyendo en el orden del día del Comité de Dirección exposiciones sobre su avance realizadas por el *Sigma Champion* y el *Black Belt* de forma periódica. Simultáneamente, se incluyeron en todos los medios de difusión corporativos noticias sobre el avance de los proyectos, entrevistas

---

[7] *Asymmetric Digital Subscriber Line* (Línea de abonado digital asimétrica).

con los protagonistas, algunas *píldoras* metodológicas, etc., con el objetivo de acercar Seis Sigma a toda la compañía y, poco a poco, promover uno de los beneficios fundamentales de su implantación: un cambio en la cultura de la empresa hacia la mejora radical.

Seis meses después, los proyectos ya estaban casi terminados y los resultados obtenidos nos sorprendieron a todos. Los costes de implantación, sumando todos los conceptos (formación, dedicación del personal, consultoría, costes asociados a las mejoras aplicadas, etc.), ascendieron hasta los 5 millones de euros. El retorno durante el primer año, considerando tanto los ahorros de costes como los aumentos de ingresos debidos a las mejoras implantadas, alcanzó los 30 millones de euros. Estas cifras fueron contrastadas y respaldadas por las áreas financieras de la organización, por lo que tuvieron un impacto directo en la cuenta de resultados de la empresa. No estaba mal para una experiencia piloto.

En esta ola de proyectos se consiguieron también espectaculares mejoras en la calidad del servicio y en la satisfacción de los clientes con las áreas afectadas por los proyectos. Se había operado, pues, el *milagro* prometido de mejorar ahorrando.

Otro aspecto destacable es que, en el proceso de adaptación de la metodología a Telefónica de España, surgieron una serie de elementos particulares que contribuyeron a facilitar el cambio cultural que propone Seis Sigma. Entre ellos, destacaría una herramienta informática de gestión de los proyectos, el entorno normativo realizado en colaboración con las áreas afectadas y algunos roles nuevos relacionados directamente con el éxito de los proyectos.

El carácter transversal de la metodología, que involucra a personal de toda la organización colaborando en grupos de trabajo interdisciplinares, hacía necesaria la existencia de una herramienta de gestión de los proyectos distribuida. Con esta idea nació *la Web del Proyecto Seis Sigma*, alojada en la Intranet de Telefónica y accesible a más de 40.000 personas, desarrollada con un triple objetivo:

- Permitir la gestión descentralizada de los proyectos Seis Sigma por parte de todas las figuras involucradas (*Sigma Champions*, *Black Belts*, miembros del equipo de trabajo, etc.). La Oficina del Proyecto Seis Sigma, por su parte, se encarga de publicar las plantillas, guías, ejercicios y ejemplos, que facilitan el trabajo a los participantes en cada proyecto.

- Almacenar en sus bases de datos toda la información relativa al avance de los proyectos para su estadística y seguimiento.

- Servir de repositorio de documentación divulgativa relativa a la metodología Seis Sigma. Todo el personal de Telefónica de España tiene acceso a la mayoría de los archivos, así como a algunos datos básicos sobre el avance de los proyectos, enlaces a otras páginas de Internet, etc.

De este modo, tenemos conseguido gestionar los proyectos Seis Sigma en un entorno *e-business*. Entre los esfuerzos por adaptar la metodología original a las particularidades de Telefónica de España, hay que resaltar dos por encima de todos:

- La valoración económica de los proyectos y su traslado a la cuenta de resultados. Seis Sigma produce una serie de beneficios económicos para la empresa, y una de las claves de su éxito radica en dar a esas cifras la credibilidad que merecen. Así, el área Financiera se involucró en el proyecto desde el principio, sentando las bases de lo que debería ser una cuantificación sólida del beneficio obtenido; y participando en la revisión y validación de las cifras económicas de cada uno de los proyectos.

- El reconocimiento por los éxitos obtenidos. Con la colaboración del área de Recursos Humanos, se elaboró un plan de reconocimiento personal tanto desde el punto de vista económico como profesional: al finalizar un proyecto de forma satisfactoria, el *Black Belt* recibe una gratificación económica en función de los beneficios obtenidos por su proyecto. Además, haber participado en proyectos Seis Sigma se incluye como mérito en el currículo profesional, suponiendo ventajas para futuras promociones internas.

Finalmente, en la integración de Seis Sigma en Telefónica de España, hay que destacar la aparición de algunos roles nuevos imprescindibles para el éxito de los proyectos. Por encima de todo, las figuras del *Apoyo Crítico* (alto directivo, generalmente perteneciente al Comité de Dirección, que se responsabiliza del proyecto y apoya al *Sigma Champion* en conversaciones de alto nivel con otras áreas) y del *Controller* (persona del área Financiera encargada de revisar y validar los cálculos económicos del *Black Belt*, permitiendo su incorporación a la cuenta de resultados de la empresa).

La implantación definitiva

En síntesis, la experiencia piloto nos decidió a profundizar el impulso de nuestro proyecto, convirtiendo Seis Sigma en la herramienta de mejora corporativa de Telefónica e iniciando su implantación masiva con una segunda ola de proyectos.

Esta segunda ola incorpora ya elementos desarrollados en la empresa, como parte de nuestro modo de entender Seis Sigma. En ocasiones son aportación de Telefónica, y en otras énfasis en algún aspecto de la metodología estándar. Conviene comentarlos:

1. Estratificación de las fuentes de detección de proyectos.

   - El estudio de las palancas de satisfacción del cliente, que es un trabajo de campo en el cual se correlacionan las respuestas que dan los clientes con aquellos aspectos de la gestión que los identifican como motores o frenos de su satisfacción.

   - Aquellos parámetros de control de los procesos que se desvían con una determinada insistencia (dos o tres meses fuera de los límites).

   - Las oportunidades de mejora o no conformidades detectadas en auditorías internas o externas.

2. Lanzamiento consensuado de los proyectos, aplicando los siguientes filtros:

   - *Una valoración técnica*, que garantice que se pretende abordar un problema crónico y que se pueda medir, del que existan datos históricos, imprescindibles para la aplicación de las técnicas estadísticas. El problema debe ser de un tamaño manejable, de forma que el proyecto se pueda resolver en un plazo no superior a seis meses (aquellos problemas muy complejos o de gran envergadura pueden atacarse utilizando varios proyectos simultáneos o consecutivos). Por último, el proyecto debe tener posibilidades de éxito, es decir, no deben ser necesarias grandes inversiones para solucionarlo.

- *Una valoración directa por las áreas del negocio afectadas.* Una vez recogidas todas las propuestas técnicamente correctas de la organización, las áreas priorizarán las iniciativas según sus criterios estratégicos internos. El impacto económico en la cuenta de resultados y la mejora en la calidad percibida por el cliente deberán ser los más importantes, aunque, por supuesto, puede haber otros.

- *La aprobación por el Comité de Dirección.* Por último, las iniciativas mejor valoradas en los filtros anteriores son elevadas al Comité de Dirección de Telefónica de España, donde se seleccionan las que se convertirán de forma definitiva en proyectos Seis Sigma. Esta decisión se toma en base a las necesidades estratégicas globales de la compañía.

La implantación masiva requiere formación del personal que va a participar en ella. Para conseguirlo, se han incluido los cursos de *Sigma Champions* en el Plan de Formación de todos los directivos. De esta manera, se hace más fácil la identificación de oportunidades de mejora susceptibles de ser abordadas mediante Seis Sigma y su participación en proyectos. Además, se ha ampliado la variedad de los cursos impartidos, incluyendo los destinados a *Green Belts* (jefes de proyectos de menor envergadura) y a *Black Belts* de Diseño para Seis Sigma.

También hemos comenzado proyectos de mejora conjuntos con nuestros proveedores, entendiendo que algunos de nuestros procesos no empiezan en nuestra propia empresa, y su resultado final depende en gran medida de la respuesta del proveedor. Hasta el momento están resultando muy positivas. El Diseño para Seis Sigma también ha comenzado a probarse, estando actualmente en marcha 10 proyectos piloto.

Como consecuencia de todas estas actuaciones, se puede concluir que ya hemos alcanzado el grado de madurez necesario para asumir un lanzamiento continuado y exponencial de proyectos Seis Sigma. Con las fuentes de identificación de oportunidades de mejora bien definidas y un esfuerzo en formación creciente, el número de proyectos abordados, y de forma paralela el de beneficios y mejoras, está cerca de alcanzar la centena, será de 200 cuando este libro vea la luz y antes de acabar el año llegará a 300.

Conclusiones. Hacia el escenario ideal

Ya hemos dicho que nuestro objetivo es la adopción de Seis Sigma como una herramienta de mejora totalmente integrada dentro de la gestión de la empresa y con señas de identidad propias. En otras palabras, Seis Sigma tiene que ser consustancial con nuestra forma de trabajar y, por tanto, debe estar adaptada al modo de ser de nuestra empresa. Cualquier organización que pretenda hacer un uso adecuado de una metodología debe ser capaz, en una primera fase, de aplicar la sistemática ajustándose al máximo al método, pero luego tiene que poder extraer su significado más profundo y transformarlo en parte de su idiosincrasia. Esto conllevará inevitablemente un periodo de adaptación, que será tanto más corto cuanto más esfuerzo se haya realizado al comienzo en comprender y establecer los mecanismos y recursos básicos para una correcta implantación de la metodología.

En este sentido, hemos identificado una serie de puntos básicos que resumo:

- *Difusión de Seis Sigma a todos los niveles de la organización.* Esta difusión se extiende, además de a los empleados de la compañía y empresas del Grupo, también a nuestros proveedores, clientes y accionistas, de modo que Telefónica funcione y sea percibida como una verdadera empresa Seis Sigma.

- *Conexión y fusión con el resto de sistemas y metodologías existentes en la organización.* Es evidente que una organización, y más si es de gran volumen, tiene implantadas (y podrá implantar en un futuro) diversas sistemáticas relativas a la gestión de la calidad que impactan o pueden impactar en la existencia de Seis Sigma. Como ya indicamos, el *Sistema Integrado de la Calidad* facilita que todas ellas funcionen como un único conjunto de manera armoniosa. Este sistema proporciona, digámoslo así, la *estrategia*, pero, como toda estrategia, precisa una *táctica*. Y en mejora, esta táctica la hemos plasmado mediante un *proceso específico de mejora*, en el que Seis Sigma es el protagonista y que, en el escenario ideal, contribuirá a conducir de manera natural los pasos a seguir por toda la organización desde la detección de cualquier oportunidad de mejora hasta su resolución.

- *Fomento de la participación directa de clientes, proveedores y empresas colaboradoras en proyectos.* Siendo los clientes el punto focal de Seis Sigma, su implicación total (de manera que, además de oír su voz, se hagan partícipes directos en el desarrollo de proyectos), construye lazos de colaboración más estrechos y permite la obtención de resultados ajustados al máximo a sus necesidades. De igual modo, es necesario implicar a los proveedores y empresas colaboradoras por su relevancia en nuestros procesos, al ser los suministradores de entradas y salidas clave de los mismos.

- *Gestión transversal por procesos y trabajo en equipo.* En la gestión tradicional, al centrarse en una jerarquía de actividades, se puede producir la curiosa paradoja de que la ejecución de las mismas sea adecuada pero el resultado final de cara al cliente no sea el deseado. Esto es debido a que los procesos que afectan al cliente suelen ser transversales, implicando a varias áreas en el resultado final. Por eso, si la interconexión entre las mismas no es buena, aunque individualmente funcionen correctamente, no es garantía de una conclusión exitosa del producto o servicio prestado. Seis Sigma se integra perfectamente en el marco de gestión por procesos hacia el que se dirige Telefónica, aprovechando y promoviendo las sinergias transversales. Se garantiza así que el trabajo en equipo, que es la base de la ejecución de todo proyecto, impregne toda la organización de espíritu de colaboración.

- *Alineación con las áreas económico-financieras de la organización*. Este factor es extremadamente relevante. Una de las características diferenciadoras de Seis Sigma respecto a otras metodologías de mejora es precisamente su capacidad para *bajar a la arena* y materializar resultados económicos parejos a los resultados de calidad en un periodo de tiempo definido. En nuestra experiencia, hemos constatado que cuando toda la organización está sintonizada respecto a los aspectos económicos asociados al desarrollo de proyectos Seis Sigma, se eliminan la mayor parte de las resistencias organizativas. Por ello, una labor fundamental en toda empresa que pretenda implantar efectivamente Seis Sigma es realizar una cuidadosa labor de ajuste de los mecanismos financieros de forma que todas las áreas de la empresa actúen concurrentemente hacia el objetivo común.

- *Formación propia*. Tras la formación inicial con medios externos y el periodo de adaptación de la metodología anteriormente citado, la difusión en una gran organización como Telefónica precisa impartir formación a un elevado número de personas. Para ello, Telefónica está potenciando su *Academia Seis Sigma*, cuya principal labor consiste en formar a todos los directivos como *Sigma Champions*, junto con la creación de una *bolsa* de 400 jefes de proyecto (*Black Belts* y *Green Belts*). Asimismo, esta *Academia* será la encargada de extender la sistemática al resto de empresas del *Grupo* y a otros colaboradores que lo soliciten.

- *Motivación personal y profesional*. Toda empresa que se precie tiene siempre presente que sus empleados son el mejor activo del que dispone. Telefónica no es una excepción, y por eso ha previsto un sistema regulado de reconocimiento y recompensa a los profesionales que se involucren activamente en la mejora, consistente en una gratificación económica y en la inclusión en su currículo profesional de los logros obtenidos.

- *Nexo de comunicación*. La mejor manera de aumentar los conocimientos sobre un tema es compartir experiencias, por lo que es indispensable habilitar vías para el adecuado flujo de la información. Por ello, Telefónica está gestionando la creación de un foro con soporte web para todas las empresas del Grupo, denominado *Comunidad Seis Sigma*, que servirá de punto de encuentro para todos los profesionales y personas interesadas en esta metodología en el que, además de acceder a todo tipo de información asociada, podrán exponer sus experiencias, ideas y sugerencias, de manera que el conocimiento aportado servirá para perfeccionar el propio proceso de mejora.

Tratar con todos estos factores simultáneamente es complejo, por lo que una buena aproximación consiste en abordarlos como si representaran metas intermedias que nos acercan a nuestro objetivo final. En Telefónica hemos puesto todo nuestro esfuerzo e ilusiones en convertirnos en una empresa Seis Sigma, o lo que es lo mismo, completamente orientada hacia el cliente, eficiente y rentable. Más de 400 personas han colaborado de una u otra manera en los proyectos realizados hasta la fecha, y este número aumenta día a día. Después de casi un año y medio, podemos por fin decir que *Seis Sigma está en los pasillos de la casa*. Aunque todavía nos queda mucho camino por recorrer.

A lo largo de este prólogo, he intentado hacer un recorrido a través de lo que ha sido el proceso de implantación de Seis Sigma en Telefónica de España hasta el momento actual. Espero que nuestra experiencia, junto con el contenido del magnífico libro que tienes en tus manos, te ayude a profundizar en las posibilidades que ofrece esta metodología.

No quisiera agotar estas líneas sin felicitar en nombre de Telefónica, y en el mío propio, a todos los profesionales que, con su trabajo diario, han hecho posible que aquellas expectativas iniciales que nos generó esta nueva forma de trabajar se hayan superado con creces. El texto de Pande, Neuman y Cavanagh que viene a continuación es, en mi opinión, uno de los mejores idearios publicados sobre Seis Sigma, y espero que sea para el lector tan revelador como lo fue para nosotros. Deseo, además, expresar mi agradecimiento a McGraw Hill, por haber posibilitado que este volumen llegue a los lectores de habla hispana.

Para concluir, dejo en el aire una reflexión. Si bien es cierto que los escépticos siempre pueden aducir aquello de que *si algo funciona, ¿por qué cambiarlo?*, no es menos cierto que las organizaciones que pretendan ser las mejores en su género deberían plantearse la cuestión: *y si hay algo que puede funcionar mucho mejor, ¿por qué no probarlo?*

CÉSAR ALIERTA IZUEL
Presidente de Telefónica, S.A.

Prefacio

E STE LIBRO está concebido para ayudar a los directivos de empresas (desde el Consejero Delegado a los mandos intermedios) a participar de la potencia del movimiento Seis Sigma, que está transformando algunas de las empresas más prósperas del mundo. Las iniciativas Seis Sigma han generado miles de millones de dólares en ahorros, un gran aumento de la eficacia y nuevas y sólidas relaciones con los clientes. En síntesis, resultados notables y prometedores.

¿Son reales esos resultados? Y ¿es realmente posible que usted y su empresa obtengan algunos de esos mismos beneficios?

La respuesta es «sí». Esto puede ocurrir en cualquier tipo de empresa y, contrariamente a lo que mucha gente teme, no es necesario tener una gran experiencia en análisis estadístico. Seis Sigma puede contribuir no solamente a la forma en que su empresa mide y analiza su rendimiento, sino también a mejorar la manera de gestionar su negocio.

Seis Sigma: cambio de las prácticas empresariales

Una de nuestras primeras experiencias en la implantación de Seis Sigma ilustra la forma en que este nuevo enfoque del negocio afecta a las principales prácticas empresariales. Estuvimos trabajando con algunos jefes de proyecto Seis Sigma y sus equipos en una de las unidades de negocio más grandes de GE Capital (la primera empresa íntegramente dedicada al sector servicios que puso en marcha Seis Sigma).

Durante una «charla de pasillo», en la que los equipos explicaban su progreso a los directivos de la empresa, el Consejero Delegado de la firma empezó a cuestionar a uno de los jefes de equipo. «Si crees que ése es el problema», dijo el Consejero Delegado, «por qué no te limitas a...» y le sugirió una solución. El jefe de equipo intentó explicar que su análisis y sus datos eran todavía provisionales, y que era preciso seguir trabajando para confirmar sus sospechas. El directivo, sin embargo, continuó durante varios minutos defendiendo la solución que había propuesto. Ante el interrogatorio al que estaba siendo sometido por el «jefe del jefe de su jefe», el líder del equipo se sintió cada vez más frustrado e inseguro de qué contestar.

En aquel momento, en un acto de valor corporativo, uno de los Black Belts de la empresa, un director de servicios financieros a quien habíamos formado para dirigir los equipos Seis Sigma, se colocó literalmente entre el Consejero Delegado y el jefe de equipo y declaró lo siguiente: «No vamos a aplicar directamente una solución porque estamos utilizando el método Seis Sigma».

Inmediatamente, el directivo reconoció su error. En vez de enfadarse, se echó a reír y pidió disculpas. Más tarde, hablando con todo el grupo, contó la historia y expresó su aprobación al Black Belt por defender el método Seis Sigma. «Hemos dejado de utilizar el método de 'limítate a hacerlo'» señaló. «Es mejor tomarse el tiempo necesario para comprender el problema antes de solucionarlo, pero ustedes tendrán que recordárnoslo de vez en cuando, hasta que nos acostumbremos a este nuevo sistema».

La empresa llegó a ganar millones de dólares en ahorros mediante los proyectos Seis Sigma y a renovar totalmente sus métodos de planificación estratégica y de nuevos productos. Aunque todavía no han terminado de desprenderse de su antiguo espíritu «limítate a hacerlo», están enfocando los procesos y problemas con mejores planteamientos y soluciones.

Entonces, ¿qué es Seis Sigma?

Si ha llegado hasta aquí, ya sabe que Seis Sigma no es una especie de nueva hermandad. Por otra parte, hay diferentes formas de entender lo que es Seis Sigma. La prensa especializada suele describir Seis Sigma como un «método altamente técnico utilizado por ingenieros y estadísticos para perfeccionar los productos y los procesos». En parte, es cierto. Las medidas y la estadística son un ingrediente clave de la mejora Seis Sigma, pero no lo son todo.

Otra definición de Seis Sigma es que es un objetivo de «cuasiperfección» en la satisfacción de las necesidades del cliente. También es correcto; de hecho, el término Seis Sigma en sí hace referencia a un objetivo de rendimiento (procedente de la estadística) de sólo 3,4 defectos por cada millón de actividades u «oportunidades». Es una meta que pocas empresas o procesos pueden decir que han logrado.

Otra forma de definir Seis Sigma es como un esfuerzo de «cambio de cultura» radical para posicionar a una empresa de manera que satisfaga mejor a los clientes y hacerla más productiva y competitiva. Considerando el compromiso con Seis Sigma a nivel de toda la empresa en lugares como General Electric o Motorola, el «cambio de cultura» es ciertamente una forma válida de describir Seis Sigma. Pero también es posible «hacer» Seis Sigma sin realizar un asalto frontal a la cultura de su empresa.

Si todas estas definiciones (medida, objetivo o cambio de cultura) no son completamente exactas, ¿cuál es el mejor modo de definir Seis Sigma? Basándonos en nuestra experiencia y en los ejemplos que aporta el creciente número de empresas que buscan las mejoras de Seis Sigma, hemos desarrollado una definición que capta la amplitud y flexibilidad de este método como un sistema para incrementar el rendimiento:

SEIS SIGMA: un sistema completo y flexible para conseguir, mantener y maximizar el éxito en los negocios. Seis Sigma funciona especialmente gracias a una comprensión total de las necesidades del cliente, del uso disciplinado del análisis de los hechos y datos, y de la atención constante a la gestión, mejora y reinvención de los procesos empresariales.

Ésta es la definición que dará fundamento a nuestros esfuerzos para desatar el potencial de Seis Sigma en su organización. Los tipos de «éxito empresarial» que puede lograr son numerosos, ya que existe una gran variedad de beneficios probados del «sistema» Seis Sigma, entre los que se incluyen:

- Reducción de costes.
- Mejora de la productividad.
- Aumento de la cuota de mercado.
- Fidelización de clientes.
- Reducción del tiempo de ciclo.
- Reducción de defectos.
- Cambio de cultura.
- Desarrollo de productos y servicios.

Y muchas más cosas.

¿Es Seis Sigma realmente diferente?

Hay gente que, cuando escucha por primera vez los conceptos de Seis Sigma, se queja de que es similar a los esfuerzos de «Calidad Total» de los últimos 15 ó 20 años. De hecho, los orígenes de muchos de los principios y herramientas de Seis Sigma se basan en las enseñanzas de pensadores influyentes del mundo de la calidad, como W. Edwards Deming y Joseph Juran. En algunas empresas, como General Electric y Motorola, los términos Seis Sigma y «calidad» suelen ir unidos. Por tanto, es cierto que, de alguna manera, la expansión de Seis Sigma anuncia un renacimiento del movimiento de la calidad. Los cínicos que han desdeñado la Gestión de la Calidad Total (TQM, acrónimo inglés de *Total Quality Management)* podrían pensar que Seis Sigma es como el típico argumento de película de terror: la bestia que nunca muere.

Pero, como veremos, Seis Sigma es una nueva bestia muy mejorada. Si ya ha pasado por TQM, CQS, BPR, ABC, LMNOP (es una broma), etc., encontrará probablemente materiales familiares en este libro. Sin embargo, también estamos seguros de que va a encontrar muchas cosas nuevas y de que verá herramientas familiares aplicadas con mayor impacto a la competitividad empresarial y a los resultados. Unos conocimientos básicos en «TQM» pueden darle a usted o a su negocio una ventaja para lanzar con éxito un esfuerzo Seis Sigma. Por tanto, en adelante, será perfectamente correcto que piense en Seis Sigma como en «TQM tomando esteroides».

Para ayudarle a desvelar el valor de Seis Sigma tenemos que descubrir algunas verdades que no han sido mencionadas hasta ahora en la mayoría de la literatura sobre este sistema. Comprenderlas significa que Seis Sigma puede ofrecer algunos beneficios inesperados para usted y para su organización.

Las verdades ocultas de Seis Sigma y su beneficio potencial

Verdad oculta número 1

Seis Sigma comprende una amplia gama de las mejores prácticas y habilidades empresariales (algunas son avanzadas y otras, de sentido común) que son ingredientes esenciales para el éxito y el crecimiento. En las organizaciones donde Seis Sigma ha mostrado un mayor impacto es en las que se ha aplicado como algo más que un método de análisis detallado basado en la estadística. Veremos el alcance del sistema tal y como se está aplicando en estas organizaciones.

Beneficio: Podrá aplicar Seis Sigma a muchas actividades y objetivos empresariales diferentes, desde la planificación estratégica, pasando por operaciones y hasta el servicio al cliente, y podrá también aumentar al máximo el impacto de sus esfuerzos.

Verdad oculta número 2

Existen numerosos «Métodos Seis Sigma». Si parte de una prescripción fija o personaliza su trabajo a partir del de otra empresa, el fracaso está garantizado o, al menos, casi. Este libro le ofrece elementos opcionales y líneas maestras, no fórmulas rígidas, que tienen en cuenta su nivel de influencia en la organización, sus necesidades y prioridades empresariales, y la disponibilidad de su organización para el cambio.

Beneficio: Podrá acceder a las ventajas de Seis Sigma, tanto si dirige una organización entera como un departamento. Además, podrá escalar sus esfuerzos, desde abordar problemas específicos hasta renovar toda la empresa.

Verdad oculta número 3

Las ganancias potenciales que se pueden obtener de Seis Sigma son tan significativas (o más) en organizaciones de servicios y de actividades distintas a las de fabricación, como en los entornos «técnicos».

Las enormes oportunidades existentes fuera del entorno de la fabricación (Dirección, Finanzas, Servicio a clientes, Marketing, Logística, Tecnologías de la Información, etc.) se deben a dos razones principales. La primera es que estas actividades son fundamentales hoy en día para mantener una ventaja competitiva, a medida que los productos intangibles se convierten en artículos de consumo. La segunda es que hay mucho que ganar, porque la eficacia/eficiencia de la mayoría de las actividades que no son de fabricación alcanza solamente a un 70 por ciento (si llega).

No vamos a ignorar la fabricación, pero una de las prioridades de este libro es explicar cómo hacer que Seis Sigma funcione en las áreas administrativas, comerciales o transaccionales, ya que precisan un método y una combinación de herramientas especial.

Beneficio: Estará preparado para lograr grandes éxitos en las inexploradas minas de oro de la oportunidad, así como para ampliar Seis Sigma más allá del mundo de la ingeniería.

Verdad oculta número 4

Seis Sigma tiene que ver tanto con la excelencia personal como con la excelencia técnica. La creatividad, la colaboración, la comunicación, la dedicación son infinitamente más potentes que una legión de superestadísticos. Por suerte, las ideas fundamentales de la «imagen global» de Seis Sigma pueden inspirar y motivar mejores ideas y un mayor rendimiento de la gente, así como crear sinergias entre talentos individuales y habilidades técnicas.

Beneficio: Obtendrá una idea clara de cómo llegar al equilibrio entre complacer al personal y exigirles el rendimiento necesario. En este equilibrio se basa la mejora real sostenida. En cualquiera de los extremos, ya sea por comportarse de forma «excesivamente amable» o por obligar a la gente a sobrepasar su disponibilidad y capacidades, se obtienen sólo ganancias a corto plazo o incluso resultados nulos.

Verdad oculta número 5

Bien hecha, la mejora Seis Sigma es impactante y compensa. Hemos visto a gente entusiasmarse con los cambios positivos que se han producido en sus empresas, gracias a la nueva e inteligente forma de dirigirlas. En un taller sobre Seis Sigma hemos observado a los equipos ejecutivos perder su decoro cuando han tratado de acelerar y perfeccionar un proceso «roto».

Pero también hay mucho trabajo que hacer. Y no sin riesgos. Cualquier nivel de esfuerzo Seis Sigma lleva consigo una inversión de tiempo, energía y dinero. En este libro intentaremos transmitir parte de la diversión y del entusiasmo que hemos visto y sentido en torno a Seis Sigma, según describamos la forma de realizar esta inversión y asegurar así grandes beneficios (si, en ocasiones, nuestros intentos no dan en el blanco, pedimos disculpas de antemano). También haremos un gran esfuerzo para advertirle de los peligros y errores que se pueden producir en una iniciativa Seis Sigma.

Beneficio: La buena noticia es que Seis Sigma es mucho más divertido que sufrir una endodoncia. En serio, los importantes beneficios financieros de Seis Sigma pueden verse superados en valor por los beneficios intangibles. De hecho, los cambios de actitud y entusiasmo que surgen como consecuencia de unos procesos mejorados y de un personal mejor informado suelen ser más fáciles de observar, y ofrecen más compensaciones emocionales, que los ahorros económicos. Por ejemplo, resulta muy emocionante hablar con gente de primera línea que está llena de energía y entusiasmo porque ha ganado en confianza, ha aprendido nuevas habilidades y ha mejorado sus procesos. Cada mejora individual Seis Sigma es en sí misma una historia de éxito.

Características principales de «Las claves de Seis Sigma»

Este libro está diseñado teniendo en mente la máxima satisfacción para el cliente. Esperamos que al leerlo obtenga una imagen global de lo que hay detrás del movimiento Seis Sigma, qué recompensa ofrece y cómo puede poner el sistema en marcha de manera que se ajuste a sus circunstancias. Nuestro propósito es facilitar un recurso y una referencia flexibles, tanto si lleva varios años trabajando con Seis Sigma como si está empezando a aprender el método y aplicarlo.

Veamos algunas de las características que le ayudarán a obtener el máximo de este libro:

1. Una guía donde encontrar exactamente lo que necesite. A continuación de este prólogo, encontrará una visión general de cada sección y cada capítulo, con sugerencias sobre las partes a utilizar (o a saltar) según sus objetivos y circunstancias.

2. Directrices prácticas de puesta en funcionamiento. Ya se trate de arreglar un problema de proceso o de implantar Seis Sigma en toda la empresa, obtendrá importante información que le ayudará a ponerse en marcha y seguir adelante.

3. Conocimientos, comentarios y ejemplos de personas reales (directivos de empresas, expertos y líderes) que utilizan Seis Sigma en sus organizaciones. Estas ideas han ayudado a fortalecer y a perfeccionar las nuestras; confiamos en que aprenda también mucho de ellas.

4. Listas de comprobación para algunas de las etapas esenciales en la mejora Seis Sigma. Esperamos prepararle para realizar actividades Seis Sigma, por lo que hemos estructurado los principales pasos para ayudarle a tomar las decisiones adecuadas.

5. Una introducción a las técnicas avanzadas. Esto no es un manual técnico, porque ya hay muchos textos que tratan los procesos estadísticos y el diseño experimental avanzado. Sin embargo, este libro ayudará a cualquiera a comprender lo que son las «sofisticadas» herramientas Seis Sigma, por qué y cómo hay que utilizarlas, y cuándo han de aplicarse.

6. Nuestras propias perspectivas y recomendaciones. Al ofrecerle una guía de las mejores prácticas Seis Sigma, hemos tenido que sintetizar diferentes puntos de vista, llevados por nuestra experiencia y conocimiento de qué, cuándo y cómo funciona mejor. Algunas de nuestras ideas cuestionan los puntos de vista de los «expertos» en Seis Sigma; en este caso, aportaremos evidencias que avalen nuestra perspectiva. Dado que hemos trabajado con parte de las empresas Seis Sigma más conocidas y hemos aplicado estos conceptos en muchos tipos de compañías, creemos que nuestros puntos de vista pueden hacer a Seis Sigma más potente de lo que lo sería de cualquier otra manera.

Una última palabra filosófica

Por último, nos gustaría mencionar un principio que, en nuestra opinión, representa uno de los aspectos más importantes de Seis Sigma y que además es clave para el éxito de la aplicación del sistema a su empresa.

En su libro *Built to Last*, James Collins y Jerry Porras ofrecen ideas de muchas de las compañías más prósperas y admiradas del siglo xx. La principal característica que encuentran en estas empresas es su habilidad (y voluntad) para adoptar simultáneamente dos objetivos aparentemente contradictorios. Estabilidad y renovación, visión global y mínimo detalle, creatividad y análisis lógico; estas fuerzas, tra-

Tabla P.1 Ejemplos de «El Genio de la Y»

Podemos...	Y podemos...
Reducir los errores al mínimo	Conseguir que las cosas se hagan más deprisa
Comprometer a la gente a comprender y mejorar sus procesos y procedimientos	Mantener el control de cómo se realiza el trabajo
Medir y analizar lo que hacemos	Aplicar soluciones creativas para llegar al máximo rendimiento
Hacer muy felices a los clientes	Ganar mucho dinero

bajando conjuntamente, convierten a la empresa en algo grande. Este método de «podemos hacerlo todo» se llama «El Genio de la Y».

Puede ver a este genio en acción en la vida empresarial diaria si observa con atención. Los mejores directivos, por ejemplo, suelen ser los que determinan objetivos y estrategias generales (visión global), y aún así pueden ofrecer ideas eficaces y plantear preguntas difíciles (los detalles). En un contexto más amplio, un ejemplo de «El Genio de la Y» sería la constante atención de la compañía tanto al crecimiento a largo plazo como a los resultados trimestrales.

Collins y Porras llaman «La Tiranía de la O»[8] al efecto opuesto, en el que suelen caer un menor número de organizaciones. Este efecto conlleva una visión paralizante donde no podemos abordar ambos aspectos simultáneamente, sino sólo uno de ellos.

Creemos que Seis Sigma depende de cómo su empresa haya aprendido a manifestar «El Genio de la Y», y ofrece una forma de llegar a descubrir ese genio en su propio personal y procesos. La Tabla P.1 ofrece ejemplos de esas ideas aparentemente opuestas que hemos encontrado en el libro y que son, de hecho, fundamentales para el éxito.

A medida que aprenda sobre el qué, el porqué y el cómo de Seis Sigma en este libro, trate de recordar que el éxito que busca se ha de basar en su capacidad para centrarse en la «Y» y no en la «O». La clave para descubrir «El Genio de la Y» en usted y en su organización se puede encontrar en estas páginas...

---

[8] James Collins y Jerry Porras, *Built to Last* (New York: Harper Business, 1994), pág. 44.

Guía para el método Seis Sigma

ESTE LIBRO está organizado de forma que puedan utilizarlo numerosos lectores, desde personas noveles en Seis Sigma hasta gente que se encuentre ya realizando esfuerzos de mejora. Aunque es posible que prefiera leerlo de principio a fin, el contenido está organizado en tres partes que le ayudarán a aprender Seis Sigma exactamente hasta el nivel de profundidad que precise, y más adelante podrá leer el resto del libro a medida que lo vaya necesitando.

A continuación encontrará una guía de los contenidos, primero por partes y después por capítulos.

Secciones principales

Parte I: Visión general de Seis Sigma

Dirigida especialmente a los ejecutivos o a los recién llegados a Seis Sigma, la parte I proporciona una visión general completa de sus conceptos fundamentales y antecedentes, que incluye historias de éxito, principios, medidas, estrategias de mejora y el Mapa de Seis Sigma, un modelo de cinco fases para construir la organización Seis Sigma. También veremos la forma en que los esfuerzos Seis Sigma pueden evitar algunos de los errores que perjudicaron a los esfuerzos de «Calidad Total», y cómo se puede aplicar Seis Sigma a los procesos o empresas de servicios al igual que a los de fabricación.

Parte II: Puesta en marcha y adaptación de Seis Sigma a su empresa

Esta sección aborda los retos que suponen para la organización la puesta en marcha, dirección y preparación del personal para el esfuerzo Seis Sigma. Examinaremos la cuestión principal de si conviene iniciar o no ese esfuerzo y, en su caso, dónde hacerlo. También encontrará aquí información sobre las responsabilidades de los líderes empresariales, *Black Belts* y otros roles. Finalmente, analizaremos la manera de elegir los proyectos de mejora adecuados.

Parte III: Implantación de Seis Sigma: el Mapa y las herramientas

Esta sección trata sobre el «cómo» de los principales componentes y herramientas del sistema Seis Sigma. Para quienes deseen comenzar el trabajo de obtener beneficios de Seis Sigma, o para quienes únicamente quieran saber más acerca de lo que realmente significa, esta sección responde a muchas de sus preguntas. Si le preocupan, por ejemplo, las medidas, puede centrarse en el Capítulo 14; si busca rediseñar un proceso, el Capítulo 16 le será de utilidad. También trataremos en esta sección algunas de las herramientas avanzadas más importantes de Seis Sigma. Como conclusión, ofreceremos una lista de 12 claves para el éxito de su viaje Seis Sigma.

Apéndices: Soporte práctico

Además de hojas de trabajo y listas de comprobación de las actividades principales de Seis Sigma, el apéndice contiene instrucciones básicas sobre algunas de las herramientas de mejora más comunes del sistema y un «plan de puesta en marcha» genérico, como punto de partida para iniciar su trabajo. Asimismo está incluido un glosario de términos clave y referencias por temas.

Capítulos

Veamos un resumen rápido de cada capítulo, centrado en las cuestiones que trata.

Capítulo 1: Una poderosa estrategia para el éxito sostenido

¿Cómo se aplica Seis Sigma a los retos empresariales del nuevo siglo? ¿Cuáles son los resultados y éxitos que han colocado a Seis Sigma en la primera línea del liderazgo empresarial de hoy en día, incluidos General Electric, Motorola y AlliedSignal? ¿Qué beneficios ofrece y en qué principios se basa la mejora Seis Sigma?

Capítulo 2: Conceptos claves del sistema Seis Sigma

¿Qué clase de sistema organizativo puede crear Seis Sigma y cómo se aplica al éxito a corto y largo plazo? ¿Qué significa la *medida* Seis Sigma? ¿Qué papel desempeñan los clientes y los defectos en la medición del rendimiento de Seis Sigma? ¿Cuáles son las principales metodologías de gestión y mejora Seis Sigma?

¿Qué es el modelo «DMAMC»? ¿Qué es o qué debería ser una «organización Seis Sigma»?

Capítulo 3: ¿Por qué Seis Sigma tiene éxito donde «falló» la Calidad Total?

¿Qué aspectos del legado de la Calidad Total siguen vigentes en la empresa actual? ¿Cómo pueden las empresas centradas en Seis Sigma evitar algunos de los errores más importantes que empañaron la gestión de la Calidad Total?

Capítulo 4: Aplicación de Seis Sigma a fabricación y servicios

¿Por qué Seis Sigma promete tantos o más resultados en los procesos y organizaciones de servicios que en los de fabricación? ¿Cuáles son las claves para que Seis Sigma funcione bien y dé resultados en un entorno de servicios? ¿Cuáles son los retos específicos que pueden surgir al aplicar Seis Sigma a funciones de fabricación y cómo debe manejarlos?

Capítulo 5: El Mapa de Seis Sigma

¿Cuáles son los pasos para implantar las «competencias centrales» de Seis Sigma? ¿Cuáles son las ventajas del Mapa «ideal» de Seis Sigma? ¿Qué valor proporciona cada componente de una organización competitiva y con capacidad de respuesta?

Capítulo 6: ¿Es Seis Sigma adecuado para nosotros en este momento?

¿Qué preguntas clave se deben plantear para determinar si la empresa está lista para beneficiarse de Seis Sigma? ¿Cuándo puede Seis Sigma resultar *inadecuada* para una empresa? ¿Qué consideraciones coste/beneficio hay que tener en cuenta para decidir si abordar o no una iniciativa Seis Sigma?

Capítulo 7: ¿Cómo y dónde debemos iniciar nuestros esfuerzos?

¿Qué opciones podemos considerar para planificar la puesta en marcha de Seis Sigma? ¿Cuáles son las «rampas de lanzamiento» del Mapa de Seis Sigma? ¿Cómo podemos ajustar nuestro esfuerzo para satisfacer nuestras necesidades? ¿Cómo podemos evaluar nuestros puntos fuertes y débiles para averiguar con qué recursos contamos? ¿Por qué es esencial una estrategia de prueba piloto y cómo debe funcionar?

Capítulo 8: La política de Seis Sigma: preparar a los directivos para lanzar y guiar el esfuerzo

¿Cuáles son las responsabilidades principales de los directivos de la organización para guiar nuestro esfuerzo? ¿Cómo afectan al éxito la comunicación, la demanda de resultados y el «marketing del cambio»?

Capítulo 9: Preparación de *Black Belts* y otros roles clave

¿Cuáles son los roles generalmente necesarios en la puesta en marcha de Seis Sigma? ¿Qué es un *Black Belt* y que opciones tenemos para definir sus funciones? ¿Cómo pueden estructurarse los distintos roles y cómo se pueden evitar los conflictos? ¿Cuáles son las consideraciones fundamentales a la hora de elegir los miembros del equipo de proyecto?

Capítulo 10: Formación en Seis Sigma de la organización

¿Por qué Seis Sigma no precisa semanas y semanas de formación para comenzar? ¿Cuáles son las claves para formarse en Seis Sigma de forma efectiva? ¿Cuáles son los elementos comunes en un «currículo» Seis Sigma?

Capítulo 11: La clave para que la mejora tenga éxito: seleccionar los proyectos Seis Sigma adecuados

¿Cuáles son las etapas fundamentales para elegir y configurar los proyectos de mejora Seis Sigma? ¿Cómo podemos decidir el *modelo* de mejora (DMAMC u otro) más adecuado para la empresa?

Capítulo 12: Identificación de los procesos clave y de los clientes principales (Etapa 1 del Mapa)

¿Qué son «procesos clave» y cómo se han convertido en el aspecto fundamental para comprender los negocios? ¿Qué tipos de procesos clave se dan comúnmente y cómo identificarlos en su empresa? ¿Cómo identificar los clientes principales y los resultados de sus procesos clave? ¿Qué es un modelo y un diagrama SIPOC y cómo se pueden aplicar para una mejor comprensión del negocio?

Capítulo 13: Definición de las necesidades de los clientes (Etapa 2 del Mapa)

¿Por qué es tan crítico contar con la Voz del Cliente (VOC, *Voice of the Customer*) en la empresa de hoy? ¿Cuáles son las acciones y retos principales para fortalecer el sistema VOC? ¿Cómo podemos identificar y especificar las necesidades del cliente en cuanto a resultados y servicios? ¿Cómo enlaza la mejor comprensión de las necesidades del cliente con nuestra estrategia y prioridades?

Capítulo 14: Medida del rendimiento actual
(Etapa 3 del Mapa)

¿Cuáles son los conceptos básicos en la medida de procesos de negocio? ¿Cuáles son las etapas principales en la implantación de medidas centradas en el cliente y en el proceso? ¿Cómo se lleva a cabo eficazmente la toma de datos y el muestreo? ¿Qué tipos de defectos y medidas de rendimiento son fundamentales para el sistema Seis Sigma? ¿Cómo se calcula el nivel «Sigma» en los procesos?

Capítulo 15: Mejora de procesos mediante Seis Sigma
(Etapa 4A del Mapa)

¿Cómo puede Definir, Medir, Analizar y Mejorar un proceso de negocio importante, centrándose en la identificación y eliminación de las causas raíz? ¿Cuáles son las herramientas básicas de mejora de procesos y cuándo se puede utilizar eficazmente cada una de ellas? ¿Cuáles son algunos de los obstáculos principales para ejecutar un proyecto de mejora Seis Sigma?

Capítulo 16: Diseño y rediseño de procesos mediante Seis Sigma
(Etapa 4B del Mapa)

¿En qué se diferencia el diseño/rediseño de procesos Seis Sigma y por qué es un elemento crítico para aumentar al máximo el rendimiento del negocio? ¿Qué condiciones son esenciales para llevar a cabo el diseño o el rediseño de un proceso? ¿En qué se diferencia el rediseño de la mejora? ¿Qué desafíos y herramientas especiales se ponen en juego para diseñar/rediseñar un proceso empresarial? ¿Cómo se pueden comprobar y solventar suposiciones que limitan el valor de los procesos rediseñados?

Capítulo 17: Extensión e integración del sistema Seis Sigma
(Etapa 5 del Mapa)

¿Cómo se miden y consolidan las ganancias obtenidas mediante los proyectos de mejora Seis Sigma? ¿Cuáles son los métodos y las herramientas del control de procesos? ¿Cuáles son las responsabilidades específicas del propietario del proceso y qué debe tener en cuenta? ¿Cómo apoya la disciplina de la gestión por procesos al sistema Seis Sigma y a la mejora a largo plazo?

Capítulo 18: Introducción a las herramientas avanzadas Seis Sigma

¿Cuáles son algunas de las principales «herramientas avanzadas» de la mejora Seis Sigma? ¿Qué papel desempeña cada una de ellas para ayudarle a comprender y mejorar los procesos y los productos/servicios? ¿Cuáles son los pasos fundamentales hacia esas sofisticadas técnicas?

Conclusión: Doce claves para el éxito

¿Cuáles son las acciones principales y las consideraciones que cualquier empresa o directivo debe tener en cuenta para obtener beneficios de Seis Sigma?

Agradecimientos

Ahora comprendemos por qué las entregas de premios que aparecen en la televisión duran tanto. En parte, por supuesto, se debe a la lenta sucesión de chistes que tienen preparados los presentadores. Sin embargo, generalmente también influye que los ganadores tienen que dar las gracias a mucha gente. Nosotros no hemos ganado ningún premio, pero podríamos extendernos enormemente con los agradecimientos. Nuestros amigos de McGraw-Hill nos han amenazado con recortarnos los derechos de autor si nos alargamos demasiado, así que procuraremos ser breves.

El mayor agradecimiento es para la persona que aportó horas de trabajo incansable sin perder el buen humor, algo indispensable para convertir este libro en realidad: Percy Madamba. Mantuvo cada cosa en su sitio, leyó las pruebas, ofreció sugerencias sin fin, se rió de las bromas (esperamos que su sentido del humor sea representativo del público lector en general), dibujó gráficos y otras muchas cosas, incluyendo el envío del manuscrito. (Ahora nos preocupa que Percy nos deje y se dedique a escribir sus propios libros.)

Carolyn Talasek, Kelly Fisher, Carla Queen, Chet Harmer, Mona Draper y Amanda Dutra, junto con otros miembros del gran equipo de Pivotal Resources, contribuyeron con dibujos, ayudas en la edición, sugerencias e investigaciones, así como con muchas ideas. Ese grupo (el «Pivotal Pack») ha conseguido reunir una gran cantidad de experiencia y éxitos que hemos «canalizado» a través de estas páginas. Otras personas que han contribuido a este pozo de sabiduría han sido Pamela Schmidt-Cavaliero, Fred Kleiman, Mercie López, Greg Gibbs, Jane Keller y Rosalie Pryor. También damos las gracias a nuestro colega Larry Holpp, por sus consejos y sus contactos editoriales que nos ayudaron a traer este libro a la vida.

Hay docenas de personas en las organizaciones que han sido nuestros clientes que practican Seis Sigma aquí y en otras partes del mundo, a los que debemos un agradecimiento especial. Son la gente que está haciendo que Seis Sigma dé beneficios y que está aprendiendo cómo hacerlo funcionar en muchos entornos diferentes. Algunas de estas personas merecen nuestro agradecimiento de forma particular, como nuestros amigos del Centro de Aprendizaje y Excelencia Empresarial de GE Capital, Mike Markovits, Mo Cayer, Hilly Dunn, Jenene Nicholson, Kelly Babij, Mike Mosher y muchos otros. Este libro no hubiera existido sin el tremendo trabajo que han realizado nuestros colegas de GE y sin su compromiso con Seis Sigma. Gracias también a: la maravillosa gente de Employers Reinsurance, incluyendo a Kaj Ahlmann, Alan Mauch, Tom Felgate, Lee Tenold, Julie Hertel, Mike Nichols y muchos otros también allí; John Eck y la gente de QNBC en la NBC, donde asistimos a su *Tonight Show* en directo y ayudamos a presentar Seis Sigma a una organización puntera; en Cendant Mortage, todo un grupo de gente maravillosa que incluye a nuestros colegas Pat Connolly, Tanya DeLia, Suzanne Wetherington y muchos otros; en Auspex Systems, donde el rediseño de procesos forma parte de la calidad desde hace años, Tamas Farkas y Charlie Golden (que actualmente está en Genentech).

Gente que ha ofrecido ideas especiales para este libro, a los que hemos de dar las gracias por su tiempo, entre los que se incluyen Dave Boenitz, Chuck Cox, Bob Golitz, Barbara Friesner, Aldie Keene, Alan Larson, Rich Lynch, Celeste Miller y Jessica Shklar.

En McGraw-Hill, agradecemos a nuestro editor, Richard Narramore, por guiarnos a lo largo del camino y levantar este proyecto. ¡Vamos a por el rendimiento Seis Sigma!

Nuestras familias merecen una mención cariñosa y nuestro más sincero agradecimiento, por haber aguantado horas y horas viendo a sus papás y a sus maridos encorvados sobre el ordenador. (A Olga, Stephanie y Brian Pande: *Ahora* que el libro está terminado, ¡vamos a jugar!)

Finalmente, deseamos hacer una dedicatoria especial de este libro a la memoria de nuestro gran amigo y colega Bill Lindenfelder. Bill no solamente fue nuestro compañero enseñando Seis Sigma, sino que enseñó a todo el que lo conocía lo que es el entusiasmo, el coraje y la energía sin límites. Estamos entre los muchos que echan a Bill enormemente de menos y esperamos que estuviera orgulloso de ver algunas de sus ideas y mucha de su influencia en estas páginas.

I

Visión general de Seis Sigma

1

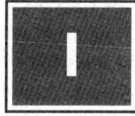

Una poderosa estrategia para el éxito sostenido

E L MAYOR DESAFÍO que deben afrontar los directivos del nuevo milenio no es «cómo triunfar», sino «cómo mantener el éxito».

El mundo de los negocios ofrece hoy el espectáculo de una sucesión de compañías, dirigentes, productos e incluso mercados que alcanzan sus «15 minutos de fama» y luego desaparecen. Incluso las más potentes, como IBM, Ford, Apple, Kodak y muchas otras, atraviesan dramáticos ciclos de casi muerte y renacimiento. Es como girar la rueda de la fortuna mientras los gustos de los consumidores, las tecnologías, las condiciones financieras y los terrenos competitivos cambian cada vez más deprisa. En este entorno de alto riesgo, la demanda de ideas para ponerse en primera línea, detener la rueda (quedándose en lo alto, por supuesto) o anticiparse al próximo cambio es cada vez más clamorosa. Existen casi tantas respuestas como nuevas empresas en el mercado.

Seis Sigma puede contemplarse como otra «nueva respuesta» más. Pero, bien mirado, se puede encontrar una diferencia significativa: Seis Sigma no es una moda empresarial atada a un solo método o estrategia, sino más bien un *sistema flexible* para mejorar la dirección y el rendimiento empresarial. Está construida a partir de muchas de las ideas de gestión más importantes y de las mejores prácticas del siglo pasado, creando una nueva fórmula para el éxito empresarial del siglo XXI. Hay evidencias visibles de la potencia del método Seis Sigma en las elevadas ganancias de empresas de alto nivel, y otras de nivel no tan alto, que examinaremos en un momento. Igual de importante es el papel que juega Seis Sigma en la creación de nuevas estructuras y prácticas para dar soporte al éxito *sostenido*.

El objetivo de este libro es permitirle comprender *qué* es Seis Sigma (una cuestión simple y compleja a la vez), *por qué* es probablemente la mejor respuesta en años para el rendimiento empresarial mejorado y *cómo* ponerlo en funcionamiento en el entorno único de su empresa. En nuestra misión desmitificadora de Seis Sigma, esperamos mostrarle que se trata tanto de una pasión por servir a los clientes y un canal para las nuevas ideas como de estadísticas y manejo de números; y que el valor de Seis Sigma se aplica lo mismo a Marketing, Servicios, Recursos Humanos, Finanzas y Ventas que a Fabricación e Ingeniería. Al final, esperamos ofrecerle una imagen clara de la forma en que Seis Sigma (el *sistema*) puede elevar en gran manera sus posibilidades de mantenerse en la cumbre, aun cuando vea a otras empresas en la cresta de la ola de los buenos tiempos sólo para caer en la siguiente. (¡Nuestra primera y última analogía con el surf!)

Algunas historias de éxitos de Seis Sigma

El impacto que Seis Sigma está teniendo sobre algunas de las empresas más importantes sienta las bases para comprender la forma en que puede afectar a *su* empresa. Cuando narramos algunos de estos resultados, también estamos revisando la historia que ha llevado a Seis Sigma a la primera fila.

General Electric

«Seis Sigma ha cambiado a GE para siempre. Todos, desde los fanáticos que surgen desde sus experiencias como Black Belts, *hasta los ingenieros, los auditores y los científicos, pasando por la alta dirección que llevará a esta empresa al nuevo milenio, son verdaderos creyentes en Seis Sigma, en la forma en que esta compañía funciona». – Presidente de GE, John F. Welch[1].*

Cuando un líder corporativo de alto nivel* comienza a utilizar palabras como «desequilibrado» o «lunáticos» en relación con el futuro de la empresa, cabe esperar un desplome de la cotización de la misma. Sin embargo, en General Electric, esa pasión y esa orientación hacia Seis Sigma han producido algunos resultados muy positivos.

Las cifras que hay detrás de la iniciativa Seis Sigma de GE cuentan sólo parte de la historia. Tras aproximadamente un año inicial de esfuerzos improductivos, los beneficios aumentaron a 750 millones de dólares a finales de 1998, una previsión de 1500 millones para finales de 1999 y expectativas de más miles de millones a lo largo del camino. Algunos analistas de Wall Street predijeron 5000 millones de dólares de beneficios a partir de este esfuerzo, a principios de la década. Los márgenes operativos de GE, alrededor del 10 por ciento durante décadas, continúan batiendo récords trimestre tras trimestre. En la actualidad, las cifras están continuamente por encima del 15 por ciento, e incluso más elevadas en algunos períodos. Los líderes de GE citan esta expansión en los márgenes como la evidencia más visible de la contribución financiera aportada por Seis Sigma.

---

* Desde que inició los esfuerzos de GE en 1995, Jack Welch ha urgido a sus lugartenientes de más alto nivel a convertirse en «lunáticos apasionados» de Seis Sigma. Ha descrito el compromiso de GE con Seis Sigma como «desequilibrado».

Mejoras desde servicios a fabricación

La «imagen global» financiera, sin embargo, no es más que el reflejo de los muchos éxitos individuales que GE ha logrado mediante su iniciativa Seis Sigma. Por ejemplo:

✦ Un equipo Seis Sigma en la división de iluminación de GE solucionó sus problemas para facturar a uno de sus mejores clientes, Wal-Mart, eliminando los defectos de facturación y las disputas en un 98 por ciento, acelerando el pago y consiguiendo una mejor productividad para ambas empresas.

✦ Un grupo dirigido por un abogado de la plantilla, jefe de equipo de Seis Sigma en una de las empresas de servicios de GE Capital, perfeccionó el proceso de revisión de contratos, lo que se tradujo en una mayor rapidez en el cierre de los mismos (es decir, un mejor servicio a los clientes) y ahorros anuales de un millón de dólares.

✦ La división Power Systems de GE solucionó un grave conflicto con sus clientes internos del departamento de *Utilities*, desarrollando simplemente una mejor comprensión de sus necesidades y mejorando la *documentación* proporcionada con los nuevos equipos de alimentación. El resultado fue una respuesta más eficaz a los usuarios finales y ahorros de cientos de miles de dólares al año para ambas partes.

✦ La división Medical Systems, GEMS, empleó las técnicas de diseño para Seis Sigma para obtener un avance espectacular en las tecnologías de escáner médico. Ahora, los pacientes pueden obtener un escáner corporal completo en medio minuto, frente a los tres minutos o más que precisaban con la tecnología anterior. Los hospitales pueden aumentar el uso del equipo y conseguir también un coste más bajo por escáner.

✦ GE Capital Mortgage analizó los procesos de una de sus divisiones más rentables y, al extender estas «mejores prácticas» al resto de sus 42 divisiones, mejoró la tasa con la que un cliente conseguía contactar por teléfono con una persona «viva» de GE del 76 al 99 por ciento. Además de dar una respuesta mejor y más adecuada a los clientes, la mejora del proceso se tradujo en millones de dólares en nuevos negocios.

Las acciones tras los resultados

Los éxitos de GE son el resultado de un compromiso y un esfuerzo *apasionados*. Welch apunta: «En casi cuatro décadas con GE, nunca he visto una iniciativa empresarial moverse con más voluntad y rapidez tras una gran idea»[2]. Decenas de miles de directivos y asociados de GE se han formado en los métodos Seis Sigma, lo que supone una fuerte inversión en tiempo y dinero (deducida apropiadamente de las ganancias citadas anteriormente). La formación ha ido más allá de los *Black Belts* y de los equipos para incluir a todos los directivos y profesionales de GE, así como también a muchas personas de la primera línea. Todos ellos han absorbido un nuevo vocabulario centrado en los clientes, los procesos y las medidas.

Aunque los dólares y las herramientas estadísticas parecen obtener la mayor publicidad, el énfasis en los *clientes* es probablemente el elemento más representativo de Seis Sigma en GE. Jack Welch lo explica así:

> **Los mejores proyectos Seis Sigma no empiezan dentro de la empresa, sino fuera de ella, centrados en responder a las preguntas: ¿Cómo podemos hacer que el cliente sea más competitivo? ¿Qué es lo más crítico para el éxito del cliente?... Algo que hemos descubierto con seguridad es que cualquier cosa que hagamos para incrementar el éxito de nuestros clientes se convierte de forma inevitable en un retorno financiero para nosotros[3].**

Motorola y un poco de historia sobre Seis Sigma

Hoy, la existencia y el éxito del líder de la electrónica, Motorola, están ligados a Seis Sigma. Es la empresa que inventó los conceptos que han evolucionado hasta este sistema de gestión global. Y mientras que GE ha utilizado Seis Sigma para fortalecer una empresa que ya era pujante, para Motorola se trató de una respuesta a la pregunta: ¿Qué hacemos para permanecer en el mercado?

En los años ochenta y principios de los noventa, Motorola era una de las muchas empresas norteamericanas y europeas cuya comida (junto con el resto de alimentos y aperitivos) estaba siendo devorada por los competidores japoneses. Los altos directivos de Motorola admitieron que la calidad de sus productos era terrible. Citando a un veterano de Seis Sigma en Motorola, estaban «en un mundo de dolor». Al igual que muchas compañías de aquel momento, Motorola no tenía un programa de «calidad», sino varios. Pero en 1987 surgió un nuevo sistema del sector de comunicaciones de Motorola, encabezado entonces por George Fisher, posteriormente alto directivo de Kodak. El concepto innovador de mejora se llamó Seis Sigma.

Lo que Seis Sigma ofreció a Motorola, aunque hoy día supone mucho más, era un método simple y coherente para seguir y comparar su rendimiento con las necesidades del cliente (la medida Sigma) y con un objetivo ambicioso de calidad prácticamente perfecta (el objetivo Sigma).

A medida que se extendió por toda la empresa, con el fuerte apoyo del presidente Bob Galvin, Seis Sigma dio a Motorola un «músculo» extra para dirigirse a lo que en aquel momento parecían objetivos imposibles de mejora: la meta inicial a principios de los ochenta de mejorar diez veces (escrito como 10X) en cinco años, fue sustituida por la de mejorar 10X cada dos años, es decir, 100X en cuatro años. Aunque el objetivo de Seis Sigma era importante, se prestó mucha más atención a la tasa de mejora en los procesos y productos.

El giro de Motorola fue tan notable a largo plazo como los resultados de GE en unos pocos años. Tan sólo dos años después de lanzar Seis Sigma, Motorola recibió el Premio Nacional de Calidad Malcolm Balridge. El personal de la empresa se elevó de 71 000 empleados en 1980 a más de 130 000 en 2000. De los logros conseguidos en la década transcurrida entre el inicio de Seis Sigma en 1987 y 1997, destacan los siguientes:

- Cinco veces más crecimiento en ventas, con beneficios que ascendieron casi al 20 por ciento anual.
- Los ahorros acumulados basados en los esfuerzos Seis Sigma alcanzaron los 14 000 millones de dólares.
- La cotización de las acciones de Motorola ascendió a un ritmo del 21,3 por ciento anual.

Y todo esto, en una empresa cuyo futuro estaba en entredicho a principios de los ochenta. (Aunque a finales de los noventa se presentaron retos difíciles para Motorola, debidos en gran parte a algunos contratiempos y a la competencia en el mercado de los teléfonos móviles y vía satélite, la compañía pareció volver a mejorar a finales de 1999, con la mayoría de sus áreas generando beneficios.)

Los resultados que Motorola ha logrado a nivel corporativo han sido consecuencia de los cientos de esfuerzos individuales de mejora que afectaron al diseño del producto, a la fabricación y a los servicios en todas las unidades de negocio. Alan Larson, uno de los primeros consultores internos de Seis Sigma en Motorola, que contribuyó más tarde a difundirla hasta GE y AlliedSignal, dice que los proyectos afectaron a docenas de procesos administrativos y transaccionales. En soporte a clientes y entrega de productos, por ejemplo, las mejoras en la medición y el esfuerzo en comprender mejor las necesidades de los clientes, junto con nuevas estructuras de gestión por procesos, hicieron posible un avance espectacular hacia mejores servicios y entregas a tiempo[4].

Sin embargo, más que como un conjunto de herramientas, Motorola aplicó Seis Sigma como una forma de transformar el negocio, un método impulsado por la comunicación, la formación, el liderazgo, el trabajo en equipo, las medidas y por centrarse en los clientes (temas que veremos abundantemente a lo largo de este libro). Como observa Larson: «Seis Sigma es realmente algo cultural, una forma de comportamiento».

AlliedSignal/Honeywell

AlliedSignal, con el nuevo nombre de «Honeywell» después de su fusión en 1999, es una historia de éxitos de Seis Sigma que conecta Motorola con GE. Fue su Consejero Delegado, Larry Bossidy, ejecutivo de GE durante muchos años y que obtuvo el cargo en Allied en 1991, quien convenció a Jack Welch de que Seis Sigma era un método a considerar. (Welch había sido uno de los pocos altos directivos que no se había enamorado del movimiento de Gestión de la Calidad Total (TQM) en los ochenta y principios de los noventa.)

Allied comenzó sus propias actividades de mejora de calidad a principios de los noventa y, en 1999, ahorraba más de 600 millones de dólares al año gracias a la formación impartida a todo el personal y a la aplicación de los principios de Seis Sigma[5]. Los equipos Seis Sigma de Allied no estaban solamente reduciendo los costes de reproceso de defectos, sino que estaban aplicando los mismos principios al diseño de nuevos productos como motores de aviación, reduciendo el tiempo desde el diseño hasta la certificación de 42 a 33 meses. La empresa reconoce a Seis Sigma un 6 por ciento de aumento de la productividad en 1998 y un margen de beneficio récord

del 13 por ciento. Desde que se inició el esfuerzo en Seis Sigma, el valor de mercado de la compañía se elevó, durante el año fiscal 1998, hasta un 27 por ciento anual.

Los directivos de Allied vieron Seis Sigma como «algo más que cifras, una declaración de nuestra determinación en la búsqueda de un estándar de excelencia utilizando todas las herramientas disponibles y no dudando en reinventar la forma en
la que hacemos las cosas»[6].

Según dijo uno de los directores de Seis Sigma en Allied: «Ha cambiado la forma
en que pensamos y la forma en que nos comunicamos. Nunca habíamos hablado acerca del proceso o del cliente; ahora forman parte de nuestra conversación diaria.»

El liderazgo de Seis Sigma en AlliedSignal ayudó a obtener el reconocimiento
como la compañía mejor diversificada del mundo (edición global *Forbes*) y la empresa aeroespacial más admirada *(Fortune)*.

La ola Seis Sigma

Como hemos observado, podría resultar fácil rechazar Seis Sigma como una simple
moda si no fuera por el calibre de los resultados que produce y por las compañías que
lo adoptan. Con una mentalidad casi anti-moda, numerosas empresas destacadas en
sectores que van desde servicios financieros hasta transportes y alta tecnología se han
embarcado calladamente en trabajos Seis Sigma. Se están uniendo a otras que han hablado más de sus esfuerzos, incluyendo a Asea Brown Boveri, Black & Decker, Bom-
bardier, Dupont, Dow Chemical, Federal Express, Johnson & Johnson, Kodak (que ha
conseguido 85 millones de dólares en ahorros a principios de 2000), Navistar, Pola-
roid, Seagate Technologies, Siebe Appliance Controls, Sony, Toshiba y muchas otras.

De éstas y otras empresas Seis Sigma surge una amplia variedad de impresionantes mejoras que benefician tanto a los clientes como a los accionistas. Como
muestra de los cientos de proyectos Seis Sigma que están en marcha en empresas de
todo el mundo, podemos citar los siguientes.

Desarrollo de nuevos productos

Una empresa de productos de telecomunicaciones utilizó las técnicas de diseño Seis
Sigma para conseguir mayor flexibilidad y tiempos de producción más rápidos en
una importante fábrica. En la planta se construían varios productos especializados
en una sola línea de producción. Puesto que cada pedido de cliente podía precisar diferentes circuitos, resultaba crítica la necesidad de evitar en lo posible los cambios
en la línea. Éstos se redujeron drásticamente mediante el ajuste de las necesidades
del cliente, el diseño de productos y las especificaciones de procesos. La planta pudo
asimismo implantar el procesado en paralelo, de manera que, si un área de la línea
no funcionaba, el trabajo en espera se podía reencaminar fácilmente sin ampliar el
tiempo de ciclo.

Bajo el nuevo diseño de la planta, los pedidos se transmiten electrónicamente y
se aplica el «diseño virtual» para acelerar la respuesta. En su conjunto, estos cambios innovadores mejoraron el tiempo de ciclo total de días a horas, así como la productividad y la gestión de recursos.

Envío del mensaje de forma más rápida y económica

Los clientes de una empresa de servicios de telecomunicaciones estaban consternados por la gestión de sus pedidos. Cada solicitud, ya fuera de unos minutos de tiempo vía satélite o de un enlace dedicado a largo plazo, pasaba por diversos niveles de revisiones legales y técnicas antes de aprobarse. El proceso no solamente enojaba a los clientes, sino que desperdiciaba recursos y dinero.

Un equipo Seis Sigma midió y analizó el problema. Dado que las soluciones propuestas eran contrarias al método de «ensayo y error», el equipo pudo basar sus opiniones en datos sólidos y en el conocimiento de las necesidades de los clientes. Al cabo de 6 meses de esfuerzo, el proceso se había optimizado, anotándose ahorros por un millón de dólares.

Respuesta rápida

Una entidad financiera se basó en los equipos Seis Sigma para analizar y mejorar las operaciones de un centro de llamadas. Se prestó especial atención a dos objetivos: 1) reducir el tiempo medio de respuesta de las llamadas, y 2) aumentar el porcentaje de cuestiones y preguntas de clientes resueltos en la llamada inicial. El equipo «centralizó y simplificó» el sistema de respuestas, recortando el tiempo medio de 54 segundos a 14. La «solución en la primera llamada» pasó del 63 al 83 por ciento.

Innovación

El equipo de Marketing y Logística de piezas sueltas de una empresa fabricante aeroespacial estaba buscando mecanismos para reducir costes y tiempo en su servicio a clientes. Un elemento importante de coste era el embalaje de piezas. Los envíos masivos desde las plantas de fabricación se desembalaban, se situaban en las baldas del almacén y allí se recogían y embalaban de nuevo para su envío a los clientes.

Al centrar el diseño del proceso en las necesidades del cliente y en las actividades de valor añadido, la operación de embalaje de las piezas pasó del almacén a las plantas. Sólo los ahorros en costes de material de embalaje llegaron a medio millón de dólares al año. El cambio también contribuyó a importantes mejoras en la puntualidad de los envíos, que han pasado de menos del 80 por ciento a más del 95 por ciento en unos tres años.

Los beneficios de Seis Sigma

Estas historias pueden resultar atrayentes por sí mismas, pero si su empresa está actuando correctamente, como lo hacía GE en 1995 cuando Jack Welch puso en marcha su trabajo, ¿por qué tiene que considerar una iniciativa Seis Sigma? ¿Qué lleva a tantas compañías, destacadas y modestas, a invertir en este método empresarial que suena tan divertido? A partir de estas historias de éxito y de las de otras compañías, y olvidando por un momento el aspecto económico, podemos definir algunos de los beneficios que hacen atractivo el método Seis Sigma. Seis Sigma:

1. *Genera éxito sostenido.* John Chambers, Consejero Delegado de Cisco Systems, la empresa de equipamiento de redes informáticas que se ha convertido en una de las de más rápido crecimiento de la última década, comentó recientemente acerca de lo poco que mantienen su éxito muchas empresas: «Hay que darse cuenta de que se puede estar fuera del mercado en tres años»[7]. La única forma de continuar creciendo con dos cifras (es decir, por encima del 10 por ciento) y de mantenerse en estos mercados cambiantes es innovar y rediseñar constantemente la organización. Seis Sigma genera las habilidades y la cultura necesarias para una renovación constante, lo que describiremos en el siguiente capítulo como un «sistema en bucle cerrado».

2. *Define un objetivo de rendimiento para cada persona.* En una empresa de cualquier tamaño, y mucho más en las corporaciones de varios billones de dólares, hacer que todo el mundo trabaje en la misma dirección y se centre en un objetivo común es muy complejo. Cada función, cada unidad de negocio y cada individuo tienen diferentes objetivos y metas. Lo que todos tienen en común, sin embargo, es la entrega de productos, servicios o información a los clientes (dentro o fuera de la compañía). Seis Sigma utiliza ese marco de trabajo común, el proceso y el cliente, para crear un objetivo coherente: el rendimiento Seis Sigma o un nivel de rendimiento que se acerque tanto a la perfección como la mayoría de la gente pueda imaginar. Cualquiera que comprenda las especificaciones de sus clientes (¿y quién no tendría que hacerlo?) puede evaluar su rendimiento frente al objetivo Seis Sigma del 99,9997 por ciento de «perfección», un estándar tan elevado que convierte el anterior concepto de rendimiento «excelente» de la mayoría de las empresas en algo bastante flojo. La Figura 1.1 compara el número de problemas que encontraríamos con un objetivo del *99 por ciento de calidad* frente a los de un rendimiento Seis Sigma (99,9997 por ciento). La diferencia es bastante sorprendente.

3. *Aumenta el valor para el cliente.* Cuando GE empezó su esfuerzo en Seis Sigma, los ejecutivos admitieron que la calidad de los productos de la empresa no era lo que debería ser. A pesar de que su calidad era quizá mejor que la de sus competidores, Jack Welch señaló: «Queremos hacer nuestra calidad tan especial, tan valiosa para los clientes, tan importante para su éxito, que nuestros productos se conviertan en su única opción realmente válida»[8]. Con una competencia cada vez más fuerte en todos los mercados, dar productos y servicios solamente «buenos» o «sin defectos» no garantiza el éxito. La orientación hacia los clientes que descansa en el corazón de Seis Sigma significa aprender *lo que* es valor para ellos (y para los clientes potenciales) y planificar *cómo* dárselo de forma rentable.

4. *Acelera la tasa de mejora.* El objetivo de Motorola de «mejorar 100X en cuatro años» es un ejemplo a emular para las empresas ambiciosas y bien dirigidas. Dado que las Tecnologías de la Información duplican el índice rendimiento-coste cada 18 meses, las expectativas de mejora de los clientes se hacen cada vez más exigentes. El competidor que mejore más deprisa es el que va a ganar la carrera. Tomando prestadas herramientas e ideas de numerosas disciplinas, Seis Sigma ayuda a la empresa no solamente a mejorar el rendimiento, sino a mejorar *la mejora*.

5. *Proporciona aprendizaje y «polinización cruzada».* La década de los noventa asistió al nacimiento de la «organización que aprende», un concepto muy sugerente pero que parece difícil de poner en acción. Los líderes de AlliedSignal co-

Objetivos de rendimiento – Lo que se obtendría...	
Por cada 300.000 cartas enviadas:	
Con 99%	*con Seis Sigma*
3.000 direcciones equivocadas	1 dirección equivocada
En 500.000 reinicios de un ordenador:	
Con 99%	*con Seis Sigma*
4.100 fallos	< 2 fallos
En 500 años de cierres mensuales:	
Con 99%	*con Seis Sigma*
60 meses sin cuadrar	0,18 meses sin cuadrar
Por cada semana de emisión de TV (por canal):	
Con 99%	*con Seis Sigma*
1,68 horas de tiempo muerto de emisión	1,8 segundos de tiempo muerto de emisión

Figura 1.1 99 % de calidad frente al rendimiento Seis Sigma

mentaron que «todo el mundo habla de aprendizaje, pero pocos consiguen llevarlo a la vida diaria de tantos empleados»[9]. Seis Sigma es un método que puede aumentar y acelerar el desarrollo y la capacidad de compartir nuevas ideas en toda la organización. Incluso en una compañía tan diversa como GE, el valor de Seis Sigma como herramienta de aprendizaje se ve como algo crítico. El personal capacitado con experiencia en *procesos* y en la forma de gestionarlos y mejorarlos se puede cambiar, por ejemplo, de GE Plastics a GE Capital, no solamente con una curva de aprendizaje más corta, sino llevándose con ellos *mejores* ideas y la capacidad para aplicarlas con mayor celeridad. Las ideas se pueden compartir y el rendimiento se puede comparar más fácilmente. El vicepresidente de GE para Seis Sigma, Piet van Abeelen, apunta que, anteriormente, un directivo en un lugar de la organización podía rechazar sugerencias de un compañero de otra área: «Tus ideas no funcionarán, porque yo soy diferente». Van Abeelen dice que Seis Sigma elimina estas defensas: «Bueno, protesta lo que quieras. Lo que importa es lo que tenemos en común. Si haces que las métricas sean iguales, podemos hablar»[10].

6. *Lleva a cabo un cambio estratégico.* La introducción de nuevos productos, el lanzamiento de nuevas fusiones, la entrada en nuevos mercados, la adquisición de nuevas organizaciones, lo que una vez fueron actividades ocasionales de la empresa son ahora acontecimientos diarios en muchas compañías. Una mejor comprensión de los procesos y procedimientos de su empresa le dará mayor habilidad para llevar a cabo *tanto* los ajustes menores *como* los cambios mayores que el éxito empresarial del siglo XXI le va a demandar.

Los principios y herramientas de Seis Sigma

Como la mayoría de los grandes inventos, Seis Sigma no es «todo nuevo». Aunque algunos de sus principios surgen de recientes éxitos del pensamiento empresarial, otros se basan en el sentido común. Antes de subestimar ese origen como algo no muy válido, queremos recordarle un dicho que escuchamos una vez trabajando en Europa: «El sentido común es el menos común de los sentidos». Desde la perspectiva de una «herramienta», Seis Sigma es un universo muy amplio. La Figura 1.2 resume muchos (aunque en modo alguno todos) de los métodos más importantes de Seis Sigma.

Cuanto más hemos aprendido del método Seis Sigma a lo largo de los años, más hemos llegado a verlo como una forma de enlazar, e incluso de implementar, mu-

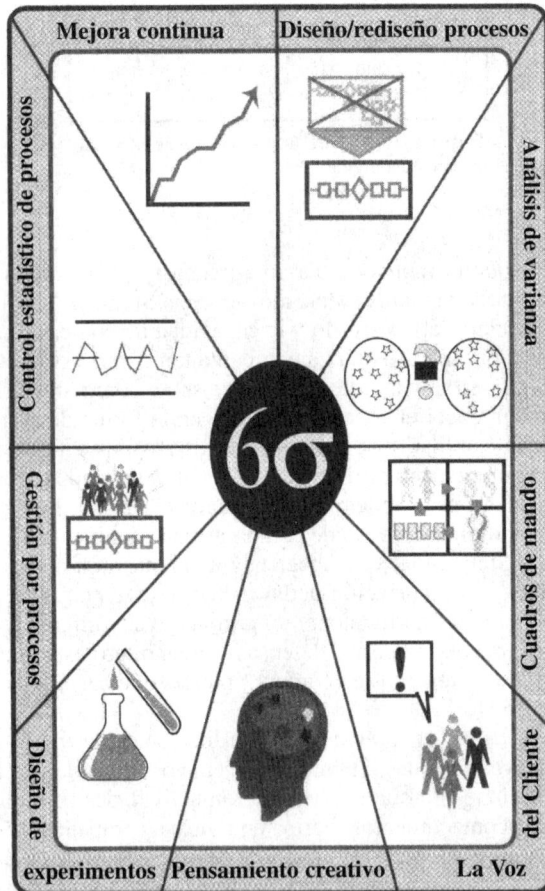

Figura 1.2 Métodos y herramientas esenciales Seis Sigma

chas ideas, tendencias y herramientas empresariales de hoy que, de otra manera, hubieran quedado sueltas. Algunos de los principales «aspectos» que tienen aplicación directa o pueden complementar una iniciativa Seis Sigma serían:

- Comercio electrónico y Servicios.
- Planificación de Recursos Empresariales (ERP).
- Fabricación ágil *(Lean manufacturing)*.
- Sistemas de Gestión de Relaciones con Clientes (CRM).
- Alianzas estratégicas.
- Gestión del conocimiento.
- Gestión basada en actividades.
- La «organización centrada en el proceso».
- Globalización.
- Inventario/producción *just-in-time*.

Seis principios de Seis Sigma

Vamos a cerrar esta introducción a Seis Sigma detallando los elementos críticos de este sistema en seis «principios». Estos principios, apoyados por las muchas herramientas y métodos Seis Sigma que presentaremos en este libro, le darán una visión preliminar de cómo le vamos a ayudar a hacer que Seis Sigma funcione en su empresa.

Principio uno: auténtica orientación al cliente

Durante el gran impulso de la Calidad Total en los ochenta y en los noventa, docenas de empresas redactaron políticas y misiones encaminadas a «satisfacer o sobrepasar las expectativas y necesidades de los clientes». Sin embargo, por desgracia, pocas empresas hicieron verdaderos esfuerzos para mejorar su *comprensión* de las necesidades o expectativas de los clientes. Incluso cuando lo hicieron, la recogida de datos de clientes fue generalmente una iniciativa aislada o de corta duración, que ignoró la naturaleza dinámica de las necesidades del cliente. (¿Cuántos de sus clientes quieren lo mismo que hace cinco años? ¿O que hace dos? ¿O que el mes pasado?)

En Seis Sigma, la orientación al cliente se convierte en prioridad número uno. Por ejemplo, las medidas de rendimiento Seis Sigma empiezan con el cliente. Las mejoras Seis Sigma se definen por su impacto en la satisfacción del cliente y por su valor. Veremos por qué y cómo su empresa puede definir las necesidades del cliente, medir el rendimiento frente a ellas y mantenerse en la cumbre de los nuevos desarrollos y de la atención de necesidades insatisfechas.

Principio dos: gestión orientada a datos y hechos

Seis Sigma lleva el concepto de «dirección por hechos» a un nivel nuevo y más potente. A pesar de la atención prestada en los últimos años a las medidas, a los sistemas mejorados de información, a la gestión del conocimiento, etc., no debe sorprenderle saber que muchas decisiones empresariales todavía se basan en opiniones y suposiciones. La disciplina Seis Sigma empieza por esclarecer *qué* medidas son las fundamentales para valorar el rendimiento del negocio; luego aplica los datos y el análisis para comprender las variables clave y optimizar los resultados.

En un nivel más bajo, Seis Sigma ayuda a los directivos a responder a dos preguntas esenciales que apoyan las decisiones y soluciones basadas en hechos:

1. ¿Qué datos/información necesito *realmente*?
2. ¿Cómo *debo utilizar* esos datos/información para obtener el máximo beneficio?

Principio tres: orientación a procesos, gestión por procesos y mejora de procesos

En Seis Sigma, la acción está en los procesos. Ya se trate del diseño de productos y servicios, de medir el rendimiento, de mejorar la eficacia y la satisfacción del cliente, o incluso de hacer que la empresa funcione, Seis Sigma sitúa al proceso como vehículo clave del éxito.

Uno de los logros más notables de los esfuerzos Seis Sigma hasta la fecha ha sido convencer a los líderes y a los directivos, especialmente en las actividades y mercados basados en servicios, de que dominar los procesos no es un mal necesario, sino realmente una forma de construir ventajas competitivas en la entrega de valor a los clientes. Hay mucha más gente que convencer, con enormes oportunidades económicas unidas a tales actividades.

Principio cuatro: gestión proactiva

Por decirlo de una forma sencilla, ser «proactivo» significa anticiparse a los acontecimientos, lo opuesto a ser «reactivo». En la vida real, la gestión proactiva significa hacer un hábito de una serie de prácticas empresariales que, muy a menudo, son ignoradas: definir objetivos ambiciosos y revisarlos frecuentemente; establecer las prioridades de forma clara; centrarse en la prevención de problemas en vez de en apagar fuegos; plantearse *por qué* hacemos cosas en vez de defenderlas ciegamente con un «aquí las cosas se hacen así».

Ser realmente proactivo, lejos de ser aburrido o excesivamente analítico, es realmente un punto de partida para la creatividad y el cambio efectivo. La actuación reactiva de saltar de una crisis a otra da mucho trabajo y la falsa impresión de que uno está por encima de las cosas. En realidad, es una señal de que la dirección o la organización han perdido el control.

Seis Sigma, como veremos, abarca herramientas y prácticas que reemplazan los hábitos reactivos por un estilo de gestión dinámico, sensible y proactivo. Considerando el entorno competitivo actual, con escasos márgenes para el error, ser proactivo es (como dice el anuncio de unas líneas aéreas) «la única forma de volar».

Principio cinco: colaboración sin fronteras

«Sin fronteras» es uno de los mantras de Jack Welch para el éxito empresarial. Años antes de poner en marcha Seis Sigma, el presidente de GE trabajaba para romper las barreras y mejorar el trabajo en equipo, hacia arriba, hacia abajo y a través de las líneas de la organización. Las oportunidades disponibles a través de una mejor colaboración dentro de las empresas y con sus distribuidores y clientes son enormes. Cada día quedan sobre la mesa (o en el suelo) miles de millones de dólares, debido a la desconexión y a la competencia entre grupos que deberían trabajar para una causa común: proporcionar valor a los clientes.

Como hemos indicado anteriormente, Seis Sigma amplía las oportunidades de colaboración a medida que el personal aprende cómo encajan sus roles en la «imagen global» y puede reconocer y medir la interdependencia de las actividades en todas las partes de un proceso. La colaboración sin fronteras en Seis Sigma no significa un sacrificio desinteresado, pero requiere una comprensión tanto de las necesidades reales de los usuarios finales como del flujo del trabajo en un proceso o en una cadena de suministro. Además, requiere una actitud que impulse a utilizar el conocimiento de los clientes y procesos para beneficiar a todas las partes. Por tanto, el sistema Seis Sigma puede crear un entorno y unas estructuras de gestión que den soporte a un verdadero trabajo en equipo[11].

Principio seis: búsqueda de la perfección; tolerancia a los errores

Este último principio puede parecer contradictorio. ¿Cómo es posible encaminarse hacia la perfección y al mismo tiempo tolerar los errores? En esencia, sin embargo, ambas ideas son complementarias. Ninguna empresa llegará cerca de Seis Sigma sin lanzar nuevas ideas y métodos, que siempre suponen un riesgo. Si la gente que ve una posible vía hacia un mejor servicio, costes más bajos, nuevas capacidades, etc. (es decir, formas acercarse a la perfección), tiene demasiado temor a las consecuencias de sus errores, nunca lo intentará. El resultado será: estancamiento, putrefacción y muerte. (Bastante desagradable, ¿verdad?)

Por suerte, las técnicas que vamos a revisar para mejorar el rendimiento comprenden una dosis significativa de gestión del riesgo (si va a equivocarse, cometa fallos seguros). La idea fundamental, sin embargo, es que cualquier empresa que haga de Seis Sigma su objetivo tendrá que impulsarse constantemente para ser cada vez más perfecta (puesto que la definición de «perfecto» para el cliente estará en constante cambio), al mismo tiempo que estar dispuesta a aceptar y gestionar errores ocasionales.

Dónde se encuentra

Nos sorprendería si no se estuviera diciendo ahora mismo: «Ya estamos haciendo algunas de esas cosas». Pero recuerde que ya hemos señalado que una gran parte de Seis Sigma no es nueva. Lo que es nuevo es su capacidad para reunir todos estos principios en un proceso coherente de gestión.

A medida que lea esta introducción al método Seis Sigma, le animamos a tomar nota de lo que ya está haciendo y que coincide con los principios y herramientas Seis Sigma y a que continúe haciéndolo. Mientras tanto, sea honrado con los puntos fuertes y débiles de su empresa. Una cosa que hemos comprobado en Seis Sigma es que los resultados llegan mucho más rápido cuando la empresa está dispuesta a admitir sus fallos, a aprender de ellos y a empezar a definir prioridades para corregirlos.

Las empresas o los directivos que hinchan su pecho y proclaman tener todas las respuestas son invariablemente los que corren más peligro; dejan de aprender, pierden su posición y terminan por tener que escalar para recuperarla, si es que no es ya demasiado tarde.

Conceptos claves del sistema Seis Sigma

COMO TODOS LOS SISTEMAS, Seis Sigma está hecho de componentes esenciales que se combinan para orientarse hacia la mejora del rendimiento empresarial. Después de echar un vistazo en el Capítulo 1 a algunos resultados y principios de Seis Sigma, podemos profundizar en las preguntas «¿Qué es Seis Sigma?» y «¿Por qué Seis Sigma?», describiendo con mayor detalle los elementos clave del sistema.

El punto de vista Seis Sigma del liderazgo empresarial

Creación de un sistema en bucle cerrado[1]

Imagine que un niño está aprendiendo a montar en bicicleta y que usted, como padre, familiar, vecino, tiene que ayudarle y darle ánimo. Quiere que el niño aprenda, al igual que un inversor quiere que su negocio germine. Usted da un empujón al niño y le observa durante un rato cómo conduce graciosamente: equilibrado, con la cabeza recta, orgulloso. «¡Mira! ¡Lo he conseguido!», escucha justamente antes de que el niño se salga del camino y se vaya a la cuneta. Desde luego, usted sabe bien que los niños que aprenden a montar en bicicleta se equivocan y se van a parar a la cuneta al principio con bastante frecuencia, por lo que se limita a levantar al niño y a volverle a colocar en la bicicleta.

De igual forma, los negocios se salen del camino y se van a la cuneta. Y si tienen suerte o si se enderezan por sí mismas lo suficientemente deprisa, las empresas también pueden salirse del camino y volver a él. Sin embargo, si el error es demasiado serio, sus días de montar en bicicleta están contados; la empresa saldrá del mundo de los negocios.

Montar en bicicleta y el arte de la gestión Seis Sigma

Tanto la conducción correcta de la bicicleta como la gestión adecuada de la empresa (a largo plazo) se basan en lo mismo: un «sistema en bucle cerrado» en el que el análisis tanto de la información interna como externa («feedback» o «estímulos») indiquen al conductor/director cómo corregir el rumbo, mantenerse derecho y conducir con éxito. Un buen sistema en bucle cerrado debe funcionar incluso en un camino tortuoso o en un entorno empresarial inseguro. Pero, como podemos ver en cualquier patio de colegio, montar en bicicleta llega a ser mucho más natural que gestionar una empresa. Mucho después de que la mayoría de los niños conduzcan sin manos o incluso lleguen a hacer piruetas con la bicicleta, las empresas se siguen debatiendo en la incertidumbre del camino, esperando que nadie haya decidido colocar recientemente una curva[2].

Seis Sigma se basa en gran medida en la creación de sistemas empresariales en bucle cerrado que son lo suficientemente sensibles como para reducir la inseguridad de la empresa y mantenerla a salvo en el camino tortuoso del rendimiento y del éxito (véase la Figura 2.1). Sin embargo, en este caso, en vez de una bicicleta el vehículo es el *proceso* (o, realmente, muchos procesos). Los «estímulos» internos (como el oído interno) son las medidas de la actividad interior del proceso. Y son los elementos de *feedback* externo, los que indican a la compañía si ha conseguido sus objetivos y si todavía está en el buen camino: los beneficios, la satisfacción de los clientes y otras fuentes de datos muy diversas.

Figura 2.1 Sistema en bucle cerrado: mantenerse con éxito en el camino

Organización/Proceso

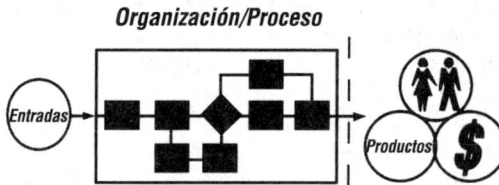

Figura 2.2   El modelo de proceso empresarial

En el vocabulario de Seis Sigma, la incertidumbre o incoherencia de un sistema empresarial es la «variación». Los tipos de mala variación que tienen un impacto negativo en los clientes se llaman «defectos». Y los métodos utilizados para crear, supervisar y *mejorar* ese sistema empresarial en bucle cerrado se llaman «gestión por procesos», «mejora de procesos» y «diseño/rediseño de procesos».

Mapeado del sistema: identificación de Xs e Ys

Para describir este concepto en bucle cerrado en las empresas Seis Sigma se suelen utilizar algunos conceptos de álgebra. (No es demasiado técnico, así que continúe leyendo.)

En la Figura 2.2 puede ver un modelo de compañía desde una perspectiva de flujo del proceso. En el extremo izquierdo se hallan las entradas al proceso (o sistema); en el centro está la organización o proceso en sí (representado como un mapa del proceso o diagrama de flujo). Finalmente, en el extremo derecho, están todos los clientes importantes, productos acabados y (esperemos) beneficios. En la Figura 2.3 hemos añadido algunas letras, que representan medidas o «variables» en diferentes puntos del sistema. Las «X» que aparecen en entradas y procesos son indicadores de cambio o rendimiento en las partes «aguas arriba» del sistema. Las «Y» de la derecha representan medidas del rendimiento de la empresa, como la puntuación final de un juego. La fórmula $Y = f(X)$ («Y función de X») sólo es una forma matemática

Organización/Proceso

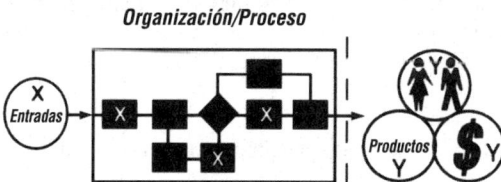

X: variable de entrada o de proceso; Y: variable de salida

$$Y = f(X)$$

Figura 2.3   Variables «aguas arriba» (X) y «aguas abajo» (Y)

de decir que los cambios o variables de las entradas y procesos del sistema determinarán qué valor tendrá la puntuación final (o Y).

El truco del sistema empresarial en bucle cerrado, y no es fácil, es doble:

1. Averiguar *cuál* de las X o variables del proceso empresarial y de las entradas tiene la mayor influencia en las Y o resultados.
2. Utilizar los cambios en el rendimiento general del proceso (también las Y, así como otros factores externos) para ajustar la empresa y mantenerla avanzando en un camino rentable.

En las empresas Seis Sigma, este lenguaje de las Xs y las Ys se convierte en rutina. Además, estas variables tienden a tomar diversos significados; por ejemplo:

Y puede significar

Objetivo estratégico.
Necesidad del cliente.
Beneficios.
Satisfacción del cliente.
Eficacia empresarial global.

X puede significar

Acciones esenciales para lograr los objetivos estratégicos.
Calidad del trabajo realizado en la empresa.
Influencias principales en la satisfacción del cliente.
Variables de proceso como selección de personal, tiempo de ciclo, cantidad de tecnología, etc.
Calidad de las entradas al proceso (desde clientes o proveedores).

La mayoría de las empresas y directivos tienen un conocimiento bastante limitado de las relaciones entre sus propias Xs e Ys. Mantienen sus bicicletas corporativas en el camino únicamente por suerte o incluso por hacer numerosas correcciones *importantes* sobre la marcha. Pero al utilizar los métodos Seis Sigma para comprender el sistema y las variables, una empresa puede aprender a supervisar y responder al *feedback* de manera que su trayectoria siga de forma más suave y más rápida. Igual que un ciclista experto, puede responder «automáticamente» a señales en sus procesos, proveedores, empleados y especialmente clientes y competidores, por lo que consigue nuevos niveles de solidez y rendimiento.

Introducción a la medida de Sigma («la gran Y»)

Es el momento de explicar con más detalle tanto el significado original del término Seis Sigma como la medida que describe. En este punto, solamente veremos algunos de los conceptos que subyacen en las mediciones Seis Sigma y lo que son esas mediciones. Para más información sobre los cálculos, puede leer el Capítulo 14.

Sigma, desviación típica y eliminación de la variación

La letra «sigma» con minúscula es una letra del alfabeto griego, σ, y se utiliza como símbolo en notación estadística para representar la «desviación típica» de una población. La desviación típica, como recordará de los cursos de estadística, es un indicador de la cantidad de «variación» o inconsistencia en cualquier grupo de elementos o procesos. Por ejemplo, cuando compra comida preparada que una vez está buena y caliente, y otra vez está echada a perder, eso es variación. O, si compra tres camisas de la misma talla y una es más pequeña, eso también es variación. De hecho, hay infinitos ejemplos de variación, porque todo varía en uno u otro grado; la variación es parte de la vida[3].

Los demonios de la variación

Al hablar de variación, la gente de Seis Sigma tiende a utilizar palabras como *demonio* y frases como «la enemiga», casi como si el diabólico Profesor Variación (¿primo del Doctor Infierno?) estuviese tratando de invadir el mundo. Sin embargo, es un hecho que la variación no es broma cuando afecta a los clientes. Si, por ejemplo, pido una hipoteca y el banco me dice que tardará «unas dos o tres semanas» en darme una respuesta (tienen una gran variabilidad en su proceso), eso puede tener un gran impacto sobre mi decisión de negociar o no con ese banco. Si lo hago, ¿quién sabe si obtendré el dinero a tiempo? Otro ejemplo: cuando usted llega a la sala de recogida de equipajes de un aeropuerto, nunca sabe si permanecerá allí 5 minutos ó 20 antes de que su maleta salga por la cadena, por lo que tiene que esperar unos 15 minutos cuando podría haber estado haciendo llamadas, leyendo, comprando helados o realizando cualquier otra actividad útil.

La variación en los productos es también un asunto importante. En productos electrónicos o mecánicos complejos, la variación en la corriente, la anchura o el peso de las distintas partes puede ir sumándose (a esto se le llama a veces «tolerancia al apilamiento») hasta que el conjunto falle. O, si una empresa fabrica un componente que otra empresa coloca en sus productos, su inconsistencia/variación puede obligarle a hacer un esfuerzo extraordinario para conseguir que el producto final funcione, lo cual no es una buena imagen para los clientes. Finalmente, si un cliente compra un tostador que tuesta una rebanada de pan, pero quema la siguiente, sin haber cambiado nada, eso puede desperdiciar un montón de pan.

Las ventajas de tomar una perspectiva sobre la variación

Observar la variación ayuda al directivo a comprender mucho mejor el rendimiento *real* de una empresa y sus procesos. En el pasado, y todavía hoy se da con frecuencia, las organizaciones medían y describían su trabajo en términos de «promedios»: coste promedio, tiempo de ciclo promedio, tamaño de envío promedio, etc. Pero los promedios puede realmente *ocultar* problemas al enmascarar la variación.

Por ejemplo, si usted promete a los clientes que los pedidos de piezas de repuesto se van a servir dentro de seis días laborables a partir de la fecha del pedido, puede parecerle positivo saber que su rendimiento *promedio* en la entrega de pedidos es de 4,2 días. *Pero* esa cifra promedio puede ocultar el hecho de que, debido a amplias variaciones en los procesos, más del 15 por ciento de los pedidos tardan *más* de seis días (es decir, ¡*tarde!*). Sin reducir la variación global, usted tendría que lograr un plazo de entrega promedio de *dos* días para hacer que todos los pedidos cumpliesen su promesa de seis días. Sin embargo, si reduce la variación de forma significativa, podría tener un plazo de entrega promedio de cinco días, *sin ningún* retraso. Por ello, comprender y manejar la variación puede beneficiar tanto a usted como a sus clientes, porque usted ya no tendrá que *compensar* los problemas impredecibles para cumplir su compromiso con los clientes. (En la mayoría de los casos, por ejemplo, un plazo de entrega de cinco días es más barato que conseguir uno de dos días.)

El objetivo de conseguir el rendimiento Seis Sigma es reducir o estrechar la variación hasta un grado que permita lograr seis Sigmas (o desviaciones típicas de variación) dentro de los límites definidos por las especificaciones del cliente. Para muchos productos, servicios y procesos eso significa un enorme y tremendamente útil grado de mejora.

Ir al trabajo con Seis Sigma

Podemos utilizar otro ejemplo para ilustrar la idea de la variación con algo más de detalle.

Digamos que usted ha decidido evaluar su «proceso» de ir al trabajo, con el objetivo de asegurarse de que llega a tiempo todos los días. «A tiempo» significa llegar a las 8:30 de la mañana, con un par de minutos de margen. Primero vamos a suponer (para que esto no se complique) que usted sale *siempre* de casa exactamente a las 8:12. Por tanto, sabe que su tiempo «objetivo» para llegar al trabajo es de 18 minutos. Para usted, los 18 minutos son ideales, porque le dan la oportunidad de prepararse para el trabajo y revisar sus planes para el día.

Puesto que es aceptable llegar dos minutos antes o después de las 8:30, los «límites de especificación» (o necesidades del cliente) van desde 16 a 20 minutos. Cualquier período de tiempo dentro de ese margen es aceptable para usted, como cliente de su proceso de acudir al trabajo. Estos límites se llaman LIE, que significa límite inferior de especificación (en inglés, LSL, *Lower Specification Limit*) y LSE, límite superior de especificación (en inglés, USL, *Upper Specification Limit*).

La siguiente cuestión es: ¿cuánto tiempo le lleva *realmente* llegar al trabajo? Para averiguarlo, tiene que reunir algunos datos, cronometrar sus viajes diarios durante varios meses. Algunas personas se preguntarán qué está haciendo con el cronómetro, pero usted ha sido un excéntrico toda su vida y hace lo que le parece. Cuando recopila los datos por primera vez tienen buena pinta: su tiempo promedio de llegar al trabajo es *exactamente* 18 minutos, ¡lo cual es «perfecto»!

Pero si lo miramos más de cerca, las cosas no son tan de color de rosa. Si pone todos los datos en un «histograma» (parecen tener forma de campana de Gauss), verá que en realidad hay una *gran* variación en el tiempo que necesita para ir de su casa a la oficina. Como puede ver en la Figura 2.4, hay muchos días que caen fuera de los límites de su especificación (cuando llega más de dos minutos antes o después

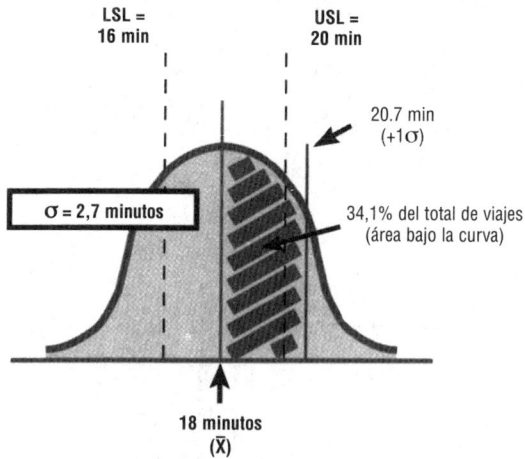

Figura 2.4 Variación del proceso de ir al trabajo antes de la mejora

de la hora). «No hay que asombrarse», dice usted, «porque algunos días el café no está listo y otros no hay donde aparcar».

Para confirmar la cifra de la variación en su proceso de ir a trabajar, usted calcula la desviación típica de los datos que ha reunido (una tarea bastante fácil si utiliza una hoja de cálculo o un programa de estadística). Con ello obtiene la desviación típica (σ) de 2,7 minutos (como muestra la Figura 2.4), lo que significa menos de una «sigma» dentro del límite de sus especificaciones de +/– 2 minutos de promedio.

Claramente, ¡no es bueno! Si usted quiere llegar *siempre* a tiempo, tendrá que empezar por salir de casa antes de su hora acostumbrada de las 8:12. Pero entonces, desde luego, muchos días llegará antes de la hora, se encontrará solo y perderá el tiempo; además le tocará preparar el café. Además de esto, si ha escuchado las casetes de Seis Sigma en su viaje a la oficina, sabe que una variación como ésa es *el enemigo* y debe eliminarla.

Por tanto, usted se pone en marcha para mejorar su proceso de ir al trabajo: por ejemplo, se acaban los atajos. Hace calibrar el velocímetro de su coche para conseguir una velocidad precisa. Se autodisciplina para no quedarse en el aparcamiento escuchando un disco más de los sesenta antes de entrar en el edificio. *Etcétera*. Después de adoptar estas mejoras, reúne ansiosamente más datos sobre su tiempo de viaje.

Como puede ver en la Figura 2.5, ¡sus esfuerzos han funcionado! El tiempo promedio sigue siendo 18 minutos, pero la variación se ha reducido *mucho*. Si puede mantener este nivel de forma consistente (por ejemplo, con un buen método de control de su proceso de ir a trabajar), las posibilidades de llegar al trabajo en menos de 16 minutos o en más de 20 son *casi cero*.

Hablando estadísticamente, usted ha reducido la desviación típica de 2,7 minutos a solamente 0,33, lo que significa que puede llegar a encajar hasta *seis* des-

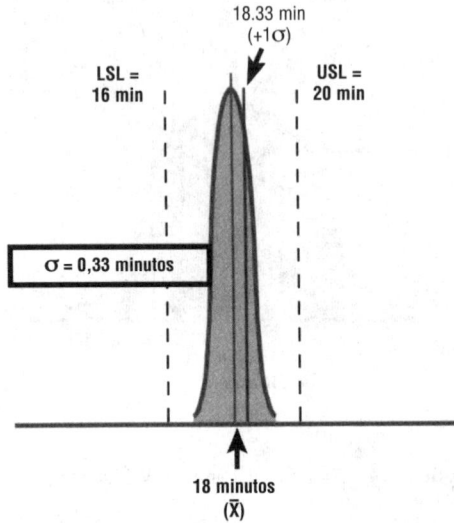

Figura 2.5   Variación del proceso de ir al trabajo mejorado a 6 σ

viaciones típicas desde su promedio dentro de las especificaciones. ¡Esto son prestaciones Seis Sigma!

Cualquier *empresa* que pueda reducir su variación a ese grado ganará enormemente en eficiencia, por no mencionar la satisfacción del cliente. De esta manera, no hay duda alguna de que Seis Sigma es un objetivo atractivo para muchos directivos.

Clientes, defectos y niveles Sigma

En el ejemplo anterior hemos descrito el rendimiento Seis Sigma en cuanto a la reducción de la Sigma de un proceso (es decir, su desviación típica), o bien la disminución de la horquilla de variación, con el fin de ajustar todos los resultados a las especificaciones del cliente[4]. Desde luego que no todos los problemas o conjuntos de datos tienen una representación en forma de «campana de Gauss», pero, afortunadamente, podemos utilizar un método más sencillo para explicar y calcular Seis Sigma, que funciona en la mayoría de las situaciones.

El anterior Director de Calidad de Motorola, Alan Larson, que trabajó estrechamente con Bill Smith (el que patrocinó el desarrollo del sistema de medida Seis Sigma), dice que la simplicidad del método que vamos a explorar es una de sus ventajas. Larson explica: «En realidad es un sistema matemático, no estadístico. Lo bonito es que todo lo que hay que saber es contar, sumar y dividir, no es necesario saber estadística».

La primera etapa, fundamental para Seis Sigma, es definir con claridad lo que quiere el cliente como una necesidad explícita. En el lenguaje de Seis Sigma, estos

Tabla de conversión simplificada de Sigma		
Si su rendimiento es...	Su DPMO es...	Su Sigma es...
30,9 %	690.000	1,0
69,2	308.000	2,0
93,3	66.800	3,0
99,4	6.210	4,0
99,98	320	5,0
99,9997	3,4	6,0

Figura 2.6   Tabla de conversión simplificada de Sigma

requisitos se suelen llamar «CTQ», que son las siglas de *Critical To Quality,* que se podría traducir por características «críticas para la calidad». (También se pueden llamar «resultados clave» o «Y» del proceso, o bien «límites de especificación».) La siguiente etapa es contar el número de defectos que se producen. Hemos utilizado ese término con demasiada frecuencia, pero tenemos que darle una definición clara:

Un defecto *es cualquier caso o evento en que el producto o proceso fracasan en la satisfacción de la necesidad del cliente.*

Una vez hemos contado los defectos, podemos calcular el «resultado» del proceso (el porcentaje de elementos sin defectos) y utilizar una tabla para determinar el «nivel Sigma».

Los niveles Sigma de rendimiento se suelen expresar en «Defectos Por Millón de Oportunidades» o «DPMO», que también aparecen en la Figura 2.6. DPMO indica simplemente el número de errores que se producirían si se repitiera una actividad un millón de veces. Al tener en cuenta las oportunidades de defecto en los tratamientos de la información, Motorola hizo más realista el cómputo del rendimiento en los diferentes procesos. Trataremos los cálculos DPMO en el Capítulo 14, pero, por ahora, puede considerarlo simplemente otra forma de describir la calidad o capacidad de un proceso.

Resumen de los beneficios de la medida de Sigma

Las empresas que adoptan el sistema Seis Sigma han observado que el método de la «escala Sigma» para evaluar el rendimiento de un proceso les ofrece algunas ventajas significativas. Veamos un resumen de la medida de Sigma.

1. *Empiece por el cliente.* La medida de Sigma demanda una clara definición de las necesidades del cliente. Esa claridad puede beneficiarle tanto a *usted* como al cliente, en cuanto a considerar lo que realmente es importante.
2. *Proporcione una medida consistente.* Centrándose en los defectos y en las oportunidades de defecto, las medidas Seis Sigma se pueden utilizar para medir y comparar procesos muy diferentes dentro de una organización, o entre organizaciones. Una vez definidos claramente los requisitos, es posible defi-

nir un «defecto» y medir casi cualquier tipo de actividad o proceso empresarial. Veamos unos pequeños ejemplos:

- Erratas en un documento.
- Esperas largas en un centro de llamadas.
- Entregas con retraso.
- Envíos incompletos.
- Errores en la medicación.
- Fallos en la alimentación eléctrica.
- Fallos en los sistemas de computación.
- Escasez de piezas de repuesto.
- Reparaciones posventa.
- Discrepancias en la comprobación de gastos.

3. *Vincule con un objetivo ambicioso.* Tener toda una organización enfocada a un objetivo de rendimiento del 99,9997 por ciento de perfección puede crear una palanca significativa para la mejora. El método de medida Seis Sigma, siempre que se inviertan algunos esfuerzos en configurarlo adecuadamente, puede crear un «lenguaje de medición» común utilizable en toda la empresa.

Medidas Sigma: considere sus opciones

Es importante observar que no hay nada obligatorio en el uso de la escala Sigma. En primer lugar, es posible conseguir un rendimiento Seis Sigma y nunca mirar una tabla de conversión Sigma. Además, hay otras formas válidas de medir y expresar el rendimiento de un proceso o producto/servicio. Por ejemplo, el personal de calidad de fabricación ha venido utilizando varios métodos de medida durante años, como gráficos de control e indicadores de capacidad del proceso, que le pueden ofrecer una perspectiva similar de la calidad del proceso.

También conviene tener en cuenta algunas de las cuestiones «logísticas» que rodean las medidas Seis Sigma:

- ✦ Para aplicar con efectividad las medidas Seis Sigma en toda la organización es necesario establecer unas líneas maestras. De otra forma se pueden calcular de forma inconsistente, con un error potencial si se comparan dos grupos basados en suposiciones diferentes. En Motorola, por ejemplo, se nombró un comité para establecer las líneas maestras de cómo calcular las medidas Sigma.
- ✦ Las medidas Sigma no son «estáticas». Cuando las necesidades del cliente se modifican, cambia también el rendimiento Sigma, generalmente para empeorar. Por ejemplo, si el cliente le informa de que ya no le sirven las entregas de un día para otro, sino que las necesita *en el día*, su rendimiento sufrirá probablemente un cambio. En algunas organizaciones Seis Sigma, los cálculos continúan, durante un período, obteniéndose simultáneamente en base a las «reglas anteriores» y las «nuevas reglas», para facilitar la transición.
- ✦ Como suele suceder con cualquier medida, obtener los niveles Sigma en los procesos de toda la organización necesita tiempo y recursos. Tendrá que definir prio-

ridades sobre lo que se puede y debe medir. No espere obtener datos exactos del rendimiento Sigma para todas las áreas de la empresa a corto plazo.

Sobre todo, es conveniente que piense en las medidas en escala Sigma como un elemento opcional del sistema Seis Sigma. Sabemos de algunas empresas, incluyendo algunas del grupo GE, que expresan sus medidas globales como DPMO y sólo ocasionalmente las traducen a la escala Sigma.

Un punto final: ninguna de estas medidas de resultados, o Y, mejorará su rendimiento por sí sola. Sin los métodos de análisis y mejora, y sin datos para determinar lo que puede hacer que la organización funcione más eficazmente, DPMO o Sigma solamente representan un valor final. Veamos a continuación el método que conduce a la mejora Seis Sigma.

Estrategias de gestión y mejora Seis Sigma

El conocimiento del cliente y las medidas eficaces son el combustible del sistema Seis Sigma. El motor al que impulsan está construido a partir de tres elementos básicos (véase la Figura 2.7), todos los cuales se centran en los procesos de su organización. La unión de estos métodos es una de las innovaciones más importantes (y menos reconocidas) que aporta Seis Sigma.

Mejora del proceso: encontrar y abordar soluciones

La expresión «mejora del proceso» se refiere a una estrategia de desarrollo de soluciones orientadas a eliminar las causas raíz de los problemas de rendimiento de la

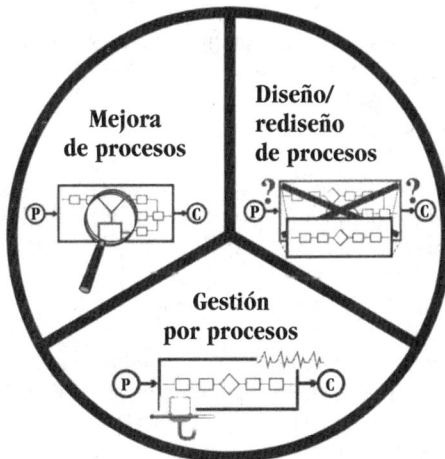

Figura 2.7 Las tres estrategias Seis Sigma

empresa. Se han utilizado otros vocablos sinónimos como «mejora continua», «mejora incremental» o «Kaizen» (término japonés que significa «mejora continua»). En esencia, el trabajo para la mejora de procesos busca solucionar un problema mientras deja intacta la estructura básica del proceso de trabajo. En términos Seis Sigma, el énfasis se sitúa en encontrar y abordar soluciones que controlen los «poco vitales» (la X) que causan el problema o el fallo (la Y). Por tanto, la inmensa mayoría de los proyectos Seis Sigma son trabajos de mejora de procesos.

La empresa Transportes Acuáticos Sigma

Imagine que su empresa está en el sector de transportes acuáticos y su cuota de mercado consiste en trasladar gente en una barca de remos a través de un canal de cuatrocientos metros de anchura. Sus clientes típicos son gente que pasa el fin de semana de *picnic* o en la naturaleza, por lo que viajar en una barca de remos satisface plenamente sus necesidades.

Sin embargo, algunos días laborables están llegando clientes de un nuevo tipo: gente que *acude al trabajo* intentando eludir el tráfico de ida y vuelta que puebla el puente sobre el canal. Sus necesidades de velocidad son algo más exigentes, porque tienen que llegar rápidamente al otro lado. Además, puesto que usted únicamente puede llevar tres personas cada vez, comienza a formarse una cola en las orillas a cada lado del canal.

Cuando usted empieza a reunir datos, se encuentra con que cruzar el canal le lleva un promedio de 7,5 minutos en cada dirección y su lento tiempo de ciclo está produciendo aglomeraciones en los muelles. Su problema es obvio: la barca (su proceso) resulta actualmente demasiado lenta.

En una tormenta de ideas con su equipo directivo (su esposa, hijos y algunos vecinos), usted desarrolla una lista de formas de mejorar el proceso/barca para que vaya más rápida e incremente su capacidad. He aquí algunas de las ideas:

- ¡Remar más deprisa! (usted se pregunta: ¿me están llamando perezoso?).
- Poner una persona en cada remo.
- Poner remos más grandes.
- Entregar paletas a los pasajeros.
- Poner una vela.
- Arrancar los percebes de la barca.
- Eliminar el peso sobrante (usted piensa: ¡pero a mí lo que me gusta es tomarme una cerveza mientras remo!).
- Poner un motor fuera borda.
- ¡Poner un motor fuera borda *bien grande*!

Al principio, usted no tiene la seguridad de cuál es la mejor idea; por tanto, reúne algunos otros datos y encuentra que hay dos soluciones que son las más rentables y que van directamente a la causa raíz de la lentitud de sus viajes. Decide raspar el casco de la barca y aumentar su velocidad de golpe de remo en 10 por minuto; y, con toda seguridad, recortará el tiempo de sus viajes en tres minutos.

Al cabo de unos meses, sin embargo, el negocio ha crecido y el «problema» ha vuelto a presentarse: colas en los muelles. Su siguiente solución es comprar un motor fuera borda de tamaño mediano, que pueda pagar gracias al incremento de los ingresos. El motor funciona estupendamente y ahora el proceso/barca está yendo como la seda. Ha conseguido reducir el viaje de 15 minutos a 5. Ya está en marcha la *Compañía de Transportes Acuáticos Sigma* (el nuevo nombre de su empresa). ¡Los clientes están estupefactos! Y usted ha logrado el éxito al implantar dos rondas completas de mejora del proceso.

Diseño/rediseño de procesos: construcción de una empresa mejor

Una de las razones por las que los directivos perdieron la paciencia con las iniciativas de «calidad» en los años ochenta fue la lentitud de las mejoras que parecían generar. Esta frustración abrió la puerta a una nueva moda: el *boom* de la «reingeniería» de principios de los noventa. Aunque la reingeniería terminó por producir sus propias decepciones, lo cierto es que ofreció una importante perspectiva para alcanzar un mejor rendimiento empresarial: las mejoras incrementales por sí solas no le permiten seguir los rápidos pasos de los cambios en las áreas de tecnología, requisitos de cliente y competencia.

Ése fue el motivo por el que Seis Sigma aúna la mejora de procesos con el diseño/rediseño, incorporándolos como estrategias esenciales, complementarias para el éxito sostenido. En el modo diseño/rediseño, el objetivo no es solucionar sino más bien reemplazar un proceso (o una parte de un proceso) con otro nuevo. También está enlazado al diseño de productos y servicios, lo que se suele llamar «Diseño para Seis Sigma», en el que se utilizan los principios Seis Sigma para crear nuevos productos y servicios estrechamente vinculados a las necesidades del cliente y validados por datos y pruebas.

En el mundo empresarial de hoy en día, cualquier empresa que no reconsidere con regularidad al menos algunos procesos clave, no va a permanecer en la cumbre durante mucho tiempo. Chuck Cox, un orador, consultor y coautor de un libro sobre diseño de procesos y productos, dice que probablemente haya una regla de oro para «rediseñar los procesos principales cada cinco años. Ésa es la velocidad a la que cambian las cosas». Incluso el líder de la reingeniería Michael Hammer indicó que la mejora continua «y la reingeniería terminan encajando juntos a lo largo de la vida de un proceso. Primero, se mejora el proceso hasta que su vida útil expira y, en ese momento, se aplica la reingeniería. Después, se retoma la mejora y todo el ciclo empieza de nuevo»[5].

Rediseño principal en Transportes Acuáticos Sigma

El éxito de la mejora de procesos de su empresa de transportes acuáticos va más allá de todos su sueños. Las colas de los muelles son más largas que nunca. Además, le están llegando peticiones de sus clientes para transportarles canal abajo hasta la bahía, lo que no solamente es un largo viaje, sino peligroso para su barca. Se está haciendo patente que su proceso/barca ya no sirve para el negocio. Ha alcanzado lo que los expertos en diseño de procesos llaman su «*entitlement*», es decir, el límite de la capacidad para la que fue diseñada. Cuando un proceso de trabajo llega a esa barrera, por ejemplo, cuando la estructura o las premisas básicas de un proceso no se mantienen adecuadas a las necesidades u oportunidades cambiantes, la única salida real es diseñar un nuevo proceso. En otras palabras: ¡ha llegado el momento de comprar otro barco!

El mero hecho de tomar esa decisión puede abrir un nuevo panorama completo de innovación que no hubiera existido si usted se hubiese limitado a «soluciones». Las implicaciones del diseño o rediseño del proceso, como en este caso, de adquirir un barco nuevo, pueden ser enormes. En primer lugar, un barco nuevo o un proceso nuevo puede ser una gran inversión. Pero hay numerosas consideraciones a tener también en cuenta:

- *Habilidades.* ¿Sabe manejar un barco más grande? Usted o cualquiera que trabaje con usted tendrán que formarse y quizá incluso obtener una titulación para manejar el nuevo equipo y los nuevos procedimientos. La gente puede encontrarse en trabajos completamente nuevos que no esperaban tener que realizar o incluso que ni siquiera desean.
- *Clientes.* ¿Cómo van a responder a un barco nuevo? ¿Echarán mucho de menos la intimidad del servicio y la facilidad del acceso a la barca de remos? ¿Puede usted continuar atrayendo suficientes clientes para su travesía? ¿Por qué vienen en realidad los clientes a usted, por el transporte o por la «experiencia de la barca de remos»?
- *Competencia.* ¿Invadirán su mercado las principales compañías de ferries y otras empresas de transporte marítimo? ¿Tendrá usted el suficiente negocio como para comprometerse a este nuevo y gran barco?
- *Otros procesos e infraestructuras.* Usted y sus escasos ayudantes han podido manejar la venta de billetes, reservas, embarque y desembarque y el mantenimiento de su barca de remos con motor fuera borda. Sin embargo, con el nuevo barco, los procesos a ambos lados del canal también tendrán que mejorar o rediseñarse.

Además, a pesar de todas estas preocupaciones y consideraciones, usted se da cuenta de que no tiene elección. Sin el salto significativo (exponencial) en el rendimiento que su nuevo barco seguramente va a traer consigo, su negocio se estancará y probablemente pierda su posición en el mercado del transporte local. Por tanto, usted sigue adelante y hace una mayor inversión en tiempo, dinero y creatividad para actualizar sus procesos y comprar un nuevo miniferry de 30 pasajeros. Después de un cuidado diseño y una buena planificación y verificación, la nueva empresa *Transportes Acuáticos por Ferry Sigma* se pone en marcha felizmente y usted alcanza un nuevo y completo nivel de rendimiento.

Gestión por procesos: la infraestructura para el liderazgo de Seis Sigma

La tercera estrategia clave de Seis Sigma se puede considerar una estrategia de evolución. Implica un cambio en el enfoque desde supervisar y dirigir las funciones a comprender y facilitar los procesos, el flujo de trabajo que proporciona valor a los clientes y a los accionistas. En un método maduro de gestión por procesos, los principios y métodos Seis Sigma se convierten en parte integrante del funcionamiento de la empresa:

- Los procesos se documentan y gestionan «de extremo a extremo» y la responsabilidad está asignada de manera que garantice la gestión interfuncional de los procesos críticos.
- Las necesidades del cliente están claramente definidas y son actualizadas regularmente.
- Las medidas de los resultados, las actividades de los procesos y las entradas son completas y significativas.
- Los directivos y los socios (incluyendo los «propietarios de los procesos») utilizan la medición y la gestión del conocimiento de los procesos para evaluar el rendimiento en «tiempo real» y emprender acciones para gestionar problemas y oportunidades.
- La mejora de procesos y el diseño/rediseño de procesos, construidos con las herramientas de mejora Seis Sigma, se emplean para elevar constantemente los niveles de rendimiento, competitividad y rentabilidad de la empresa.

Hemos descrito la gestión por procesos como «evolucionaria» porque es un método que las organizaciones tienden a aprender y desarrollar lentamente. El crecimiento de la gestión por procesos como práctica contribuye realmente a la expansión de Seis Sigma en un sistema de gestión completo.

Gestión por procesos del Instituto Acuático Sigma

Una vez que ha reflotado totalmente su negocio y ha relanzado los procesos con el nuevo ferry, usted se plantea: «Nunca más tendré una oportunidad tan grande como la que he tenido». Por tanto, se pone en marcha para establecer un método más proactivo, orientado a clientes y a procesos, para dirigir la empresa. Asigna a los miembros de más alto nivel de su personal ponerse a cargo de las actividades principales: promociones y ventas, reservas y embarque de clientes, operaciones a bordo, atraque y desembarque. En vez de «departamentos», los describe como «procesos», traza un mapa de todos ellos y lo acompaña de medidas clave.

En *Transportes Acuáticos por Ferry Sigma*, cada directivo hace el seguimiento de su proceso crítico, comunicándose con sus colegas para garantizar interacciones adecuadas (con los clientes en particular) y para compartir datos de utilidad. El propietario del proceso «adquisición de clientes» (es decir, Ventas) amplía sus trabajos de investigación de clientes y competencia, por lo que le proporciona información mejor y más actualizada respecto a la forma en que se comporta su servicio, así como de las posibles oportunidades o peligros. Al disponer de medidas clave para las horas de llegada, los factores de servicio, el embarque de pasajeros, la eficacia del barco (por ejemplo, el empleo de combustible) le ayudan a obtener una sana rentabilidad mientras aumenta al máximo la satisfacción de los clientes. Su organización ya no va de crisis en crisis; se ha convertido en una *máquina* bien afinada.

Cuando empieza a solidificar su sistema de gestión basado en Seis Sigma, forma a nuevo personal en un modelo común que conduce todos los proyectos de mejora de procesos o diseño/rediseño. Este modelo, al que usted llama «DMAMC», ofrece a su gente un modo coherente de gestionar los cambios y mejoras en su creciente organización.

El modelo de mejora DMAMC de Seis Sigma

Ha habido muchos «modelos de mejora» aplicados a procesos durante años, desde que se inició el movimiento de la calidad. La mayoría de ellos se basaron en los procedimientos que introdujo W. Edwards Deming en su método Planificar-Hacer-Comprobar-Actuar o P-D-C-A *(Plan-Do-Check-Act)*, que describe la lógica básica de la mejora de procesos basados en datos[6].

✦ *Planificar.* Revise el rendimiento actual para descubrir problemas y deficiencias. Reúna datos sobre los problemas principales. Identifique y apunte a las causas raíz de los problemas. Instrumente posibles soluciones y planifique una prueba de implantación de las soluciones con más alto potencial.
✦ *Hacer.* Realice una prueba piloto de la solución planificada.
✦ *Comprobar (o estudiar).* Mida los resultados de la prueba para ver si se han alcanzado los objetivos deseados. Si surgen problemas, busque las barreras que están interfiriendo en sus trabajos de mejora.
✦ *Actuar.* Basándose en la solución y evaluación sugeridas por la comprobación, perfeccione e implante la solución para que sea permanente; incorpore el nuevo método a donde sea aplicable. *Vuelta a empezar...*

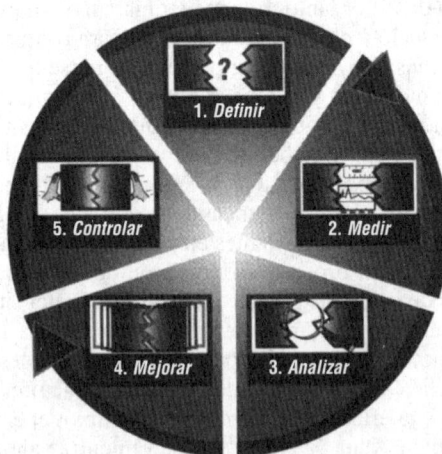

Figura 2.8 El modelo de mejora DMAMC de Seis Sigma

Definir-Medir-Analizar-Mejorar-Controlar o DMAMC

En este libro vamos a utilizar y hacer referencia a un ciclo de mejora de cinco etapas que se ha convertido en algo cada vez más común en las organizaciones Seis Sigma: Definir-Medir-Analizar-Mejorar-Controlar o DMAMC (véase la Figura 2.8)[7]. Como los otros modelos de mejora, DMAMC se basa en el ciclo original PDCA; sin embargo, utilizaremos DMAMC para aplicarlo *tanto* a la mejora como al diseño/rediseño de procesos. Por tanto, siempre que hagamos referencia a «proyectos DMAMC» a lo largo del libro, estaremos hablando de los esfuerzos para utilizar cualquier estrategia de mejora Seis Sigma. La Figura 2.9 ofrece un dia-

Procesos de mejora Seis Sigma

	Mejora de procesos	Diseño/rediseño de procesos
1. Definir	✓ Identificar el problema ✓ Definir los requisitos ✓ Establecer el objetivo	✓ Identificar problemas genéricos o específicos ✓ Definir el objetivo/ cambiar la visión ✓ Clarificar el alcance y los requisitos de cliente
2. Medir	✓ Validar el problema/proceso ✓ Redefinir el problema/objetivo ✓ Medir los pasos/entradas clave	✓ Medir el rendimiento respecto a los requisitos ✓ Obtener datos de la eficiencia del proceso
3. Analizar	✓ Desarrollar hipótesis sobre las causas ✓ Identificar las causas raíz («pocas vitales») ✓ Validar las hipótesis	✓ Identificar las «mejores prácticas» ✓ Evaluar el diseño del proceso • Con valor/sin valor añadido • Cuellos de botella/elementos inconexos • Caminos alternativos ✓ Depurar los requisitos
4. Mejorar	✓ Desarrollar ideas para eliminar las causas raíz ✓ Probar las soluciones ✓ Estandarizar la solución/medir los resultados	✓ Diseñar el nuevo proceso • Asumir retos • Aplicar creatividad • Principios de *workflow* ✓ Implantar los nuevos procesos, estructuras y sistemas
5. Controlar	✓ Establecer medidas estándar para mantener el rendimiento ✓ Corregir los problemas según sea necesario	✓ Establecer medidas y revisiones para mantener el rendimiento ✓ Corregir los problemas según sea necesario

Figura 2.9 Visión general de los pasos en la mejora y diseño/rediseño de procesos según el modelo DMAMC

grama de las principales actividades de DMAMC, comparando los procedimientos de «mejora de procesos» y de «diseño/rediseño de procesos».

Definición de la «organización Seis Sigma»

Para terminar con el tema de los conceptos fundamentales de Seis Sigma, echaremos un breve vistazo a la noción de «organización Seis Sigma». En el capítulo siguiente, cuando comparemos TQM y Seis Sigma, podrá ver con mayor claridad lo que es una organización Seis Sigma.

La definición que proponemos para una *organización Seis Sigma* (y a la que nos adherimos a lo largo de este libro) es la siguiente:

Una organización que trabaja activamente para incorporar los principios y prácticas de Seis Sigma a sus actividades diarias de gestión, y que muestra mejoras significativas en el rendimiento de sus procesos y en la satisfacción de sus clientes.

A continuación incluimos algunas notas que acompañan esta definición.

1. Para estar cualificado, usted no precisa haber alcanzado niveles de rendimiento Seis Sigma (99,9997 por ciento de perfección) en todos sus procesos. Algunas personas extraen la falsa conclusión de que una «organización Seis Sigma» como GE o Motorola ha alcanzado este «nirvana de calidad» en toda la empresa (algo que está lejos de ser cierto). Puede que lo hayan conseguido en algunos procesos (en la compañía de comunicaciones por satélite GE Americom hemos oído hablar de algunos niveles de rendimiento Seis Sigma), pero ninguna empresa tiene más que unos pocos procesos a ese nivel (todavía). Aun así no desespere: simplemente conseguir que todos los procesos se encuentren a un nivel de cuatro Sigma (99,37 por ciento de rendimiento) sería un logro enorme para cualquier compañía.
2. *El mero hecho de usar medidas o unas pocas herramientas de Seis Sigma no cualifica a una compañía para ser considerada como una «organización Seis Sigma»*. Nuestra definición implica unos criterios más estrictos, al demandar un amplio espectro de actividades y compromisos. Una verdadera «organización Seis Sigma» debería ser aquella que ha aceptado el desafío de medir y mejorar todos sus procesos, con el objetivo de construir el sistema con capacidad de respuesta, en «bucle cerrado», que hemos descrito anteriormente. O bien tomar prestado un principio de AlliedSignal: «Crear una cultura para un cambio continuo». Si, por ejemplo, su compañía aplica técnicas Seis Sigma para mejorar los diseños de nuevos productos, es fantástico hacer uso de métodos Seis Sigma. Pero esto todavía no convierte a su empresa en una «organización Seis Sigma».

A propósito, no hay nada equivocado en *no* lanzarse a ser una organización Seis Sigma desde el principio. Puesto que estamos incitando a cualquiera que lea este libro a elegir su propia vía hacia Seis Sigma, se debería sentir cómodo haciendo una pausa antes de decidir si *quiere* ser una organización Seis Sigma. Si nos preguntara: «¿Es correcto usar aquellas *partes* del sistema que sean de mayor utilidad para nosotros?», le responderíamos: «Sí, es perfecto».

3. *No tiene por qué* denominarla *Seis Sigma para* ser *una organización Seis Sigma.* El sistema, los métodos y el compromiso son mucho más importantes que el nombre que le dé a su esfuerzo de mejora. Algunas empresas pueden encontrar que el nombre Seis Sigma es demasiado «oscuro», o que no es el más apropiado para usar como reclamo para su esfuerzo de renovación continua. De hecho, uno de nuestros clientes (llamémosle «XYZ») ha implantando con éxito muchas de las prácticas Seis Sigma que describimos en este libro. Ellos han elegido denominarlo «Sistema de Gestión XYZ», pero los beneficios que han obtenido no son menos significativos que los que habrían conseguido si lo hubieran llamado Seis Sigma.

Conforme más y más compañías adoptan Seis Sigma (sinceramente o sólo de cara a la galería), el peligro surge cuando el término «organización Seis Sigma» pierde su significado. Nuestro deseo es que el éxito de los esfuerzos Seis Sigma no se debilite por una excesiva promoción («Estamos con Seis Sigma, ¿a que es genial?») o por un bombo publicitario sin garantía alguna. Las compañías que alcancen el éxito por medio de Seis Sigma deberían comprobar que sus efectos se reflejan en la cuenta de resultados y en los clientes (y no debería ser necesario «vender» en exceso los esfuerzos realizados).

¿Por qué Seis Sigma tiene éxito donde «falló» la Calidad Total?

N os quejamos de las exageraciones ajenas, y luego somos indulgentes en cuanto a las propias. Respecto al título de este capítulo, debemos admitir que contiene algo de exageración.

En primer lugar, aunque Seis Sigma está triunfando definitivamente en la generación de algunos resultados y cambios culturales impresionantes en ciertas organizaciones influyentes, lo cierto es que todavía no es un éxito *muy generalizado*, precisamente en el momento en que muchas empresas todavía están empezando iniciativas de ese sistema. Además, aunque la Gestión de la Calidad Total (TQM) y la mejora continua de procesos son menos visibles en muchas empresas de lo que lo eran a principios de los noventa, no podemos decir que «la TQM ha muerto». Muchas compañías siguen comprometidas con trabajos basados en los principios y herramientas de TQM. Y Seis Sigma, como la historia que vimos en el Capítulo 1, es, en muchos aspectos, un renacimiento vigoroso de los ideales y métodos de calidad, puesto que se aplica incluso con mayor pasión y compromiso de lo que se hacía en el pasado.

Además, la premisa básica del título de este capítulo es exacta: Seis Sigma revela un potencial de éxito que va más allá de los niveles de mejora logrados con muchos de los esfuerzos de la Gestión de la Calidad Total. Los anteriores programas de calidad fueron a menudo víctimas de errores que dañaron tanto a sus resultados como a la reputación de TQM, errores que fácilmente podrían repetir las empresas que ahora están probando Seis Sigma.

Por tanto, esperamos que los ejemplos y métodos de amplio alcance que hemos incluido en este libro ayuden a las empresas que ya están comprometidas con la «calidad» o con la «mejora de procesos» a perfeccionar sus trabajos y conseguir una mejor comprensión de todo el sistema Seis Sigma.

Seis Sigma y los fallos de la Gestión de la Calidad Total

Si la TQM ha dejado tras de sí un legado positivo, todavía se mantiene con vida en muchas organizaciones y ha proporcionado el ímpetu para la creación del sistema Seis Sigma, ¿por qué tiene mala reputación? En parte, esta visión negativa es una simple percepción, el precio que la TQM ha tenido que pagar por haber permanecido en la cumbre absoluta durante estos años. Sin embargo, igual de importante es el sabor que los numerosos métodos de trabajo que hemos introducido y gestionado han dejado en la boca de muchos veteranos de la TQM. Por tanto, la gente que ha visto y trabajado en «calidad» puede ser la más difícil de convencer de que Seis Sigma tiene realmente algo nuevo y superior que ofrecer.

Algunos de los errores en los esfuerzos de la TQM de ayer se pueden repetir en una iniciativa Seis Sigma si no tenemos cuidado. La Tabla 3.1 ofrece una revisión de algunos de los mayores fallos de la Gestión de la Calidad Total, así como sugerencias de cómo puede el sistema Seis Sigma evitar que se perjudiquen su esfuerzo.

Tabla 3.1 Seis Sigma frente a la TQM

Fallo de la TQM: falta de integración	Solución Seis Sigma: vínculos con el negocio y el personal de base
La calidad solía ser una actividad «colateral» separada de los asuntos principales de la estrategia de la compañía. Los signos de advertencia incluían un «comité de calidad» formado por delegados en vez de por gente del equipo directivo, o personal del «departamento» de calidad sin vínculo alguno con las *P&L* (acrónimo inglés de *Profit&Loss,* pérdidas y ganancias). Otra deficiencia en la integración surgía cuando los mandos intermedios de la empresa quedaban fuera del proceso de decisión y la autoridad para resolver los problemas se entregaba a equipos sobre los que no existía control oficial alguno. La verdadera integración quedaba socavada también cuando, a pesar de la expresión «Calidad Total», el trabajo realmente se limitaba a funciones de producción y de fabricación.	Las organizaciones Seis Sigma han puesto en acción la gestión, la mejora y la medida de procesos, como parte de las responsabilidades diarias, especialmente de sus directores de operaciones. Los incentivos (por ejemplo, el 40 por ciento de la retribución por objetivos del personal de GE quedó vinculada a Seis Sigma) ayudaron a reforzar el mensaje de que Seis Sigma es «parte del trabajo». Un área que todavía demanda atención es la aplicación de Seis Sigma a los procesos administrativos o de servicios; sin embargo, se han logrado algunos éxitos enormes en la unidad financiera de GE Capital Services.

Tabla 3.1 *(continuación)*

Fallo de la TQM: apatía del liderazgo	Solución Seis Sigma: liderazgo en vanguardia
En cada esfuerzo que la TQM ha llevado a cabo, los líderes se comprometían activamente a dirigir el proceso. Con mucha mayor frecuencia, sin embargo, ha sido aparente el escepticismo de la alta dirección o bien ha resultado débil su voluntad para llevar a cabo las ideas de calidad. En esas organizaciones, la calidad fue algo «temporal» y cuando los líderes que la iniciaron abandonaron la compañía, quedó demostrado que la calidad había sido algo pasajero.	Resulta incuestionable la pasión por Seis Sigma y la creencia en este método por parte de la alta dirección de empresas como Bombardier, AlliedSignal y GE. Junto con esa pasión (y con una disponibilidad para dar golpes de tambor casi constantemente en honor del sistema Seis Sigma), está el reconocimiento de uno de los directivos de que Seis Sigma es sinónimo de reinvención constante en la empresa. Siempre decimos que la señal que denota que un departamento o empresa está madura para adoptar Seis Sigma se produce cuando su alta dirección ha decidido que el cambio es esencial para un éxito continuado (dando por descontado la supervivencia).

Fallo de la TQM: un concepto difuso	Solución Seis Sigma: un mensaje simple, consistentemente repetido
La confusión de la TQM empezó con la palabra *calidad* en sí misma. Es un término familiar con muchas sombras en su significado. En muchas empresas, calidad era un departamento existente con responsabilidades específicas para «control de calidad» o «aseguramiento de la calidad», cuya disciplina tendía a centrarse más en estabilizar que en mejorar los procesos. La idea global de las «filosofías» de calidad hizo también que muchas personas vieran el concepto global como algo misterioso. La vaguedad de la TQM se agravó cuando, a medida que emergieron nuevos métodos como el certificado ISO 9000 o la reingeniería, no se integraron en los esfuerzos de calidad existentes.	A este respecto, Seis Sigma puede tener algunas de las mismas dificultades que tiene la Gestión de la Calidad Total. Después de todo, las palabras Seis Sigma no describen perfectamente lo que este sistema representa. La definición más concisa que hemos sugerido creemos que puede hacer un papel bastante bueno: «Seis Sigma es un sistema empresarial para lograr y mantener el éxito por medio de la orientación al cliente, la gestión por procesos y la mejora de procesos, así como la utilización inteligente de los hechos y de los datos». Clara, precisa y específica. Al continuar comunicando esa definición y evitando el debate acerca de qué herramientas son obligatorias o qué filosofía sigue su empresa, usted podrá mantener la orientación de manera que no se haga confusa ni se disipe.

(Continúa)

Tabla 3.1 *(continuación)*

Fallo de la TQM: un objetivo poco claro	Solución Seis Sigma: definición de un objetivo ambicioso que tenga sentido
Muchas empresas hicieron la calidad aún más confusa al determinar objetivos que sonaban a positivos para «cumplir y sobrepasar los requisitos de cliente», sin establecer un método de seguimiento del progreso hacia esa meta. Los métodos de calidad que se enseñaban en los ochenta y en los noventa tampoco hicieron una buena labor a la hora de enfrentarse con la realidad de los diversos y cambiantes requisitos del cliente. Sin herramientas para comprender realmente esas necesidades, la TQM en acción se convirtió en un sistema en «bucle abierto», en el que la compañía podía satisfacer las necesidades de hoy pero no estaba lista para las de mañana. (De hecho, esto parece que sucedió con numerosas «historias de éxito» sobre calidad que más tarde se convirtieron en «historias de horror».)	El eje central de Seis Sigma es un objetivo claro. Resulta una meta extremadamente retadora, pero siempre viable, a diferencia de las pasadas campañas de «cero fallos». Ya se exprese el objetivo en rendimiento (99,9997 por ciento de perfección), en Defectos por Millón de Oportunidades (3,4 DPMO) o Sigma (6σ), la gente implicada en las iniciativas Seis Sigma puede ver crecer sus resultados; y pueden también equipararlos a impactos económicos. Igualmente importante, al centrarse en los métodos para seguir los cambios en las necesidades y requisitos de los clientes, las empresas Seis Sigma están construyendo un sistema dinámico que mide el rendimiento basado en las últimas y más importantes demandas del cliente. Aunque el objetivo puede cambiar con el tiempo, el sistema Seis Sigma «en bucle cerrado» ayuda a la organización a ajustarlo.

Fallo de la TQM: actitudes puristas y fanatismo técnico	Solución Seis Sigma: adaptación de herramientas y del grado de rigor a las circunstancias
Uno de los efectos más frustrantes de los «conocimientos técnicos» de la TQM fue la creación de lo que se podría llamar «policía de la calidad»: personas que insistían en hacer las cosas de cierta manera (solamente). Si alguien se desviaba de esa manera o de esa creencia, estaba traicionando el ideal de calidad o las enseñanzas del gurú de turno. El efecto del purismo en la calidad tuvo dos caras: 1) se utilizaron recursos para analizar problemas empleando herramientas que no eran adecuadas o	Mientras que usted y los líderes de su empresa reconozcan que Seis Sigma es un método para crear una organización con más éxito (que demanda mayor diversidad de habilidades y no solamente conocimientos técnicos), podrán evitar este problema. Hay muchos «métodos Seis Sigma». La actitud más sana a adoptar es: «Vamos a utilizar las herramientas y métodos que den resultados con la mayor simplicidad», y no: «Necesitamos que todo el mundo haga un profundo análisis, tanto si es

Tabla 3.1 *(continuación)*

Fallo de la TQM: actitudes puristas y fanatismo técnico	Solución Seis Sigma: adaptación de herramientas y del grado de rigor a las circunstancias
necesarias; e incluso peor, 2) la gente «normal» que intentaba aplicar la calidad (los no expertos) fue apartada de los esfuerzos de calidad. A riesgo de crear un estereotipo, estas actitudes parecieron surgir más en la gente partidaria de las técnicas o herramientas más complejas, que insistían en que tales técnicas debían aplicarse incluso cuando no fueran absolutamente necesarias. Si alguien simplificaba una herramienta para adecuarla a sus necesidades ¡se enfrentaba a sus iras! Para muchos de los que se convirtieron en «paladines» de la calidad, los medios fueron el fin.	necesario como si no». No hay nada equivocado en disponer de métodos consistentes o en aplicar técnicas avanzadas para medir y mejorar los procesos; lo que desvirtúa las cosas es la locura de la «consistencia». Seis Sigma, puesto que conjuga tantas ideas y métodos, puede vencer el «problema del purismo». Además, debemos advertir a las organizaciones que el fanatismo que dañó a la TQM también es un peligro para el sistema Seis Sigma. ¡Ojo a la policía de Seis Sigma!

Fallo de la TQM: fracaso en hacer caer las barreras internas	Solución Seis Sigma: prioridad a la gestión por procesos interfuncionales
Cuando la TQM se hallaba en sus días de esplendor, seguía siendo una actividad «departamentalizada» en la mayoría de las empresas. Eso no es del todo malo, puesto que hay clientes departamentales y departamentos que tienen procesos que se pueden medir y mejorar. Pero la mayoría de las conversaciones en torno a la «Calidad Total» (que aglutinaba un proceso que abarcaba a la organización completa) se quedaban en charlas. Los proyectos de mejora se llevaban a cabo de forma aislada: Ingeniería tenía sus proyectos, al igual que Finanzas, Fabricación o Recursos Humanos. La TQM se hizo más interfuncional cuando evolucionó, pero en la mayoría de los casos se dirigió a pequeños conflictos, no a las principales cuestiones críticas para el cliente.	Los practicantes más iluminados de Seis Sigma ponen la destrucción de «silos» (barreras interdepartamentales) cerca del número uno de su lista de prioridad. Es importante como objetivo, porque ayuda a crear una empresa más eficaz, más eficiente y que funciona con mayor facilidad; y como herramienta para eliminar la duplicidad de los trabajos creados por desconexiones y mala comunicación. Aun así, el éxito de Seis Sigma para echar abajo las barreras de la organización se ve a largo plazo; unos cuantos éxitos no significan una victoria. Por ello, la disciplina de la gestión por procesos es tan importante en el sistema Seis Sigma como lo son los métodos para medir o mejorar procesos[1].

(Continúa)

Tabla 3.1 *(continuación)*

Fallo de la TQM: cambio incremental frente a cambio exponencial	Solución Seis Sigma: cambio incremental exponencial
Las enseñanzas de la Gestión de la Calidad Total suelen poner el énfasis en que los cambios han de llevar abundancia de pequeñas mejoras. No hay una exclusión explícita de cambios más radicales en el kit de herramientas de la TQM, pero no se puede negar que se produjo cierta impaciencia entre muchos líderes corporativos cuando se vino abajo el concepto de «reingeniería». Se convirtió en un caso clásico de «Tiranía de la O», como describe el prefacio de este libro. Los abogados de la TQM tacharon a la reingeniería de arma de doble filo que estaba devastando a las empresas, mientras que los partidarios de la reingeniería ridiculizaron a los de la TQM tratándoles de «poca cosa». No existía un punto intermedio. Fue una lucha que dejó en muchas empresas a ambas partes malheridas o muertas.	Una de las mayores oportunidades de Seis Sigma es empezar por reconocer que tanto las pequeñas mejoras como las grandes son una parte esencial de la supervivencia y del éxito de la empresa del siglo XXI.

Fallo de la TQM: formación ineficaz	Solución Seis Sigma: *Black Belts, Green Belts* y *Master Black Belts*
Utilizamos el término «ineficaz» como cajón de sastre para toda la variedad de problemas que surgieron durante el funcionamiento de la formación en Gestión de la Calidad Total. En realidad, no hay un método perfecto para formar a una empresa en TQM (ni en Seis Sigma). Siempre hay planteamientos en torno al momento (¿cuándo es adecuado dar nuevas habilidades al personal?), a la profundidad (¿con qué nivel de detalle hay que darlo?) y recursos (¿cuánto tiempo y dinero podemos dedicar a la formación?). De ningún modo fue siempre ineficaz la formación en Gestión	Las empresas Seis Sigma están definiendo estándares muy estrictos de formación y los están respaldando con las inversiones necesarias en tiempo y dinero para ayudar al personal a cumplirlos. Aunque la mayoría de las organizaciones se sienten morir cuando la formación ocupa más de dos horas, los *Black Belts* de GE (los principales responsables de las mejoras Seis Sigma) emplean tres semanas en formarse, con exámenes de certificación y aprendizaje continuado mediante conferencias y otros foros. Incluso lo más impresionante es el compromiso de

Tabla 3.1 *(continuación)*

Fallo de la TQM: **formación ineficaz**	**Solución Seis Sigma:** ***Black Belts, Green Belts*** **y *Master Black Belts***
de la Calidad Total, pero tendió a ser «superficial» y a centrarse mucho más en las herramientas de aprendizaje que en proporcionar un contexto claro acerca de cómo hacer que las mejoras funcionasen. Como resultado, la gente conoció las herramientas, pero no cuándo y cómo es mejor aplicarlas. La formación en TQM puso el énfasis en los proyectos (sin aplicación práctica), y, por tanto, la gente no los encontró relevantes para las responsabilidades de cada día (otro factor de la falta de integración observado anteriormente). Quizá, lo peor de todo en la formación sobre calidad fue que cayó con frecuencia en el papel de víctima de diversos juegos, cuyo éxito venía determinado por el «número de personas formadas» o «equipos formados».	los *Green Belts:* todos los directivos reciben un mínimo de dos semanas de formación en los métodos Seis Sigma. Es fácil (y hemos oído que muchos lo hacen) subestimar el esfuerzo de GE creyéndolo posible solamente debido a sus tremendos recursos. Pero no es lógico suponer que la gente de GE que ha obtenido esas habilidades tenga menos trabajo del que tiene el personal de otras empresas. Lo cierto es que el compromiso de formación supone un sacrificio, es decir, una inversión, que el personal adquiere conscientemente. No es necesario seguir los pasos de formación de GE o de otra empresa Seis Sigma para tener éxito, pero el principio de la renovación y de la mejora continua demandan una inversión más elevada y mayores expectativas de formación de lo que las empresas han asumido tradicionalmente. Los otros desafíos (vincular la formación al trabajo diario del personal y crear medidas de resultados que vayan más allá del «número de asistentes», la métrica estándar de formación) aparecen tanto en el diseño de la formación como en las expectativas de las personas antes y después de su experiencia de aprendizaje.

(Continúa)

Tabla 3.1 *(continuación)*

Fallo de la TQM: enfoque a la calidad del producto	Solución Seis Sigma: atención a todos los procesos de la empresa
A pesar de la palabra «total», muchos esfuerzos de calidad se concentraron en los procesos de producción o fabricación, pero no en los servicios, Logística, Marketing u otras áreas igualmente críticas. Sabemos, por ejemplo, de una imprenta que encauzó a sus equipos hacia la eliminación de milímetros de desviación en el grosor del papel (un importante factor de calidad, seguro), mientras que se olvidaron de los procesos de seguimiento de pedidos. Aunque la calidad del producto era excelente, los clientes no lo recibían a tiempo.	Como veremos en el Capítulo 4, Seis Sigma no solamente funciona en servicios y en procesos transaccionales, sino que probablemente ofrece más oportunidades ahí que en fabricación. Por ello, Seis Sigma tiene mayor potencial para convertirse en «total» ¡que la Calidad Total!

El «fallo» final que puede cometer cualquier organización orientada a la mejora, ya sea TQM, Seis Sigma o como usted la quiera llamar, es la complacencia. Con seguridad, sería perjudicial que cualquier organización que haya integrado provechosamente la mejora de la calidad en sus prácticas empresariales, la abandonase y la «reemplazase» por Seis Sigma. Sin embargo, es igualmente contraproducente ignorar las ventajas de las herramientas y principios de gestión empresarial que se pueden obtener del sistema Seis Sigma, solamente porque «ya estamos trabajando con calidad».

GE, por ejemplo, ha confesado que necesita redoblar sus esfuerzos para garantizar que sus ahorros más importantes añaden verdadero valor a los clientes, que preguntan: «¿Cuándo obtengo yo beneficios de Seis Sigma?». Los líderes de GE han observado: «La mejora de nuestros procesos internos carece de interés para el cliente»[2]. De la misma forma, los líderes de Allied/Honeywell han admitido que «la euforia inicial de nuestros primeros éxitos con Seis Sigma nos dejó de alguna manera muy satisfechos con nosotros mismos, cerrando así nuestros ojos a lo mucho que dejábamos encima de la mesa»[3]. Por tanto, si su única razón para ignorar Seis Sigma es porque cree que sus actuales esfuerzos para mejorar son «lo suficientemente buenos», eso mismo debería servirle de advertencia.

Por eso, le urgimos a que mantenga la mente abierta y a que busque formas, grandes o pequeñas, para mejorar sus esfuerzos de mejora. En las siguientes secciones de este libro le mostraremos, primero, una visión general, y luego, con mayor profundidad, la manera de hallar su propio camino en el método Seis Sigma.

Aplicación de Seis Sigma a fabricación y servicios

U NA PREOCUPACIÓN COMÚN de los directores y líderes empresariales es ésta: «¿Cómo puede aplicarse Seis Sigma a *mi* organización?». La cuestión parece surgir con mayor frecuencia entre la gente de las áreas de servicios o transaccionales, que se preguntan cómo les va a ayudar esta disciplina, supuestamente orientada a la fabricación. Pero los directivos de fabricación tienen también sus dudas, especialmente porque muchos procesos de fabricación ya han pasado por intensas investigaciones de mejora de *calidad*. Por eso, en este capítulo buscaremos algunas razones poderosas por las que *tanto* las operaciones de servicios como las de fabricación pueden beneficiarse del método Seis Sigma, y le mostraremos cómo adaptar su método para cumplir objetivos únicos en cualquiera de ellas.

Aclaración de los términos «servicio» y «fabricación»

En primer lugar, vamos a aclarar los términos a utilizar:

✦ Procesos y empresas de «servicios». A lo largo de este capítulo hablaremos de procesos de «servicios» o de «servicios y soporte», que para nosotros son partes de una empresa pero que no están implicadas directamente en el diseño o producción de productos tangibles. Por ejemplo Ventas, Finanzas, Marketing, Compras, Soporte a clientes, Logística o Recursos Humanos (y otros), aparecen en *cualquier* organización, desde una empresa de aceros a un banco o a un almacén de distribución. Otras palabras empleadas para describir estas actividades son: *transaccional, comercial, no técnico, soporte* y *administrativo*.

✦ Procesos de «fabricación». Por «fabricación» solamente entendemos aquellas actividades relacionadas con el desarrollo y producción de artículos tangibles.

Otros términos utilizados para describirlos son «planta», «producción», «fábrica» y a veces «ingeniería» o «desarrollo de productos».

Estas categorías son bastante amplias, desde luego. Por ejemplo, hay realmente numerosas variedades entre los procesos de servicios, desde un centro de llamadas hasta una consultoría. De igual modo, hay muchas diferencias entre una empresa que fabrica tazas de café y otra que hace microchips. Sin embargo, todas las cuestiones relativas a hacer eficaz Seis Sigma tienden a ser más similares *dentro* de estas dos categorías: servicios y fabricación. Aunque, como veremos, es probable que sea la actividad de servicios la que más se beneficie del método Seis Sigma.

El rol cambiante de la fabricación

En estos días, casi no hay empresas puramente de «fabricación».

El diseño, producción y/o la venta de productos de fabricación sigue siendo el negocio principal de muchas compañías. Y la necesidad de proporcionar productos sin defectos (los que funcionan como se espera y cumplen los requisitos del cliente) es más importante que nunca. Pero el éxito de una empresa de fabricación rara vez está garantizado solamente por producir mercancías sin defectos. Una empresa de fabricación necesita dominar muchas competencias, que incluyen:

- Mantenerse al día en las nuevas tecnologías y ser capaz de desarrollarlas rápidamente como productos viables.
- Comprender las necesidades existentes y emergentes del cliente, que se pueden satisfacer mediante la mejora de procesos y/o productos nuevos/mejorados.
- Establecer y gestionar redes de proveedores para garantizar una entrega a tiempo de los productos finales y de las materias primas.
- Tomar, procesar y cumplir adecuadamente (y de forma rentable) los pedidos de los clientes, incluyendo la oferta de especificaciones exclusivas cuando sea preciso.
- Adaptarse a las condiciones cambiantes del mercado.

Un creciente número de empresas han cedido la responsabilidad de fabricar a un subcontratista, para poder dedicarse al diseño, desarrollo y marketing del producto. Y uno de los ejemplos más importantes de esta modificación es el cambio en la estrategia de Qualcomm. En 1999, esta empresa de teléfonos celulares anunció su decisión de vender *todo* su negocio de Facturación y Producción de manera que pudiera dedicarse a la investigación y desarrollo de tecnología, lo que ya suponía gran parte de sus beneficios. La reacción de Wall Street fue un aumento en la demanda de sus acciones de más del 1.000 por ciento[1].

Este ejemplo señala un cambio en un mundo en que la capacidad de facturación es un servicio especializado (incluso de los productos de consumo) y donde las habilidades de diseño de productos para satisfacer necesidades nuevas o emergentes y para establecer cadenas de distribución flexibles (y luego llenarlas con los productos adecuados) se ha convertido en la clave real para la competitividad (después de todo, si sus competidores pueden comprar los servicios del mismo o similar subcontratista de fabricación, ¿qué queda para estar en primera fila?[2]).

Incluso las firmas especializadas que suministran «músculo» fabricante a los clientes dedicados exclusivamente al diseño y al marketing deben tener procesos capaces de planificar, definir y gestionar la capacidad y el flujo de producción, y de crear interfaces eficaces con los clientes de todas sus actividades de «servicios».

Finalmente, en los Estados Unidos se ha hecho patente la tendencia a pasar desde una economía basada en la fabricación a otra basada en los servicios. Ya a principios de los setenta, los servicios cubrían más del 65 por ciento del empleo en ese país. A finales de los noventa, las estadísticas oficiales de empleo indicaban que los puestos de trabajo en el sector servicios eran cerca del 80 por ciento, con previsiones de aumento de la cifra. Aunque puede haber diferencia de opiniones acerca de las implicaciones sociales y políticas del declive o movimiento de los puestos de trabajo en el sector fabricación, el hecho sigue siendo que si hoy queremos crear una empresa más competitiva en Norteamérica o en Europa, tenemos que actualizar la capacidad de nuestras operaciones en el área de servicios.

Oportunidades y realidades en los procesos de servicios

Igual que está creciendo el papel que desempeñan los servicios en impulsar la competitividad de la empresa, también crece la evidencia de que hay un gran potencial sin aprovechar en estas actividades. Considere los factores siguientes:

✦ Las investigaciones demuestran que los costes de mala calidad (trabajo duplicado, errores, abandono de proyectos, etc.) en las empresas de servicios y procesos suele llegar al 50 por ciento del presupuesto total. (En las operaciones de fabricación se estima entre el 10 y el 20 por ciento.)

✦ Este dato coincide con nuestra experiencia y la de muchos otros que han hallado que los procesos administrativos y de servicios, previos a la mejora, van de 1,5 a 3 sigma (rendimientos del 50 al 90 por ciento).

✦ Los procesos de análisis del servicio suelen revelar que menos del 10 por ciento del «tiempo de ciclo» del proceso total se dedica a trabajo real en tareas importantes para los clientes que pagan. El resto del esfuerzo y tiempo se va en esperas, trabajos repetidos, mover cosas de un sitio a otro, o en inspección para la búsqueda de defectos y actividades no esenciales.

¿Qué hace que los «servicios Seis Sigma» sean un desafío?

¿Es la gente que trabaja en servicios menos competente que la de las fábricas? No creemos que lo sea (y, en todo caso, no hay forma de discutir este punto). En realidad, hay algunas razones importantes, fáciles de entender, para que los procesos de servicios tengan frecuentemente más oportunidades para mejorar que las operaciones de fabricación. Veamos algunas:

1. *Procesos invisibles*. En la mayoría de las fábricas podemos ver, tocar e incluso seguir el trabajo sobre un producto a través de todo el proceso. Considere un simple «proceso de producción», como hacer una hamburguesa. Cuando

pide una hamburguesa en un establecimiento de comida preparada, espera que se la sirvan en un poco más de tiempo de lo que llevaría cocinarla y empaquetarla, y, generalmente, eso es lo que sucede. Una vez que los panecillos y los demás ingredientes se cogen para hacer su hamburguesa, se cocinan y trasladan en pocos segundos a su bandeja o bolsa para llevar. Es difícil ocultar un panecillo en su bandeja de comida o en una mesa en la línea de fabricación de la hamburguesa.

En una planta típica de fabricación, los cuellos de botella, la ralentización, los errores las repeticiones aparecen rápidamente ante los ojos del visitante. Veamos un ejemplo real. Estuvimos trabajando en una planta de embotellado que desviaba las botellas sin llenar a una gran bandeja de reciclaje; cada botella defectuosa *chocaba* y se rompía como si cayera en una pila de cristales rotos. Además, si alguna vez ha visto una llama (o «llamarada») saliendo de una refinería de petróleo, sepa que no está allí como decoración, sino que es la señal de que algo no funciona bien en la planta.

En contraste, el «trabajo» de la mayoría de los procesos de servicios es mucho más difícil de seguir con la vista: información, demandas, pedidos, propuestas, presentaciones, reuniones, firmas, facturas, diseño, ideas. Y ahora, a medida que más procesos de servicios se basan en la manipulación de información a través de ordenadores y redes, el trabajo se convierte en más «virtual», fluyendo de pantalla a pantalla o de servidor a servidor como meros electrones. De hecho, con el correo electrónico, la Web y otras redes, un proceso basado en servicios puede pasar de posición a posición recorriendo todo el mundo en un instante. Eso puede ser una gran ventaja en la economía global, pero con seguridad no facilita la comprensión de cómo se realiza el trabajo.

Tan motivador como un reto puede ser la convicción del personal del sector servicios sobre su trabajo. Dado que sus procesos no son tangibles y se pueden manejar con estilos y circunstancias personales, la gente que lleva a cabo funciones fundamentales como Ventas, Marketing e incluso Desarrollo de *software,* suelen hacer comentarios como: «No tenemos un proceso». En realidad lo tienen. Pero estas personas están tan cerca de los procesos que puede resultarles difícil reconocerlos.

2. *Evolución de flujos de trabajo y procedimientos.* Cuando se aplica un cambio al proceso de producción, suele conllevar algunos trabajos: las cosas se cambian de sitio, las materias primas se envían a otras direcciones, las herramientas y los procedimientos se modifican. Por esa razón, los cambios en los procesos de fabricación se suelen discutir a un nivel muy elevado.

Sin embargo, fuera de la fabricación, es posible cambiar un proceso rápidamente, sobre todo si es una modificación simple y no afecta demasiado a los hábitos de la gente. Se pueden cambiar las responsabilidades, revisar los formularios, añadir nuevas etapas, alterar las líneas maestras, etc., sin inversión alguna de capital ni discusiones serias. Muchos cambios surgen de personas, incluso de decisiones tomadas en un momento, con ramificaciones que pueden ser pequeñas. Sin embargo, si sumamos todos los cambios y elecciones de cada uno, el impacto general puede ser enorme. Como resultado, los procesos de servicios en muchas empresas evolucionan, se adaptan y *crecen* casi continuamente (no exactamente como los virus, pero la analogía puede valer).

3. *Falta de hechos y de datos*. A la luz de lo anterior, no resulta sorprendente que la dura realidad del rendimiento de los procesos de servicios sea a menudo difícil de observar. Los datos existentes se enfocan de forma puntual, anecdótica y/o subjetiva. La naturaleza de estos procesos los hacen intrínsecamente más difíciles de medir, aunque se puede hacer y bien, una vez que el proceso en sí empieza a ser mejor comprendido.

Observar y seguir los problemas en un proceso de servicios, por ejemplo, es generalmente más complejo que en una fábrica o centro de producción. Puede resultar fácil ver grandes pilas de documentos intactos (y ¿quién no los tiene?), pero los registros, trabajos repetidos, retrasos y el coste de trabajar con ellos son difíciles de evaluar. Es posible determinar los gastos de un departamento o grupo de trabajo, pero asignarlos a un proceso específico es muy complicado[3].

Lea cualquier publicación de prácticamente cualquier fábrica o ingeniería y verá la lista de apéndices de equipamiento a supervisar y verificar en la producción. Las tecnologías orientadas a las medidas durante la fabricación constituyen una industria de billones de dólares. Llevadas a la práctica, estas medidas pueden resultar impresionantes. Por ejemplo, una planta de productos médicos de Texas tiene una pantalla que muestra varios aspectos de su línea de producción, incluyendo un listado continuo de costes unitarios en fracciones de centavo, actualizado cada pocos segundos.

Sin embargo, excepto para medidas de volúmenes en las redes informáticas y en los centros de atención a clientes, los responsables de procesos de servicios no pueden simplemente conectarse a una máquina para realizar las mediciones. Por ejemplo, uno de nuestros clientes había estado trabajando en el perfeccionamiento de un procedimiento para cancelar documentos de préstamos. Sabían (¡oh, sorpresa!) que había docenas de personas que habían comprobado y tratado de solucionar por su cuenta los problemas surgidos con los préstamos, con el resultado de un tiempo significativo de trabajo y esfuerzos repetidos. No obstante, *medir* con exactitud el coste del tiempo y de la repetición es difícil, porque esas tareas suelen ser una pequeña parte en el tiempo laboral de muchas personas.

4. *Falta de un «comienzo»*. Los inspectores, el personal de Control de Calidad, los ingenieros de calidad y los «gurús» de mejora de procesos han estado investigando durante décadas las plantas de fabricación. Después de todo, fue la disciplina de aumentar la eficiencia al máximo la que ayudó a convertir a los Estados Unidos en el líder de la productividad mundial en las dos décadas siguientes a la Segunda Guerra Mundial. Cuando otras economías lo captaron y trasladaron la mayor eficiencia o calidad de sus productos a los principales mercados, el liderazgo corporativo de los norteamericanos recibió un aviso. En los setenta, cuando llegaron por primera vez los «Círculos de calidad», se trató principalmente de un fenómeno de producción en la fábrica. Aunque la Gestión de la Calidad Total floreció en los ochenta y en los noventa, como indicamos en el Capítulo 3, el verdadero enfoque siguió siendo la calidad del producto. Incluso hoy en día, la participación de áreas de fabricación en la Sociedad Americana para la Calidad (ASQ) está por encima del 60 por ciento, aunque ya hemos mencionado que el 80 por ciento de los puestos de trabajo de los Estados Unidos están en el sector servicios.

Desde luego que la mejora del proceso de servicios no es desconocida. Motorola, por ejemplo, ha tenido docenas de historias de éxito en su labor Seis Sigma, con algunas reducciones notables de costes, defectos y exceso de tiempo en los procesos de «cuello blanco» (aquellos procesos que no son de fabricación). Sin embargo, la inmensa mayoría de las actividades de servicios no se han abordado con los potentes métodos de medida y mejora de procesos. Esto significa que hay mucho por hacer. Y, si usted quiere hacerlo, tendrá que disponerse a adaptar los métodos Seis Sigma a las condiciones especiales de un entorno de servicios.

El funcionamiento de Seis Sigma en servicios

Las siguientes «sugerencias» para hacer que Seis Sigma funcione con mayor eficacia en servicios son consejos realmente generales. Usted es quien debe adecuarlos a su organización específica, productos, clientes, etc. Sin embargo, por encima de todo, estas ideas le ayudarán a obtener resultados más rápidamente en sus servicios, con un impacto muy positivo y con mejor aceptación por parte de los escépticos que opinan que «esto no va con nosotros», con los que probablemente se va a tropezar.

Sugerencia n.º 1: inicie el proceso

¿Alguna vez ha asistido a una fiesta en que al final alguien enciende las luces? Suele ser algo chocante, incluso triste, pero también ofrece la oportunidad de ver las cosas más claramente. Algunas de las cosas que se pueden descubrir son:

- El verdadero aspecto de la gente de la fiesta (incluyéndole a usted).
- Gente que hasta ahora no había visto.
- La decoración de la sala.
- Juegos y actividades que se ha perdido.
- ¡Vaya sitio!

Lo que queremos decir es que en la mayoría de las organizaciones de servicios, empezar a investigar los procesos es como encender las luces. Aunque frecuentemente el despertar es chocante, también pueden suceder cosas que lleven el esfuerzo Seis Sigma más lejos y más deprisa. A medida que la gente descubre lo que realmente está sucediendo, pueden reconocer que parece que una fiesta ha terminado, pero que hay otra que justamente acaba de empezar.

Sugerencia n.º 2: especifique el problema

Cuando se enciende la luz, sus ojos necesitan unos segundos para adaptarse. Por eso, cuando enciende una luz sobre los procesos de servicios, hace falta un tiempo para que el grupo vea y comprenda tan claramente como debiera las cuestiones que le rodean. Eso es algo que se espera y la única forma de conseguir una perspectiva clara es detallar los procesos y las necesidades de los clientes, así como los asuntos que les afectan. Mientras tanto, una visión borrosa y una gran impaciencia por «arreglar este lugar», pueden llevar a proyectos o iniciativas de mejora que todavía no estén bien definidos. Puede darse la tentación de abordar asuntos importantes o de poner en marcha simultáneamente docenas de pequeños proyectos, lo que puede generar altos niveles de frustración y dañar, por tanto, su credibilidad.

La disciplina de la selección efectiva del proyecto y la definición del problema son esenciales también en fabricación. Y es precisamente al comienzo de la implantación Seis Sigma cuando tiende a hacerse más difícil elegir y ajustar los proyectos en el entorno de servicios. (Para más detalles sobre la selección del proyecto, véase el Capítulo 11.)

Sugerencia n.º 3: utilice adecuadamente los hechos y los datos para reducir la ambigüedad

Uno de los mayores obstáculos entre usted y el esclarecimiento de las cuestiones, en la medición del rendimiento y generación de mejoras en el escenario de los servicios, es el hecho de que las cosas no están a menudo bien descritas o definidas. Por ejemplo, las especificaciones de los productos en la fabricación suele hacerse con gran precisión, literalmente en milisegundos o micras, mientras que en servicios suele ser imprecisa, si es que existe. Esto significa que, cuando empiece a aportar luz sobre los procesos y los clientes en el entorno de servicios, una de las mayores prioridades ha de ser convertir la ambigüedad en claridad, en lo que respecta a las medidas y los factores de rendimiento de sus operaciones. La capacidad para definir y medir intangibles (la mayoría de los factores subjetivos) es una de esas habilidades especiales que son una obligación en los procesos de servicios, pero que, con frecuencia, no son un problema en un entorno de fabricación. De hecho, hemos trabajado con bastantes expertos en calidad y en Seis Sigma, con enormes habilidades y experiencia en fabricación, que tenían grandes problemas por la ambigüedad de los servicios. Uno de los conceptos que trata el Capítulo 14, «definiciones operativas», se ha convertido en crítico para crear medidas y requisitos con sentido para los procesos de servicios.

Los escasos volúmenes en algunos procesos de servicios suponen una dificultad más, que puede también darse en la fabricación. (Véase el ejemplo de Applied Materials más adelante en este mismo capítulo.) Si usted ha de trabajar solamente sobre unas cuantas docenas de «asuntos» en un mes, o si tiene una base de clientes muy cerrada, obtener grandes cantidades de datos será complejo o prácticamente imposible. Pero eso no debe ser una excusa para que usted gestione su negocio en base a hechos y datos, lo único que necesita es reunir y analizar los datos de forma diferente. Aun así podrá *mejorar* sus procesos. (Para más detalles, véase Actividades esporádicas o de escaso volumen, en el Capítulo 14.)

Sugerencia n.º 4: no exagere el énfasis en la estadística

Ésta va a ser la más controvertida de nuestras sugerencias, por lo que la revisaremos con algo más de profundidad, empezando por una historia.

La iniciativa de mejora basada en Seis Sigma en una empresa de servicios financieros de un cliente nuestro empezó a finales de 1998. Cuando empezamos a trabajar con ellos, la firma había crecido enormemente. Estaban dando un *giro* al negocio y contratando más de 200 nuevos empleados al mes (una cifra que sólo se ha visto en los inicios de Internet). Sin embargo, era un escenario de buenas y malas noticias: la alta dirección de la compañía reconocía que se había puesto a trabajar a demasiadas personas únicamente para tratar los problemas creados por un entorno caótico.

Menos de un año después de lanzar varios proyectos de mejora de alta prioridad y de introducir Seis Sigma junto con habilidades de trabajo en grupo, esta compañía había sido capaz de cambiar significativamente su método de gestión, haciéndolo más proactivo, basado en hechos y fomentando la cooperación. Habían logrado importantes ahorros y perfeccionado los procesos ineficaces, y se encontraban en una posición mucho mejor para manejar los crecientemente agresivos objetivos de la empresa. Por suerte, habían mantenido su espíritu emprendedor, estaban canalizando esas energías con mayor eficacia. Hemos oído a muchas personas de la compañía comentar lo bien que las habilidades Seis Sigma habían mejorado su método de tratar los problemas y los procesos, así como el ambiente laboral en general.

Cuando hablamos acerca de las claves de éxito de la empresa con el vicepresidente para calidad, se centró rápidamente en una de ellas: «Yo diría que una de las mejores elecciones que hemos hecho ha sido no abrumar a la gente con dura estadística». Su explicación era simple, aunque con dos vertientes: la gente que no está involucrada en procesos técnicos y mediciones no está preparada para emplear las herramientas más sofisticadas; y los datos que tenían a su disposición no son adecuados para un análisis avanzado.

Para algunos puristas, restar énfasis a la estadística es «embrutecer» o desmejorar Seis Sigma. Pero, igual que se dice acerca de la comedia, podemos decir de Seis Sigma: el momento lo es todo. Lo mismo que nuestro cliente, muchas empresas de servicios no están preparadas para estadística avanzada al principio.

Por suerte, muchos de los problemas de un entorno de servicios, especialmente en las primeras etapas de los trabajos Seis Sigma, se pueden resolver con excelentes resultados utilizando sólo ocasionalmente estadística avanzada.

La experiencia de GE Capital, donde trabajamos varios años, da soporte a esta perspectiva. Allí, los *Black Belts* han recibido una versión de formación en Seis Sigma que resulta menos técnica que la que se imparte en las empresas del sector industrial de GE. Aun así, GE Capital ha sido capaz de generar unos 800 millones de dólares de ganancias netas desde la implantación de Seis Sigma hasta finales de 1999. Y, con el tiempo, el nivel de los conceptos ha aumentado dándole a más gente formación avanzada o de *Master Black Belt*.

Resulta alentador haber trabajado en varias organizaciones del sector servicios donde puede ver cómo una persona que empieza a utilizar las mediciones *básicas* y los métodos de análisis de datos aprecia el valor de las herramientas, y empieza a *pedir* herramientas más *avanzadas* de captura de datos y de análisis. Es como si la gente llegase espontáneamente a una reunión en lugar de tener que arrastrarla hasta ella; adivine quién lo iba a pasar mejor.

Algunas preguntas (y respuestas) válidas

Hemos oído argumentar, especialmente a gente de empresas de fabricación, que no «está bien» que algunas personas eviten aprender habilidades «especiales». O que existe el riesgo de que la gente pierda una oportunidad de aplicar métodos estadísticos avanzados. Estas preocupaciones son razonables y creemos poderles dar una respuesta con los tres puntos siguientes:

1. Nuestra sugerencia no es «estadística nunca», sino proporcionar formación y herramientas estadísticas cuando la gente y los procesos lo necesiten. De hecho, uno de los alumnos de Motorola que se convirtió en uno de los más conocidos expertos en estadísticas Seis Sigma, el doctor Mikel Harry, admite que solía pensar que «el sol sale y se pone mediante estadística», pero ahora reconoce que lo importante es la *forma* en que se utilizan esas estadísticas[4].

2. Hay *otras* habilidades necesarias para la gente del área de servicios, como la de saber tratar la ambigüedad de los procesos intangibles, que no son tan importantes en fabricación o en entornos técnicos. Una vez se ha recibido la formación necesaria, se presentarán oportunidades para aplicar herramientas avanzadas.

3. Si la gente falla al utilizar los métodos de análisis avanzado pueden aparecer tres consecuencias: 1) sacar conclusiones falsas basadas en un análisis incompleto; 2) sacar conclusiones correctas, pero no respaldarlas con validación estadística, o 3) tomar decisiones sobre diseño de procesos, productos o servicios que no sean «óptimas». En nuestra experiencia, el riesgo de equivocarse se puede minimizar, siempre y cuando las conclusiones se basen en la lógica y se gestionen los riesgos adecuadamente durante la puesta en funcionamiento.

Sobre todo, lo más importante para la mejora Seis Sigma es que la gente de servicios o fabricación aprenda a plantear preguntas críticas acerca de sus procesos y clientes: «¿Cómo puedo saberlo realmente?», «¿Hay algún modo de probar nuestras suposiciones?», «¿Qué nos dicen los datos?», «¿Hay una forma *mejor* de hacer esto?».

Los retos de la fabricación

Si trata de aplicar Seis Sigma a la fabricación, también encontrará algunos retos. A continuación incluimos una lista de las dificultades más comunes que encontrará, junto con algunas sugerencias para solucionarlas.

Reto n.º 1: adoptar una perspectiva más amplia

La gente que trabaja en la planta tiende a aislarse del resto de la empresa. Y cuando la actividad de fabricación va siendo una parte cada vez menor de la actividad global, aumenta el riesgo de aislamiento, tanto de los demás grupos de la compañía como de los clientes externos. Sin embargo, el sistema Seis Sigma demanda comunicación y coordinación a lo largo de los procesos críticos de su empresa, así como la demolición de las barreras existentes entre la fabricación y el resto del mundo. Hay dos mensajes clave que surgen cuando los grupos de fabricación pueden empezar a ver su rol integrado en el total de la empresa:

1. *La mayoría de los problemas no son de fabricación.* El personal de producción se puede beneficiar cuando ellos y otros grupos de la empresa empiecen

a ver datos que prueben lo que ya se sospechaba: que los pedidos poco claros, los cambios de último minuto, la escasez de componentes y de personal, los errores de ingeniería y de diseño, etc., tienen un gran impacto en la entrega a tiempo del material adecuado al cliente, más que los errores de la planta. (Véase el ejemplo de GE Power Systems en el Capítulo 1.)

2. Fabricación necesita convertirse en un participante activo de todo el proceso. Sólo porque las barreras contra Seis Sigma no suelan ser «culpa» de los grupos de producción, no significa que la mejora no sea responsabilidad suya. El personal de fabricación de muchas organizaciones tiene que ser formado en un rol de ayudar a solucionar cuestiones «aguas arriba», así como a tratar con las dificultades a que se enfrentan actividades «aguas abajo», como por ejemplo el almacén y el servicio al cliente.

Una forma de cambiar el enfoque interno de fabricación es asumir el objetivo de los proyectos de mejora Seis Sigma que demandan colaboración interfuncional, incluyendo la fabricación. Implicar al personal de la planta, por ejemplo, en mejorar la tasa de cumplimentación de pedidos, ayudará a cambiar la perspectiva de que *hacer* el producto es una actividad diferente y sin relación con venderlo o entregarlo.

La otra gran oportunidad para una perspectiva más amplia procede de utilizar los métodos Seis Sigma para integrar mejor el diseño de productos y fabricación. Algunas de las historias de éxito más notables en los anales de Seis Sigma indican el uso de respuestas de los clientes principales como clave para crear productos totalmente nuevos o mejorados y luego emplear los métodos avanzados Seis Sigma para garantizar que los nuevos productos se puedan producir con un nivel 6σ de calidad.

Reto n.º 2: salte de la antigua «certificación» a la mejora

Hace unos años oímos a un director de una fábrica de equipos quejarse de su problema para calibrar adecuadamente los equipos de nueva producción y los equipos en pruebas. Al entrar en detalles, describió el proceso de adquisición de equipos que, sorprendentemente, implicaba recibirlos *dos veces:* una a la entrega del fabricante y la segunda, la de un subcontratista que calibraba los equipos.

Planteamos algunas preguntas obvias («¿por qué no hacen que el fabricante envíe los equipos *directamente* al calibrador?» o, mejor aún, «¿por qué no se responsabiliza el fabricante del calibrado?»). Entonces habló el director de calidad de la empresa: «La norma ISO 9000 nos obliga a hacerlo de esta manera», explicó[5].

El creciente énfasis de los años anteriores en diversas certificaciones y auditorías de fabricación, en que sobresalieron las ISO 9000, impidieron, en nuestra experiencia, muchos de los esfuerzos de *mejora* de las compañías. Y resulta claro que, en este ejemplo, la excusa de que la certificación *requiere* un proceso sinuoso y lleno de problemas no es válida. Sin embargo, sucede que una vez que un proceso ha obtenido la «certificación», tiende a percibirse como una «ley». Lo que suele suceder en un entorno certificado es que una vez que el proceso ha sido documentado y aprobado, mejorarlo es como tentar al diablo.

Las actividades de certificación han apartado también los recursos para los trabajos de mejora de procesos. Algunas organizaciones tienen un equipo dedicado a jornada completa a mantener los documentos de certificación y a dirigir auditorías internas de cumplimiento de normas, pero muy pocas o ninguna persona se dedica realmente a *mejorar* los procesos. Desde luego que muchas empresas han entendido que hay que utilizar la certificación para examinar y mejorar sus procesos; pero, en nuestra experiencia, por desgracia, los casos que lo cumplen son relativamente raros. Unir Seis Sigma a los esfuerzos de certificación ofrece una gran sinergia potencial de mejora.

Reto n.º 3: adapte las herramientas al entorno de fabricación

Hasta aquí hemos hablado de «fabricación» como si todas las operaciones de producción fueran iguales, lo que, desde luego, no es el caso. Fabricar piezas de motores es un proceso muy diferente de montar un coche; embotellar lejía es muy diferente a montar monitores de ordenador. Desde luego que no podemos empezar a explicar cómo adaptar los métodos Seis Sigma de forma que se ajusten óptimamente a cada tipo de entorno de fabricación. Sin embargo, es importante reconocer que *será necesario* flexibilizar las técnicas Seis Sigma para hacerlas útiles en cada caso.

Podemos utilizar la experiencia de una empresa como un excelente ejemplo. Applied Materials, el fabricante líder mundial de equipamiento para plantas de semiconductores (o «fábricas», como también se llaman), se introdujo por primera vez en Seis Sigma a finales de los años ochenta.

El reto de Applied Materials para adaptar Seis Sigma fue el empleo de conceptos como Defectos Por Millón de Oportunidades (DPMO). «Fabricamos piezas de equipamiento que tienen un tamaño considerable», explicó Dave Boenitz, director del Applied Materials Quality Institute, «manejamos cientos de unidades, no millones. Cada unidad se compone de ocho, diez, doce, quince *mil* partes. Por tanto, si tuviésemos que observar el nivel Sigma por unidad, sería muy difícil comparar manzanas con manzanas. Podríamos observar un millón de oportunidades en uno de nuestros sistemas, pero es cuestión de averiguar *qué* millón de oportunidades vamos a medir».

El método que esta empresa utilizó para reducir los defectos fue el denominado «a prueba de errores», un esfuerzo diligente para localizar y prevenir todo tipo de errores en un proceso (véase el Capítulo 18). «No hemos invertido energías en la medida del nivel Sigma o el DPMO, porque no vemos valor añadido.» Pero las mejoras de Applied Materials son igualmente válidas.

Haga que Seis Sigma funcione mejor para usted

Si hay un tema que quisiéramos remarcar en este libro es la necesidad de seleccionar, aplicar y adaptar los métodos y las ideas Seis Sigma para ajustarlas a las necesidades y disponibilidad de su organización. En cuanto un consultor, gurú o autor le diga «así es como tiene que hacerlo», le recomendamos que se excuse finamente y salga del despacho. La respuesta real a la mejor forma de poner en marcha Seis Sigma en su empresa es lo que venimos señalando: «Depende».

Por suerte, Seis Sigma es un sistema muy robusto; aunque es probable que su organización tenga que enfrentarse a dificultades, ya se encuentre en el sector servicios o en el de fabricación, usted puede triunfar si se recuerda a sí mismo y a los demás que no se trata de un programa ni de una técnica. Es un método flexible pero esencial de hacer que su empresa responda mejor y sea más eficaz, competitiva y rentable.

CAPÍTULO

5

El Mapa de Seis Sigma

E N ESTE CAPÍTULO vamos a concluir nuestra visión general práctica con un vistazo al Mapa ideal para establecer el sistema Seis Sigma y poner en marcha las mejoras. Estas cinco etapas, descritas en la Figura 5.1, comprenden lo que sugerimos como «competencias centrales» para una empresa próspera del siglo XXI:

1. Identificar los procesos clave y los clientes principales.
2. Definir las necesidades de los clientes.
3. Medir el rendimiento actual.
4. Dar prioridad, analizar e implantar las mejoras.
5. Extender e integrar el sistema Seis Sigma.

Ventajas del Mapa de Seis Sigma

El Mapa no es la única vía para la mejora Seis Sigma; es muy probable que usted necesite ajustar el orden de estas etapas o incluso empezar más de una simultáneamente. En la segunda parte veremos formas de adaptar el Mapa, basadas en las necesidades y metas específicas de su organización. Sin embargo, lo que convierte a esta vía en «ideal» es que, ejecutadas en este orden, estas actividades construyen la base que sostendrá y dará soporte a la mejora Seis Sigma. Específicamente, las ventajas del Mapa comprenden:

- Una comprensión más clara de la empresa como un sistema interconectado de procesos y clientes.
- Mejores decisiones y empleo de recursos para proporcionar la mayor cantidad posible de beneficios a partir de las mejoras Seis Sigma.

Identificar los procesos clave
y los clientes principales.

Definir las necesidades
de los clientes.

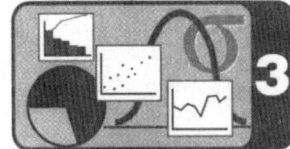

Medir el rendimiento actual.

Dar prioridad, analizar
e implantar las mejoras.

Extender e integrar el
sistema Seis Sigma.

Figura 5.1   El Mapa de Seis Sigma

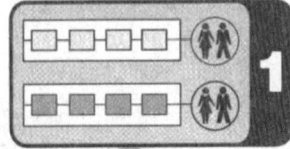

- Tiempos de ciclo de mejora más cortos, gracias a datos más realistas y una mejor selección de los proyectos.
- Validación más acertada de los beneficios de Seis Sigma, ya sea en dinero, defectos, satisfacción del cliente u otras medidas.
- Una infraestructura más fuerte que soporte el cambio y mantenga los resultados.

Este Mapa tiene la garantía de ganar el premio al método «ideal» de implantación entre los conocedores de Seis Sigma. Toda la gente con la que hemos trabajado o hablado y que ha estado implicada en una puesta en marcha de Seis Sigma, por ejemplo ejecutivos, responsables de la implantación y miembros del equipo, están de acuerdo en que ésta es la senda que *deberían* haber seguido en el pasado y que *deberían* seguir si tuvieran la oportunidad en un futuro.

Como ejemplo, uno de nuestros clientes (una empresa del grupo GE) invirtió casi dos años en poner en marcha docenas de proyectos de mejora Seis Sigma (en esencia, aplicando la «etapa 4 del Mapa»). Pero, a pesar de sus mejores intenciones y esfuerzos para obtener un beneficio de estos proyectos que mereciera la pena, el porcentaje de éxito no cumplió las expectativas. Los proyectos llevaron más tiempo del esperado y los resultados tendieron a disiparse una vez que los equipos se deshicieron. Tiempo después, los altos directivos de la firma empezaron a darse cuenta de que una de las causas de sus problemas era que, según las palabras del número dos de la compañía: «No sabíamos realmente qué debíamos hacer. Al igual que otras empresas, la mayoría de nuestros proyectos tenían una orientación *interna*». Una vez que tomaron conciencia de las dificultades de este enfoque, la empresa tuvo que dar marcha atrás para poder cumplir algunas de las anteriores tareas del Mapa. Por ejemplo, ahora han implantado sistemas y procesos para reunir datos de la «Voz del Cliente» en tiempo real (etapa 2), así como medidas para evaluar el rendimiento frente a los criterios «críticos para la calidad» de los clientes (lo que se denomina CTQ, *Critical to Quality*, etapa 3). Esto significa que sus mejoras se centran ahora en las necesidades *reales* de los clientes, lo que viene respaldado firmemente por datos.

El Mapa paso a paso

Etapa 1: identificar los procesos clave y los clientes principales

A medida que las empresas se hacen más dispersas y globales, los segmentos de clientes más estrechos y los productos y servicios más diversos, se va haciendo cada vez más difícil ver la «imagen global» de cómo se hace realmente el trabajo. Al tomar la etapa 1, empezamos a enfocar con mayor claridad la imagen global, al definir las actividades críticas y obtener conocimiento de la estructura básica del sistema empresarial.

Visión general de la etapa 1

Los objetivos descritos en la Tabla 5.1 son de aplicación a una organización completa o a cualquier segmento de ella. Incluso un departamento o función que sirva a clientes internos, como Recursos Humanos, Tecnologías de la Información o Almacenes, por ejemplo, tiene sus propios «procesos clave» que integran productos, servicios y valor a los clientes.

Lógica de la etapa 1

El conocimiento a adquirir en la etapa 1 es importante como prerrequisito para las actividades de crear conocimiento sobre el cliente en la etapa 2. Sin embargo, un beneficio más significativo de este inventario de alto nivel es la nueva y más clara comprensión que se obtiene acerca de la organización como un todo. Si ya tiene claro cómo y por qué esta idea es tan importante, puede pasar a la etapa 2.

Si todavía no está seguro de por qué es tan necesaria la «imagen global» de sus clientes y procesos clave, venga con nosotros a visitar la isla «Empresa».

La historia de la isla «Empresa»

La isla «Empresa» es una «tierra» como lo son muchas otras empresas o incluso departamentos. En la isla hay varios ríos (procesos) que fluyen al mar y llevan nutrientes (productos y servicios) a diversos peces (clientes). Allí, la vida es placentera, aunque con mucho trabajo. La mayoría de las veces, la gente invierte los días atendiendo a su parcela del río o asegurándose de que los peces reciben sus nutrientes. (Otras islas próximas, como las de la competencia, también intentan engordar a sus peces.)

El problema es que la vida en esta isla es mucho más compleja de lo que sus mismos líderes alcanzan a ver. Por ejemplo, cerca de la costa, los ríos no desembocan en el mar en un solo canal ancho, sino que forman una especie de delta, con muchas pequeñas desembocaduras. Algunas pueden llevar cantidades importantes de alimento a los peces, pero otras pueden recibir desperdicios tóxicos. Los peces grandes reciben grandes atenciones, mientras que los más pequeños son prácticamente ignorados (o, a veces, lo contrario).

En la costa es igualmente complicado. Hay corrientes que no terminan en un sitio concreto y otras que forman tantos meandros que tardan mucho en llegar al mar. Algunos afluentes no aparecen en el mapa y los gerentes profesionales no los atienden (la isla «Empresa» tiene una gran escuela empresarial), por lo que crecen desmesuradamente y se llenan de sedimentos. De hecho, algunos isleños bienintencionados han llegado a construir diques que bloquean el curso del río, dejando a los isleños situados corriente abajo sedientos y molestos con sus colegas de más arriba.

En ocasiones, algunos compañeros de la isla «Empresa» han visto los problemas y han comprendido que necesitan atención y solución; por desgracia, una gran proporción de esas soluciones perjudica a los que están corriente abajo o a los de los demás ríos. (Los isleños que trabajan en la costa y atienden a los peces gritan mucho más fuerte cuando algo de eso sucede.)

Si esos individuos pudieran solamente reunirse con más gente y hablar de lo que está sucediendo en las distintas regiones de la isla «Empresa», llegarían a

Tabla 5.1 Visión general de la etapa 1

Objetivos	Entregables
Crear una comprensión clara de la «imagen global» de las actividades interfuncionales más importantes de su organización y de cómo interactúan con los clientes externos.	Un «mapa» o inventario de las actividades de la organización que añaden valor, en base a estas tres preguntas: 1. ¿Cuáles son nuestros procesos clave o de valor añadido? 2. ¿Qué productos y/o servicios damos a nuestros clientes? 3. ¿Cómo «fluyen» los procesos en toda la organización?

averiguar la verdad entre todos y completarían el mapa del lugar. Con esa «vista de pájaro» sería probablemente más fácil identificar los lugares donde los peces están bien alimentados y aquellos otros en los que no, viéndose obligados a ir a buscar el alimento a otra isla. Además, los isleños de la empresa podrían entonces saber qué ríos son los más peligrosos y cuáles fluyen más lentamente y trasladar su atención a los lugares más conflictivos.

Usted puede decir que esto no es más que un cuento. Otra persona puede señalar que nuestra «isla» es, comparativamente, un paraíso. Sin embargo, la cruda realidad indicaría que hay escasas organizaciones que hayan llegado a una comprensión real de lo que pasa en su tierra. Los mapas existentes suelen ser lamentablemente inadecuados, especialmente desde que las islas de una organización, a diferencia de las físicas, pueden aplicar cambios rápidamente.

De todas formas, esperamos que usted haya entendido lo que sucede en la isla «Empresa»: es bastante difícil gestionar, y no digamos ya mejorar, una organización, cuando solamente se trabaja con una visión incompleta y básica de cómo funciona y de lo que hace. La etapa 1 del Mapa ideal de Seis Sigma es el lugar en el que usted comienza a elaborar el gráfico de la isla.

Etapa 2: definir las necesidades de los clientes

Uno de los descubrimientos admitidos frecuentemente por los directivos de las empresas, después de embarcarse en Seis Sigma, es que, para citar lo que dijo uno de ellos: «La verdad es que no comprendimos muy bien a nuestros clientes». Obtener buena información del cliente, de sus necesidades y requisitos, es uno de los aspectos más complejos para la empresa en cuanto al método Seis Sigma. Como veremos en el Capítulo 13, averiguar lo que los clientes realmente quieren precisa mucho más que una encuesta ocasional.

Tabla 5.2 Visión general de la etapa 2

Objetivos	Entregables
1. Establecer estándares de rendimiento basados en las indicaciones reales de los clientes, para poder medir con exactitud la eficacia/capacidad de los procesos y poder predecir la satisfacción del cliente. 2. Desarrollar o mejorar sistemas y estrategias dedicadas a la recopilación continua de datos de la «Voz del Cliente».	Una descripción clara y completa de los factores que determinan la satisfacción del cliente para cada resultado y proceso, es decir, «requisitos» o «especificaciones» en dos categorías principales. • «Requisitos de resultados» vinculados al producto final o servicio que hacen que funcionen para el cliente (lo que los gurús de la calidad llaman «adecuado al uso»). • «Requisitos de servicios» que describen la forma en que la organización debe interactuar con el cliente.

Visión general de la etapa 2

Véase la Tabla 5.2.

Lógica de la etapa 2

Si no sabe lo que quiere el cliente, es muy difícil que pueda dárselo. Además, en el contexto de conseguir un rendimiento a nivel Seis Sigma, no podrá desarrollar medidas significativas hasta que conozca claramente sus necesidades específicas. Puede reunir datos que muestran relativamente pocos defectos, pero a la vez ignorar totalmente otras áreas de las que dispone de datos insuficientes.

La lógica de la etapa 2 tiene que ver con la actitud. Lo que ha llevado a muchas empresas, incluso a sectores completos, a sufrir serios problemas en el pasado ha sido una mentalidad de «sabemos lo que es mejor para el cliente»[1]. Casi tan nociva como ésta es la creencia de que «nos hemos ajustado totalmente a las necesidades de nuestro mercado», cuando de hecho la empresa no está en sintonía con la realidad debido al cambio en la demanda. La arrogancia o la ignorancia pueden haber sido tolerables hace 20 años, pero en el entorno competitivo de hoy son predictores seguros de conflictos.

En el siglo XXI, las empresas que sobrevivirán con mayores probabilidades de éxito a largo plazo serán las que escuchen realmente a sus clientes.

Etapa 3: medir el rendimiento actual

Mientras que la etapa 2 define lo que los clientes quieren, la etapa 3 contempla la forma en que se producen las entregas de los productos o servicios demandados, así como la manera en que probablemente se seguirán entregando en el futuro. A un nivel más amplio, las medidas del rendimiento apuntan al cliente como punto de partida para establecer un sistema de medida más efectivo.

Visión general de la etapa 3

En primer lugar, observe la Tabla 5.3. Después, tenga en cuenta que los sistemas de medida también deberían captar datos sobre la eficiencia de sus procesos: costes unitarios, consumo de energía o materiales, reprocesos, etc. Sus clientes pueden estar muy satisfechos y sus operaciones ser tremendamente ineficientes, lo que es una fórmula muy poco rentable.

Lógica de la etapa 3

La necesidad de un «grado» exacto de rendimiento frente a las necesidades del cliente debería ser obvia. Sin embargo, hay otros muchos beneficios en la etapa 3 que la hacen mucho más valiosa que una ficha de informe de cliente:

1. *Creación de una infraestructura de medición.* Esta creación le dará la capacidad de hacer un seguimiento de los cambios de rendimiento, a mejor o a peor, y para responder con prontitud a los signos de advertencia y a las oportunidades. Pasado un tiempo, estos datos se convertirán en entradas clave para una

Tabla 5.3 Visión general de la etapa 3

Objetivos	Entregables
Evaluar con precisión el rendimiento de cada proceso frente a las necesidades definibles del cliente y establecer un sistema para medir los resultados clave y las características del servicio.	• Medidas de la situación de partida, es decir, evaluaciones cuantificadas del rendimiento actual de los procesos. • Medidas de capacidad, es decir, valoración de la capacidad de los procesos/resultados actuales para cubrir las necesidades. Esto incluye el nivel «Sigma» para cada proceso, que permite la comparación entre distintos procesos. • Sistemas de medida, es decir, métodos y recursos nuevos o mejorados para las medidas en curso frente a los estándares de rendimiento centrados en el cliente.

organización Seis Sigma con capacidad de respuesta y que siempre tiende a mejorar.

2. *Definición de prioridades y canalización de los recursos.* Incluso a corto plazo, el conocimiento derivado de estas medidas lleva a decisiones en cuanto al lugar en que aplicar las mejoras más urgentes y/o de mayor potencial. El impacto es un retorno mucho más elevado de la inversión realizada en proyectos de diseño de procesos, rediseño o mejora.

3. *Selección de las mejores estrategias de mejora.* Disponer de la capacidad de medir los procesos con exactitud le permite juzgar la naturaleza real de las cuestiones de rendimiento; ¿hay problemas ocasionales o cuestiones menores, o bien situaciones que demanden implícitamente reconstruir toda una línea de producto o proceso?

4. *Hacer converger los compromisos con las capacidades.* Con frecuencia se oye quejarse a los comerciales: «¿Por qué no podemos hacer esto por el cliente?». O el personal de Operaciones protesta por los «compromisos imposibles» adquiridos por los vendedores. Una mejora en la comunicación por sí misma no resuelve esta desconexión, que en muchas empresas resulta una de las más difíciles y costosas. Es necesario contar con la ventaja añadida del conocimiento que se obtiene mediante los métodos Seis Sigma, tanto sobre lo que los clientes quieren realmente como lo que la organización puede realmente *dar*.

Etapa 4: dar prioridad, analizar e implantar las mejoras

Ahora que dispone de hechos y medidas y no solamente de anécdotas y opiniones, puede pasar a la etapa 4 para empezar a «hacer caja» y obtener los beneficios reales que aporta Seis Sigma.

Tabla 5.4 Visión general de la etapa 4

Objetivos	Entregables
Identificar las oportunidades de mejora de alto potencial y desarrollar soluciones orientadas a procesos y soportadas por análisis de los hechos y pensamiento creativo. Además, implantar con eficacia las nuevas soluciones y procesos y facilitar beneficios sostenidos y mensurables.	• Prioridades de mejora. Proyectos potenciales Seis Sigma evaluados según su impacto y viabilidad. • Mejora de procesos. Soluciones encaminadas a las causas raíz (es decir, mejoras «continuas» e «incrementales»). • Nuevas actividades o flujos de trabajo creados para satisfacer las nuevas demandas, incorporar nuevas tecnologías o lograr importantes aumentos en la velocidad, precisión, relación coste/beneficio, etc. (es decir, diseño Seis Sigma o rediseño de procesos de negocio).

Visión general de la etapa 4

Véase la Tabla 5.4.

Lógica de la etapa 4

La lógica que subyace tras la mejora de procesos empresariales probablemente no necesita explicaciones. Una clave para el éxito con el sistema Seis Sigma es elegir cuidadosamente las prioridades de mejora y no «sobrecargar» a la empresa con más actividades de las que puede llevar a cabo. El valor de los métodos de mejora aplicados en la etapa 4 es que conjugan las mejores técnicas para solucionar los defectos con la mejora de la eficiencia y la capacidad de los procesos. Las técnicas y herramientas Seis Sigma se pueden aplicar a problemas grandes y complejos o a simples oportunidades de mejora de procesos.

Etapa 5: extender e integrar el sistema Seis Sigma

El «rendimiento real Seis Sigma» no llegará hasta usted en una ola de proyectos de mejora, sino solamente mediante un compromiso a largo plazo con los principios y métodos Seis Sigma.

Visión general de la etapa 5

Véase la Tabla 5.5.

Lógica de la etapa 5

Quizá la base lógica más sólida de la etapa 5 (que es el lugar en que se va a encontrar con el reto de construir una visión a largo plazo de lo que es una organización Seis Sigma) sea considerar la posibilidad de *no* aplicarla.

Suponga que han pasado algunos años y que usted ha venido observando que unos cuantos de sus clientes han empezado a trabajar con un competidor, una nueva empresa que proclama haber puesto en marcha un «sistema Seis Sigma». A medida que investiga, averigua que esa creciente empresa tiene de hecho varias ventajas sobre la suya, más antigua y con menos capacidad de respuesta. Son, por ejemplo:

- Un sistema de respuesta al cliente preciso y bien canalizado.
- Procesos «sin defectos» bien integrados, con sencillez en las entregas y colaboración fluida a lo largo de la línea de producción.
- Sistemas de medida que siguen el rastro no solamente de los aspectos económicos sino también de los defectos, de los cambios de las actividades principales, de variaciones en las entradas clave, como materias primas, etc.

Tabla 5.5 Visión general de la etapa 5

Objetivos	Entregables
Iniciar las prácticas empresariales que lleven a mejorar el rendimiento y a garantizar la constante medición, examen y renovación de los productos, servicios, procesos y procedimientos. La etapa 5 es el lugar en que su organización ha de trabajar más duramente para conseguir la perspectiva de una organización Seis Sigma.	• Control de procesos. Medidas y supervisión que mantengan la mejora del rendimiento. • Propiedad y gestión por procesos. Visión interfuncional de los procesos de soporte que reciben entradas de la Voz del Cliente, la Voz del Mercado, la Voz del Personal, etc. • Planes de respuesta. Mecanismos para actuar basados en información clave para adaptar las estrategias, los productos/servicios y los procesos. • «Cultura Seis Sigma.» Una organización posicionada para afrontar una renovación continua, con técnicas y herramientas Seis Sigma como parte esencial del entorno empresarial diario.

• Experiencia en la corrección de problemas y aplicación de mejoras, ya sea perfeccionando o creando procesos, productos o servicios totalmente nuevos, que satisfagan las necesidades cambiantes de los clientes.

¿Se sentiría a gusto con ese tipo de competencia? ¿Podría confiar en que mañana una firma similar no empezaría a socavar sus beneficios o su cuota de mercado? ¿Cómo se defendería contra ese tipo de competidor? Si tales preguntas le hacen estremecerse, aunque sólo sea ligeramente, eso es señal de que debe convertir la etapa 5 en un elemento clave de su esfuerzo Seis Sigma.

Recapitulación de la visión general

Para cerrar la primera parte de este libro, le ofrecemos cinco epígrafes de resumen como recordatorio de lo que es Seis Sigma y por qué ofrece tantos beneficios potenciales a cualquier organización.

Definición de Seis Sigma

Hay varias formas de definir Seis Sigma. Es un método de medición de procesos; un objetivo de cuasiperfección, representado por 3,4 Defectos por Millón de Oportunidades (DPMO); un método para cambiar la cultura de una organización. Con mayor exactitud, sin embargo, Seis Sigma se puede definir como un *sistema* amplio y completo para construir y mantener el rendimiento, el éxito y la posición líder de una empresa.

En otras palabras, Seis Sigma es un contexto dentro del cual usted podrá integrar muchas de las más valiosas, aunque frecuentemente inconexas, «mejores prácticas» y conceptos de gestión, incluyendo el pensamiento sistemático, la mejora continua, la gestión del conocimiento, la personalización y la gestión basada en actividades.

Seis principios esenciales

La «visión» de una organización Seis Sigma abarca los seis principios siguientes:

1. *Una perspectiva de auténtica orientación al cliente,* respaldada por una actitud que pone en primer lugar las necesidades del cliente; también se apoya en los sistemas y estrategias que sirven para enlazar el negocio a la «Voz del Cliente».
2. *Gestión orientada a datos y a hechos,* con un sistema de medición eficaz que supervisa factores tanto de los resultados y salidas (Y) como de proceso, entradas y otros factores predictivos (X).
3. *Orientación a procesos, gestión por procesos y mejora de procesos,* como un motor para el crecimiento y el éxito. Los procesos Seis Sigma se documentan, comunican, miden y perfeccionan de manera continua. También se *diseñan* o se *rediseñan* a intervalos, para mantenerse al día frente a las necesidades de la empresa y del cliente.
4. *Gestión proactiva,* que implica hábitos y prácticas que se anticipan a los problemas y a los cambios, se aplican a hechos y a datos y cuestionan los supuestos sobre objetivos y el «cómo se hacen las cosas».
5. *Colaboración sin fronteras,* que implica la colaboración entre los grupos internos y los clientes, proveedores y asociados de la cadena de suministro.
6. *Búsqueda de la perfección, pero permitiendo errores,* lo que da al personal de la organización Seis Sigma la libertad de probar nuevos métodos, aunque conlleve riesgos, aprender de los errores, de esta manera, «elevar el listón» del rendimiento y de la satisfacción del cliente.

Historia y evolución

Seis Sigma se desarrolló en Motorola a finales de los ochenta como un modo de proporcionar una orientación clara a la mejora y de contribuir a acelerar la *tasa* de cambio en un entorno competitivo de alta presión. El concepto, las herramientas y el sistema Seis Sigma han evolucionado y se han expandido a lo largo de los años, más recientemente mediante los ejemplos ofrecidos por GE y AlliedSignal/Honeywell, lo que ayudó a mantener un renovado interés y a redoblar los esfuerzos en la mejora de la calidad y de los procesos.

Por tanto, aunque Seis Sigma se basa en muchas de las ideas y herramientas del movimiento de «calidad» de los años ochenta y noventa, una empresa que implante este sistema puede evitar los fallos que dieron a la Gestión de la Calidad Total mala fama en muchas organizaciones.

Resultados y oportunidades

En el caso de Motorola, Seis Sigma contribuyó a rescatar a la empresa del borde de la extinción en la que se encontraba a finales de los años ochenta y principios de los años noventa. En cuanto a GE y AlliedSignal, Seis Sigma les trajo miles de millones de ganancias en menos de cuatro años y se espera que aporte beneficios sostenidos y en expansión entrado el nuevo siglo. A medida que los esfuerzos de otras empresas ganan impulso, empiezan a emerger otras historias de éxitos.

Las oportunidades abiertas a su empresa dependerán de su rendimiento actual y del «nivel de defectos», de su posición competitiva, etc. Si la suya es una organización (o un proceso) basada en *servicios*, puede tener mucho mayor potencial para mejorar que el de una organización basada en productos o fabricación.

Sin embargo, al mismo tiempo, Seis Sigma no es una cura automática para una empresa en crisis. GE Appliances, por ejemplo, estuvo arrastrando un mal rendimiento durante varios años y averiguó que Seis Sigma había tardado en devolver los beneficios necesarios más de lo que habían esperado[2].

Puesta en funcionamiento

Es esencial que su organización desarrolle su propia estrategia y planificación para poner en marcha e integrar Seis Sigma. Las cinco etapas básicas siguen siendo las siguientes:

1. Identificar los procesos clave y los clientes principales.
2. Definir las necesidades de los clientes.
3. Medir el rendimiento actual.
4. Dar prioridad, analizar e implantar las mejoras.
5. Extender e integrar el sistema Seis Sigma (gestionar los procesos para alcanzar un rendimiento Seis Sigma).

Como veremos en los capítulos de la segunda parte, hay numerosas opciones abiertas para usted, a medida que defina sus objetivos y ejecute Seis Sigma.

II

Puesta en marcha y adaptación de Seis Sigma a su empresa

6

¿Es Seis Sigma adecuado para nosotros en este momento?

Evalúe su disponibilidad para Seis Sigma

Embarcarse en una iniciativa Seis Sigma empieza por una decisión de *cambio*, específicamente para aprender o adoptar métodos que mejoren el rendimiento de la organización. En sus aplicaciones más ambiciosas, Seis Sigma puede ser más un cambio fundamental que, digamos, una adquisición importante o una puesta en marcha de nuevos sistemas, porque Seis Sigma afecta a la *forma* en que usted gestiona su empresa. La profundidad del impacto en sus procesos de gestión y habilidades variará, desde luego, con la manera en que usted desee aplicar las herramientas Seis Sigma y los resultados que esté buscando.

El punto de partida para echar a andar Seis Sigma es verificar que está dispuesto o que necesita asirse a un cambio que diga «hay una forma mejor de dirigir nuestra empresa». No debería ser una decisión escrita, basada en muchos cálculos, pero hay ciertas cuestiones y hechos esenciales que tendrá que considerar para evaluar su disponibilidad.

I. Evalúe los planes y futuras vías de negocio

Un primer paso consiste en una revisión general de las condiciones de su empresa al día de hoy y de sus perspectivas de futuro, tanto a corto como a largo plazo. Las cuestiones fundamentales comprenden:

✦ *¿Hay un curso estratégico claro para la empresa?* ¿Tenemos un sentido sólido del valor que ofrecemos al mercado y a nuestros clientes? ¿Hay un plan para adaptar la estrategia a los cambios potenciales o pendientes en nuestros mercados, tecnologías, etc.?

✦ *¿Tenemos buenas posibilidades de conseguir nuestros objetivos financieros y de crecimiento?* ¿Tiene la empresa la suficiente salud como para conseguir el efectivo y el capital necesarios para dar valor a los clientes y accionistas? ¿Podemos satisfacer las expectativas de los analistas e inversores? ¿Hay una perspectiva robusta para el futuro de la organización que se haya comprendido bien y se haya difundido de forma consistente?

✦ *¿Es capaz esta organización de responder con eficacia y eficiencia a las nuevas circunstancias?* ¿Podremos planificar y gestionar el cambio (nuevos productos, adquisiciones, crecimiento, etc.) o es más probable que actuemos reactivamente frente a los acontecimientos internos y externos? ¿Estamos creando nuevos productos y servicios verdaderamente innovadores que nos mantengan a la cabeza? ¿Qué estabilidad tienen las necesidades de nuestros clientes? ¿Y nuestras tecnologías? ¿Qué capacidad tenemos para mantener y mejorar nuestro «capital intelectual»?

Significado de la respuesta

Generalmente, las buenas perspectivas hacen menos probable el que usted necesite a Seis Sigma para mantener su éxito, siempre y cuando usted sea realista acerca de su futuro. Sin embargo, la complacencia y/o el exceso de confianza son siempre peligrosos en el entorno empresarial del siglo XXI. Por eso es conveniente «descontar» las predicciones halagüeñas para protegerse contra los acontecimientos no previstos. Cuando la cabeza de una empresa tan próspera como Intel escribe un libro titulado *Only the Paranoic Survive (Sólo los paranoicos sobreviven),* debería tomarse como una advertencia[1].

De hecho, una perspectiva positiva se puede también ver como una razón que impulsa *a favor* de Seis Sigma. Junto con las empresas que se han embarcado en Seis Sigma cuando se veían abocadas a futuros desastres (véase la historia de Motorola en el Capítulo 1), hay numerosas compañías que han tomado ese método en medio de un fuerte crecimiento y de una proyección positiva. Por ejemplo, uno de nuestros clientes, una compañía de logística integrada, ha crecido diez veces más que la década anterior y tiene buenas razones para predecir ganancias similares si las grandes firmas continúan externalizando sus servicios logísticos y sus labores de almacenamiento. De todas maneras, se está apoyando en Seis Sigma para garantizar su crecimiento y su posición competitiva.

2. Evalúe su rendimiento actual

Aunque el «futuro sea tan brillante que necesite poner algunas sombras», los problemas existentes aumentan el valor potencial del esfuerzo Seis Sigma. Seis Sigma facilita mayor concreción para evaluar dónde se encuentra hoy; cuantos más datos sólidos utilice para responder a las siguientes preguntas, tanto mejor:

✦ *¿Cuáles son los resultados globales de nuestra empresa en la actualidad?* ¿Estamos cumpliendo los planes de ventas y los objetivos de beneficios? ¿Existen áreas (productos, unidades de negocio) que estén rindiendo por debajo? ¿Cuál es nuestro rendimiento, nivel de sigma o DPMO, estimado o basado en datos reales? ¿Hay mucha variación en los rendimientos resultantes?

✦ *¿Con qué eficacia encauzamos y cumplimos los requisitos de nuestros clientes?* ¿Acaso *comprendemos* lo que nuestros clientes quieren? ¿Cómo describiríamos nuestras relaciones con los clientes y segmentos de mercado? ¿Qué *dirían*? ¿Competimos principalmente en precios o podría haber mejores formas para aportar valor a nuestros clientes? ¿Mantienen nuestros servicios la calidad de nuestros productos y viceversa? ¿Tienen éxito nuestros nuevos productos o servicios cuando salen al mercado? ¿Podemos satisfacer a un elemento de nuestra cadena de suministro pero no a los demás?

✦ *¿Con qué eficacia estamos operando?* ¿Qué nivel de repetición y de desperdicio existe en nuestros procesos? ¿Estamos tan «ocupados» resolviendo problemas y apagando fuegos que nunca tenemos tiempo para mejorar las cosas? ¿Cuál es nuestro coste unitario; mejora o empeora la tendencia? ¿Están mejorando nuestros procesos de soporte (Finanzas, Recursos Humanos, Infraestructuras, Tecnologías de la Información) nuestra capacidad para dar valor a los clientes o simplemente están creando normativas y políticas? ¿Con qué facilidad llegan al mercado nuestros nuevos productos y servicios?

Significado de la respuesta

En realidad, hay varias conclusiones a extraer de esta evaluación del rendimiento actual (algunas de ellas le resultarán útiles en el siguiente capítulo, cuando veamos la estrategia de implantación de su propio sistema Seis Sigma).

A. *¿Hay suficiente espacio para mejorar y hacer que Seis Sigma valga la pena?* Si todo funciona correctamente y el dinero está entrando, puede decidir que el beneficio potencial de Seis Sigma no merece el esfuerzo que supone. Por otro lado, si observa algunas mejoras importantes, como en el área financiera y/o competitiva, es señal de que Seis Sigma puede ser una opción que vale la pena. Para algunas organizaciones, además, el valor potencial de Seis Sigma radica en mejorar la cultura o los hábitos empresariales; por ejemplo, pasar de un estilo de dirección reactivo a uno proactivo o de mayor respuesta. Sin embargo, puesto que el impacto negativo de una cultura reactiva se traduce en un incremento en los costes, usted podrá respaldar la necesidad de «mejorar nuestra cultura» señalando los beneficios financieros concretos a ganar.

B. *¿Dónde están las mejores oportunidades para mejorar?* Esta parte de la evaluación puede darle un conocimiento inicial de aquellas prioridades de alto nivel a las que debe enfocar sus primeros proyectos Seis Sigma.

C. *¿Es eficaz nuestro conocimiento del cliente y nuestro sistema de medición?*

Cuanto más le cueste averiguar la respuesta a estas tres preguntas, más seriamente debe considerar adoptar los métodos Seis Sigma para fortalecer sus medidas y capacidades de responder a la «Voz del Cliente».

3. Revise sus sistemas y capacidades de cambio y mejora

Un tercer factor de importancia en la decisión de si poner o no en marcha Seis Sigma son los procesos de mejora existentes en la organización y su capacidad para aceptar una nueva iniciativa. Se pueden plantear, entre otras, las siguientes preguntas al respecto:

✦ *¿Qué eficacia tienen nuestros sistemas actuales de mejora y de «gestión del cambio»?* ¿Realmente hacemos esfuerzos para mejorar nuestro rendimiento, medidas, sistemas, etc.? ¿Están esos esfuerzos bien coordinados o son soluciones inconexas? ¿Hay suficientes datos que soporten las prioridades de mejora y los resultados de las mediciones? ¿Con qué resultados ponemos en funcionamiento soluciones y cambios, tanto desde la perspectiva técnica como humana? ¿Hemos integrado las mejoras continuas en nuestra cultura empresarial? ¿Sabemos aplicar cambios y somos flexibles para enfrentarnos a los nuevos retos empresariales? ¿Está encauzado nuestro grupo/esfuerzo de «calidad» a la mejora o solamente al control?

✦ *¿Sabemos gestionar nuestros procesos interfuncionales?* ¿Entiende nuestro personal el proceso completo o cada uno se limita a conocer su parcela? ¿Damos suficientes oportunidades a la gente para que aprenda más sobre la empresa así como sobre las habilidades fundamentales que determinan el rendimiento? ¿Seríamos capaces de adaptarnos rápidamente a nuevas demandas del cliente o a requisitos más estrictos? ¿Interactúan bien los grupos funcionales o hay barreras entre los departamentos? ¿Hay muchas revisiones y comprobaciones sobre las decisiones o confiamos en que nuestro personal «hará lo acordado»?

✦ *¿Qué otros esfuerzos o actividades para cambiar pueden suponer un conflicto o dar soporte a la iniciativa Seis Sigma?* ¿Es probable que las recientes adquisiciones, la introducción de nuevos productos, los cambios de estrategia, la implantación de sistemas u otras «grandes» iniciativas consuman la atención y los recursos de personal? ¿Hay otros cambios que podrían dejar obsoletas las soluciones Seis Sigma? ¿Puede utilizarse Seis Sigma para apuntalar una nueva iniciativa, por ejemplo, para integrar los procesos en una fusión o para rediseñar actividades para un nuevo sistema de información?

Significado de la respuesta

El propósito de este tercer elemento de evaluación es comprobar el *impulso* y la disponibilidad de la empresa para un posible esfuerzo Seis Sigma. Aunque los factores de evaluación 1 (pronóstico del futuro) y 2 (rendimiento actual) recomienden iniciar Seis Sigma, su empresa puede ser ya capaz de enfrentarse a las dificultades; o su personal, sistemas y recursos pueden estar ya muy implicados en otros trabajos o cambios, en cuyo caso tendrá problemas para obtener el compromiso de la dirección y para conseguir el impulso y energía necesarios, por no mencionar el dinero, y todo lo que demandaría poner en marcha Seis Sigma.

¿Cuándo no es adecuado aplicar Seis Sigma a la empresa?

En primer lugar, hemos de recordar que Seis Sigma se puede aplicar como un método *selectivo*, de forma que siempre sea factible una implantación limitada. Sin embargo, podemos considerar el procedimiento de la evaluación anterior para identificar las condiciones en que probablemente sea mejor decir «no, gracias» (por ahora) a los esfuerzos Seis Sigma. Las condiciones que pueden indicar una decisión de «no-voy» comprenden las siguientes:

✦ *Ya se ha puesto en marcha un potente esfuerzo para la mejora de los procesos y del rendimiento.* Si hay sistemas y herramientas en funcionamiento que soporten la solución de los problemas a medida que surgen y para el diseño y/o rediseño de procesos, Seis Sigma puede aportar poco valor e incluso corre el riesgo de *confundir* al personal.

✦ *Los cambios actuales ya tienen copado al personal y a los recursos.* Una organización no puede asumir más de un cambio a la vez. Poner a Seis Sigma encima de otras grandes convulsiones podría ratificar el proverbio de la gota que colma el vaso (su empresa). *Sin embargo,* preste atención para no utilizar el argumento «tenemos demasiado que hacer» como una forma de evadir la responsabilidad para nunca realizar el esfuerzo que supone convertirse en una organización de primera. Igual que para casarse o tener hijos, nunca hay un momento «perfecto». Eso significa que su éxito dependerá mucho más de lo bien que integre y utilice Seis Sigma para apoyar a otros cambios, si existen.

✦ *Ahí no está el beneficio potencial.* Seis Sigma demanda una inversión. Si no puede asegurar una rentabilidad futura o actual, puede ser mejor dejarlo a un lado, al menos hasta que sepa exactamente cómo obtener los beneficios.

Resumen de la evaluación: tres preguntas clave

Después de una revisión de su empresa, incluyendo su estado actual y futuro y sus factores organizativos, el objetivo es decidir «¿Debo aplicar la iniciativa Seis Sigma a mi empresa o, al menos, considerarla seriamente?». Podemos analizarlo con las tres siguientes preguntas:

1. ¿Es el cambio (ya sea amplio o restringido) una necesidad crítica de la empresa al día de hoy, basada en sus necesidades básicas competitivas o culturales?

2. ¿Tenemos un razonamiento lógico verdaderamente sólido para aplicar Seis Sigma a nuestra empresa? (Lo que es otra manera de decir «¿Obtendremos el compromiso de los directivos?»).

3. ¿Serán capaces los métodos y sistemas de mejora existentes de alcanzar el grado de cambio preciso para mantenernos como una organización próspera y competitiva?

Si sus respuestas son *Sí, Sí* y *No*, será mejor que examine algo más la forma de adoptar Seis Sigma para su organización. A propósito, estas tres preguntas también se pueden hallar en la lista de comprobación para la puesta en marcha de Seis Sigma que contiene el Apéndice final. (La última mitad de la hoja trata de hallar el tipo de esfuerzo que puede tener más sentido para usted, basándose en lo que trataremos en el capítulo siguiente.)

Seis Sigma desde la perspectiva coste/beneficio

Aunque hemos tocado hasta ahora varios factores relacionados con el valor potencial y la viabilidad de Seis Sigma, hay una pregunta que oímos con frecuencia en boca de los ejecutivos y líderes de las empresas: «Exactamente, ¿qué va a costar Seis Sigma y qué clase de beneficios podemos esperar que nos devuelva?». Por desgracia, no hay manera de responder a esa pregunta sin examinar las oportunidades de mejora presentes en su organización y sin planificar después su forma de puesta en funcionamiento, para ver cuál será el beneficio relativo. Sin embargo, podemos ofrecerle una pequeña guía para estimar y gestionar sus posibles beneficios.

Estimación de los beneficios potenciales

La forma más exacta de calcular las posibles ganancias monetarias de Seis Sigma es evaluar los costes de la repetición, la ineficiencia, la insatisfacción de los clientes, etc., y luego estimar la cantidad en la que se van a poder *reducir*. Por ejemplo, si desarrolla medidas de Defectos por Millón de Oportunidades (DPMO), podrá determinar el coste promedio de cada defecto (tomando en consideración el personal, el material y otros factores) y el ahorro total para una reducción de defectos del X por ciento. Cuanto más precisamente pueda definir esas cifras, llamadas «Costes de Mala Calidad» o «CMC», más exacta será su estimación.

El tipo de evaluación nunca será perfecto debido, entre otras, a las siguientes razones:

1. Puesto que cuantificar los costes de *todos* los problemas de cualquier organización supone una enorme cantidad de trabajo, en lugar de ello, es más probable que se base en estimaciones hechas muy por encima.
2. «Conocer» hasta qué punto puede haber ahorros (qué significa realmente «X por ciento») puede ser cuestión de adivinación, hasta que alguien realmente empiece a analizar el problema y las posibles soluciones; en otras palabras, solamente lo sabrá *después* de haber empezado el trabajo real de las mejoras Seis Sigma.
3. Los impactos externos son difíciles de cuantificar. Por ejemplo, es muy difícil predecir exactamente cuántos *nuevos* clientes va a obtener o cuántos de los clientes actuales va a impedir que se vayan a la competencia, simplemente mejorando un proceso clave. Cierto nivel de esfuerzo Seis Sigma se basa en la *fe* de que la gestión mejorada se va a traducir en mejor imagen en el mercado y en mayor fidelidad de la clientela.
4. No le será posible hacerlo todo de una vez y la elección de los proyectos a mejorar tendrá un impacto significativo en los primeros éxitos y en los beneficios fi-

nancieros de la iniciativa Seis Sigma. El Capítulo 11 trata de la selección de proyectos de mejora, y de garantizar que usted elija las oportunidades óptimas.

Probablemente, la mejor manera de obtener buenas estimaciones monetarias de los beneficios potenciales de Seis Sigma es utilizar una combinación de métodos. Primero, consiga una evaluación detallada de los beneficios financieros de distintas oportunidades de mejora representativas. Después, averigüe cuántas oportunidades similares existen en toda la organización. La respuesta le dará una contestación más sólida a la pregunta «¿Cuánto vamos a ganar?», pero seguirá siendo una estimación.

Definición del plazo de entrega de los resultados

Una vez tuvimos una colega que tenía el siguiente letrero en su escritorio: «Todo necesita más tiempo del que usted espera, aunque espere que necesite más del que espera». Este estupendo dicho se podría aplicar a muchas cosas, pero seguro que resulta adecuado para los resultados de Seis Sigma. Los proyectos de mejora pueden exceder el tiempo planificado en meses, especialmente cuando no se han definido bien al principio. Predecir el momento en que va a empezar a ver dinero real dependerá en gran manera de *lo que* haya elegido como objetivo.

Además, es muy importante preguntarse cuál será el plazo para obtener beneficios. Generalmente, deberá contar *de seis a nueve meses* para completar la primera oleada de proyectos DMAMC y para que los resultados se concreten. Desde luego que *puede* empujar a los equipos de trabajo para que logren resultados más rápidos. Si les facilita una ayuda extra o una orientación cuando estén en plena «curva de aprendizaje», podrá acelerar bastante sus resultados (aunque también aumentará los costes). Pero, basándonos en nuestra experiencia y en la de las empresas que hemos observado, es un error prever ganancias tangibles antes de ese plazo.

Conocemos a una empresa que puso Seis Sigma en marcha a principios del segundo trimestre con la espera de obtener resultados significativos al final del año fiscal, pero las ganancias llegaron demasiado tarde. Por ello, si le resulta crítico obtener beneficios sobre la marcha, conviene que considere la planificación del lanzamiento de Seis Sigma de manera que pueda lograrlos en el marco de tiempo deseado. También ha de considerar la forma de gestionar los *costes,* para que la urgencia de beneficios no sea tan grande.

Costes de la puesta en marcha de Seis Sigma

Obtener las ganancias potenciales que haya identificado precisará una inversión previa. Eso significa que si no puede conseguir presupuesto para el esfuerzo inicial Seis Sigma, es probable que aquí termine su debate sobre voy/no voy. Sin embargo, la atracción de las ganancias a lograr mediante Seis Sigma suele llevar a los líderes empresariales a considerar al menos realizar la inversión. El reto en ese punto es determinar cuáles serán los costes.

Algunos de los elementos más importantes de un presupuesto Seis Sigma pueden incluir lo siguiente:

✦ *Nómina directa.* Personal dedicado a tiempo completo al trabajo. (Véase el Capítulo 9, Prepare *Black Belts* y otros roles importantes).

✦ *Nómina indirecta.* El tiempo dedicado por ejecutivos, miembros de equipos, propietarios de procesos y otros a actividades como las medidas, la recopilación de datos de la Voz del Cliente y los proyectos de mejora.

✦ *Formación y consultoría.* Formar a la gente en las habilidades Seis Sigma y obtener asesoría (de gente como nosotros) para que sus esfuerzos sean rentables, puede también suponer una inversión importante.

✦ *Costes de implantación de la mejora.* Los gastos de instalación de nuevas soluciones o diseño de procesos pueden ir desde algunos euros hasta millones, especialmente para las soluciones basadas en Tecnologías de la Información.

Hay otros gastos a añadir como viajes, alojamientos, locales para formación y espacios para reuniones y oficinas.

Estimación y gestión de los costes (y beneficios)

La estimación de *sus* costes de Seis Sigma depende de la velocidad de implantación, el nivel de su esfuerzo y su «perfil de riesgo» general cuando llegue el momento de invertir en las ganancias potenciales de la iniciativa. Muchos de los factores que impactan en sus decisiones de inversión, incluyendo su objetivo global, recursos humanos, formación y selección de proyectos, se tratan en los capítulos de la segunda parte.

El ejemplo de nuestro cliente GE Capital Services (GECS) puede darle ánimos. GECS puso en marcha Seis Sigma en 1996 y gastó casi 53 millones de dólares el primer año, una cifra que tiene mucho más que ver con la velocidad y el ajuste a escala que con el problema de control de costes. Sin embargo, la iniciativa misma devolvió el dinero el mismo año, con 53 millones de dólares en ganancias y ahorros. Al año siguiente, 1997, los gastos de Seis Sigma llegaron a 88 millones de dólares, pero las ganancias ascendieron a 261 millones, es decir, 173 millones de *beneficio*. En 1998, el último año completo de esfuerzos del que tenemos noticia, el beneficio declarado fue de 310 millones de dólares sobre gastos de 98 millones[2].

Usted podrá aumentar al máximo el retorno si toma decisiones muy cuidadosas sobre dónde es más probable que las inversiones produzcan un beneficio. Hemos observado y trabajado con empresas que seguramente invirtieron más de lo necesario para obtener resultados de sus esfuerzos Seis Sigma. Por otro lado, intentar llevar a cabo Seis Sigma «por lo barato» es una mala decisión. Puede afectar negativamente a la calidad de la formación y al asesoramiento que su empresa reciba, desde luego, pero lo peor es que puede enviar un mensaje equivocado a la organización acerca de la seriedad de su compromiso. Cuando pida a la gente que invierta su energía y entusiasmo en mejorar la empresa, lo que suele implicar sacrificios de su tiempo personal, tomar decisiones arriesgadas sobre su carrera profesional y apartarse de su «zona confortable» para aprender nuevas habilidades y herramientas, la compañía debe mostrar también su voluntad de sacrificio.

Coste/beneficio y puesta en marcha de su Seis Sigma

La pregunta planteada al principio de esta sección era «Exactamente, ¿qué va a costar Seis Sigma y qué clase de beneficios podemos esperar que nos devuelva?». Por ahora, esperamos que comprenda por qué creemos que una decisión de iniciar Seis Sigma basada estrictamente en la proporción coste/beneficio no suele ser el mejor método. (La excepción sería un esfuerzo limitado a uno o dos proyectos.) Para la mayoría de las empresas, las cuestiones que afectan al retorno potencial son mucho más amplias, como también las estimaciones de coste/beneficios son demasiado ajustadas, como para basar su decisión solamente en la proporción. Le sugerimos que los factores de cultura y clima empresariales citados anteriormente en este capítulo, es decir, la disponibilidad de la empresa para el cambio, la capacidad de seguir y entender las necesidades del cliente, la tendencia a funcionar como «apagafuegos» en vez de como *prevención* de incendios, etc., deberían influir mucho más en su decisión de voy/no-voy que las estimaciones de dinero.

Si Seis Sigma sigue pareciendo atractivo a su organización en este punto, la siguiente pregunta que debe plantearse es «¿Cómo garantizamos que nuestros esfuerzos Seis Sigma van a funcionar y a traducirse en beneficios significativos, tanto a corto como a largo plazo?». Éste es el enfoque del resto de esta segunda parte.

¿Cómo y dónde debemos iniciar nuestros esfuerzos?

L A PRIMERA ELECCIÓN IMPORTANTE que ha de hacer en la puesta en marcha de Seis Sigma, es decir, la que afecta a los costes y al tamaño y velocidad potenciales de la recuperación de su inversión, se relaciona con la pregunta «¿Por dónde empezamos?». Utilizaremos el Mapa de Seis Sigma del Capítulo 5 para trazar un marco y conducir estas decisiones iniciales. En realidad, buscaremos dos métodos que usted pueda utilizar para su decisión de iniciar la puesta en marcha. El primero se basa en los criterios que afectan a la escala y urgencia de su esfuerzo; el segundo, en una valoración de sus puntos fuertes y débiles de lo que llamamos las «competencias centrales» del sistema Seis Sigma.

Por dónde empezar: objetivo, alcance y marco temporal

Por tanto, ¿cómo debería empezar nuestra organización a moverse hacia el rendimiento Seis Sigma? Cuando se plantean preguntas complejas como ésta, tendemos a caer en una de estas dos respuestas: «Depende» y «Sólo Dios lo sabe».

.Dado que la segunda respuesta nos deja sin contestación, tendremos que quedarnos con la primera: «depende». Por suerte, ha quedado claro que la decisión sobre la forma de personalizar su método es uno de los tres factores principales: su objetivo, su alcance y su marco temporal. Estos elementos están interrelacionados, pero, si los observa de uno en uno, podrá obtener algunas líneas maestras sobre la manera de tomar la decisión inicial. Cuando revisemos estos criterios, se dará cuenta de que la información procedente de la evaluación de disponibilidad para Seis Sigma, de la que trata el Capítulo 6, puede ser de gran ayuda para su elección de implantación.

Tenga claro su objetivo

¿Qué quiere obtener de los esfuerzos Seis Sigma?

Todas las empresas quieren «resultados» Seis Sigma, pero el tipo de resultado o cambio necesario (o factible) puede variar mucho. Por ejemplo, Seis Sigma puede resultar atractivo como un método de solventar problemas de productos defectuosos o deficiencias en el servicio al cliente. De nuevo, usted puede formar parte de una empresa rentable y en crecimiento, pero darse cuenta de que su éxito está creando una cultura de dirección reactiva que amenaza el crecimiento futuro. Cada uno de estos escenarios puede conducir a diferentes tipos de esfuerzos Seis Sigma.

Hemos definido tres amplios niveles de objetivos: transformación de la empresa, mejora estratégica y solución de problemas (véase la Figura 7.1), que se basan en la escala de impacto que usted desea aplicar a la organización. Existe, desde luego, la tentación de decir: «¡Lo queremos *todo*!», pero identificar cuál ha de ser su primer punto de atención para Seis Sigma (al menos por ahora), le ayudará a llegar a la estrategia para el mejor inicio.

Evalúe su alcance

¿Qué segmentos de la organización puede o debe implicar en su esfuerzo inicial Seis Sigma?

Objetivo	Descripción
Transformación de la empresa	Un cambio importante en el funcionamiento de la organización, es decir, un «cambio de cultura». Ejemplos: • Crear una actitud orientada al cliente • Construir una mayor flexibilidad • Abandonar las viejas estructuras o métodos de hacer las cosas
Mejora estratégica	Apunta a la estrategia clave, a los puntos débiles en la operatividad o a las oportunidades. Ejemplos: • Acelerar el desarrollo de productos • Mejorar la eficiencia de la cadena de suministro • Crear capacidad de comercio electrónico
Solución de problemas	Soluciona áreas específicas con costes elevados, repetición de trabajos o retrasos. Ejemplos: • Aumentar la velocidad de ejecución de las aplicaciones • Reducir el plazo de obtención de piezas y repuestos • Disminuir el volumen de pedidos pendientes

Figura 7.1   Tres niveles del objetivo Seis Sigma

El alcance puede verse influido por su posición en la organización. Si, por ejemplo, usted encabeza el grupo de Tecnologías de la Información, puede tener autoridad para lanzar el cambio Seis Sigma en ese terreno pero no en toda la organización. Aun así, es posible que quiera tratar de influir en los líderes de su empresa para iniciar un esfuerzo conjunto. De hecho, uno de nuestros clientes comenzó a implantar Seis Sigma basándose solamente en algunas sugerencias de su vicepresidente de Tecnologías de la Información.

Otro elemento del alcance gira en torno a la pregunta básica «¿Qué es factible?». Puede no ser realista abordar simultáneamente todas las actividades de la empresa. Incluso en GE, algunas áreas de negocio y algunos procesos no se incluyeron en la ola inicial Seis Sigma. Por ejemplo, los procesos de ventas no recibieron atención alguna hasta pasado un año. Empresas como NBC empezaron más tarde. El escrutinio de sus procesos u operaciones clave puede proporcionarle datos valiosos cuando busque el enfoque de su alcance inicial.

Determinar la viabilidad siempre supone negociaciones (como hemos dicho, «depende»). Los tres factores principales que se ponen en juego en la mayoría de los casos son los siguientes:

✦ *Recursos.* ¿Quiénes son los mejores candidatos para participar en el esfuerzo? ¿Cuánto tiempo puede invertir la gente en Seis Sigma? ¿Qué presupuesto se puede dedicar a su puesta en marcha? ¿Qué otras actividades competirán por los recursos? Etc.

✦ *Atención.* ¿Puede la empresa centrarse en tantos esfuerzos de puesta en marcha al mismo tiempo? ¿Supondrá una sobrecarga para usted o para los demás directivos intentar conducir tantas actividades al mismo tiempo?

✦ *Aceptación.* Si es probable que, por cualquier razón, la gente de ciertas áreas (funciones, unidades de negocio, departamentos, etc.) oponga resistencia, sería mejor implicarles. Ésta es la versión de cambio organizativo del adagio «elija sus batallas».

Defina su marco temporal

¿Cuánto tiempo podrán, usted y las «fuerzas vivas de su empresa», esperar a obtener resultados?

En otras palabras, la «urgencia», la «paciencia» o el «grado de pánico» pueden acentuarse en el «marco temporal». Un plazo largo para recuperar inversiones puede resultar frustrante; las empresas son como los niños cuando salen de viaje («¿Ya hemos llegado?»). El factor tiempo, de hecho, es el que más influye en la mayoría de los esfuerzos de puesta en marcha de Seis Sigma y tiene buenas razones.

Chuck Cox, que lidera los trabajos de calidad de la División de Servidores de la empresa francesa Grupo Bull, da cursos sobre herramientas avanzadas Seis Sigma. Cox ha sido testigo de muchos lanzamientos de calidad y de Seis Sigma durante años y observa: «No es posible persuadir a la alta dirección para que reparta los recursos y se exponga a perderlos hasta que vea una recuperación inmediata de la inversión». Para él, obtener beneficios de modo «inicio rápido» es la mejor manera de probar tanto el concepto como el valor de Seis Sigma.

Cox también está de acuerdo con nosotros en que las ganancias a corto plazo no son lo más importante. El objetivo real es crear una organización que pueda mantener efectivamente una «base de clientes fieles», algo que puede suceder solamente con un esfuerzo integrado a largo plazo. El peligro de un método basado puramente en proyectos de solución de problemas es que nunca se amplía el alcance del trabajo hasta capitalizar realmente el sistema Seis Sigma.

Rampas de lanzamiento del Mapa de Seis Sigma

Los posibles puntos de partida, correspondientes al «objetivo» de sus esfuerzos Seis Sigma, aparecen en la Figura 7.2 como «rampas de lanzamiento» del Mapa. Incluso es posible utilizar más de una rampa al mismo tiempo, lo que puede ser práctico mientras tenga cuidado de no esparcir demasiado sus recursos y energías. Después de explicar las rampas de lanzamiento, entraremos en el escenario de puesta en marcha para ilustrar cada categoría.

Rampa de lanzamiento de la transformación empresarial

La rampa de lanzamiento más alta es la de quienes tienen la necesidad, la perspectiva y la paciencia para lanzar Seis Sigma como una iniciativa de cambio a escala completa. El resultado puede ser más factible y, además, lo que resulta un ejercicio de aprendizaje que merece la pena ayudar a concentrarse en el desarrollo de un Mapa para algunos procesos clave, en lugar de intentar identificar y definir todos los procesos a la vez. Asimismo, acceder a esta rampa no le cierra las otras. De hecho, suele ser bueno enfocar cualquier cambio de la organización como un esfuerzo de múltiples facetas.

Escenario n.º 1: Semiconductores Milagro

Los líderes de Semiconductores Milagro estaban de acuerdo en que su organización necesitaba rejuvenecer si quería sobrevivir más allá de unos cuantos años. Milagro construye microchips especiales para pequeños aparatos y para bienes duraderos como coches y lavavajillas. Aunque es rentable, su crecimiento ha bajado en los dos últimos años. A medida que las demandas de los clientes suponen mayores retos, la fuerza de Milagro, que es la ingeniería y la sofisticación técnica, se ha ido debilitando. Al mismo tiempo, la compañía ha perdido fuerza a la hora de fomentar esas asociaciones con los clientes que crean el «toma y daca» necesario para desarrollar productos realmente excelentes para la clientela.

La idea de Seis Sigma es un punto importante de cambio que empezó realmente por el vicepresidente de Ingeniería, que había oído hablar del concepto en una conferencia. Primero compartió su idea con el director de Marketing. Luego, juntos, la llevaron a una reunión de la dirección, donde pudieron obtener el acuerdo de los altos ejecutivos de que la cultura de la compañía, basada en la in-

Transformación de la empresa

OPCIONES:
- Limitar el alcance a 1 ó 2 procesos clave.
- Seleccionar las estrategias y/o proyectos de solución de problemas correspondientes.

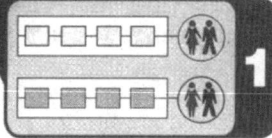

1 Identificar los procesos clave y los clientes principales

Mejora estratégica

OPCIONES:
- Identificar las cuestiones estratégicas que reflejen los retos más amplios que conlleva la transformación.
- Limitar el alcance a los clientes más importantes (por ejemplo, mercados nuevos, comprado-res más rentables, etc.).
- Poner en marcha los proyectos correspondientes de solución de problemas, enlazados a la iniciativa estratégica.

2 Definir las necesidades de los clientes

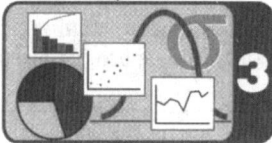

3 Medir el rendimiento actual

Solución de problemas

OPCIÓN:
- Poner en marcha el esfuerzo correspondiente para definir los procesos clave y los clientes principales

4 Dar prioridad, analizar e implantar las mejoras

Rampas de lanzamiento de Seis Sigma

5 Extender e integrar el sistema Seis Sigma

Figura 7.2 Rampas de lanzamiento del Mapa de Seis Sigma

geniería, tenía que reemplazarse por otra que equilibrase la creatividad técnica con una actitud de respuesta al cliente.

Se eligió «Nuevo Milagro» como lema del esfuerzo. El grupo ejecutivo empezó a hablar informalmente con los directivos y con los miembros del equipo acerca de sus ideas y luego anunció la iniciativa en una teleconferencia que enlazaba con las oficinas de la empresa en Estados Unidos, América Latina y Asia.

Se establecieron dos esfuerzos principales como prioridades principales en la creación de Nuevo Milagro:

✦ El grupo ejecutivo y dos niveles de gerentes empezaron a mantener reuniones para crear un «Mapa» de alto nivel de la empresa, que mostrara los vínculos entre departamentos y las interfaces críticas con los clientes actuales y potenciales.

✦ Se formó un equipo interfuncional para evaluar las cuestiones relacionadas con el desarrollo de propuestas para los clientes potenciales, con el objetivo de identificar entre tres y cuatro proyectos de mejora específicos, a finales del trimestre.

«Sé que necesitamos actualizar nuestros recursos técnicos», dijo el presidente de la compañía, «pero perderemos el tiempo si no hacemos primero estas cosas».

La rampa de lanzamiento de la mejora estratégica

La rampa «media» es la que ofrece más opciones. Un esfuerzo de mejora estratégica puede limitarse a uno o dos proyectos piloto de mejora, o puede comprometer a toda una oleada de equipos y formación encaminados a solucionar los puntos débiles estratégicos. Puede definir la prueba para una iniciativa de transformación empresarial más ambiciosa o, simplemente, implicar una campaña de mejora que se produzca a no muy largo plazo.

La mejora estratégica también puede tender a crear uno de los elementos clave de la «infraestructura» o competencias centrales del sistema Seis Sigma: por ejemplo, medidas o sistemas de la Voz del Cliente.

Escenario n.º 2: la compañía de seguros Zona Segura

La compañía de seguros Zona Segura es una aseguradora de vida y accidentes que vende pólizas a través de agentes libres del Medio Oeste. A pesar de haber pasado por diferentes períodos de apretarse el cinturón, Zona Segura tiene uno de los perfiles de costes más altos del sector. Su servicio de reclamaciones se considera eficiente, puesto que los asegurados están realmente satisfechos, pero Zona Segura tiene que invertir mucho tiempo, con altos costes laborales, para llevar a cabo las actividades de análisis de riesgos y emisión de pólizas. Los retrasos son una queja constante de los agentes.

La directora de operaciones, Eleanor Zone, llegó a la conclusión de que el solo hecho de decir a la gente, una vez más, que «redujera costes», no servía de nada. «Tenemos que actuar con inteligencia en la gestión de propuestas», dijo frustrada, mientras preparaba una reunión con los accionistas de la empresa. (Las acciones de Zona Segura habían bajado un 10 por ciento respecto al mes anterior.)

Después de la reunión, Zone habló con el director de riesgos y le sugirió probar un método Seis Sigma para reducir costes y tiempos de proceso de propuestas de seguro.

«¿Eso no es un 'cambio de cultura' total?», preguntó el director. «Por lo que he oído», respondió ella, «podemos utilizar los métodos Seis Sigma solamente para solucionar cuestiones críticas, como los costes de las pólizas de vida. Si funciona, podemos ver otras formas de ampliarlo». Puesto que varios agentes de Michigan habían escrito recientemente para amenazar con dejar la representación de Zona Segura, se formó un equipo que se enfrentara a ese problema. Mientras, se creó un comité de revisión que reuniera datos sobre los altos costes y sobre la ralentización de los procesos, con un plazo fijo de dos semanas para informar...

La rampa de lanzamiento de solución de problemas

Con la urgencia de producir resultados casi en todas las puestas en funcionamiento de Seis Sigma, la mayoría de las empresas prefiere saltar primero a la rampa de solución de problemas. Aunque suele ser el camino más rápido para obtener un beneficio, dedicarse sólo a solucionar problemas puede ser también el camino más corto y arriesgado de Seis Sigma. Los peligros se enmarcan en dos categorías:

1. *Selección inadecuada del proyecto.* Sin información del proceso o del cliente, el director de la empresa elige sus proyectos en base a mera adivinación y a supuestos. Esto significa que usted bien puede terminar por dirigirse a cuestiones que sean molestas, pero que no resulten realmente críticas para la empresa o para los clientes. Existe también la tentación de lanzar demasiados proyectos simultáneamente.
2. *Ganancias limitadas.* Los métodos de «solución de problemas» de la etapa 4, es decir, mejora y diseño/rediseño de procesos, son más potentes cuando se tratan con un enfoque más amplio y una perspectiva a más largo plazo. Esa visión realmente más amplia de cambio faltó con frecuencia en los esfuerzos de solución de problemas de la Gestión de la Calidad Total, lo que puede haber sido una razón importante para que muchas compañías perdieran su oportunidad.

Si usted se encuentra entre la mayoría de las organizaciones que quieren iniciar los proyectos de mejora Seis Sigma (etapa 4) ahora mismo, lo mejor que puede hacer es tratar de equilibrar el impulso para obtener resultados inmediatos con la atención puesta en los objetivos a largo plazo (etapas 1, 2, 3 y 5). Pero si *lo único* que quiere es solucionar algunos problemas críticos, también es válido.

Escenario n.º 3: la compañía Productos Acme

La directora financiera de la compañía Productos Acme se sorprendió al ver la cabeza del jefe de contabilidad del grupo Acme, Joe Check, asomando por la puerta de su despacho. «Entra, Check», le dijo, «¿Qué pasa?».

«Tengo algo interesante que mostrarte», dijo Joe. «Hay dos personas en mi departamento que están trabajando para disminuir el número de cuentas que tenemos que enviar a Impagados. Todos pensábamos que los problemas serían con los clientes inestables, pero resulta que los que rechazan más facturas son los clientes *importantes.*»

«¿Quieres decir que tenemos que enviar cobradores a los mejores clientes?»

«Casi el doble de los que enviamos al resto», confirmó Joe.

«¡Vaya!», dijo ella, «De todas formas, si no pagan tendremos que ir detrás de ellos».

«Si las facturas fueran correctas, estaría de acuerdo contigo. Sin embargo, hemos encontrado que hay ciertas discrepancias entre la tarifa de ventas y el sistema de facturación. Casi el 80 por ciento de los pagos retrasados incluyen artículos que no coinciden en el precio.»

«¿Y cómo te has dado cuenta de esto?»

«Verás», dijo Joe, «he estado leyendo acerca de las mejoras Seis Sigma y me parece interesante. Quiero decir que empleamos mucho tiempo para solucionar los problemas que surgen y que se supone que no deberían surgir. Así que he decidido probar. No hemos hecho nada realmente sofisticado, pero la gente de mi departamento está bastante impresionada».

«Yo también», admitió ella. «Puedo pensar en algunas otras áreas en las que también podría funcionar.»

Al final del mes siguiente, la directora anunció un esfuerzo piloto Seis Sigma en Financiero, que implicaba a los departamentos de Facturas pendientes y Relaciones con los inversores.

El Mapa y los puntos fuertes y débiles de su empresa

Un método alternativo para definir las prioridades de Seis Sigma, basadas también en el Mapa de Seis Sigma, es evaluar su capacidad para cada etapa, lo que ya hemos señalado que indica las «competencias centrales» de una organización próspera del siglo XXI. Cuando medite sus respuestas respecto a las preguntas siguientes, empezará a ver dónde radica su mayor debilidad y dónde debe concentrar sus actividades iniciales.

✦ *Etapa 1.* ¿Tenemos una comprensión clara del «ensamblaje» de las partes de nuestra organización? Por ejemplo, ¿cuáles son los procesos clave? ¿A qué clientes clave atendemos? ¿Son claras y están bien gestionadas las interfaces o el traspaso de trabajos entre grupos?

✦ *Etapa 2.* ¿Entendemos *realmente* a nuestros clientes? ¿Y a los clientes de nuestros competidores? ¿Tenemos una estrategia amplia para captar la Voz del Cliente? ¿Hay mecanismos para capturar la información de los clientes y mercados, de forma que podamos revisarla y analizarla? ¿Nos centramos *tanto* en los requisitos de servicios como en los de resultados, o ignoramos algunos de ellos? ¿Hemos traducido la retroalimentación del cliente a requisitos o especificaciones claras?

✦ *Etapa 3.* ¿Estamos *midiendo* con precisión nuestro rendimiento frente a los requisitos de cliente? (¿Realmente sabemos cómo lo estamos haciendo?) ¿Se dirigen las medidas tanto a las especificaciones de servicios como a las de resultados? ¿Hay muy pocas o demasiadas medidas? ¿Son accesibles los datos? ¿Cómo utilizamos los datos de las medidas para evaluar y perfeccionar nuestros procesos/rendimientos? ¿Entiende las medidas la gente que trabaja en los procesos y sabe qué hacer con la información? ¿Disponemos de medidas de entradas o procesos que nos ayuden a ver los problemas u oportunidades potenciales *antes* de que se produzcan?

✦ *Etapa 4.* ¿Hay problemas u oportunidades críticos que nos llamen la atención? ¿Son «urgentes» todos los problemas o, por el contrario, estamos definiendo prioridades de mejora efectivas? ¿Qué beneficio podemos extraer de estos problemas? ¿Necesitamos recursos para abordar los problemas o se solucionan «sobre la marcha»? ¿Hay un proceso claro y proactivo para desarrollar soluciones para las causas raíz? ¿Podemos y queremos diseñar o rediseñar los procesos cuando el diseño actual deja de ser viable? ¿Están comprometidos los directivos a apoyar los esfuerzos de mejora? ¿Estamos midiendo los resultados y garantizando que las soluciones funcionan?

✦ *Etapa 5.* ¿Hemos establecido responsabilidades para las evaluaciones en curso y para la gestión de los procesos clave? ¿Se han tomado medidas para garantizar que se mantienen las mejoras y que se consiguen los resultados? ¿Estamos captando medidas y creando informes de forma que podamos mostrar «de un vistazo» el rendimiento de la empresa? ¿Estamos preparados para gestionar la empresa como un sistema en «bucle cerrado»?

Estas preguntas ofrecen un método razonado de identificar sus prioridades de Seis Sigma. En vez de dirigirse a las cuestiones o problemas actuales, donde se pone el énfasis en la selección de «rampa de lanzamiento», esta valoración se centra en los puntos fuertes y débiles *sistémicos* de la organización. Por ejemplo, al mejorar su conocimiento de las necesidades del cliente o al fortalecer los sistemas de medida, puede crear una empresa más sólida, al mismo tiempo que da a los equipos Seis Sigma un entorno más adecuado para la mejora, sin mencionar la mayor adecuación de los datos.

Sin embargo, de forma realista, las cuestiones actuales suelen tener prioridad sobre los retos sistémicos. Lo práctico es enfocar las necesidades inmediatas de la empresa, sin dejar de garantizar que sus proyectos iniciales se basan en el trabajo fundamental sobre el que puede construir sus «competencias centrales» Seis Sigma.

Haga una prueba piloto de su esfuerzo Seis Sigma

Con independencia de la escala o alcance de la puesta en marcha de su esfuerzo Seis Sigma, un componente esencial del mismo ha de ser una «estrategia de prueba piloto». La realidad es que la implantación de cada esfuerzo Seis Sigma va acompañada de problemas y sorpresas. Sin embargo, una prueba piloto permite minimizar las dificultades que surgen y aprender de ellas. Desde luego, si usted aún no tiene la seguridad de si Seis Sigma va a ser efectivo en su empresa, la prueba piloto es también la mejor manera de verificar el método general.

Los argumentos comunes que surgen contra la prueba piloto incluyen la necesidad de ir deprisa, la falta de recursos y/o la pérdida del impulso y del entusiasmo para el esfuerzo Seis Sigma. Pero un plan bien pensado no debe retrasar mucho sus progresos y, al trabajar con los «fallos» de la formación, proyectos, equipos, etc., puede ir allanando el camino para obtener resultados más rápidos. Las pruebas piloto suelen ahorrar dinero a la larga, porque ayudan a comprender antes dónde se están aplicando recursos con mayor efectividad. Si no hace una prueba piloto o, al menos, da tiempo para incorporar las mejoras a sus procesos Seis Sigma, simplemente prolongará y ampliará el impacto de los problemas imprevistos.

Entre los problemas que hemos visto y que podrían haberse minimizado con una prueba piloto, están la selección de proyectos de mejora, el diseño de la formación y la falta de continuidad en los resultados. En muchos de estos casos, los problemas se han arrastrado durante meses, porque no se ha prestado bastante atención o tiempo a perfeccionar el esfuerzo con antelación.

¿Sobre qué conviene hacer la prueba piloto?

La prueba piloto se puede aplicar a cualquier aspecto de Seis Sigma, incluyendo las soluciones derivadas de los proyectos de mejora, diseño o rediseño de procesos. Algunos de los elementos comunes de un inicio de Seis Sigma que se pueden considerar para la prueba piloto incluyen los siguientes:

- Orientación de los directivos de la empresa.
- Selección del proyecto.
- Constitución del equipo.
- Selección del jefe de equipo.
- Métodos de medida.
- Diseño y contenido de la formación (para audiencias que comprendan ejecutivos, jefes de equipo, miembros de equipos, etc.).
- Logística y programación de la formación.

El asunto más importante de la prueba debe ser el logro de *resultados* a partir del esfuerzo Seis Sigma. Sin embargo, puede llevar tiempo medirlos, por lo que conviene no perder de vista algunos de estos factores para aumentar las probabilidades de obtener un buen beneficio final.

Preguntas clave para la prueba piloto

La estrategia para la prueba piloto empieza por la *actitud* con la que va a manejar los problemas y a adoptar métodos de «mejora continua» para su esfuerzo Seis Sigma. Los puntos específicos de esta estrategia dependen de su objetivo; sin embargo, las respuestas a estas preguntas le ayudarán a planificarla:

✦ *¿Cómo verificar el plan o método para garantizar que va a funcionar?* Busque oportunidades para una prueba limitada de bajo riesgo de los aspectos clave del esfuerzo Seis Sigma. Sin embargo, conviene que se asegure de que las pruebas simulan lo más posible las «condiciones normales», ya que, de otra forma, los datos de la prueba piloto no representarán lo que va a suceder.

✦ *¿Qué necesitamos para medir/observar lo bien que funciona nuestro esfuerzo?* Cuanto más específico sea, mejor. La prueba piloto necesita ir acompañada de una revisión cuidadosa de «lo que funciona» y de «lo que no funciona». Sin esta revisión, las «mejoras» se basarían tanto en suposiciones como en las enseñanzas reales que arroje la prueba piloto.

✦ *¿Cuánto tiempo necesitamos para responder a lo que hemos aprendido de la prueba piloto?* Esto siempre es un reto. La mayoría de las compañías, una vez que han decidido lanzar Seis Sigma, quieren que esté implantado *para ayer*. Pero, a veces, la revisión y el perfeccionamiento son claves si la prueba ha de dar un beneficio. Por tanto, recomendamos que defina un período para evaluar, identificar e implantar las mejoras. Generalmente (según lo que esté probando), el plazo de revisión/perfeccionamiento es de un par de semanas o menos, después de las cuales puede avanzar agresivamente con mucha más confianza en que sus esfuerzos van a dar un beneficio.

Como hemos indicado, la prueba piloto es una parte importante de los esfuerzos de mejora Seis Sigma. Para más detalles sobre este tipo de pruebas, véase el Capítulo 16.

Resumen de la puesta en marcha de Seis Sigma

Vamos a empezar por recordarle que algunas de las cuestiones y preguntas básicas para preparar su esfuerzo se hallan en la *Lista de comprobación para la puesta en marcha de Seis Sigma* del apéndice. Ahora resumiremos algunas de las cosas más importantes que le conviene recordar:

✦ *Planifique su propia ruta.* Hay muchas vías hacia Seis Sigma y la mejor es la que funcione en su organización. Apártese de quienes le digan que conocen *la* ruta para implantar Seis Sigma.

✦ *Defina su objetivo.* Las prioridades son importantes. Es correcto aplicar Seis Sigma para resolver problemas clave; también puede ser una forma de iniciar el «cambio cultural». Empiece por el nivel (o niveles) que más sentido tengan para sus necesidades y disponibilidad.

✦ *Limítese a lo factible.* Configure sus planes para que coincidan con su influencia, recursos y alcance. Si eso significa intentar los métodos Seis Sigma a menor escala en un área que usted pueda manejar, bueno, pues puede ser una forma estupenda de comenzar.

✦ *Haga una prueba piloto.* Ahorrará tiempo y esfuerzo a largo plazo si prueba y mejora los aspectos clave de sus trabajos, antes de ejecutarlos a escala completa.

✦ *Equilibre las consideraciones a corto y largo plazo.* El gran inconveniente de buscar resultados rápidos es el riesgo de quedarse solamente con los proyectos a corto plazo. Crear competencias centrales de Seis Sigma en su organización, es decir, conocimiento del cliente, medida, mejora proactiva, etc., tiene que ser también una meta.

8

La política de Seis Sigma: preparar a los directivos para lanzar y guiar el esfuerzo

COMO HEMOS VISTO en el Capítulo 3, una de las dificultades que socavaron el movimiento de la Gestión de la Calidad Total en muchas organizaciones fue el débil compromiso de los directivos de las empresas. Los altos directivos, por utilizar una frase hecha, «dieron la charla» pero no «anduvieron el camino». Muchos de los esfuerzos de calidad nunca llegaron a despegar del suelo. Otros tuvieron más suerte durante un tiempo y luego desaparecieron cuando la empresa y sus líderes les retiraron su atención para fijarla en otras dificultades.

Lo mismo sucede con Seis Sigma. Las iniciativas Seis Sigma puestas hoy en marcha pueden evaporarse fácil y rápidamente o, también, pueden disfrutar de un compromiso fructífero y luego cerrarse como una obra de teatro aburrida. La clave para usted y para los líderes de su compañía es mantener en la mente *estas dos* preguntas:

1. ¿Cómo podemos lanzar con éxito el esfuerzo Seis Sigma y lograr el impulso para la mejora?
2. ¿Qué podemos hacer para garantizar que los conceptos y métodos de Seis Sigma continúen sosteniendo nuestro éxito durante mucho tiempo?

Prácticas fundamentales frente a modelos de rol

Sería fácil para nosotros decir: «Haga lo que hizo Jack Welch». Exactamente lo que funcionó para GE bajo la dirección de Welch no tiene por qué tener sentido en la mayoría (o en ninguna) de las demás empresas. Por ejemplo, mientras que GE hizo hincapié en prometer grandes ganancias de Seis Sigma desde el principio, sabemos de muchas otras grandes empresas que se encuentran más cómodas con un compromiso sólido, pero sin publicitar sus procesos Seis Sigma. A pesar de todo, si tomamos prestadas enseñanzas de diversos líderes e iniciativas, incluyendo los de GE, podemos reunir una lista de acciones claves de liderazgo que son esenciales para cualquier esfuerzo Seis Sigma, manteniendo la vista *tanto* en un arranque próspero *como* en construir un sistema final de gestión integrado.

Puesta en marcha de Seis Sigma

Le sugerimos que lea las siguientes ocho responsabilidades como las más importantes que ha de adoptar la alta dirección en las primeras etapas del proceso de Seis Sigma:

1. *Desarrollar un sólido razonamiento lógico.* Como resultado de las cuestiones que hemos estado examinando, encaminadas a la parte anímica, los directivos deben ser capaces de describir, primero para sí mismos y luego para los demás, por qué es necesario el sistema Seis Sigma en la empresa. «Es lo último» o «En Wall Street se valoran mucho las compañías Seis Sigma», no son razones válidas. La razón tiene que ser específica para su organización y enlazar directamente con beneficios que casi cualquiera de la compañía pueda comprender.
2. *Planificar y participar activamente en la implantación.* Tan pronto como los altos directivos deleguen implícitamente la responsabilidad de tomar decisiones sobre planificación y objetivos generales en algunos «jefes de Seis Sigma» o en un consultor, el juego ha terminado. Somos los primeros en admitir que un consultor o un experto externo puede ser un consejero válido, pero el grupo ejecutivo tiene que asumir el esfuerzo, por tres razones críticas:

   a. Son los que tienen que venderlo y defenderlo.
   b. Tienen que ser capaces de *cambiar* el plan, según evolucionan las necesidades y los conocimientos.
   c. Están mejor situados para equilibrar todas las prioridades y retos de la empresa con el proceso Seis Sigma.

   Observe que el plan y la estrategia pueden cubrir no solamente las cuestiones más amplias que hemos citado anteriormente, como «¿Cuáles son las primeras etapas para usted?», «¿Qué parte de su empresa se va a implicar?»; sino también otras cuestiones más precisas como «¿Con qué presupuesto contamos?»; «¿Cuánta gente se va a formar, a qué nivel y cuándo?», etc.
3. *Crear una perspectiva y un «plan de marketing».* Hemos observado durante años que uno de los elementos más débiles de la «gestión del cambio» es lo que llamamos el marketing del cambio. El cambio siempre es difícil, traumático, etc., pero la forma en que se suele llevar a cabo tiende a aumentar la incredulidad y la preocupación de la gente. Es posible, sin embargo, convertir al menos parte de esa «energía» en interés y en una fuerza positiva si el cambio se sitúa y se vende de manera adecuada[1].

Con la lógica y la estrategia de puesta en marcha como entradas, los elementos del plan de marketing incluyen los dos siguientes:

a. *El lema o perspectiva.* Es una denominación para los trabajos, una declaración o visión concisa, incluso un eslogan, que pueden desempeñar el papel de «lema» (conviene elegir tanto un nombre *como* un lema). Uno de nuestros favoritos, de un cliente del sector de alta tecnología, era «crear una gran compañía duradera». Ya hemos mencionado la «creación de una cultura de renovación continua» de AlliedSignal/Honeywell. La definición de calidad de GE es «rentabilidad que satisface completamente las necesidades del cliente». El mensaje para su propia organización debe ajustarse a su empresa y a su gente. Por ejemplo, un mensaje más técnico, como «acabar con los defectos y evaporar la variación», puede ir bien en una organización de ingeniería. En una empresa de servicios, sería más adecuada una frase como «medir lo que interesa al cliente». No es que digamos que son estupendas, pero esperamos que le ayuden a encontrar la suya y a entender lo importante: asegúrese de que envía un mensaje claro, positivo, incluso inspirador, sobre la naturaleza de sus esfuerzos Seis Sigma.

b. *El plan de marketing.* Su promoción de Seis Sigma debe ajustarse a su puesta en funcionamiento. Si trata de «comprobar» la mejora de Seis Sigma con algunos proyectos, obviamente no es recomendable un eslogan o campaña que afecte a toda la empresa. Las preguntas fundamentales que le ayudarán a la venta de Seis Sigma son: ¿Quién es nuestra audiencia principal, tanto interna como externa?, ¿Cómo podemos presentar mejor nuestro plan para garantizar una reacción positiva?, ¿Cómo hay que personalizar el mensaje para los distintos grupos?, ¿Qué medios, eventos, etc., son los adecuados?, ¿Cómo trataremos las reacciones negativas? El plan debería incluir también terminología clave y frases como: «lanzamiento», «expansión» y «soporte sobre la marcha». La dificultad es desarrollar un «plan de marketing» para Seis Sigma que interese y resulte retador, pero realista. Evite exageraciones.

4. *Conviértase en un abogado poderoso.* Puede parecer paradójico a los ejecutivos dirigir algo sobre lo que están aprendiendo, pero así son las cosas. Si hay una estrategia a copiar de gente como Bob Galvin de Motorola, Larry Bossidy de AlliedSignal o Jack Welch de GE, es su continuo redoble sobre el tambor de Seis Sigma. Todos estos líderes, y no son los únicos, impulsaron constantemente Seis Sigma como un vehículo para obtener beneficios como un nuevo método integral para hacer funcionar la empresa. Hemos citado algunos comentarios de Welch en el Capítulo 1. Ha sido un defensor incansable de Seis Sigma y su ejemplo se ha extendido a otros altos dirigentes de GE. También los proveedores y clientes de GE han sido testigos de su pasión y proselitismo, y algunos de ellos se encuentran ahora explorando o poniendo en marcha sus propias iniciativas Seis Sigma. Los veteranos de Motorola y AlliedSignal cuentan historias similares sobre Galvin y Bossidy. «Fuerza», «constancia» y «energía» son algunas de las expresiones que hemos oído para describir los esfuerzos de esos líderes. Su propia voluntad de liderazgo o incluso la fuerza para seguir estos modelos es probable que produzcan un mayor impulso para su esfuerzo Seis Sigma.

5. *Definir objetivos claros.* Sus objetivos pueden ser una característica tan importante del esfuerzo de «marketing» como sus planes de comunicación o el lema
que elija. Los objetivos empresariales amplios, como la mejora 10X, cinco Sigma en cinco años, etc., son excelentes *si* los empleados los pueden interpretar
con sentido. Los objetivos específicos adecuados para su organización se pueden
personalizar según la naturaleza y alcance de su esfuerzo. En cualquier caso, deben ser comprensibles, suponer un reto, tener sentido y no ser imposibles.

6. *Mantenerse disponible.* En los ochenta, nos convocaron a una reunión con el
presidente de una empresa que se sentía frustrado en cuanto a sus esfuerzos de
calidad. «He estado empujando al personal dos años», se quejó, «y todavía no
hemos visto los resultados». Sin embargo, cuando le preguntamos cuál era la
consecuencia de la falta de resultados, el directivo no supo contestarnos. La
propia gente que *no* estaba trabajando con calidad estaba cobrando los mismos
beneficios salariales de siempre.

No hay duda acerca de por dónde debe empezar la disponibilidad para Seis
Sigma: por los mismos *líderes*. Si falla un proyecto de mejora, por ejemplo, las
preguntas no deben dirigirse a los equipos o a la formación, sino a lo que han hecho los líderes. ¿Se habían asignado recursos suficientes? ¿Estaba bien definido
el proyecto? ¿Hemos escuchado los problemas que surgieron? ¿Hemos dado urgencia a las necesidades? Por ejemplo, si *simplemente* los informes de la compañía anteriormente citados por el presidente hubieran estado disponibles para la
mejora, se hubiera conseguido mucho más.

Uno de los aspectos más eficaces y más notorios del esfuerzo Seis Sigma
en GE fue la vinculación del 40 por ciento de todas las «pagas variables» de los
ejecutivos al éxito de los trabajos Seis Sigma. Este incentivo supuso un sólido
mensaje a todo GE acerca de la importancia del sistema y, ciertamente, contribuyó a que los proyectos no quedaran postergados por otras prioridades.

La disponibilidad de los ejecutivos y su extensión a toda la organización incluye asignar compensaciones y recompensar de forma que se fomenten los resultados de Seis Sigma. Hemos visto un número sorprendente de casos, en grandes organizaciones, en que los criterios de compensación suponían mensajes
mixtos, si no *opuestos*, acerca de lo que era importante. Por ejemplo:

✦ Una empresa de productos de consumo pagó comisiones de ventas por los
envíos a los distribuidores, para que los vendedores lograran pedidos
grandes y seguros. Si las mercancías se devolvían y, con ellas, los pagos
a los distribuidores, los vendedores ya tenían su dinero.

✦ El departamento de Tecnologías de la Información de una empresa del
grupo *Fortune 500* ofrecía incentivos para recortar sus presupuestos, con
independencia del impacto que ello supusiera en los niveles de servicio.

✦ Un departamento de Desarrollo/Marketing de productos de una gran empresa de telecomunicaciones recompensó la velocidad con la que se introducían
las nuevas ofertas, lo que supuso que se lanzaran los programas antes que de
que el personal de Ventas y Servicios tuviera información acerca de ellos.

Uno de los beneficios menos reconocidos y más valioso del esfuerzo Seis
Sigma es corregir estos tipos de desajustes. Pero, de la misma forma que conse-

guir una asignación adecuada de objetivos para toda la empresa puede precisar tiempo, existen soluciones de proyectos de mejora que pueden contribuir a resolver los conflictos de compensación y objetivos.

7. *Pedir medidas sólidas de los resultados.* Seis Sigma consiste en construir una organización mejor, es decir, que tenga el mismo éxito a corto que a largo plazo. Con excesiva frecuencia, las compañías de Gestión de la Calidad Total se basaron en medidas «blandas» para evaluar el impacto de sus esfuerzos. Con Seis Sigma, por el contrario, la cuestión de cómo juzgar los resultados ha de ser mucho menos ambigua. Implicar a los expertos en Finanzas de su empresa para que ayuden a cuantificar las ganancias potenciales, las confronten y validen su logro puede cumplir dos objetivos:

a. Contribuir a que los resultados que logran sean *reales.*

b. Aumentar la confianza en que usted actúa con seriedad en la búsqueda de las mejoras Seis Sigma.

Los impactos directos de Seis Sigma se pueden enlazar con métricas tales como la reducción de defectos (reflejados en DPMO, Sigma, etc.), mejora del tiempo de ciclo y costes más bajos (retrabajos, desperdicios, etc.). Resulta menos «vistoso», pero, a largo plazo, los márgenes de beneficio, la fidelidad del cliente, las tasas de retención, las ventas de nuevos productos, etc., tienen más sentido desde el punto de vista financiero.

8. *Comunicar los resultados y los contratiempos.* Las comunicaciones constantes y francas acerca de los beneficios que su empresa está logrando con Seis Sigma, igual que los retos o dificultades que ha encontrado, mantienen el esfuerzo encauzado hacia delante. Hacer que se conozcan los éxitos y quiénes contribuyen principalmente a ellos, construye obviamente confianza y entusiasmo. Por otro lado, publicar *solamente* los éxitos dañaría su credibilidad al dar la impresión de que está «endulzando» los resultados. (La gente aprenderá de sus errores, de todas formas.) Lo mejor es emitir actualizaciones equilibradas que muestren tanto los «más» como los «menos» (cosas que deben mejorarse), que es la forma más efectiva de comunicación.

No cabe duda de que los líderes son quienes dan el tono y la dirección al esfuerzo y eso significa que sus acciones tienen mayor impacto global sobre el curso del proceso Seis Sigma. Sin embargo, sin la aportación de otros actores, ningún líder puede efectuar cambio alguno ni lograr los resultados que puede traer consigo una iniciativa Seis Sigma bien ejecutada. En el siguiente capítulo veremos otros roles esenciales en su puesta en marcha.

CAPÍTULO

9

Preparación de *Black Belts* y otros roles clave

Uno de los aspectos mejor publicitados del movimiento Seis Sigma es la creación de un cuerpo de expertos en medidas de procesos y mejoras conocido como *Black Belts, Master Black Belts* y *Green Belts*. (Hemos oído hablar de una organización que consideraba la creación de otro nivel, los *Yellow Belts*, ¡y que se sintió más importante cuando hizo pública su idea!) Aunque los «Belts» son importantes, no son más que componentes conocidos de una estructura organizativa mayor y de un conjunto de roles que apoyan los procesos Seis Sigma.

Una de las tareas que le esperan, cuando inicie el método Seis Sigma, será definir los roles adecuados para su empresa y dejar claras sus responsabilidades. Estas decisiones deben basarse en distintos factores que incluyen sus objetivos Seis Sigma, el plan de implantación, el presupuesto y los recursos y personal existentes. En este capítulo consideraremos tres preguntas clave:

1. ¿Cuáles son los roles principales de la organización Seis Sigma?
2. ¿Qué es un *Black Belt* y qué opciones hay para utilizar los roles de *Black Belt, Master Black Belt* y *Green Belt*?
3. ¿Qué nivel y qué contenido de formación son precisos para hacer que su proceso Seis Sigma «se levante del suelo» y se mantenga en las alturas?

Los roles en la organización Seis Sigma

De momento, dejaremos a un lado los términos *Black Belt* y *Master Black Belt*, para observar primeramente una variedad de importantes «descripciones de cargos» Seis Sigma[1].

El grupo responsable o consejo

Si hay que cumplir varias responsabilidades de liderazgo para Seis Sigma (como se describe en los capítulos anteriores), los ejecutivos deben tener un foro en el que discutir, planificar, guiar y aprender de la iniciativa. En la mayoría de las organizaciones con las que hemos trabajado, ese «equipo responsable Seis Sigma» o «consejo de calidad» es el mismo grupo que el equipo de alta dirección existente, que es el ideal. En los días de la Gestión de la Calidad Total, ese rol se delegaba con demasiada frecuencia, con lo que se enviaba una señal negativa acerca de la importancia *real* de la iniciativa para los líderes de la empresa.

Además de las tareas de planificación y marketing que hemos definido anteriormente, las funciones específicas del grupo de dirección general incluyen:

- Establecer los roles e infraestructuras de la iniciativa Seis Sigma.
- Seleccionar los proyectos específicos y asignar los recursos.
- Revisar periódicamente el progreso de los distintos proyectos y aportar ideas y ayuda (por ejemplo, para evitar que los proyectos se solapen).
- Actuar (individualmente) como «patrocinadores» de los proyectos Seis Sigma (véase más abajo).
- Ayudar a cuantificar el impacto de Seis Sigma en la empresa.
- Evaluar los progresos e identificar los puntos fuertes y débiles del esfuerzo (por ejemplo, para evitar que decaiga el ritmo).
- Compartir las mejores prácticas en toda la organización, así como con los proveedores y clientes principales, si se estima adecuado.
- Actuar como «eliminadores de obstáculos», cuando los equipos identifiquen barreras.
- Aplicar las lecciones aprendidas a sus propios estilos individuales de dirección.

La frecuencia con que se reúnan los grupos responsables en su rol de consejo tendrá gran influencia en el funcionamiento de la iniciativa en general. Una vez al mes, por ejemplo, es una programación común y puede ser suficiente. Sin embargo, si los equipos de mejora deben presentar informes de progreso al comité de dirección completo, eso puede significar que transcurran varios meses entre las «actualizaciones», lo que puede ralentizar los esfuerzos y reducir el sentido de urgencia. Sesiones más cortas y más frecuentes pueden funcionar mejor para mantener el ritmo y la energía detrás de las mejoras.

El «patrocinador» o *Champion*

El patrocinador, un rol mencionado en varias de nuestras anteriores historias de Seis Sigma, es el directivo que «supervisa» un proyecto de mejora. Es una responsabilidad muy importante que puede requerir un equilibrio delicado. Los equipos necesitan libertad para tomar sus propias decisiones, pero también precisan orientación de los directivos de la empresa acerca de la dirección de sus esfuerzos. Las responsabilidades del patrocinador incluyen:

- Definir y mantener objetivos amplios para los proyectos de mejora a su cargo, lo que incluye definir la misión del proyecto, y garantizar que los objetivos están alineados con las prioridades de la empresa.
- Orientar y aprobar los cambios, de dirección o alcance de un proyecto, si es preciso.
- Localizar (y negociar) recursos para los proyectos.
- Representar al equipo ante el grupo responsable y actuar como *Champion*.
- Facilitar las cuestiones y solapamientos que surjan entre los equipos o con el personal externo a ellos.
- Trabajar con los propietarios de los procesos para garantizar una transición sin dificultades hacia la conclusión de un proyecto de mejora.
- Aplicar el conocimiento adquirido de mejora de procesos a sus propias tareas de dirección.

De todas estas responsabilidades, quizá la más importante para el éxito del proyecto de mejora sea ayudar a los equipos a perfeccionar el alcance de sus proyectos. En nuestra experiencia, muchos proyectos se ralentizan o se estancan simplemente porque el jefe de equipo y el grupo tienen dudas sobre si deben modificar su enfoque, por temor a «decepcionar» a los altos directivos. En la práctica, sin embargo, la mayoría de los proyectos necesita algún perfeccionamiento y la ayuda del patrocinador resulta crítica para ajustar la dirección.

El responsable de implantación

A menos que uno de los altos ejecutivos de su empresa planee añadir la administración del esfuerzo Seis Sigma a sus propias responsabilidades (lo que puede suponer mucho tiempo y energía), será necesario dedicar recursos para gestionar los progresos y logística diarios. Según la escala de sus trabajos, un responsable de puesta en marcha o «director de Seis Sigma» puede ser suficiente; hará también falta disponer de personal para el siguiente conjunto de tareas:

- Dar soporte al grupo responsable en sus actividades, que incluyen comunicación, selección y revisión de proyectos.
- Identificar y/o recomendar personas o grupos para desempeñar los roles principales, que incluyen consultoría externa y soporte para formación.
- Preparar y ejecutar planes de formación, que incluyen selección de *currículos vitae*, la programación y la logística.
- Colaborar con el patrocinador para cumplir su rol de soporte, abogado y «animador» de los equipos.
- Documentar el progreso general y supervisar las cuestiones que precisen atención.
- Ejecutar el «plan de marketing» interno para la iniciativa.

El talento y la energía necesarios para este rol «administrativo» pueden ser enormes. Con frecuencia (en nuestra experiencia) esta persona es más generalista que «experta» en Seis Sigma, y el responsable de la puesta en marcha puede tener un mayor impacto sobre el éxito general que cualquier otra persona.

El Consultor de Seis Sigma

El *Consultor* proporciona asesoría experta y asistencia a los propietarios de los procesos y a los equipos de mejora Seis Sigma en muchas áreas que van desde la satisfacción hasta la gestión del cambio de la estrategia de diseño de procesos. El *Consultor* es el experto técnico, aunque el nivel de conocimiento puede variar de una empresa a otra según los roles estructurados y el nivel de complejidad de. los problemas.

Una de las claves de su éxito es definir un acuerdo claro sobre los roles de las personas y hasta qué punto han de involucrarse directamente con los proyectos y los procesos. Puede haber una fina línea entre «ayudar» y «entrometerse» y a menudo se puede determinar subjetivamente sólo de acuerdo con las necesidades del «cliente». Además de la ayuda técnica, un *Consultor* puede ofrecer guía en lo siguiente:

- Comunicarse con el patrocinador del proyecto y con el grupo responsable.
- Establecer y mantener una programación firme para el proyecto.
- Tratar la resistencia o la falta de colaboración del personal de la empresa.
- Estimar el potencial y validar los resultados reales (defectos eliminados, dinero ahorrado, etc.).
- Resolver los desacuerdos y conflictos entre los miembros del equipo.
- Reunir y analizar los datos acerca de las actividades del equipo.
- Ayudar a los equipos a promocionar y celebrar sus éxitos.

El «jefe de equipo» o «jefe de proyecto»

El jefe de equipo es una persona que asume la responsabilidad principal del trabajo y de los resultados de un proyecto Seis Sigma. La mayoría de los jefes de equipo se centran en la mejora o diseño/rediseño de procesos, pero también pueden enlazar sus esfuerzos con los sistemas de la Voz del Cliente, las medidas o la gestión de proyectos. Como veremos en algunos de nuestros relatos de Seis Sigma en la tercera parte de este libro, el jefe de equipo resulta fundamental para mantener un proyecto dentro de su línea y garantizar que el progreso continúa. Algunas de sus responsabilidades específicas, especialmente en un proyecto de mejora, incluyen:

- Revisar/esclarecer la misión del proyecto con el patrocinador.
- Desarrollar y actualizar el *Cuadro de Proyecto* y el plan de implantación.
- Seleccionar o ayudar a seleccionar a los miembros del equipo del proyecto.
- Identificar y buscar recursos e información.
- Definir y ayudar a los demás a utilizar las herramientas apropiadas Seis Sigma, así como técnicas de gestión de equipos y reuniones.
- Mantener la programación del proyecto y hacer que continúe avanzando hacia la solución y los resultados finales.

- Dar soporte a la transferencia de nuevas soluciones o procesos para las operaciones en curso, trabajando al mismo tiempo con los jefes funcionales y/o con el propietario del proceso.
- Documentar los resultados finales y crear un *storyboard* del proyecto.

El «miembro de equipo»

La mayoría de las organizaciones utilizan *equipos* como vehículo para impulsar sus esfuerzos de mejora. Los miembros de equipo proporcionan ideas y «músculo» extra para las medidas, el análisis y la mejora de un proceso. También ayudan a difundir el método y herramientas Seis Sigma y los procesos, y forman parte de la «cantera de recursos» para futuros proyectos.

El «propietario del proceso»

Es la persona que asume una nueva responsabilidad interfuncional para gestionar un conjunto completo de etapas, que proporcionan valor a un cliente interno o externo. Recibe «entregas» de los equipos de mejora o se convierte en el propietario de los procesos nuevos o recién diseñados. Obsérvese que el patrocinador y el propietario del proceso pueden ser la misma persona (para más detalles, véase el Capítulo 17).

Opciones en la definición de roles y estructura

Los roles «genéricos» no son todos obligatorios. De hecho, podríamos sugerir que como máximo sean éstos los que se establezcan, ya que puede haber alguno que se solape en cuanto a responsabilidades. La Tabla 9.1 le ofrece algunas de las variaciones que hemos visto, incluyendo los cada vez más comunes títulos de *Belts*.

Tabla 9.1 Ejemplos de variaciones en los roles genéricos, *Belts* u otros títulos

Rol genérico	*Belts* u otro título
Consejo responsable	Comité de calidad, Comité de gobierno de Seis Sigma
Patrocinador	*Champion*, propietario del proceso
Responsable de la puesta en marcha	Director de Seis Sigma, Responsable de calidad, *Master Black Belt*
Consultor	*Master Black Belt* o *Black Belt*
Jefe de equipo	*Black Belt* o *Green Belt*
Miembro de equipo	Miembro del equipo o *Green Belt*
Propietario del proceso	Patrocinador o *Champion*

La Figura 9.1 muestra un diagrama con las dos opciones para el desarrollo de estos diferentes roles, y cómo deben funcionar sus «estructuras de información».

Black Belts, Master Black Belts y estructuras de rol

Ahora que hemos revisado los roles más comunes de una puesta en marcha de Seis Sigma, así como algunas de las opciones a utilizar, podemos darle una mejor comprensión de lo que significa *Black Belt* y *Master Black Belt,* tratando al mismo tiempo las opciones disponibles para preparar y desarrollar estos papeles.

Black Belts y Master Black Belts

Existen varias historias que narran el origen del término *Black Belt*. Sin embargo, está claro que se originó en Motorola a principios de los noventa para denominar a determinadas personas que poseían conocimiento y experiencia especiales en estadística y en la mejora de los productos/procesos técnicos. La etiqueta *Black Belt* procede de las artes marciales y sugiere una habilidad y disciplina muy específicas, en que los diferentes niveles, *Green*, *Black* y *Master*, señalan distinta profundidad de formación y experiencia. En los inicios de Seis Sigma se desarrolló la certificación y la formación para los *Black Belts* en un conjunto de empresas que incluyeron Motorola, Texas Instruments, IBM y Kodak. Se trataba casi exclusivamente de un rol técnico, dedicado a la mejora de la fabricación de productos. Sin embargo, hoy no

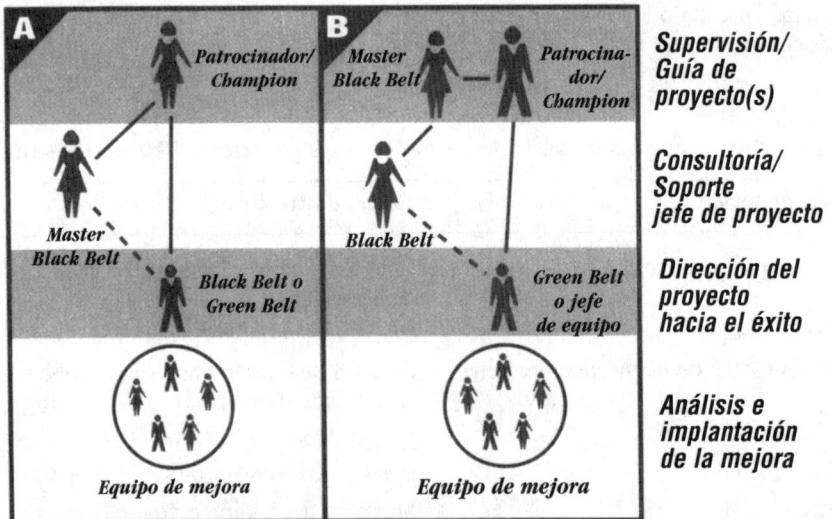

Figura 9.1 Roles opcionales y estructura de Seis Sigma

hay descripciones de tareas ni certificaciones oficiales para *Black Belts;* el rol y las habilidades que las definen se han hecho mucho más diversos.

La diferencia en la definición y preparación de los *Black Belts* entre unas empresas y otras parece proceder de cuatro factores principales:

1. *Tipo de procesos/proyectos sobre los que hay que trabajar.* Volviendo a uno de los principios del Capítulo 4: cuando los procesos y los productos son bastante técnicos, los *Black Belts* necesitan más habilidades técnicas. En muchos entornos de servicios, en que los datos son más abstractos y las cuestiones menos técnicas (al menos al principio), tienen prioridad otras habilidades fundamentales, como la definición de procesos, el desarrollo de definiciones operativas, la recopilación y análisis de datos y las destrezas de trabajo en equipo.

2. *La estructura del rol de los* Black Belts *en la organización.* Si los *Black Belts* van a funcionar primeramente como consultores (para dar soporte especializado a los *Green Belts* y a los equipos de trabajo, por ejemplo), el enfoque será más técnico. Si proceden de los rangos de dirección o profesionales y van a dirigir equipos de mejora, las habilidades como definición de problemas, liderazgo y gestión de proyectos tienden a convertirse en más importantes que el análisis estadístico. (Los *Master Black Belts* u otros pueden proporcionar la ayuda técnica necesaria.)

3. *Los objetivos de la iniciativa Seis Sigma.* Es cierto que no todas las empresas aplican Seis Sigma como el sistema de liderazgo empresarial para toda la organización que estamos presentando en este libro o que los líderes de Seis Sigma como GE o Motorola lanzaron en su día. Hay algunas empresas que aplican Seis Sigma justamente para definir medidas, herramientas y habilidades estadísticas. En ellas, el desarrollo y el enfoque de los *Black Belts* se centra en estadísticas, en análisis de datos y en otros métodos basados en ingeniería.

4. *El consultor o asesor elegido.* Hay diferentes «inclinaciones» (y cada vez más) en el método Seis Sigma ofrecido por las distintas firmas consultoras. Algunas de ellas enfatizan fuertemente la dimensión técnica/estadística, otras hacen hincapié en el cambio empresarial y en la dimensión de la mejora de procesos. Algunas ofrecen un programa muy rígido; otras recomiendan adaptar el contenido y el rigor a la organización y a su plan de necesidades/puesta en marcha. Este libro ha optado por este último enfoque.

Hay otros factores que han contribuido a la variación de las capacidades de los *Black Belts.* En principio, se supone que un *candidato* a *Black Belt* tiene que completar con éxito cierto número de proyectos de mejora antes de ganarse su nombramiento oficial. Sin embargo, lo más frecuente es que en muchas empresas se llame *Black Belts* a quienes han finalizado (o incluso empezado) un programa de formación. Los *Master Black Belts* son expertos preparados con mayor consistencia en herramientas estadísticas, aunque también pueden desempeñar el rol de *Consultor* interno para la «gestión del cambio».

Consideraciones para definir el rol de un Black Belt

El modo en que realice la selección y el despliegue de los *Black Belts* se verá influenciado por las cuestiones de las que venimos hablando[2]. También le conviene considerar su intención de aportar personal a los distintos cargos, así como su valor a largo plazo para la organización. Veamos algunas opciones y consideraciones:

✦ *Desarrollo de habilidades de dirección.* En algunas empresas, uno de los objetivos del desarrollo de *Black Belts* es reciclar las habilidades de los directivos actuales o futuros. En estos casos, los candidatos a *Black Belts* proceden principalmente de rangos existentes y suelen tener la misión de dirigir algún proyecto de mejora. El personal situado en cargos de *Black Belt* tiene oportunidades para promocionar después de finalizar su «turno de obligaciones».

Los pros:
- Pone a la gente que tiene experiencia directa en la empresa y sus procesos a trabajar en oportunidades de mejora.
- Compromete directamente a los mandos intermedios en el esfuerzo Seis Sigma asignándoles proyectos.
- Los *Black Belts* procedentes de dentro de la organización suelen estar familiarizados con las políticas y con la gente de la empresa, lo que significa que pueden seleccionar miembros para los equipos, trabajar más eficazmente con los patrocinadores, etc.
- Si los *Black Belts* son conocidos y respetados, pueden ayudar a convencer a los demás empleados de la empresa acerca del valor del sistema Seis Sigma.
- Añade a las dotes de dirección los conocimientos y habilidades básicos Seis Sigma.

Los contras:
- Puede apartar de las operaciones diarias a alguien que tenga dotes de dirección actuales o potenciales.
- Puede alargar el tiempo preciso para formar a los *Black Belts* inexpertos y para que se familiaricen con los métodos Seis Sigma.

✦ *Desarrollo de conocimientos técnicos.* Otro método es establecer el *Black Belt* como un cargo permanente y una carrera profesional. Las empresas que lo establecen como prioridad suelen contratar o seleccionar y formar a personas con habilidades y aptitudes encauzadas hacia los métodos Seis Sigma. Aunque pueden dirigir un proyecto, el rol suele ajustarse al liderazgo del *Consultor* y su promoción se encuentra entre los grupos de «expertos» de Seis Sigma.

Los pros:
- Permite situar inmediatamente al frente de proyectos a los expertos en Seis Sigma (entre el personal contratado).
- Permite elevar el nivel de rigor de la formación.
- Mantiene los recursos formados en Seis Sigma encauzados a los proyectos e iniciativas seleccionados, en lugar de que se dispersen por toda la organización.
- Puede abarcar más proyectos, si cada *Black Belt* es capaz de llevar varios.

Los contras:
- Los *Black Belts* con orientación técnica pueden tener menos conocimientos o experiencia empresarial.
- Se pierde la oportunidad de crear un «germen» de dirección y rangos profesionales con experiencia, con gente formada como líder de los proyectos Seis Sigma.

✦ *Un método híbrido.* A menudo puede funcionar mejor una combinación de estos dos sistemas: disponer de algunos *Black Belts* procedentes de grupos profesionales o directivos y seleccionar otros o bien traerlos a la organización específicamente para convertirlos en «músculo» técnico Seis Sigma. En el modelo híbrido tendrá la oportunidad de nombrar temporalmente a los grupos de *Green Belts* o *Black Belts,* así como a los técnicos *Black Belts* o *Master Black Belts.*

Desde luego, no es esencial en absoluto adoptar el sistema de denominación de «Belt», sino que puede aplicar títulos más comunes como *Consultor* o «jefe de equipo», o bien crear sus propios nombres para los roles.

Cuestiones relativas a la claridad de los roles

Incluso dentro de una estructura aparentemente clara, las responsabilidades solapadas y la confusión de los roles pueden crear dificultades significativas. A veces, se debe a estilos o acciones personales. Por ejemplo, un patrocinador deseoso de ayudar puede creer que aparenta estar realmente comprometido si acude a todas las reuniones del equipo, cuando de hecho lo que hace es que el jefe de equipo se sienta a disgusto y vea su importancia disminuida. De nuevo, si un Consultor aplica una política de «no intervención» y «es cosa tuya» con un equipo inexperto, el grupo se puede sentir decepcionado. Por eso, es importante tanto establecer líneas maestras claras para cada rol como animar la comunicación en cuanto a la forma en que cada uno puede adaptar su rol a su estilo personal.

Otros conflictos de rol pueden surgir cuando algunas funciones existentes parecen solaparse con las de la estructura Seis Sigma. Por ejemplo, algunas empresas han utilizado auditores o personal de Desarrollo para ayudar a las empresas del grupo o departamentos en sus esfuerzos de «mejora». Es importante incorporar las responsabilidades actuales de esas personas a la combinación de actividades Seis Sigma; ignorarlas solamente aumentaría la posibilidad de confusión o incluso de resentimiento. No existen respuestas rápidas sobre cuál es la mejor manera de resolver las cuestiones que surgen de los roles, pero el objetivo más importante es asegurarse de eliminar todas las posibles *duplicidades* de roles.

Selección de los miembros del equipo de proyecto

Dado que la mayor parte del trabajo Seis Sigma se lleva a cabo mediante equipos, nuestra revisión de los roles no quedaría completa sin algunas sugerencias acerca de la *selección* de personal para esos equipos.

Conviértase en un experto «viajero de equipos»

Probablemente, el error más corriente al establecer equipos de todas clases es sobrecargarlos con demasiados miembros. Puede hacerse una idea del funcionamiento analizando a los viajeros que entran y salen del autobús de un aeropuerto.

A un extremo se halla un hombre o una mujer que llevan un equipaje bastante ligero; quizá un simple maletín o un bolso de viaje. Al otro lado está el viajero que lleva dos grandes maletas y un bolso pequeño lleno hasta reventar. Desde luego, en el momento en que el primer viajero salta al autobús y se sienta, el segundo está empezando a *arrastrar* la primera maleta para subirla, con grandes penalidades, al autobús.

¿Quién es para usted el viajero con más experiencia?

La gente que ha estado mucho tiempo en carretera ha aprendido a base de trompicones que, cuando uno permanece fuera de su casa, existen unos fantásticos lugares llamados «almacenes», donde se puede comprar todo lo que hace falta y que no se ha acordado de traer. En un contraste incluso cómico, los viajeros ocasionales suelen meter en la maleta todo lo que puedan necesitar, incluyendo enormes frascos de jabón líquido por si necesitan lavarse el pelo dos o tres veces al día, así como ropa interior térmica por si se produce una tormenta de nieve imprevista en el mes de mayo. (Claro que también pueden venir *El Niño* o *La Niña*, ¿quién sabe?)

Usted puede decirse, «bueno, el viajero que lleva exceso de equipaje está de vacaciones», y puede que tenga razón. Pero ¿se imagina a un viajero previsor yendo de vacaciones con tanto equipaje como el que acabamos de ver? *Nosotros* no.

Nuestra opinión es que, cuando se trata de equipos, muchas organizaciones se comportan como viajeros novatos; sobrecargan un equipo con todo tipo de personas cuyas habilidades puedan ser necesarias durante el proyecto. No es sorprendente que los grandes equipos se muevan más lentamente y que sus miembros tiendan también a comprometerse y a entusiasmarse menos. Existen numerosas «reglas de oro» muy diferentes sobre el tamaño del equipo, pero el número óptimo para casi cualquier proyecto es entre cinco y ocho. Un número mayor hace que la comunicación se haga demasiado compleja, que las decisiones sean más difíciles y que la cohesión se debilite.

Veamos algunas preguntas clave que le ayudarán a la hora de seleccionar miembros para el equipo:

- ¿Quién posee los mayores conocimientos del proceso a mejorar y/o mejores contactos con el cliente?
- ¿Quién tiene los mayores conocimientos del problema y/o el mejor acceso a los datos?
- ¿Qué habilidades o perspectivas clave serán necesarias durante el curso del proyecto?
- ¿Qué grupos o funciones se verán afectados más directamente por el proyecto?
- ¿Qué grado de representación de dirección/supervisión/primera línea es más probable que se necesite?
- ¿Qué habilidades, funciones o niveles organizativos se pueden obtener según sean necesarios durante el proyecto?

Es correcto *ajustar* sobre la marcha de un proyecto a los miembros del equipo Seis Sigma, especialmente en la transición desde el desarrollo de soluciones a la implantación de las mismas. Además, a menudo son necesarios diferentes habilidades y talentos para que las mejoras del proceso funcionen correctamente. También hay que considerar que un método flexible de creación del equipo, siempre y cuando no interfiera con la coherencia del grupo, le ayudará a evitar el problema del «exceso de gente».

Una vez que la gente se halle a bordo del esfuerzo Seis Sigma, el siguiente reto es darles las habilidades, conocimientos y herramientas que precisen para que todos en conjunto logren el cambio significativo y la mejora.

Formación en Seis Sigma de la organización

UNA ORGANIZACIÓN Seis Sigma *es* una «organización que aprende». Eso significa que está constantemente adquiriendo nueva información e ideas de sus clientes, entorno externo y procesos, utilizando esos conocimientos para responder con nuevas ideas, productos, servicios y mejoras y midiendo después los resultados para aprender aún más.

La formación, tanto inicial como de forma sostenida, es un ingrediente fundamental para lograr éxitos siguiendo el método Seis Sigma. Volviendo a uno de los primeros mensajes de este libro, apenas hay habilidades clave de gestión que *no* desempeñen un papel en algún punto para construir una organización Seis Sigma. La formación que hemos dado a los *Black Belts*, por ejemplo, incluye una amplia matriz de temas que van desde la gestión de proyectos, gestión del cambio, creación de consenso y grupos de trabajo, hasta las herramientas y técnicas de medida y análisis de procesos.

Donde le conviene poner el énfasis en la formación Seis Sigma de su empresa, es en las habilidades y métodos que su personal necesite para desempeñar su rol en las primeras fases de los trabajos, así como para planificar el aprendizaje *continuo* que refuerce los primeros conocimientos y que añada otros más avanzados (o fundamentales) más adelante.

Fundamentos de la formación efectiva en Seis Sigma

La clave para una formación adecuada en Seis Sigma no difiere gran cosa de cualquier otro tipo de formación. Como decimos a menudo de la formación en Gestión de la Calidad Total (TQM), sin embargo, estas lecciones tienden a ser ignoradas con la urgencia de que la gente «saque el ticket» de la calidad. La formación en TQM solía ser poco inspiradora y nada relevante para el trabajo diario de la gente. También les dejaba con un nivel de *conciencia* para comprender conceptos y herramientas, pero sin la profundidad de conocimiento precisa para llegar a *utilizarlos*. Algunos de los fundamentos que debe tener en cuenta cuando planifique la formación en Seis Sigma incluyen los siguientes:

✦ *Enfatice la formación práctica.* Desde los directivos a los técnicos, el personal de la empresa aprende mejor cuando puede llevar los conceptos y habilidades a la práctica inmediata. Lo ideal es que ese trabajo «en prácticas» comprenda esfuerzos pertenecientes a los procesos reales, a los proyectos y a las necesidades de mejora.

✦ *Ofrezca ejemplos relevantes y vínculos con la «vida real».* Si su personal debe internalizar el funcionamiento de Sèis Sigma en su organización, los ejemplos y ejercicios que les proporcione deben reflejar la empresa y sus dificultades específicas. Generalmente, una empresa de servicios o procesos necesita utilizar ejemplos relacionados con el servicio; un grupo fabricante aprende mejor en escenarios relacionados con la planta. Incluso aunque todavía no haya empezado Seis Sigma, un buen formador que conozca la metodología debe ser capaz de aportar algunos buenos ejemplos que funcionen en su entorno.

✦ *Construya conocimiento.* Con tantas materias a tratar, es fácil caer en la trampa del «volcado de datos». Los conceptos de Seis Sigma pueden resultar interesantes, pero empezar con ideas avanzadas y argot técnico hará que la gente se decepcione. Establecer una base de principio e ideas clave, definidos en términos comunes, crea una plataforma para otras habilidades y métodos más sofisticados. También es importante aportar herramientas en un contexto (por ejemplo, un modelo de mejora como DMAMC, el Mapa de Seis Sigma) de forma que quede clara su aplicación y relevancia.

✦ *Elija diversos estilos de aprendizaje.* Los elementos visuales, juegos, ejercicios, etc., deben ser variados para la mayoría de las audiencias, incluyendo algo *divertido*.

✦ *Haga de la formación algo más que aprendizaje.* La formación es un elemento fundamental en el «plan de marketing» de Seis Sigma. Representa una oportunidad de oro para «vender» la idea, para ganar adeptos y para esclarecer los temas del trabajo y su valor para la empresa. Busque siempre el modo de reforzar esos mensajes durante la formación.

✦ *Haga de la formación un esfuerzo permanente.* Uno de los comentarios más frecuentes de los participantes en la formación en Seis Sigma es la sugerencia de que obtienen «puestas al día» de forma regular. Sin embargo, las empresas tienden a ofrecer solamente formación «de una vez». Damos a los niños (con edades de 5 a 21 años) unos 16 *años* para absorber una educación, pero esperamos de la gente del mundo laboral que aprenda y domine conceptos y herramientas nuevos e importantes en ¡tres días! (si tienen suerte). Es casi seguro que las organizaciones Seis Sigma (es decir, «organizaciones que aprenden») adoptarán una práctica de formación continua, según sus mismos procesos necesiten renovación y mejoras continuas. Considerando la rapidez de los cambios de hoy, el aprendizaje ocasional de una sola vez no funcionará en el siglo XXI.

Planificación de un currículo de Seis Sigma

Los éxitos de Seis Sigma en organizaciones de muchos tipos han demostrado que hay numerosos talentos y oportunidades esperando ser descubiertos en base al problema de hacer que las compañías sean más eficientes y respondan mejor. Una de las primeras preocupaciones que surgen es «¿Nos va a llevar muchas semanas de formación hasta explotar su potencial?». Nuestra respuesta debe ser: «No tiene por qué». Algunas de las habilidades más avanzadas de Seis Sigma llevan mucho tiempo para dominarlas, especialmente para quienes no tienen un historial o una experiencia en estadística. Por otro lado, la gente se puede preparar en menos de dos semanas para empezar a abordar los proyectos de mejora, siempre que la formación esté bien diseñada y personalizada para las habilidades y procesos actuales del participante.

Un modelo de currículo de formación en Seis Sigma

Le recomendamos el método de Seis Sigma «un tamaño para cada *uno*», incluyendo la formación. Además, podemos ofrecerle un amplio plan de desarrollo de habilidades y un compromiso, siempre basado en el método que ahora está funcionando en numerosas compañías, que debería servirle como líneas maestras para su propio plan de formación. La Tabla 10.1 presenta una visión general del plan genérico; los períodos de días reflejan las posibles diferencias en el conocimiento previo de los participantes, la cantidad de prácticas y la profundidad del contenido que debe darse.

Tabla 10.1 Un modelo de currículo de formación en Seis Sigma

Componente de formación	Contenido principal	Audiencia	Duración
Orientación a los conceptos de Seis Sigma	Principios básicos de Seis Sigma; revisión de la necesidad de la empresa por Seis Sigma; práctica breve y/o simulación; visión general de los roles y expectativas	Todos	1-2 días
Dirección y patrocinio de los trabajos Seis Sigma	Requisitos y habilidades para los roles del Consejo de líderes y patrocinadores;	Directivos de la empresa; responsables de la puesta en marcha	1-2 días

(Continúa)

Tabla 10.1 *(Continuación)*

Componente de formación	Contenido principal	Audiencia	Duración
	Selección de proyectos; Revisión de proyectos		
Procesos y herramientas de Seis Sigma para líderes	Instrucción condensada y adaptada en herramientas/ procesos de medida y análisis para Seis Sigma	Directivos de la empresa; responsables de la puesta en marcha	3-5 días
Dirección del cambio	Conceptos y prácticas para definir la dirección, promocionar y conducir el cambio empresarial	Directivos de la empresa; responsables de la puesta en marcha; *Consultores/Master Black Belts*/jefes de equipo/*Black Belts*	2-5 días
Formación en las habilidades básicas de mejora Seis Sigma	Mejora, diseño y rediseño de procesos, y herramientas clave de medida y mejora	*Black Belts*/jefes de equipo; directivos/*Green Belts;* miembros de equipo; patrocinadores del proyecto	6-10 días
Habilidades de colaboración y dirección de equipos	Habilidades y métodos para desarrollar consenso, moderar debates, dirigir reuniones y gestionar desacuerdos	Directivos de la empresa; *Consultores/Master Black Belts;* jefes de equipo/*Black Belts;* directivos/*Green Belts;* miembros de equipo	2-5 días
Herramientas de análisis y medición para Seis Sigma (nivel intermedio)	Habilidades técnicas para proyectos más complejos: muestreo y recopilación de	*Consultores/Master Black Belts;* jefes de equipo/*Black Belts*	2-6 días

Tabla 10.1 *(Continuación)*

Componente de formación	Contenido principal	Audiencia	Duración
	datos; Control estadístico de procesos; Pruebas de significación estadística; Correlación y regresión; Diseño básico de experimentos; etc.		
Herramientas avanzadas de Seis Sigma	Módulos de habilidades y herramientas especializadas: Despliegue de la función de calidad; Análisis estadístico avanzado; DOE avanzado; Métodos de Taguchi; etc.	*Consultores/Master Black Belts;* Consultores internos	Según el tema
Principios y habilidades de gestión por procesos	Definición de un proceso de soporte o clave; Identificación de resultados, requisitos y medidas básicos; Planes de supervisión y respuesta	Propietarios de procesos; Directivos de la empresa; Directores funcionales	2-5 días

Observe que *no* estamos sugiriendo que todos los grupos mencionados necesiten todos los elementos de formación citados. Deben seleccionarse según sus habilidades y prioridades. Pero, al mismo tiempo, el mensaje debe ser claro: los directivos de la empresa que ponen Seis Sigma en marcha no pueden esperar delegar en *otras* personas de la organización todas las responsabilidades para aprender nuevas habilidades y conceptos.

Incorporar el sistema Seis Sigma precisa también nuevos hábitos y destrezas de dirección. Al cabo del tiempo, la formación ideal de Seis Sigma se aceptaría como «habilidades de dirección de empresa» básicas, ya que estas prácticas y herramientas llegan a ser una parte fundamental de la creación continua de una empresa excelente.

11

La clave para que la mejora tenga éxito: seleccionar los proyectos Seis Sigma adecuados

Una vez dirigimos una encuesta informal a colegas que se habían implicado en Seis Sigma y en otras iniciativas de mejora de procesos, y hallamos un consenso no previsto: cada persona identificó la *selección de proyecto* como la actividad del lanzamiento de Seis Sigma más importante y la peor gestionada en la mayoría de los casos. Realmente, se trata de una ecuación bastante simple: los proyectos de mejora bien seleccionados y bien definidos equivalen a resultados mejores y más rápidos. La ecuación contraria también es simple: los proyectos mal seleccionados y mal definidos equivalen a resultados tardíos y frustrantes.

De hecho, uno de los argumentos más sólidos a favor de seguir el Mapa ideal de Seis Sigma (véase la Figura 5.1) es que hacerlo permite seleccionar con mucha más eficacia las mejoras iniciales. Incluso con mejores procesos y medidas de clientes, elegir los proyectos puede ser complicado.

Fundamentos de la selección de los proyectos

Empecemos por observar algunas de las claves para la selección eficaz del proyecto. Esto nos proporcionará la base para que podamos ofrecerle los pasos necesarios que aseguren que lo está haciendo bien.

Formación de ejecutivos y directivos

Hay mucho que aprender por los líderes cuando llega el momento de conducir una iniciativa Seis Sigma. Sin embargo, es demasiado frecuente que uno de los temas que hay que modificar en los planes de desarrollo de ejecutivos sea la forma de elegir los proyectos. Esto es comprensible, puesto que identificar problemas no suele ser una tarea que cueste trabajo a los directivos o ejecutivos. Sin embargo, elegir el proyecto *adecuado* y definirlo bien no es fácil de ninguna manera. Otras responsabilidades de la dirección, como crear una perspectiva, tratar con el personal y los recursos o supervisar los proyectos, son también críticas. Pero si los proyectos Seis Sigma están mal definidos, el impacto es inmediato. Por eso, le sugerimos que haga una nota con letras grandes y la ponga encima del plan de implantación de Seis Sigma: ENSEÑAR AL COMITÉ DE DIRECCIÓN A SELECCIONAR PROYECTOS.

Lanzamiento de un número razonable de proyectos

«Pero ¿qué tiene de malo trabajar con un montón de cosas a la vez?», se preguntará. Imagine que se encuentra frente a un grupo de 15 personas y que tiene que lanzarles suavemente tres o cuatro balones de baloncesto. Es muy posible que los atrapen todos. Ahora digamos que usted tiene que tirar más pelotas pero más pequeñas, por ejemplo, 10 ó 15 pelotas de tenis. Hay más posibilidades de que una o dos vayan al suelo, pero si las lanza con suavidad, atraparán la mayoría.

Pero ¿qué pasaría si tuviera que lanzar unos cuantos puñados de judías al grupo? No hay duda, desde luego, de que la mayoría de ellas irían a parar al suelo o caerían sobre la mesa (o terminarían entre la ropa de la gente, causando el natural malestar)[1].

Moraleja: la gente y las organizaciones pueden centrarse solamente en un número de cosas a la vez.

En la urgencia por obtener resultados es fácil bombardear a la organización con muchos balones y judías. Una oleada muy grande de proyectos puede destruir la habilidad de los directivos para seguirlos y guiarlos. Demasiados proyectos dispersan la atención de la gente y disminuyen su capacidad para ponerlos en marcha debidamente. Hemos oído a gente de GE admitir, por ejemplo, que fue un error obligar a todos los directivos a aprender los métodos de Seis Sigma para completar un proyecto de mejora personal (o «de sobremesa»). Muchos de los proyectos individuales eran artificiales e incluso triviales; en esencia, reducían el beneficio general del esfuerzo Seis Sigma.

Defina adecuadamente el «alcance» de los proyectos

Nuestra frase bandera para expresar este error es «intentar solucionar el hambre en el mundo». Frecuentemente, los proyectos se asignan a equipos que tienen a su cargo cuestiones importantes y complejas. No es posible tratar con todos esos problemas como no es posible solucionar el hambre en el mundo si no es con un esfuerzo enorme y a largo plazo. Un equipo puede invertir fácilmente meses intentando seguir y ponderar todos los pormenores de un asunto, lo que terminará por frustrar al equipo y por poner a prueba la paciencia de su jefe. El ideal es llegar a un equilibrio entre dos criterios amplios. Sugerimos que su mantra para la selección de proyectos sea *gestionable* y *con sentido*. Generalmente, esto significa que las asignaciones sean pequeñas y muy centradas.

Recientemente, hemos oído noticias muy alentadoras procedentes de empresas importantes que están dedicando una atención especial a definir proyectos gestionables y con gran sentido; incluso, una de ellas desechó una lista inicial de proyectos después de darse cuenta de que estaban demasiado cerca de la solución del «hambre mundial».

Céntrese tanto en la eficiencia como en los beneficios para el cliente

Hemos trabajado con grupos ejecutivos, a principios de Seis Sigma, que querían saber cuándo y dónde tendrían resultados para la empresa sus esfuerzos: golpe rápido y grandes ganancias. Sin embargo, para la mayoría de las compañías, los primeros beneficios se producen solamente después de recortar los costes y de mejorar la eficiencia. Este deseo de grandes ahorros a través de Seis Sigma es algo positivo, siempre que esté equilibrado por una comprensión de que las ganancias financieras a corto plazo solamente son parte de los beneficios potenciales. A menudo hay mucho mayor potencial de ganancias en las mejoras por una posición competitiva y por un mercado fuerte, aunque el beneficio tarde más en llegar.

Ahora vamos a ver un ejemplo de cómo se suelen elegir los proyectos y definir las expectativas.

La compañía Perfecto Pasta

El comité de dirección de la compañía Perfecto Pasta estaba preocupado por el escaso crecimiento de las ventas y de los beneficios. Aunque su mercado, tallarines empaquetados vendidos a almacenes, había duplicado su tasa de crecimiento, las cifras de Perfecto se habían estancado, lo que significaba que su cuota de mercado había disminuido del 25 al 13 por ciento. Comparados con los de otras empresas de pasta empaquetada, los márgenes de beneficio de Perfecto eran también bajos.

Los altos directivos de Perfecto habían introducido los conceptos de Seis Sigma a través de un consultor que prometió conseguirles grandes ahorros al cabo de seis meses. Interesado por los conceptos que oían y por la expectativa de cambiar el rumbo de la empresa, el grupo directivo decidió lanzar estos tres proyectos «piloto» de Seis Sigma dirigidos al aumento de la eficiencia:

- Reducir los deshechos de la línea de producción número 3 de «vermicelli» (ahorro estimado: 100.000 dólares/trimestre).
- Mejorar la entrada de pedidos y el proceso de cumplimentarlos, incluyendo la puesta en marcha de un nuevo sistema informático de pedidos especial para el sector *PastaPower*™, y la probable reducción de plantilla de 25 personas (ahorro estimado: 250.000 dólares/trimestre).
- Acelerar la facturación y el proceso de cobros al contado para mejorar el efectivo y reducir los impagados en curso (ahorro estimado: 80.000 dólares/trimestre).

El anuncio de la nueva iniciativa fue bien recibido por los analistas de valores y el precio de la acción de Perfecto respondió con un 15 por ciento de ganancia en dos semanas. «Con esto vamos a lograr un beneficio real», dijo uno de los asesores de bolsa al elevar la empresa de «vender» a «mantener».

Cuando el proyecto dio beneficios hubo un regocijo inicial. Los ahorros totales se habían estimado en cerca de dos millones de dólares al año, pero el júbilo se fue abajo cuando la *cuota de mercado* de Perfecto continuó cayendo hasta por debajo del 10 por ciento.

Lo que había sucedido era que los competidores de Perfecto habían ganado cuota de mercado al personalizar sus entregas a los distribuidores, ajustándose a las preferencias de tallarines de los almacenistas. (En algunas zonas, los mayoristas preferían los «ritagoni», mientras que en otras los «manicotti» y los tallarines en forma de lazo eran los más vendidos). Perfecto había continuado ofreciendo el pedido estándar compuesto por ocho productos distintos de pasta.

Finalmente, Perfecto tuvo que vender la empresa a uno de sus mayores competidores, que empezó siendo una pequeña compañía llamada Noodle-Corp. El presidente de Perfecto tuvo que responder a la pregunta de por qué el esfuerzo Seis Sigma no se había dirigido a la cuestión de las entregas personalizadas: «¿Usted sabe el tiempo que nos hubiera costado hasta ganar dinero con ello?», respondió furioso.

Por supuesto, su empresa no tiene que «irse abajo» necesariamente, como le pasó a Perfecto, si los primeros proyectos Seis Sigma se dirigen solamente a ahorros en asuntos internos. Y con seguridad que las ganancias se pueden ver en la mejora de la eficiencia y en la reducción de los trabajos duplicados, que suelen ser tremendos en muchas organizaciones. Pero el impulso sólo para obtener ganancias rápidamente supone retrasar los beneficios a largo plazo de Seis Sigma que se encaminan al *cliente:* satisfacción, servicio, valor y rendimiento del producto. Tal compromiso para hacer del *cliente* el único objeto del proyecto seleccionado es raro y precisa de una disciplina realmente ejecutiva. Sabemos que solamente una empresa industrial importante, una de las que se han «convertido» más recientemente a Seis Sigma, ha establecido de manera explícita que la mejora de la eficiencia *no* es una prioridad de su iniciativa, mientras que la fidelidad del cliente *lo es.*

Nuestro mejor consejo es equilibrar los proyectos de manera que incluyan *tanto* las oportunidades de mejora dirigidas al exterior como al interior.

Las etapas hacia la selección eficaz de proyectos

La buena selección de proyectos es en sí un proceso; si usted lo sigue con habilidad, podrá mejorar sustancialmente su «porcentaje de éxito». A continuación presentamos algunas cuestiones clave y las etapas que le ayudarán a dirigir el proceso de selección de proyectos. Suponemos que los proyectos son elegidos por un grupo, generalmente el comité de dirección. Pero incluso si usted elige los proyectos por su cuenta en su organización, puede aplicar las mismas consideraciones.

Elección de fuentes de ideas para proyectos

Como sucede con cualquier proceso, la información es fundamental para obtener un resultado efectivo: «Si entra basura, sale basura». Si usted toma en consideración solamente unos cuantos datos anecdóticos cuando ha de decidir adónde dirigir sus esfuerzos Seis Sigma, es muy probable que obtenga proyectos irrelevantes o imposibles de gestionar. Las etapas de la 1 a la 3 del Mapa de Seis Sigma están concebidas no solamente para proporcionarle mejor comprensión de sus clientes, negocios y procesos, sino también una sólida información sobre las prioridades de mejora. Aparte de esas etapas, las fuentes de ideas para los proyectos pueden comprender las siguientes:

✦ *Fuentes externas.* Se clasifican en tres categorías: la Voz del Cliente, la Voz del Mercado y la comparación con la competencia. En esencia, estas fuentes identifican las oportunidades para satisfacer mejor las necesidades del cliente, para responder a las tendencias del mercado o para tener en cuenta las estrategias y capacidades de la competencia. Las fuentes para este tipo de información pueden variar ampliamente: desde artículos sobre mercado y negocios a investigaciones sobre competencia/mercados y a datos aportados por el personal de Ventas. Veamos una muestra de las preguntas que surgen a partir de estas fuentes:

  - ¿En qué estamos fallando o vamos a fallar en la satisfacción de las necesidades del cliente?
  - ¿Dónde nos encontramos detrás de nuestros competidores?
  - ¿Cómo va a evolucionar el mercado? ¿Estamos preparados para adaptarnos?
  - ¿Cuáles son las necesidades futuras de nuestros clientes?

✦ *Fuentes internas/externas.* Estos datos le ayudarán a identificar dificultades a las que se enfrenta su empresa para definir y/o lograr sus estrategias de mercado y clientes. Las preguntas que le pueden ayudar a responder son las siguientes:

  - ¿Cuáles son las barreras entre nosotros y nuestros objetivos estratégicos?
  - ¿Qué nuevas adquisiciones necesitamos integrar que sean rentables y se puedan alinear con la imagen de mercado que queremos tener?
  - ¿Qué nuevos productos, servicios, filiales u otras capacidades esperamos poner en marcha para dar mayor valor a nuestros clientes y accionistas?

  Algunas de las mayores oportunidades de mejora surgen de estas preguntas, porque tienen un valor visible tanto para la empresa como para su posición frente al mundo externo.

✦ *Fuentes internas.* Las frustraciones, cuestiones, problemas y oportunidades visibles dentro de sus operaciones son la tercera fuente clave de posibles proyectos de Seis Sigma. Puede etiquetarlas como la «Voz del Proceso» y la «Voz del Personal». Las preguntas que debe considerar para escuchar estas voces comprenden las siguientes:

- ¿Cuáles son los mayores retrasos que ralentizan nuestros procesos?
- ¿Dónde hay un volumen elevado de defectos y/o trabajos repetidos?
- ¿Dónde se incrementan los Costes de Mala Calidad (CMC)?
- ¿Qué preocupaciones o ideas aportan el personal o los directivos?

Aquí el objetivo es prestar mayor atención a las distintas perspectivas de la gente de mejorar los procesos para beneficiar a la empresa, a los clientes, a los accionistas y al personal.

Entienda lo que se podría calificar como un proyecto de mejora Seis Sigma

No es posible utilizar DMAMC con cualquier cosa. Existen tres calificaciones básicas para un proyecto de mejora Seis Sigma:

1. *Hay un desajuste entre el rendimiento actual y el necesario/deseado.* «¿Dónde nos duele?» suele ser la forma en que planteamos esta pregunta. Si usted piensa aplicar DMAMC, primero necesita un problema a resolver o una oportunidad que aprovechar. En el caso del diseño de procesos, hay una nueva actividad puesta en funcionamiento para la que no hay proceso alguno.
2. *La causa del problema no se entiende claramente.* Usted puede tener teorías, pero, hasta ahora, ninguna ha sido capaz de llegar realmente a la esencia del problema; cualquier solución que usted haya *creído* que iba a arreglar las cosas no ha funcionado.
3. *La solución no está predeterminada ni es aparentemente la mejor.* Si usted ya ha planificado un remedio a corto plazo, puede haber todavía un potencial para un proyecto Seis Sigma; los «arreglos rápidos» pueden servir para ganar tiempo para un análisis más riguroso. Sin embargo, si se ha puesto ya en marcha un esfuerzo significativo para puentear el «desajuste», un proyecto Seis Sigma sobre el mismo asunto resultaría redundante o peor. Es posible «saltarse» DMAMC cuando los remedios rápidos son adecuados o cuando la solución es obvia. No hay nada en la filosofía de Seis Sigma que le obligue a prohibir para siempre los métodos propios de mejora empresarial («hágalo sin más») cuando están garantizados.

Escenarios de selección de proyectos

Algunos ejemplos le pueden ayudar a ver cómo deben ser y cómo no deben ser los proyectos de mejora calificados como Seis Sigma. Como podrá ver, las cosas no siempre son blancas o negras. Sin embargo, en tales situaciones, si se puede contestar *Sí, Sí* y *No* a las tres preguntas anteriores, eso prueba de sobra que el proyecto es adecuado para Seis Sigma.

Escenario de proyecto n.º 1: el Banco de Townville

En el Banco de Townville, el departamento de locales trabaja a destajo para localizar y alquilar 10 nuevos locales que han de formar parte del programa de expansión del banco. Dado que en la ciudad de Townville hay escasez de ellos, están pensando establecer un par de agencias en la cercana Burgtown.

¿Existe un problema o una oportunidad? Un problema. Hay escasos lugares que puedan servir para nuestros planes y necesitamos nuevo espacio para nuevas agencias.

¿Es desconocida la causa del problema? No. Sabemos que la causa es la escasez de espacios adecuados en Townville.

¿Resulta obvia la solución predeterminada? Sí. Ya hemos planificado abrir algunas nuevas agencias en Burgtown.

Por tanto, éste *no* sería un buen proyecto de mejora Seis Sigma.

Escenario de proyecto n.º 2: Equipos médicos Bullwinkle

El año pasado, la compañía Equipos médicos Bullwinkle introdujo quince nuevos productos. Todos menos dos sobrepasaron las previsiones de ventas y Bullwinkle busca un beneficio récord y duplicar la cuota de mercado. Al mismo tiempo, como el volumen se ha incrementado, hay cada vez más clientes que se quejan de que los pedidos no se entregan a tiempo. Hay en desarrollo un nuevo sistema de pedidos por Internet, que permitirá a los clientes de Bullwinkle pedir equipos «on line» y acelerar el proceso de entregas.

¿Existe un problema o una oportunidad? Ambos. La oportunidad es obtener aún más pedidos. El problema es que las fechas de entrega prometidas no se cumplen.

¿Es desconocida la causa del problema? Realmente, sí. Aunque sabemos que los clientes se quejan por los retrasos en las entregas, la solución de un sitio Web se basa en la presunción de que el cuello de botella se encuentra en el proceso de entrada de pedidos, lo que puede no ser cierto.

¿Resulta obvia la solución predeterminada? Parece predeterminada; sin embargo, como hemos indicado, puede no ser una solución real al problema. Por otro lado, disponer de un sistema de pedidos por Internet parece ser una mejora considerable.

Existen *dos* posibles proyectos Seis Sigma en este escenario: 1) como un esfuerzo de diseño de procesos, desarrollar nuevos procesos que soporten el sitio Web de entrada de pedidos, y 2) aplicar la mejora *o* el diseño de procesos (todavía no sabemos cuál) para determinar la causa (o causas) del retraso en las entregas y aplicar soluciones de forma que podamos cumplir los plazos previstos. Desde luego, otra perspectiva podría ser decir «lo arreglamos con el sitio Web».

Escenario de proyecto n.º 3: la Compañía de seguros Excellent

Encontrar personal en el área próxima al centro nacional de atención al cliente de la Compañía de seguros Excellent es difícil. Hay una fuerte competencia para contratar gente y el director del centro de Excellent está buscando nuevos métodos para atraer candidatos. Para aumentar las demandas, Excellent ha programado una excursión del «Día en la hierba» y un concierto en el anfiteatro Center City. Cada trabajador que lleve un empleado potencial para Excellent recibirá una camiseta del «Día en la hierba».

¿Existe un problema o una oportunidad? Desde luego. El centro de atención al cliente necesita personal y no hay suficiente gente a contratar.

¿Es desconocida la causa del problema? No. La economía es muy fuerte y otros muchos empleadores cercanos al centro de Excellent tienen problemas para contratar personal.

¿Es la solución obvia o está predeterminada? Sí o, al menos, una posible solución se halla en vías de implantación.

Este escenario es un ejemplo de un proyecto que podría asignarse a un equipo de Seis Sigma cuando, de hecho, es muy posible que terminase por frustrarse. Ciertamente, las técnicas de Seis Sigma no son necesarias para planificar un evento del «Día en la hierba».

En resumen: usted y sus directivos deben prestar atención para no elegir un asunto antiguo que parezca importante e incluirlo en la lista de proyectos Seis Sigma.

Definición de criterios para la selección de proyectos

Uno de los retos de la selección de proyectos, como de muchas decisiones empresariales, es ponerse de acuerdo no solamente en qué hacer, sino también en qué *no* hacer. Como hemos señalado, no es posible hacerlo todo a la vez y algunos proyectos Seis Sigma potenciales tendrán probablemente que eliminarse de su lista inicial. La palabra clave es *prioridad;* ¿qué problemas/oportunidades va a abordar *primero*?

La mejor selección de proyectos se basa en identificar los que mejor se adapten a sus necesidades, capacidades y objetivos presentes. La subsección siguiente le ofrece una lista «genérica» de posibles criterios a incluir en su proceso de selección de proyectos, agrupados en tres categorías: resultados o beneficios empresariales; viabilidad, e impacto en la organización.

1. Criterios de resultados o beneficios empresariales

✦ *Impacto sobre los clientes y requisitos externos.* ¿Es este problema/oportunidad importante o beneficioso para nuestros «clientes que pagan» o para las partes interesadas externas más relevantes (por ejemplo, accionistas, reguladores, socios de cadenas de suministro)?

✦ *Impacto sobre las estrategias empresariales y posiciones competitivas.* ¿Qué valor tendrá este proyecto potencial para ayudarnos a realizar nuestra perspectiva empresarial, poner en marcha nuestra estrategia de mercado o mejorar nuestra posición competitiva?

✦ *Impacto sobre las «competencias centrales».* ¿Cómo afectará este posible proyecto Seis Sigma a nuestra combinación de «competencias centrales»? (Podría implicar el fortalecimiento de una competencia central o «descarga» de una actividad que ya no se estima que sea una habilidad interna clave.)

✦ *Impacto financiero (por ejemplo, reducción de costes, mejora de la eficiencia, aumento de las ventas, ganancia de cuota de mercado).* ¿Qué ganancia monetaria puede haber a corto plazo? ¿Y a largo plazo? ¿Con qué precisión podemos predecir esas cifras? (Tener cuidado para no aumentar artificialmente las posibles ganancias más allá de lo realista.)

✦ *Urgencia.* ¿Qué plazo tenemos para tratar esta cuestión o capitalizar esta oportunidad? (Nota: la *urgencia* es distinta del *impacto;* un pequeño problema puede ser urgente y una cuestión enorme puede tener un plazo largo.)

✦ *Tendencia.* ¿Se hace mayor o menor con el tiempo el problema, la cuestión o la oportunidad? ¿Qué pasará si no hacemos nada?

✦ *Secuencia o dependencia.* ¿Hay otros proyectos u oportunidades posibles que dependan de tratar primero esta cuestión? ¿Depende esta cuestión de tratar primero otros problemas?

2. Criterios de viabilidad

✦ *Recursos necesarios.* ¿Cuánta gente, cuánto tiempo y cuánto dinero va a necesitar este proyecto?

✦ *Experiencia disponible.* ¿Qué conocimientos o habilidades técnicas serán precisos para este proyecto? ¿Están disponibles y accesibles?

✦ *Complejidad.* ¿Qué complicación o dificultad podemos anticipar que va a surgir al desarrollar la solución de mejora? ¿Y al ponerla en marcha?

✦ *Probabilidad de éxito.* Basándonos en lo que conocemos, ¿qué probabilidad hay de que este proyecto tenga éxito (en un marco temporal razonable)?

✦ *Apoyo o convencimiento.* ¿Qué apoyo podemos anticipar para este proyecto por parte de los grupos principales de la organización? ¿Podremos disponer de una buena oportunidad para llevarlo a cabo?

3. Criterios de impacto en la organización

✦ *Beneficios de aprendizaje.* ¿Qué nuevos conocimientos de la empresa, de los clientes, de los procesos y/o del sistema Seis Sigma podríamos obtener con este proyecto?

✦ *Beneficios interfuncionales.* ¿Hasta qué punto ayudará este proyecto a echar abajo las barreras entre los grupos de la organización y a crear una mejor gestión del «proceso global»?

Pese a lo extensa que es la lista de criterios anterior, todavía puede usted tener otros criterios que resulten relevantes para su empresa. Pero *no* debe utilizar todos estos factores en su selección de proyectos, sino que debe elegir los cinco u ocho criterios que resulten hoy más relevantes para su organización. Si es posible, resulta más fácil quedarse con los criterios para los que tenga mayores respuestas objetivas. Recuerde: el objetivo es dirigirse hacia los proyectos que mejor se ajusten a las necesidades específicas de su negocio y organización y a los objetivos de sus trabajos Seis Sigma.

Cuando tenga una larga lista de proyectos potenciales, puede ser positivo acortarla primero utilizando algunos criterios de calificación (por ejemplo, beneficios monetarios potenciales mínimos; beneficios para los clientes externos) o algún tipo de proceso de votación en grupo. Para lograr una evaluación más cuidadosa, observe que puntuar cada proyecto posible en función de cada uno de sus criterios le dará una comparación y le mostrará el que mejor confirma todos los factores para un proyecto válido. Una «matriz de criterios» puede ayudar a estructurar la comparación de los proyectos.

Sin embargo, si utiliza o define los criterios para la selección de proyectos, recuerde que hay numerosas razones para considerar válido un proyecto para el proceso DMAMC, así como muchas cosas a observar antes de lanzar formalmente un proyecto. Fundamentalmente, estas razones vuelven a nuestros dos «grandes» criterios: ¿es el proyecto *gestionable* y *tiene sentido*?

Definición de la misión del proyecto

El producto acabado del esfuerzo de selección es una descripción del asunto, valor y del objetivo general o las expectativas del equipo asignado a un proyecto. La misión del proyecto establece la directiva de un jefe de equipo para seleccionar los miembros de su grupo (en caso de que constituirlo sea cosa suya) y el desarrollo de un plan inicial de ejecución del proyecto. Bien definida, la misión también se convierte en una herramienta de comunicación e incluso en parte de un documento de «marketing» interno, que ayuda a explicar el propósito del proyecto a las demás personas de la organización.

Lo que es más importante es que la misión del proyecto (a veces llamada «caso de empresa» o «declaración de objetivo») proporciona un punto de partida para que un equipo de mejora genere su *Cuadro de Proyecto* o documento similar de resumen. Los elementos comunes de una declaración de la misión del proyecto son:

✦ *Una descripción de la cuestión o problema.* Es importante no asignar una causa o una culpabilidad al problema/oportunidad.
✦ *El objetivo de este proyecto específico (opcional).* A veces se puede lanzar más de un proyecto para acometer varios aspectos de un problema/oportunidad grande (como el hambre en el mundo).
✦ *Un objetivo general o tipo de resultados a conseguir.* Normalmente, esto *no* incluye un objetivo específico; es más adecuado que el equipo defina su propio objetivo específico, con ayuda del patrocinador o *Champion* del proyecto.

✦ *Una primera aproximación del valor del esfuerzo.* ¿Cuál es el beneficio financiero, de cliente, estratégico o de otro tipo derivado de abordar el proyecto y por qué hay que hacerlo ahora?
✦ *Parámetros y expectativas del proyecto.* Esto puede dar al equipo una comprensión de los recursos de que podrán disponer, de las soluciones que *no* deben considerar, etc.

La declaración de la misión del proyecto puede incluir otros elementos o dejar algunos de éstos fuera. Si tiene ya un formato o documento de definición de proyecto, lo podría utilizar como declaración de la misión. En otras palabras, recomendamos que utilice lo que funcione en su propia empresa.

Por encima de todo, es importante llegar a un equilibrio entre facilitar unas líneas maestras claras al equipo sobre la dirección del proyecto y al mismo tiempo no recortar las opciones o dictar soluciones. Como veremos en el Capítulo 15, una de las primeras tareas de un equipo de mejora Seis Sigma es interpretar y preparar su propio documento de inicio basado en la misión del proyecto creadas por los líderes de la empresa.

Lo que hay que hacer y lo que no hay que hacer en la selección de proyectos

SÍ: Basar la selección de sus proyectos de mejora en criterios sólidos.
   Equilibrar resultados, viabilidad y cuestiones de impacto organizativo. La selección adecuada de proyectos puede ser la clave de los primeros éxitos.

SÍ: Equilibrar la eficiencia/recorte de costes con los proyectos que añaden valor al cliente externo.
   El lema «orientado al cliente» es una fuente de fortaleza de Seis Sigma. Poner sus energías solamente en los ahorros a corto plazo emite una señal negativa y reduce sus posibilidades de mejorar la satisfacción y fidelidad del cliente.

SÍ: Prepararse para una «entrega» eficaz al equipo de mejora.
   Una técnica como la misión del proyecto puede dar un buen inicio a un proyecto al definir cuestiones y objetivos claros.

NO: Elegir demasiados proyectos.
   La mejora se alimenta de los líderes y «expertos», especialmente al principio. Suele intentar ampliar excesivamente los recursos y capacidades disponibles.

NO: Crear proyectos como «el hambre en el mundo».
   Más común que «demasiados» es «demasiado grande». Es mejor realizar un proyecto demasiado pequeño más rápidamente, siempre y cuando los resultados sean significativos, que realizar un proyecto demasiado grande al cabo de varios meses.

NO: Fracasar al explicar las razones de la elección del proyecto.

Todo el que tiene problemas cree que el suyo es prioritario. Garantizar el soporte para los que usted elija significa proporcionar una buena razón para sus prioridades.

Elección de su modelo de mejora Seis Sigma

Una consideración final a la hora de definir su método Seis Sigma es el modelo a adoptar. Aunque incide directa y principalmente en la etapa 4 del Mapa de Seis Sigma, la elección de modelos también afecta a la manera en que usted va a dirigir la formación y cómo va a «vender» la iniciativa Seis Sigma.

Por qué adoptar o no adoptar «DMAMC»

Como hemos explicado en el Capítulo 2, muchas compañías han adoptado el modelo DMAMC (Definir, Medir, Analizar, Mejorar, Controlar) o alguna variante para sus proyectos de mejora Seis Sigma. Estamos utilizando estas cinco fases como nuestro modelo preferido en todo el libro. Sin embargo, si su organización ya utiliza o ha enseñado a la gente un método de mejora o rediseño de procesos, el sistema Seis Sigma no obliga en absoluto a abandonarlo a favor de DMAMC.

Muchos de los distintos modelos que hemos visto en diferentes organizaciones pueden servir como guía para los esfuerzos de mejora Seis Sigma. Todos ellos, de una u otra forma, se basan en el ciclo «Planificar-Hacer-Comprobar-Actuar» y cada uno tiene sus puntos fuertes y débiles. Si su modelo le resulta ya familiar y mucha gente lo comprende bien, cambiar sus métodos de mejora puede dar lugar a confusión. Además, necesitaría formar a la gente completamente en el nuevo modelo que reemplace al antiguo. Si hay probabilidad de que usted *mantenga* el proceso de mejora actual, no le resultará difícil adaptar las acciones que trataremos en los Capítulos 15 y 16 a los procesos actuales.

Ventajas potenciales de DMAMC

Por otro lado, hay razones tanto organizativas como de contenido por las que usted podría considerar adoptar un nuevo modelo de mejora como parte del esfuerzo Seis Sigma, o bien, si no tiene un proceso de solución de problemas en curso, conocer las ventajas que DMAMC ofrece sobre los demás.

1. *Un nuevo inicio.* Si su modelo existente de mejora continua forma parte de una iniciativa de calidad fallida o desacreditada, o bien si se utiliza sólo raramente, DMAMC (u otro modelo válido) puede ayudarle a situar Seis Sigma como un método realmente diferente para la mejora de la empresa. Este «nuevo inicio» puede también ayudarle a evitar reabrir viejas heridas o revisar animosidades creadas durante el anterior impulso de mejora. Bien explicado, puede señalar que

la empresa ha aprendido de sus esfuerzos anteriores y se ha embarcado en un «nuevo y mejorado» camino: Seis Sigma.

2. *Un nuevo contexto para las herramientas familiares.* Introducir un modelo nuevo (y superior) de mejora es una razón positiva para dar a la gente una nueva oportunidad de aprender y practicar las herramientas familiares, así como añadir otras nuevas.

3. *Un método consistente.* Un efecto residual de las oleadas de formación en calidad que quedó en muchas empresas desde los setenta a los noventa es la existencia de *diferentes* modelos de mejora dentro de la misma compañía. Pero si los esfuerzos interfuncionales consisten en trabajar en un proceso «de un extremo al otro», un método y un vocabulario comunes resultan esenciales. Tal decisión de «elegir un modelo y quedarse con él» puede ser un modo importante para que la empresa utilice la potencia de Seis Sigma.

4. *Prioridad en «clientes» y «medidas».* Otra ventaja potencial del modelo DMAMC es el énfasis que pone en estos dos componentes críticos del sistema Seis Sigma. Por ejemplo, validar los requisitos de cliente es una etapa clave de la fase «Definir», pero no se hallaba en la mayoría de los modelos de calidad «antiguos». La medida se trata específicamente en otros mapas de mejora, pero en el proceso DMAMC esta medida se presenta más como un esfuerzo fundamental continuo que como una simple «tarea».

5. *«Mejora de procesos» y «diseño/rediseño de procesos» para mejorar.* Como hemos señalado, uno de los éxitos del sistema Seis Sigma se basa en su capacidad para ir más allá del debate TQM frente a reingeniería. Hemos hallado numerosos casos en que los equipos de mejora Seis Sigma tenían la opción legítima de «solucionar» o «revisar» un proceso dañado. DMAMC, como presenta este libro, puede colaborar a hacer esa elección, así como a adaptar el modelo a cualquiera de los métodos.

En el análisis final no hay modelo de mejora adecuado o inadecuado para Seis Sigma. Si las cinco etapas de DMAMC funcionan en su empresa, estupendo. Si un modelo existente u otro es una opción mejor para su personal o proyecto, también es estupendo. De cualquier modo, Seis Sigma puede funcionar para su empresa.

Después de exponer muchas de las decisiones clave, así como algunos de los retos asociados a la definición y diseño de Seis Sigma para su organización, pasamos a la parte III para *hacer que suceda*.

III

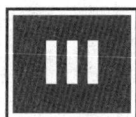

Implantación de Seis Sigma: el Mapa y las herramientas

12

Identificación de los procesos clave y de los clientes principales

(Etapa I del Mapa)

Introducción

En el Capítulo 5 introdujimos el ejemplo de la isla «Empresa», un lugar en el que suceden un montón de cosas, pero en el que nadie tiene realmente una «imagen global» del conjunto. Si usted inicia sus trabajos en Seis Sigma con la etapa 1, o bien vuelve de nuevo a ella más tarde, el objetivo aquí es desarrollar la perspectiva de la organización a alto nivel, en esencia, un «mapa» de su isla que muestre cómo se llevan a cabo las tareas esenciales.

El método de «construir el mapa» que vamos a describir es algo así como reunir las piezas de un *puzzle*. Empezaremos por formarnos una idea básica del aspecto que ha de tener el *puzzle,* tal y como lo haríamos mirando en la tapa de la caja. Luego vamos a colocar los bordes o, ya que estamos jugando con dos metáforas, la «línea de costa» de la isla, allí donde enlaza con los clientes. Después ensamblaremos las piezas interiores del *puzzle,* para dar claridad a la imagen básica que hemos descrito en primer lugar. Como sucede en los *puzzles,* esto supondrá algo de ensayo y error y, al igual que en el trazado de un mapa, también precisará algo de investigación. Generalmente, cuando surge, la imagen parece algo diferente de lo que se esperaba, igual que cuando vemos un mapa de un lugar que ya habíamos visitado nos suele revelar algunos datos desconocidos.

Visión general de la etapa I

A continuación veremos las tres principales actividades asociadas con la identificación de los procesos clave y de los clientes principales (véase la Figura 12.1):

1. Identificar los procesos clave más importantes de su empresa.
2. Definir los resultados más importantes de estos procesos clave y los clientes principales a los que sirven.
3. Crear un mapa de alto nivel de los procesos clave o estratégicos.

Cuando tratemos estas etapas, supondremos en la mayor parte de los casos que la organización de la que estamos trazando el mapa es una empresa completa o una unidad operativa. Sin embargo, es posible utilizar el mismo método para trazar el mapa de un *segmento* de la organización, incluyendo aquellas áreas que proporcionen servicios o productos principalmente a clientes *internos*, por ejemplo Finanzas, Recursos Humanos o Tecnologías de la Información. Incluso las islas más pequeñas pueden utilizar el sistema Seis Sigma para mejorar su rendimiento.

Introducción a la historia de un proceso clave

Para llevar a la vida real muchas de las etapas, desafíos y herramientas del método Seis Sigma, en la Parte III vamos a narrar una serie de historias o escenarios de empresas reales, aunque acompañadas con algo de ficción, que están haciendo los mayores esfuerzos para realizar las tareas que estamos describiendo. La primera de las organizaciones con la que nos encontraremos es una compañía de productos de consumo. Las demás son compañías de transportes, un fabricante/comerciante de componentes electrónicos y una compañía de seguros. *Nota:* los escenarios que presentamos se basan en acontecimientos reales, pero los nombres y las organizaciones son ficticios.

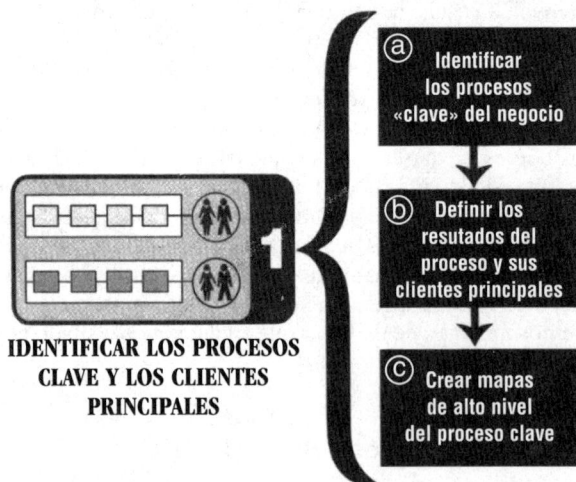

Figura 12.1 El Mapa de Seis Sigma, etapa 1 y subetapas

FieldFresh presta atención a la imagen global

La compañía FieldFresh lleva más de 60 años preparando y vendiendo frutas y vegetales enlatados y congelados a los mayoristas del Medio Oeste. La marca FieldFresh se beneficia en gran medida de su gran reputación de calidad y de la fidelidad de los consumidores de su área de mercado, compuesta por ocho estados. Aunque la empresa es rentable y siempre lo ha sido, es consciente de que pese a que los tiempos han cambiado mucho en seis décadas, en FieldFresh todo sigue igual que antes.

Está dirigida por un grupo de altos directivos que llevan más de 20 años en la empresa, la mayoría de ellos próximos a jubilarse. Siempre ha sido una empresa con una cultura familiar (es común que padres e hijos trabajen en Field-Fresh), con un gran sentido de la tradición y un alto nivel de compromiso con el personal y con los clientes. Los jefes de los cuatro grupos funcionales de la empresa, Publicidad y Promoción, Fabricación, Contabilidad y Personal, han realizado un excelente trabajo dirigiendo sus departamentos. Cada uno de ellos domina su área firmemente y, dado que han trabajado conjuntamente durante tanto tiempo y conocen tan bien el negocio, los cuatro mantienen las operaciones entre los departamentos funcionando de manera fluida.

La mayor preocupación entre los jefes de FieldFresh, presionados por el comité de dirección, es cómo enfrentarse a los cambios que se están produciendo en el sector así como a la todavía pendiente sustitución de la alta dirección. «Habéis tenido suerte», comenta Marla Jones, miembro del comité de FieldFresh y presidenta de un banco local. «Hay muchas empresas como FieldFresh que lo han perdido todo porque fracasaron en adaptarse y prepararse para el cambio. Vosotros aún estáis trabajando bien, pero la pregunta es ¿qué va a hacer FieldFresh en el siglo que viene?»

Etapa IA: identificar los procesos «clave»

Por «procesos clave» nos referimos a una cadena de tareas, las cuales suelen implicar a varios departamentos o funciones, que aportan valor (productos, servicios, soporte, información) a los clientes externos. Junto con los procesos clave, cada organización tiene una serie de procesos de «soporte» o «capacitación» que proporcionan recursos vitales o entradas a las actividades que producen valor. Aunque la idea de un proceso clave puede parecer obvia (y lo es), resulta interesante que este «bloque de construcción» empresarial tan importante sea una idea relativamente reciente, uno de los conceptos innovadores del sistema Seis Sigma.

Conceptos que subyacen tras el proceso clave

I. El trabajo como un proceso

Empezando por Frederick Taylor y siguiendo por los gurús de la calidad de los años ochenta y noventa, el *proceso* ha sido un tema de gran importancia para los teóricos de la gestión y sus practicantes. Al principio de la fabricación moderna, la escala de producción y el grado de especialización estaban limitados y el proceso de entrega de mercancías a los clientes era todavía el núcleo del negocio. Sin embargo, a medida que las organizaciones industriales y la competencia han ido creciendo, los procesos de trabajo han dejado de estar en primer plano para ceder su puesto a las estructuras funcionales de gestión y especialización de habilidades. Los procesos de trabajo han seguido funcionando, pero el foco principal de la dirección es «nuestra función» y la atención individual se centra en «mi tarea».

Cuando el movimiento de calidad trajo de nuevo «el proceso» al centro de atención, la gente encontró difícil ver su trabajo o su organización de este modo aparentemente nuevo.

Sin embargo, poco a poco, cada vez más organizaciones están empezando a comprender la distinción entre una «función» y un «proceso». Y la idea de que el éxito de la empresa depende de la comprensión y de la mejora de los procesos de trabajo se ha convertido en un principio básico para muchas de ellas.

2. La gestión interfuncional

La frustración ante las estructuras empresariales funcionales y jerárquicas no es nada nuevo. Algunos de los chistes, sátiras y quejas más persistentes sobre la empresa a lo largo de los años tienen por objeto los «imperios» y burocracias que socavan las buenas decisiones y hacen perder capacidad de respuesta. Ya a principios de los años veinte, las organizaciones como General Motors utilizaban «comités de relaciones interdepartamentales» para tratar las fricciones que se generaban entre los trabajadores y los mandos y entre las distintas áreas funcionales dentro de la organización descentralizada de GM[1].

Se han hecho esfuerzos para echar abajo las barreras organizativas en incontables momentos de la historia de la empresa moderna, mediante «reorganizaciones», «reestructuraciones», etc., y todavía se producen con frecuencia. Se han probado equipos de gestión y proyectos interfuncionales como un método para derribar los muros entre los grupos. Pero aunque el trabajo puede ayudar, el solo hecho de formar un equipo no sirve de gran cosa para eliminar las actitudes y estructuras que crearon las barreras.

A medida que las empresas empezaron a comprender la diferencia entre un proceso y un departamento y a trazar mapas de los procesos *a través* de las fronteras funcionales, es cuando ha aparecido la auténtica clave de la colaboración interfuncional.

3. La «cadena de valor»

Mostrar cómo el trabajo pasa por varios departamentos es un muy buen paso; pero para que se revele como un modelo de gestión verdaderamente potente, debe demostrar un claro beneficio estratégico. Por ello, además de eliminar algunos de los inconvenientes burocráticos, ¿cómo pueden ser utilizados los procesos interfuncionales para mejorar la competitividad y la rentabilidad de la empresa? El tercer concepto, la «cadena de valor», ofrece la respuesta.

La «cadena de valor», como la definió Michael Porter, de Harvard, en 1985 en su libro *Competitive Advantage (Ventaja competitiva)*, es un método de representar una organización como un «conjunto de actividades que funcionan para diseñar, vender, entregar y dar soporte a los productos»[2]. Tres dimensiones del concepto de cadena de valor acercan la idea del «proceso clave» al centro de atención de forma definitiva:

1. *La cadena de valor refuerza la interconexión fundamental entre las actividades del negocio y el éxito de la empresa.* Cada función juega su parte (o debería) en el objetivo básico de la organización: proporcionar un valor exclusivo a su mercado y a sus clientes. Cualquier ruptura o eslabón débil de la cadena (por ejemplo, rivalidades interfuncionales) disminuye el valor proporcionado.
2. *Aunque cada función contribuye al valor, algunas desempeñan un rol «principal» y otras, uno «secundario».* Las funciones principales están «implicadas en la creación física del producto (o servicio) y en su venta y transferencia al comprador, así como en la asistencia de posventa»[3]. Las funciones que Porter clasificó como «actividades de apoyo» incluyen Recursos Humanos, Finanzas, Compras e incluso (¡oh!) la Dirección. (Desde luego, cualquiera que haya trabajado en una gran compañía durante algún tiempo sabe que las funciones de «apoyo» suelen obtener mayor atención que las «principales», lo que resulta un ejemplo empresarial de la cola que menea al perro.)
3. *Las cadenas de valor vienen definidas a nivel de unidad operativa de una organización.* Una cadena de valor «para toda la organización», que reúna varias unidades de negocio, no tendría sentido.

El concepto de cadena de valor, según lo presenta Porter, tiene poco que ver con los procesos de trabajo. Las «actividades» de la cadena de valor que describe suelen estar muy ligadas a los departamentos o funciones, siguiendo la perspectiva tradicional del «organigrama» de la empresa, *no* la perspectiva del proceso. Pero el mensaje relevante para las empresas que intentan definir y dar prioridad a sus procesos empresariales es claro: los procesos que generan productos y servicios a los clientes son «principales» y los demás son «secundarios».

Descripciones «generales» de los procesos clave y de soporte

Procesos clave

Hay actividades que son esenciales para cualquier empresa. Aunque en su organización reciban un nombre diferente o se dividan en partes más pequeñas, la lista siguiente es un buen principio para garantizar que ha incluido todos los procesos principales:

✦ *Adquisición de clientes.* El proceso de atraer y asegurar clientes para la organización.
✦ *Administración de pedidos.* Actividades que realizan el seguimiento de los pedidos de productos y servicios de los clientes.
✦ *Cumplimentación de pedidos.* Creación, preparación y entrega de los pedidos a los clientes.

✦ *Servicio o soporte a clientes.* Actividades diseñadas para mantener la satisfacción de los clientes después de la entrega de un pedido.

✦ *Desarrollo de nuevos productos/servicios.* Concepción, diseño y puesta en marcha de nuevos servicios que añaden valor a los clientes.

✦ *Facturación y cobro (opcional).* Aunque «cobrar» es realmente un proceso clave y no de soporte, está abierto a interpretación. Mientras que técnicamente no forma parte de la entrega de valor, también es una parte fundamental de una relación «yo gano, tú ganas» con el cliente y, por tanto, de su éxito financiero. Por ello, es razonable considerarlo un proceso clave.

Procesos de soporte

En las funciones de «soporte» de una organización también hay procesos estándar que proporcionan recursos o capacidades fundamentales que permiten realizar los procesos clave. Son algo más específicos, ya que hemos tomado los *departamentos* y los hemos dividido en sus procesos clave.

✦ *Adquisición de capital.* Provisión de recursos financieros para que la organización realice su trabajo y ejecute su estrategia.

✦ *Maximización de activos.* Despliegue del capital existente (especialmente dinero) para crear la mayor rentabilidad posible alineada con la estrategia de valor de la empresa.

✦ *Presupuestos.* El proceso de decidir la asignación de fondos en un período de tiempo.

✦ *Reclutamiento y contratación.* Adquisición de *personal* para que realice el trabajo de la organización.

✦ *Evaluación y recompensa.* Evaluación y pago al personal por el trabajo/valor que proporciona a la compañía.

✦ *Soporte y desarrollo de recursos humanos.* Preparación del personal para sus actuales tareas y necesidades futuras de habilidades/conocimientos.

✦ *Conformidad con la normativa.* Procesos que garantizan que la compañía cumple todas las leyes y obligaciones legales.

✦ *Instalaciones.* Provisión y mantenimiento de plantas físicas y equipamiento para que la empresa pueda llevar a cabo sus funciones.

✦ *Sistemas de información.* Movimiento y proceso de datos e información para poner en marcha las operaciones y decisiones empresariales.

✦ *Gestión funcional y/o de procesos.* Sistemas y actividades para garantizar la ejecución efectiva del trabajo de la empresa.

Es probable que después de leer estas descripciones de procesos de soporte usted se quede pensando: «¡Qué raro!». Ya le habíamos advertido que la perspectiva funcional de la organización está tan profundamente engranada en nuestras mentes que, cuando cambiamos el contexto del flujo de trabajo y el valor que proporciona, nos extraña y nos desorienta. Pero también es cierto que hemos presentado solamente *un* método de entre muchos para definir y «dividir» estos procesos. La forma en que *usted* los categorice será ciertamente diferente y tendrá mayor sentido para su organización.

Los directivos de FieldFresh consideran su reto

Aunque al principio se resistieron a «intervenir» en los comentarios desafiantes de algunos miembros del comité de dirección, con el tiempo, la mayoría de los cinco altos ejecutivos de FieldFresh, el presidente Elliot Peardale y sus cuatro vicepresidentes de departamento, empezaron a reconocer la validez de la cuestión. «Tenemos gente muy buena», dijo Peardale, «pero no les hemos ayudado a conocer la empresa todo lo que deberíamos. Después de todo, hemos tomado las decisiones importantes casi siempre nosotros solos».

Ante la urgencia de otro miembro del comité, que resultó ser el Decano Emérito de la Facultad de Empresas de la universidad más importante del estado, los altos directivos de FieldFresh asistieron a un seminario de un día sobre los conceptos básicos que respaldan el método Seis Sigma de gestión empresarial. Después del taller, el grupo se reunió para su almuerzo semanal en el que compartieron sus impresiones sobre las ideas que acababan de escuchar.

«¡Suena demasiado parecido a todo ese rollo de la calidad!», dijo el vicepresidente de Fabricación Jimmy Haricot.

«No juzgues demasiado aprisa, Jimmy», respondió Brenda Lechosa, vicepresidenta de Publicidad y Promoción. «Me hace pensar que hemos preparado a esta empresa para que nos dé problemas. Las únicas personas que la entienden verdaderamente somos nosotros. Conocemos a los clientes, conocemos los departamentos, conocemos toda su historia e, incluso así, creo que ignoramos mucho más de lo que queremos admitir.»

«Brenda tiene razón.» Era el vicepresidente de contabilidad Hal Krautmeyer. «No puedo delegar las cosas en la gente de mi departamento más de un par de semanas. Cuando vuelvo de vacaciones, tengo un montón de asuntos esperándome para resolverlos. Cuando Millie y yo nos vayamos de Arizona para siempre dentro de un par de años, ¿vais a ser capaces de continuar pagando las facturas?»

«Ya hemos probado algunas cosas de la Gestión de la Calidad Total hace unos años», comentó Peardale, «y no sirvió de gran cosa. Entiendo que Jimmy se muestre tan escéptico».

«Pues a mí esto me parece distinto», insistió Brenda. «Dicen que Sigma Seis, o como se llame, trata de cómo solucionar problemas, pero a mí lo que me gustó fue la parte sobre cómo ver la empresa de un modo nuevo.»

«¿Qué es lo nuevo?», preguntó Haricot. Como vicepresidente de Fabricación, solía desempeñar el rol de escéptico en el equipo de FieldFresh.

El responsable de personal, Al Funghi, dijo finalmente: «Para mí, lo que es nuevo es la manera de mostrar al resto de la empresa la manera en que trabajamos juntos. Siempre estamos diciendo que no podemos delegar responsabilidades en la gente, pero en realidad no lo hemos intentado. Puede que lo *hicieran* mejor si les ayudásemos a entender la empresa tan bien como nosotros la entendemos».

«Yo no necesito ningún equipo para solucionar un montón de problemas imaginarios en la planta», protestó Haricot.

«Jimmy», dijo Peardale, «no creo que sea eso lo que ha sugerido».

«Desde luego», le apoyó Krautmeyer, el de contabilidad. «No creo que resolver problemas sea lo que necesitamos, al menos, no ahora mismo. Pero si pudiéramos empezar a mostrar a la gente cómo funciona la empresa, e incluso ver maneras de que funcione mejor, podríamos ser capaces de jubilarnos cuando quisiéramos, en vez de trabajar hasta que cumplamos los ochenta.»

«Eso es lo que yo digo», Brenda se mostró de acuerdo. «Pero yo añadiría algo: creo que hay más en juego que nuestra jubilación. Pienso que no podemos esperar que la tradición y la fidelidad de nuestra marca nos dure para siempre. La forma en la que hemos gestionado la compañía probablemente no le funcione a la siguiente generación.»

«Ya sabes», dijo Peardale casi interrumpiendo a la jefa de Publicidad, «que eso es lo que me ha estado preocupando últimamente, pero no he sido capaz de explicarlo. Es difícil admitirlo, pero es el momento de actualizar las cosas en FieldFresh si queremos dejarla en buena situación cuando nos vayamos». El consenso fue lo suficientemente sólido para que los directores decidiesen aplicar la primera etapa del Mapa de Seis Sigma: tratar de crear un «mapa» orientado a procesos de la organización FieldFresh.

Definición y personalización de los procesos clave

Una de las primeras cosas a reconocer cuando se trata de listar los procesos principales o clave de la organización es que no hay ninguno que sea «correcto» o «incorrecto». En algunos casos, la manera de definir los procesos clave puede estar dictada, por ejemplo, por la necesidad de enviar un mensaje a la organización. Recientemente hablamos con un alto ejecutivo que había reorganizado su empresa bajo lo que él llamaba cuatro «pi-

Procesos estratégicos

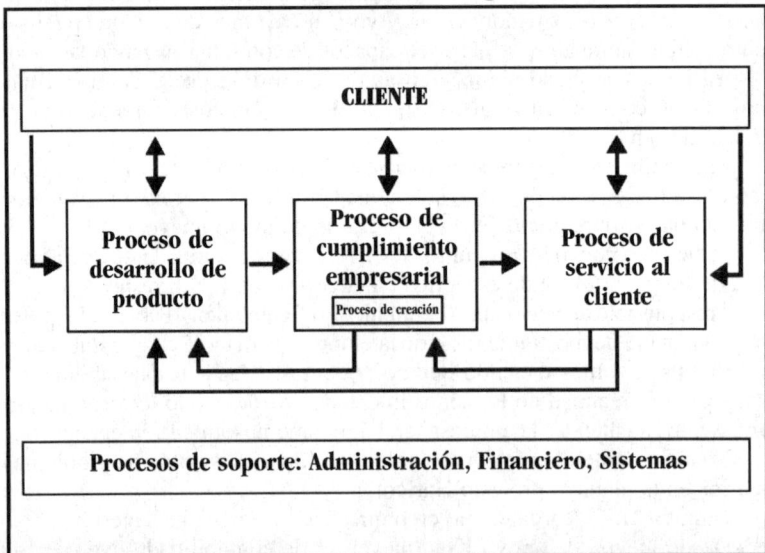

Figura 12.2 Ejemplo: modelo simplificado de «procesos estratégicos»

lares», a saber: Crear, Entregar, Cuidar, Dar soporte; la nueva organización incluía tres procesos clave y varios de capacitación. Hay numerosos detalles bajo cada pilar, pero resulta bastante efectivo como lema unificador para la compañía. Otro ejemplo es el de uno de nuestros clientes que desarrolló un modelo bastante simple de lo que él llamaba su «proceso estratégico», que aparece en la Figura 12.2. Cada persona de la organización puede identificar su propia contribución a uno o más de los procesos clave.

Preguntas básicas para los procesos clave

Desarrollar su modelo de procesos clave le va a llevar algún tiempo y bastante reflexión. Además, cuántos identifique dependerá de su negocio y de factores como la estrategia o la historia. Sin embargo, por regla general, la mayoría de las unidades operativas deberían tener entre cuatro y ocho procesos de alto nivel realmente «principales». Las siguientes preguntas le ayudarán a determinarlos.

1. *¿Cuáles son las principales actividades que nos permiten aportar valor, es decir, productos y servicios, al cliente?* Esta pregunta le da un punto de partida para identificar sus procesos clave, ya que el *valor* es la principal característica que define una actividad «clave». Preste atención para no incluir actividades que sean muy importantes para usted, por ejemplo, la conformidad legal o normativa, pero que no añadan valor a los clientes. (Volveremos sobre este aspecto cuando observemos el análisis de valor en el Capítulo 16.)
2. *¿Cuál es la mejor manera de describir o denominar estos procesos?* Puede perfeccionar los nombres más tarde, pero póngales una etiqueta con la que empezar. Evite utilizar un nombre de departamento o función, porque ningún proceso verdaderamente clave se da dentro de un solo departamento.
3. *¿Cuáles son los resultados (de uno a tres) más importantes dentro de cada proceso, que podamos emplear para evaluar su rendimiento/capacidad?* La calidad del producto final entregado al cliente es el criterio de éxito más importante para un proceso. Si identifica *muchos* resultados de un proceso clave, puede que no lo haya definido con la suficiente precisión o quizá haya reunido varias «unidades de negocio».

FieldFresh llega al fondo de la cuestión

Un mes más tarde, los cinco altos directivos de FieldFresh llegaban al trabajo a las 7 de la mañana para mantener una reunión. Su agenda: identificar los procesos «clave» o más importantes de la empresa. Jimmy Haricot aceptó probar; los otros vicepresidentes estaban convencidos de que valía la pena. Habían invitado a un facilitador para que les ayudara y venía recomendado por uno de los miembros del comité de dirección.

La primera lista fue una combinación de numerosas actividades o grupos que incluían: nómina, relaciones con los agricultores, facturación, compra de medios, diseño de etiquetas, etc. «Esto es un lío», se quejó el jefe de personal Al Funghi. «Estamos haciendo algo mal.» «Puede ser», dijo Jimmy, que intentaba colaborar, «¿no teníamos que buscar los asuntos que tuvieran que ver *solamente* con clientes?».

Todos estuvieron de acuerdo en que se habían salido del camino correcto. Con ayuda del facilitador, empezaron a mover las actividades que no eran claves a una lista diferente de funciones y procesos «de soporte» y a reorganizar los procesos clave por categorías principales. Fue una lucha y, al final de la sesión, a las 10:30 de la mañana estaban exhaustos. «Será mejor que lo dejemos por un tiempo», dijo Peardale.

Entre una y otra reunión, Brenda Lechosa llamó a la gente que había impartido el primer taller y pidió asesoría. Cuando se reunieron para la siguiente sesión a las 7 de la mañana, una semana y media más tarde, dijo: «Me han sugerido que evitemos denominar a los procesos con los nombres de los departamentos. Tenemos que pensar algo más interfuncional y centrarnos en las actividades principales que añaden valor».

Al final de otro par de horas de trabajo, así como de bastantes amagos de lucha libre verbal, habían reducido la lista a los siguientes cuatro procesos clave:

- Suministro de productos.
- Desarrollo de productos.
- Producción y distribución.
- Venta a clientes y mayoristas.

Crearon después una lista de los que decidieron llamar procesos «de soporte», con un convenio sencillo para denominarlos:

- Soporte al personal.
- Soporte financiero.
- Soporte a infraestructuras.
- Soporte estratégico.

Esbozaron un diagrama de estas listas, que el facilitador convirtió en un gráfico más presentable (véase la Figura 12.3).

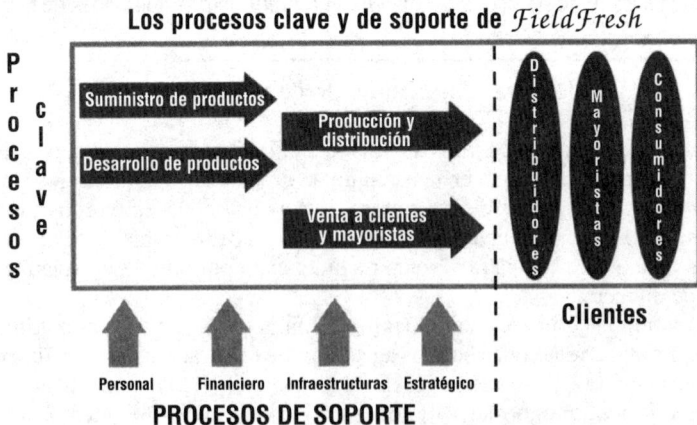

Figura 12.3 Los procesos clave y de soporte de FieldFresh

Etapa 1B: definir los resultados del proceso y sus clientes principales

Esta parte es la más fácil de la etapa 1, aunque también tiene sus trampas. El reto aquí es evitar introducir demasiados elementos o productos en la categoría de «resultados» (salidas). Si su organización es como la mayoría, que producen una gran cantidad de «material» diariamente, parte del mismo terminará en manos de los clientes. Pero, desde el punto de vista de un proceso estratégico o clave, sólo es relevante el producto final o el resultado principal; al menos por ahora.

No es totalmente obligatorio que los resultados del proceso clave tengan que entregarse a clientes externos que pagan. Por ejemplo, el resultado de un proceso de «adquisición de clientes» es un tipo de acuerdo para trabajar con un cliente: un pedido, un contrato de distribución, una definición de trabajos, una política, etc. Se suele dar algún tipo de comprobación de la transacción al cliente externo, pero el «cliente» principal de ese proceso clave es el *siguiente* proceso clave, por ejemplo, administración de pedidos o producción.

Los resultados de los procesos de FieldFresh

Cada vicepresidente de FieldFresh recibió el encargo de esbozar la definición de los principales resultados y clientes de los procesos clave. Puesto que un cliente puede ser una persona o un grupo de personas, decidieron que sería correcto denominar a un departamento como «cliente» de un proceso clave, aunque pudiera ser la primera etapa de otro proceso.

Por ejemplo, el jefe de contabilidad Hal Krautmeyer eligió «desarrollo de productos». Hizo una lista con tres resultados, cada uno con clientes diferentes:

Resultado 1: Fórmula del producto; *Clientes:* Soporte técnico de planta, Relaciones con los agricultores.
Resultado 2: Especificaciones del proceso; *Cliente:* Ingeniería de planta.
Resultado 3: Datos de los consumidores; *Clientes:* Planificación de promociones, Agentes/Distribuidores.

Al Funghi, de Recursos Humanos, tuvo que trabajar con «suministro de productos». Ese proceso tenía un resultado principal:

Resultado 1: Producir (materia prima); *Clientes:* Soporte técnico de planta (que maneja los productos basados en recetas) o Producción (que recibe directamente elementos recién enlatados o recién congelados).

Etapa 1C: crear mapas de alto nivel del proceso clave

La última etapa a abordar para ensamblar el *puzzle* del mapa del proceso es identificar las actividades principales que constituyen cada proceso clave. (Como opción, puede también crear diagramas de alto nivel de los procesos de soporte.)

El modelo de proceso «SIPOC»

Un diagrama SIPOC es una de las técnicas más útiles y más utilizadas en la gestión y mejora de procesos. Se emplea para presentar una perspectiva «de un vistazo» de los flujos de trabajo. El nombre procede de los cinco elementos del diagrama (es el acrónimo inglés de *Supplier, Input, Process, Output, Customer*).

- *Proveedor* es la persona o grupo que suministra información, materiales u otros recursos para el proceso.
- *Entrada*, «lo» suministrado.
- *Proceso*, el conjunto de etapas que transforman y que, idealmente, añaden valor al resultado.
- *Resultado o salida*, el producto final del proceso.
- *Cliente*, la persona, grupo o proceso que recibe el resultado.

Con frecuencia, se añaden los «Requisitos» principales de la entrada y del resultado, convirtiéndolo en «SIRPORC». Sin embargo, nadie utiliza ese término, tal vez porque suena parecido a un cerdito con título de aristócrata inglés (*Sir* Pork).

Beneficios de SIPOC, o «Sir Pork»

SIPOC puede ser de gran ayuda para que el personal vea la empresa desde una perspectiva de procesos. Entre sus ventajas se encuentran las siguientes:

1. Muestra un conjunto interfuncional de actividades en un solo diagrama sencillo.
2. Utiliza un marco de trabajo aplicable a procesos de todos los tamaños, incluso a una organización completa.
3. Ayuda a mantener una perspectiva de «imagen global», a la que se pueden añadir detalles.

Enlazando las estructuras SIPOC de un extremo a otro de la organización, donde el resultado de un proceso se convierte en la entrada de otro, usted podrá desarrollar un diagrama de proceso de alto nivel para toda la empresa.

SIPOC y la finalización de los procesos clave

Las dos tareas que tratamos en este capítulo nos han dado un buen comienzo para nuestro diagrama SIPOC: hemos identificado el proceso por su nombre y hemos definido el resultado y el cliente. Ahora nos interesan los proveedores y las entradas, así como una descripción del proceso más detallada.

Proveedores y entradas

Para identificar los proveedores y las entradas de un proceso, primero es necesario saber en qué punto empieza el proceso, es decir, dónde, cuándo y con qué acción.

Esto no suele ser demasiado difícil al definir los procesos principales de una organización; simplemente, se puede identificar en qué punto termina el proceso anterior y qué entradas pasan al proceso siguiente.

Generalmente, es mejor limitar las entradas a elementos consumidos durante el proceso y *no* incluir equipamiento, instalaciones u otras infraestructuras relativamente permanentes. En primer lugar, porque es mucho más sencillo: si ha incluido cada *software,* escritorio, teléfono, máquina, etc., utilizados en la mayoría de los procesos, la lista será muy *larga.* Y lo que es más importante, el objetivo último de trazar un diagrama del proceso es comprender el flujo y la variación del trabajo en el tiempo. Los materiales que son más o menos permanentes se convierten así en parte del proceso, y es posible medir en este punto sus efectos sobre el trabajo, pero no como una entrada.

Las siguientes preguntas son fáciles de responder y le servirán de ayuda a la hora de identificar proveedores y entradas:

✦ *¿Qué materiales, información o productos importantes se suministran al proceso?* La entrada más importante para cualquier proceso clave es el «objeto» con el que trabaja. En una planta de ensamblaje, son las piezas; en una empresa financiera, es una solicitud de préstamo; en unas líneas aéreas, es un pasajero. Otras entradas importantes también serán esenciales para el éxito del proceso, como una «orden de trabajo» en la planta de ensamblaje, los datos del cliente en la compañía financiera y las reservas de pasajeros en las líneas aéreas.

✦ *¿Cuáles de ellos son absolutamente esenciales para que el proceso funcione como está previsto?* Céntrese solamente en las entradas *críticas.* Si el trabajo se puede hacer bien sin ellas, no son críticas.

✦ *¿Se consumen o utilizan durante el proceso o pasan directamente y se entregan al cliente como un resultado?* Si nada de esto es cierto, puede ser una herramienta, pero probablemente no sea una entrada.

✦ *¿Quién proporciona estas entradas?* Una vez definida la entrada, suele ser más fácil identificar los proveedores del proceso.

Diagrama del proceso

El segmento «P» de un SIPOC se hace mejor con un «diagrama de bloques», en que cada bloque representa las actividades o «subprocesos» principales. A diferencia de un mapa o diagrama del proceso más detallado, un diagrama de bloques suele ser una simple línea recta de flujo, sin puntos decisorios, bucles de repetición, ni vías alternativas. Para evitar entrar en demasiados detalles, puede limitar el proceso entre 4 y 10 bloques. Sin embargo, puede haber alguna pega, porque el detalle tiende a aparecer de todas formas. Por esa razón, solemos recomendar utilizar un método de «afinidad» para construir el diagrama de bloques de alto nivel. En la técnica de la afinidad, un grupo hace una lista de ideas y luego las organiza en categorías significativas. Lo que emerge suelen ser las etapas a alto nivel. Una vez denominadas esas etapas o tareas, pueden ordenarlas (aproximadamente) en un diagrama secuencial de bloques, la «P» de SIPOC (el proceso). Para los procesos de alto nivel de la empresa, incluso esos bloques son generalmente amplios e interfuncionales.

Un SIP para FieldFresh

El grupo de dirección de FieldFresh estaba contento con la lista de resultados y clientes que había aportado cada uno individualmente.

Brenda Lechosa, de Publicidad, ofreció una idea: «Si nuestra siguiente etapa es ordenar el mapa de estos procesos, creo que algunos directores y jefes nos pueden ayudar verdaderamente. Y su ayuda nos hará ahorrar tiempo, al no tener que hacerlo todo nosotros».

El grupo estaba deseando probar. Así pues, crearon cuatro «comités de proceso» para identificar las entradas y los proveedores y crear una serie de mapas del proceso a alto nivel.

Los cuatro comités presentaron los mapas SIPOC de su proceso clave en una reunión que celebraron con todos los directivos en un centro de conferencias local. Como ejemplo, la Figura 12.4 muestra el proceso de suministro de productos. Después de la presentación, Peardale anunció al grupo de directores reunidos que FieldFresh estaba iniciando un esfuerzo, al que él llamó «FieldFresh 3000», para posicionar la compañía en competencia y crecimiento «en su camino hacia el *próximo* milenio».

Los cuatro comités que habían trabajado en los mapas de procesos clave continuarían su trabajo para definir y medir los requisitos de cada actividad fundamental. «Vamos a abordar una etapa cada vez», dijeron al grupo. «Todavía no sabemos si esta aproximación a Seis Sigma es realmente adecuada para FieldFresh. Pero las señales parece que son bastante buenas.»

Empleo de los mapas del proceso clave

La definición de proceso clave se convierte en el punto de partida para la etapa 2 en el Mapa de Seis Sigma, en la que empezaremos a identificar los requisitos de los procesos. Al mismo tiempo, el valor de que toda la organización vea la empresa como una red de procesos clave puede ayudar a crear una nueva comprensión de ella y de sus interdependencias. Al igual que en FieldFresh, el acto de definir un modelo de proceso de la organización puede abrir los ojos y centrar la

El proceso de suministro de productos de *FieldFresh*

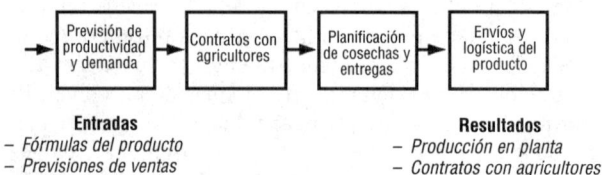

Entradas	Resultados
– Fórmulas del producto	– Producción en planta
– Previsiones de ventas	– Contratos con agricultores

Figura 12.4 El proceso de suministro de productos de FieldFresh

atención en preguntas como «¿Por qué hacemos las cosas de este modo?»; «¿Son realmente importantes estas actividades?»; «¿Con qué eficacia conectan estos dos procesos?».

Estas preguntas surgirán en todo momento en una organización Seis Sigma inteligente; por ese motivo, hemos sugerido una definición de los procesos clave como el punto de partida ideal para el esfuerzo.

Epílogo: seguimiento de FieldFresh

En los meses siguientes, el grupo de dirección de la empresa FieldFresh se convirtió en un lugar mucho más abierto para trabajar. Se dieron cuenta de que había muchas ideas e información atascadas en el «cuello de botella» de los niveles directivos. Y ahora comenzaron a salir, ya que mucha gente ofrecía ideas para medir mejor el rendimiento y para mejorar la comunicación con los clientes.

Al final del año siguiente, el presidente Elliot Peardale anunció su jubilación y entregó los mandos de la compañía a Brenda Lechosa. Otros dos vicepresidentes se jubilaron también, pero fueron reemplazados por directores de la empresa que conocían y comprendían la cultura y tradición de FieldFresh.

Brenda apostó por continuar con el esfuerzo FieldFresh 3000, pero dijo que se iría transformando gradualmente en un nuevo modelo práctico de gestión basado en el sistema Seis Sigma.

Desde la perspectiva de los resultados empresariales, FieldFresh continuó actualizando sus procesos, llegando a establecer con el tiempo mejores relaciones de colaboración con sus distribuidores y con los mayoristas. La publicidad mejoró debido a los artículos que aparecieron en la sección de negocios de algunos periódicos regionales («FieldFresh se renueva» y «Un nuevo presidente y una nueva práctica»), que se reflejaron en un relanzamiento de las ventas, ya que FieldFresh había logrado poner al día la identidad de su marca sin perder su gran reputación.

Jimmy Haricot, que volvió de visita a la oficina después de un mes pescando en Wyoming, le dijo a su antigua colega Brenda Lechosa que «esto parece lo mismo, pero puedo decir que el ambiente es totalmente distinto. De buena gana me volvería de la jubilación para trabajar de nuevo en la fábrica».

Ella le miró por encima de las gafas.

«¡No!», exclamó él.

El antiguo vicepresidente y la nueva presidenta se echaron a reír.

Pasamos a la publicidad...

Lo que hay que hacer y lo que no hay que hacer en la identificación de procesos clave y clientes principales

SÍ: Centrarse en actividades que añadan valor a los clientes de forma directa.

> *Puede también incluir procesos de soporte, pero la prioridad debe ser comprender y mejorar las cosas que conducen al éxito de la empresa.*

SÍ: Permanecer a alto nivel.

Tan pronto como entre en demasiados detalles, perderá la perspectiva de la «imagen global», que es uno de los mayores beneficios de la definición de los procesos clave.

SÍ: Implicar a gente de diversa índole.

Son necesarias las entradas interfuncionales para describir un proceso interfuncional. Utilice esta oportunidad para conseguir una nueva apariencia de la forma en que opera la empresa.

NO: Sobrecargar el proceso de entradas y resultados.

No suele haber más de unas pocas entradas y de uno a tres resultados clave.

NO: Mirar sus procesos clave como inamovibles.

El enfoque del sistema Seis Sigma es hacer a su empresa más próspera, creando habilidades y estructuras que den soporte a cualquier cambio necesario para adaptarse a las necesidades cambiantes del cliente y de la competitividad empresarial.

13

Definición de las necesidades de los clientes

(Etapa 2 del Mapa)

Introducción

Este capítulo trata de la que puede ser la más importante y nueva «competencia central» que su organización precisará para desarrollarse en el siglo XXI. Comprender lo que realmente quieren los clientes, así como los cambios de sus necesidades, requisitos y actitudes que se producen en el tiempo, requiere una combinación de disciplina, persistencia, creatividad, sensibilidad, ciencia y, en ocasiones, suerte.

Visión general de la etapa 2

Los productos «finales» de esta actividad Seis Sigma comprenden:

- Una estrategia y un sistema para seguir y actualizar de forma continua los requisitos de cliente, las actividades de la competencia, los cambios del mercado, etc., lo que equivale a un sistema de «Voz del Cliente»[1].
- Una descripción de estándares de rendimiento específicos y medibles para cada resultado clave, según defina el cliente.
- Estándares de servicio medibles y observables (si es posible) para las interfaces clave con los clientes.
- Un análisis de los estándares de rendimiento y servicio basado en su importancia relativa para los clientes y segmentos de clientes, así como en su impacto sobre la estrategia de la empresa.

Las tareas que debe emprender para desarrollar estos resultados aparecen en la Figura 13.1. Realizar la primera tarea, un sistema continuado de retroalimentación del cliente, es realmente un objetivo a largo plazo. En las etapas iniciales de un esfuerzo Seis Sigma es probable que usted se centre en las entradas de alta prioridad de los clientes, en lugar de corregir todos los trabajos de supervisión de clientes que ya realiza. Sin embargo, dado que la capacidad para escuchar realmente al cliente se está haciendo tan crítica para el éxito de la empresa, empezaremos por esa importante iniciativa.

Etapa 2A: reunir los datos del cliente y desarrollar una estrategia de «Voz del Cliente»

Es fácil suponer que la mayoría de las empresas tienen un manejo bastante adecuado de las necesidades de sus clientes, o bien que tienen personal y mecanismos situados de manera que puedan satisfacerlas. Ciertamente, todo tipo de compañías invierten mucho dinero en investigaciones de mercado y en encuestas sobre clientes, y esto quizá incluya a la suya. Sin embargo, sugerimos que muchas de las prácticas utilizadas hoy en día para estar al tanto de las necesidades del cliente crean una sensación falsa de seguridad. Cuando son examinadas más de cerca, muchas empresas probablemente lleguen a la misma conclusión a la que llegó un ejecutivo de una gran compañía de seguros: «Hemos empezado a darnos cuenta de que no entendemos a nuestros clientes tan bien como creíamos».

DEFINIR LAS NECESIDADES DE LOS CLIENTES

ⓐ Reunir los datos del cliente; y desarrollar una estrategia de «Voz del Cliente»

ⓑ Desarrollar estándares de rendimiento y definición de requisitos

ⓒ Analizar y dar prioridad a las necesidades del cliente; evaluarlas según la estrategia del negocio

Figura 13.1 El Mapa de Seis Sigma, etapa 2 y subetapas

Considere algunas evidencias indirectas acerca de la forma en que las compañías utilizan realmente las entradas que reciben de sus clientes:

✦ Aunque las tecnologías de recopilación de datos en los puntos de venta (escáneres, cajas registradoras inteligentes, sistemas de tarjetas de crédito, etc.) llevan décadas en uso, se han integrado con bastante lentitud en las operaciones diarias. Por ejemplo, solamente hace unos cuantos años que se utilizan los datos recogidos por los lectores de códigos de barras para crear programas de reaprovisionamiento automático que envíen «pedidos» computarizados a los fabricantes de productos.

✦ A pesar de la gran cobertura de la prensa y de las inversiones realizadas en *data warehouses* (grandes almacenes de datos recopilados sobre conductas de clientes y transacciones), muchas empresas todavía no utilizan sus recursos con consistencia. Según un estudio realizado sobre una muestra de 50 compañías líderes en los Estados Unidos, el 72 por ciento dijo que, en 1999, *no* estaban utilizando los datos de clientes facilitados por sus sistemas de información (véase la Figura 13.2)[2]. Es difícil decir si esto se debe a que la gente todavía no se ha imaginado cómo *utili-*

Empleo de datos de cliente

Cómo planifican las empresas utilizar la información que reúnen de sus clientes...

	1999	2001
Marketing	18 %	52 %
Servicio al cliente	16 %	48 %
Ventas	16 %	34 %
Mejora de procesos	2 %	22 %
Detección de fraudes	10 %	14 %
Desarrollo de productos	4 %	10 %
No utilizan los datos	72 %	0 %
No saben, no contestan	0 %	18 %

Cómo esperan las empresas beneficiarse del valor de su información sobre clientes...

	1999	2001
Aumento de los ingresos	20 %	74 %
Disminución de gastos	16 %	34 %
Sin impacto	72 %	0 %
No saben, no contestan	0 %	20 %

Fuente: Forrester Research Survey sobre 50 de las 1.000 compañías líderes de EE. UU.

Figura 13.2 Empleo real y planificado de la información de las bases de datos

zar realmente los datos o a que las compañías aún no han elegido invertir en ello, aunque sospechamos que se trata de ambas cosas. Sin embargo, es igual de interesante saber que los resultados del estudio muestran que *todas* las empresas analizadas planificaban utilizar los datos al cabo de algunos años.

Algo más anecdótico es que hemos visto el punto débil de muchas empresas respecto a las necesidades de sus clientes en la forma en que gestionan el desarrollo de sus nuevos productos y servicios. Todavía tenemos que encontrar una empresa cuyas iniciativas de desarrollo de productos no se retrasen o modifiquen siempre debido a cambios en los requisitos basados en «nuevos datos» sobre los clientes y en nuevas prioridades del mercado. Además, por encima de todo, lo que hemos llamado «desarrollo virtual», es decir, el diseño y desarrollo de productos con objetivos y parámetros en constante cambio, es un signo de escasa disciplina y un fallo a la hora de recoger información sólida de cliente en la que basar las decisiones de diseño.

Para medir, y no digamos ya para *conseguir* Seis Sigma, es obligatoria una clara comprensión y atención a las necesidades del cliente, puesto que el rendimiento Sigma se basa en la definición del cliente. Aunque trabaje en una organización de soporte interno como Tecnologías de la Información o Recursos Humanos, su éxito depende (o debería depender) de lo bien que ayude a sus clientes internos a lograr sus objetivos clave[3].

Factores clave en los sistemas de Voz del Cliente

Tanto si desarrolla internamente esta competencia como si se basa en recursos externos para que le sirvan como sus «oídos en el mercado», necesitará reconocer algunos de los fundamentos de un sistema efectivo de Voz del Cliente.

Conviértalo en un esfuerzo continuado

El primer principio de un sistema VOC efectivo es que debe convertirse en una prioridad y un centro de atención constante. El método «de vez en cuando» que sirvió en el pasado ya no es suficiente, dada la velocidad del cambio actual. Las organizaciones que fallan a la hora de mantener sus ojos y oídos abiertos es muy probable que se pregunten «¿qué rayos ha pasado?» cuando vean perderse su fortuna.

Defina claramente a sus «clientes»

En el capítulo anterior hemos esquematizado la forma de construir una perspectiva más completa de sus procesos clave y de sus clientes principales. Si prestamos mayor atención a la pregunta «¿quiénes son nuestros clientes?», podemos obtener un despertar de la empresa y también de sus líderes.

Hay pocas organizaciones que hayan disfrutado de ese despertar. Por ejemplo, un descubrimiento común es que sólo una pequeña parte de los clientes contribuye a la parte del león de los beneficios. Además, con frecuencia, se observa que los costes derivados de mantener a ciertos clientes los convierten en *poco rentables*. En los años anteriores se hicieron algunas mejoras estratégicas inteligentes para «segmentar» mejor los grupos de clientes. Las empresas van obteniendo mayor visión para ajustar sus ofertas, servicios y funciones, al igual que sus costes, al «perfil» de cada grupo, lo que es una estrategia de «yo gano, tú ganas». En otros casos, se toma la difícil decisión de abandonar un segmento de clientes o de centrar los esfuerzos en servir a aquellos clientes cuyas necesidades coincidan mejor con la estrategia de la compañía.

En este capítulo, nuestro objetivo es ayudarle a diseñar o mejorar sus sistemas para comprender y definir las necesidades del cliente y las tendencias del mercado, pero no cuestionar la estrategia de su empresa. No obstante, la forma en que usted defina su estrategia y diferencie a sus clientes tendrá un gran impacto en la precisión de sus datos y en los recursos necesarios para establecer un sistema de «Voz del Cliente».

Evite el síndrome de la "rueda chirriante"

Es connatural al ser humano prestar atención a lo inusual o a lo que molesta. Tampoco ésta es necesariamente una mala práctica empresarial. Son los clientes enojados, o aquellos con necesidades y demandas especiales, los que pueden poner a prueba la capacidad de su organización para enfrentarse a los retos y desarrollar nuevas capacidades. Y usted seguramente no desea que esos clientes «chirriantes» le vayan contando a sus colegas y amigos su espantosa experiencia con usted.

Cuando la rueda chirriante ahoga los demás sonidos, el asunto es serio. Su «muestra» de datos del cliente está incompleta y las conclusiones a las que probablemente llegue acerca de su mercado o clientes pueden ser erróneas. Habrá que afinar los sistemas de Voz del Cliente de Seis Sigma para escuchar algo más que chirridos. Un corolario a este síndrome es la tendencia a interpretar la «Voz del Cliente» como algo importante sólo para los clientes existentes. Un error opuesto, aunque igualmente serio, es buscar información solamente de los clientes potenciales, ignorando a la gente que ya le está ayudando a pagar las facturas (un asunto que tendemos a localizar especialmente en las organizaciones de ventas, que siempre están buscando la «venta siguiente»).

Aldie Keene, socio del Centro de Investigaciones de Fidelidad del Cliente de Indianápolis, es un veterano con cientos de proyectos de investigación de clientes realizados para muchas de las compañías más importantes de los Estados Unidos. Keene dice que uno de los mayores tropiezos de la empresa es «obtener información de los clientes equivocados». Suele tratar con empresas que diseñan productos y servicios para segmentos de clientes específicos. «Entonces, se los venden a cualquiera que llame a la puerta.» Más tarde, al probar la satisfacción del cliente, «adivine quién resultó el más insatisfecho. Un gran porcentaje fueron aquellos a quienes no se había dirigido la estrategia del producto/servicio».

Además de hablar y escuchar a la audiencia equivocada, Keene observa que las empresas *reaccionan* a los datos negativos: «Dicen, "la verdad es que estamos haciendo un mal trabajo". Y luego puntualizan: "¡Eh, oiga! ¡A ver si lo hace mejor!" Todo ello sin comprender quién está realmente dentro de las respuestas negativas y por qué no están satisfechos».

La clave es equilibrar y diversificar los esfuerzos para aprender de diferentes grupos, que incluyan:

- Clientes satisfechos actuales.
- Clientes insatisfechos actuales (tanto los que se quejan como los que no).
- Clientes perdidos.
- Clientes de la competencia.
- Clientes potenciales, por ejemplo, los que no han adquirido nada de usted o de sus competidores, pero son compradores en potencia de sus productos/servicios.

Utilice un amplio abanico de métodos

Cumplir los requisitos esenciales de un sistema de «Voz del Cliente» del siglo XXI, como lo hemos descrito hasta ahora, requiere un arsenal de técnicas más amplio que el que la mayoría de las empresas utiliza hoy. Por ejemplo, los estudios de mercados o clientes pueden ser excelentes para obtener información específica y gamas de preferencias, pero no permiten un seguimiento detallado. Muchas técnicas tradicionales, que incluyen entrevistas y concentración en grupos, tienen el inconveniente de ser herramientas de observación «directa»; es decir, los sujetos saben que les estamos preguntando lo que piensan. Ya no resulta, pues, sorprendente que los clientes a menudo digan una cosa y hagan otra.

La Figura 13.3 representa una lista de técnicas de toma de datos, tanto «tradicionales» como de «nueva generación», para la Voz del Cliente. La lista de nueva generación tiende a incluir más métodos «indirectos», para evaluar las necesidades y preferencias de los clientes según su comportamiento frente a lo que dicen. La mejor combinación de métodos depende mucho de sus clientes, mercado, recursos y del tipo de datos que necesite. La forma de llevar a cabo estos métodos está fuera del alcance de este libro; es más importante que usted reconozca la necesidad de evaluar,

Avances en los métodos de Voz del Cliente

Tradicional...	Nueva generación...
◆ Sondeos ◆ Grupos focales ◆ Entrevistas ◆ Sistemas de reclamaciones formales ◆ Investigaciones de mercado ◆ Programas de compradores	◆ Entrevistas y estudios específicos y multinivel ◆ Fichas para sondeos de opinión del cliente ◆ Almacenamiento de datos (*data warehousing*) y explotación de datos (*data mining*) ◆ «Auditorías» a clientes/proveedores ◆ Despliegue de la función de calidad

Figura 13.3 Avances en los métodos de Voz del Cliente

y en muchos casos de fortalecer, los métodos existentes de toma de datos de sus clientes.

Busque datos específicos; observe las tendencias

Uno de los requisitos principales de un sistema de Voz del Cliente ha de ser su habilidad para identificar las necesidades del cliente sin perder de vista las tendencias, lo que le ayudará a mantenerse por delante de los cambios en las preferencias del mercado, a conocer las nuevas posibilidades, etc. Tener acceso a datos específicos es fundamental para desarrollar estándares objetivos y precisos y medidas de rendimiento. Sin embargo, es también esencial una perspectiva de la «imagen global», para no perder nuevas oportunidades (o curvas de la carretera) que le hagan quedar fuera de sintonía con sus clientes y le hagan vulnerable a los competidores.

Obtener información específica de los clientes es complejo. No siempre resulta fácil comunicar con efectividad: los clientes piden mucho por su tiempo; también pueden no desear revelar información sensible. Lleva mucho tiempo y recursos comprobar y/o analizar suficientemente los datos, así como especificar con claridad lo que los clientes quieren y necesitan.

Otro obstáculo: sus clientes pueden ser incapaces de definir sus propias necesidades para con usted. Un vendedor, en un taller Seis Sigma que dirigimos en una ocasión, comentó: «Hay muchos clientes ignorantes por ahí». En el caso de muchas empresas, el comentario era totalmente correcto: no hay forma de que muchos clientes lleguen a comprender su producto o su servicio tan bien como usted. En el proceso de toma de datos para la Voz del Cliente, también puede necesitar *educar* a sus clientes para que se preparen mejor y definan sus propias necesidades.

¡Utilice la información!

En las empresas de hoy en día, se ha convertido en algo obvio decir que, aunque todos los datos necesarios estén disponibles, nadie le dirá dónde encontrarlos. O que existe información clave que ha sido distribuida (por correo, a través de la Intranet, etc.), pero nadie la utiliza. Lo importante es que reunir entradas del cliente no significa «cerrar el bucle», pues los datos de la Voz del Cliente son válidos solamente cuando se analizan y se actúa en consecuencia. Incluso en organizaciones que ya disponen de sistemas efectivos de recopilación de datos de clientes, subsiste el problema de hacer que los ejecutivos y directivos *presten atención* a esos datos.

Aldie Keene observa que muchas de las fuentes de entradas de clientes que tienen la mayoría de las empresas se podrían consolidar y comparar, para obtener una imagen más clara de las relaciones con el cliente y, por tanto, poder hacer predicciones de comportamiento futuro. «Muy pocos de nuestros clientes hacen siquiera una conexión rudimentaria para intentar integrar esa información y decir ¿qué significa todo esto junto?»

Otra pregunta fundamental es «¿Con qué efectividad asimila su empresa los datos de clientes y de mercados y cómo actúa sobre ellos?». La respuesta generalizada: desarrollar nuevos procesos que manejen esa información, de manera que se pueda aplicar a las decisiones mejoradas y a respuestas más efectivas a los cambios y a las oportunidades.

El equipo directivo de uno de nuestros clientes ha creado un proceso al que llaman «búsqueda y solución estratégicas», lo que es un buen ejemplo de lo que hemos visto y oído acerca del tipo de esfuerzo para cerrar el bucle que sitúa a los directivos en primera fila, en cuanto al empleo de los datos de clientes y mercados. Cuando trabajan sobre entradas diferentes, lo que incluye entrevistas individuales e investigaciones de mercado, los altos directivos de una firma pueden tomar decisiones provistos de mayor información, a medida que ajusten sus productos y servicios ofertados y pongan en marcha esfuerzos para crear o mejorar los procesos. Éste es un proceso en el que todavía hay que trabajar, pero es mucho más que una sesión de planificación estratégica una vez al año.

Fallar a la hora de difundir el conocimiento del cliente en toda la organización también puede ser un punto débil serio, observa Aldie Keene. «Si usted es capaz de hacer que su personal comprenda la información del cliente, habrá establecido la base para que se produzca el cambio. Creo que la mayoría de las empresas se sorprenderían de lo mala que es su comunicación interna con respecto a la información sobre el cliente, y los pocos empleados que realmente la captan.»

Finalmente, puesto que el punto de partida para la información es el cliente en sí, es importante que la búsqueda, así como la respuesta, vayan dirigidas a él. Los estudios del Centro de Investigaciones de Fidelidad de Clientes muestran un importante aumento de la satisfacción entre los clientes que han recibido respuesta frente a los que no han oído nada.

Empiece con objetivos realistas

Crear y mantener un sistema completo para reunir y utilizar entradas de clientes y datos de mercado no es algo que se haga de la noche a la mañana. Si tiene suerte, su organización dispondrá ya de un fundamento sólido para crear el sistema y usted podrá dirigirse a sus puntos débiles (prestando especial atención a lo esencial que acabamos de tratar). Si no tiene un fundamento, el reto es mayor, aunque los hallazgos que haga pueden resultar incluso más valiosos. De cualquier manera, dirigir nuevos esfuerzos a reunir entradas y a comprender las necesidades del cliente es un método inteligente. Basándose en su inventario de procesos clave y clientes, puede seleccionar algunas áreas por las que empezar y comenzar a construir a partir de ahí.

Etapa 2B: desarrollo de estándares de rendimiento y definición de requisitos

Obtener un conocimiento de las necesidades y comportamiento de los clientes, ya sea a partir de datos existentes o de sistemas mejorados de Voz del Cliente, es el punto de partida desde el que podrá establecer líneas maestras claras para el rendimiento y la satisfacción del cliente. Una vez definidos los requisitos concretos, podrá medir su rendimiento real y evaluar su estrategia y enfoque de mercado, frente a las demandas y expectativas de los clientes.

Tipos de requisitos: resultado y servicio

La primera etapa para definir las necesidades específicas de sus clientes es comprender y diferenciar entre dos categorías críticas de requisitos (véase la Figura 13.4).

Requisitos de resultados

Son las funciones y/o características del producto final o servicio entregado al cliente al *final* del proceso. Puede haber muchos tipos de requisitos de resultados, pero todos están vinculados con la «utilidad» o «efectividad» del producto final o servicio, a los ojos del cliente. En muchos casos, los requisitos de resultados pueden definirse específica y objetivamente, siempre que el cliente sepa lo que quiere. La lista de requisitos de resultados para un producto o servicio complejo sería bastante larga.

Requisitos de servicios

Son las líneas maestras para tratar o servir al cliente durante la ejecución del proceso en sí. Los requisitos de servicios tienden a ser mucho más subjetivos y dependientes de las situaciones que los requisitos de resultados, por lo que suele ser más complicado definirlos concretamente.

Distinga entre los dos

La Figura 13.4 muestra ejemplos comparativos de los requisitos de servicios y resultados. La facilidad con que consiga comprender y diferenciar entre ambos de-

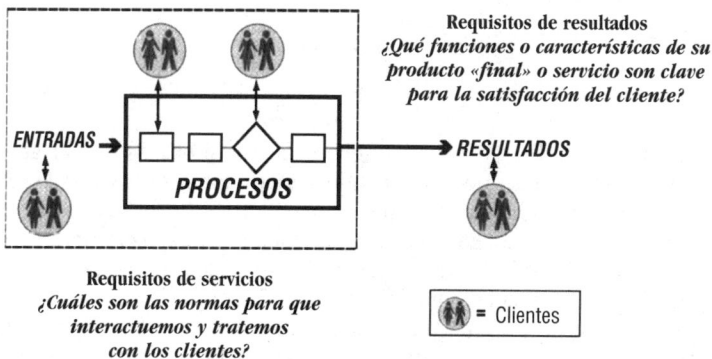

Figura 13.4 Clientes, procesos y requisitos de servicios y resultados

Requisitos de servicios		Requisitos de resultados	
Proceso	Requisitos típicos	Resultados	Requisitos típicos
Proceso de compra/venta de automóviles	• Atención inmediata (<2 minutos) • No ejercer presión (comprobar con el cliente cada 10 minutos) • Posibilidad de realizar una prueba de conducción (todos los coches disponibles para salir del aparcamiento)	**Coche**	• El motor se pone en marcha en 5 segundos • El consumo de combustible igual o mejor que el especificado • El cierre de las puertas funciona correctamente
Proceso de aprobación solicitud de hipoteca o préstamo	• Rellenar la solicitud de préstamo atendiendo a la disponibilidad de horarios del cliente • Incluir una lista de comprobación de los documentos necesarios para la solicitud • Notificar la decisión al solicitante antes de 15 días	**Préstamo hipotecario**	• Entrega de fondos al cerrar el trato • Datos correctos en los documentos del préstamo • Tipo de interés favorable
Proceso de pedido de alimentos enlatados al mayorista	• Proceso de pedido fácil para el cliente (formato que se pueda enviar por fax) • Notificar al cliente cuando el pedido salga del almacén (llamada o fax) • Seguimiento para garantizar la satisfacción del cliente con el pedido (llegada a tiempo, producto sin daños)	**Envío de alimentos enlatados**	• Entrega en el tiempo solicitado • Carga del palet completo • Producto intacto (sin daños)

Figura 13.5   Ejemplos: requisitos de servicios y resultados

penderá en parte de lo bien que haya esclarecido sus procesos e interfaces con el cliente. Algunos factores se podrían clasificar tanto como requisitos de resultados como de servicios, según la forma en que defina el proceso, por lo que no se trata de blanco o negro. Sin embargo, en nuestra experiencia, resulta más «claro» considerar requisitos de resultados solamente los que estén enlazados con la conclusión de una transacción clave o con una entrega del producto final o servicio.

Un concepto que le resultará útil para identificar los requisitos de servicios es el «momento de la verdad», un término acuñado por Jan Carlzon, anterior director de SAS, las líneas aéreas escandinavas. Se define como cualquier situación en la que un cliente pueda formarse una opinión, positiva o negativa, acerca de su empresa[4]. En la Figura 13.5 ofrecemos ejemplos de momentos de la verdad en un «proceso» de un almacenista y en una actividad de servicios financieros.

Por qué distinguir entre los requisitos de resultados y de servicios

Tenemos tres razones principales para poner el acento en la distinción entre los requisitos de resultados y de servicios, y para sugerirle que haga lo mismo:

1. *Todo el mundo tiene estos requisitos.* El que su empresa fabrique tarjetas de circuitos impresos o balones de fútbol no significa que sus clientes no tengan requisitos de servicios. La forma en que sus vendedores los traten, la facilidad con que puedan conseguir una respuesta y muchos otros factores constituyen los requisitos de servicios para su empresa.

2. *Los clientes suelen prestar igual atención, si no más, a los requisitos de servicios.* Pensemos en un vuelo de Nueva York a Dallas. Todos los requisitos de resultados se han cumplido: el vuelo salió a tiempo, aterrizamos en el aeropuerto correcto y todas las maletas llegaron felizmente. Pero estuvimos quejándonos varios días por haber tenido que esperar 45 minutos en el mostrador de facturación en el aeropuerto de Nueva York. También ocurrió el efecto contrario: cuando nuestro amigo Greg recogió el adaptador de su nuevo teléfono móvil para el coche, no funcionó. Pero dado que el empleado de servicio al cliente se portó bien y se lo cambió, Greg quedó finalmente satisfecho.

3. *Construir en busca del rendimiento Seis Sigma significa supervisar y mejorar tanto las dimensiones de los resultados como de los servicios.* Recientemente ha habido una tendencia desafortunada a segregar los componentes del «producto» y el «servicio» en la satisfacción del cliente. Se han escrito numerosos artículos y libros especializados, por ejemplo, para gestionar la calidad del servicio, aunque muchos de los libros más leídos sobre calidad están atestados de ejemplos relacionados con la calidad del producto (es decir, resultados). Esta separación tiene sentido siempre que las dos dimensiones supongan diferentes retos y puedan precisar distintas técnicas para definir y medir. Sin embargo, en muchos casos, el resultado ha sido enfatizar una dimensión más que la otra, lo que quiere decir que, en realidad, estamos gestionando solamente parte de la relación con el cliente.

   Los «silos» empresariales también tienden a agravar los problemas, al no ser capaces de ver los estrechos vínculos existentes entre los estándares de rendimiento de servicios y los requisitos de resultados. Hasta haber vinculado mejor ambas categorías, su empresa será particularmente vulnerable a esfuerzos inferiores a los óptimos, por ejemplo, a objetivos o prácticas que entren en conflicto en diferentes departamentos y que reduzcan la efectividad o eficiencia global de un proceso.

   Eliminar los «fallos» en el servicio puede ser tan importante como satisfacer las necesidades del cliente al crear productos sin defecto. Creemos que, si busca desde el principio ambas dimensiones, resultados y servicios, desarrollará una comprensión mejor de sus clientes y podrá centrar sus esfuerzos más efectivamente tanto en favorecer la satisfacción como la competitividad.

Definición de requisitos

Una definición de requisitos es una descripción breve pero completa del estándar de rendimiento establecido para una medida de resultados o servicios. Redactar definiciones de requisitos no es fácil. Si tiene entradas conflictivas de clientes, por ejemplo, puede resultar un gran reto «limar» los requisitos. Pero incluso *con* buenos datos, es fácil caer en la ambigüedad o violar alguna línea maestra de un requisito bien definido.

Líneas maestras para la definición de requisitos

En primer lugar, vamos a establecer algunos objetivos para una definición de requisitos o un estándar de rendimiento bien escritos. Luego veremos cómo redactar realmente buenas definiciones. Una definición de requisitos efectiva tiene que hacer lo siguiente.

1. *Enlazar con un resultado o «momento de la verdad» específico.* Un requisito no tiene sentido si no describe cuestiones relativas a un producto, servicio o evento específico.
2. *Describir un solo criterio o factor de rendimiento.* Debe quedar claro lo que el cliente busca o lo que va a evaluar, ya sea rapidez, coste, peso, sabor, etc. Generalmente no es difícil, pero existe la tentación de agrupar varios factores.
3. *Expresarse mediante factores observables y/o medibles.* Si se trata de un requisito menos tangible, puede llevar algún esfuerzo traducirlo a algo observable. Si no puede imaginar una forma de observar si un requisito se cumple o no, ya sabe que es demasiado ambiguo.

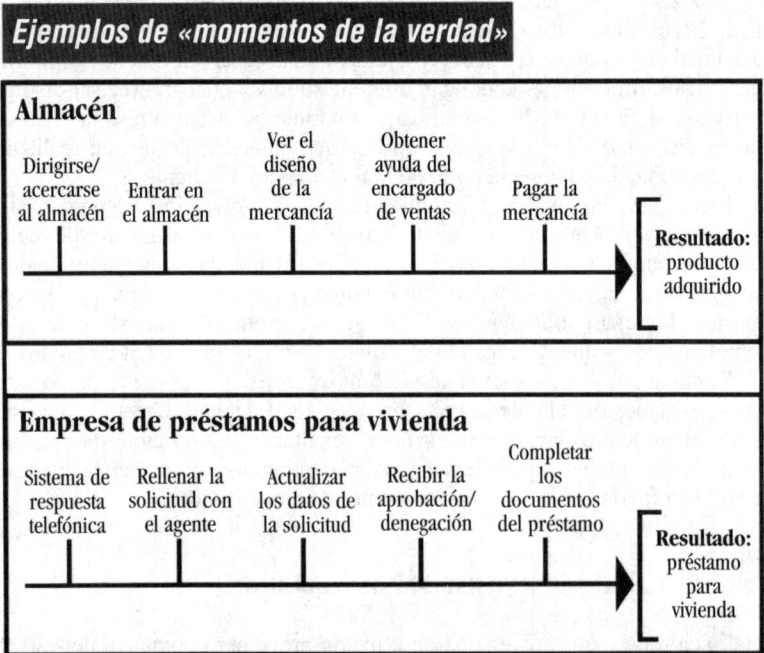

Figura 13.6 Ejemplos: «momentos de la verdad»

4. *Permitir establecer un nivel de rendimiento «aceptable» o «no aceptable».* El requisito debe ayudar a establecer la norma para el «defecto». Algunos requisitos pueden ser «binarios», es decir, se pueden cumplir o no. Otros precisarán una definición clara de las especificaciones del cliente (por ejemplo, debe pesar más de dos y menos de tres libras).

5. *Ser detallada pero concisa.* Uno de los mayores inconvenientes de la definición de requisitos es que resulte demasiado breve. Puede ser difícil evaluar un proceso o servicio basado en requisitos «taquigráficos». Al mismo tiempo, si hay demasiadas palabras, nadie la lee. Lo correcto, desde luego, es lograr un equilibrio.

6. *Que coincida con la Voz del Cliente.* Lo más importante es que los requisitos o especificaciones deben ajustarse a las necesidades/expectativas del cliente. Cada requisito del proceso debe poderse *enlazar* a requisitos de un cliente externo (y, si no, ¿por qué es un requisito?).

Ejemplos de definición de requisitos

La Tabla 13.1 ofrece algunos ejemplos comparativos entre estándares de rendimiento de cliente efectivos y mal definidos.

Tabla 13.1 Ejemplos de definición de requisitos

Mal redactada	Bien redactada
Entrega rápida.	Entrega de pedidos dentro de los tres días laborales siguientes a la recepción del pedido. (Los pedidos se recibirán hasta las 15:00.)
Tratar a todos los pacientes como de la familia. (Esto está bien como un principio orientativo, pero no como una definición de requisitos.)	• Saludar a los pacientes a los 20 segundos de entrar en la sala de espera. • Dirigirse a los pacientes de usted. • Dirigirse a los pacientes de tú si lo permiten.
Hacer productos fáciles de montar y que no precisen demasiados conocimientos técnicos.	Todas las bicicletas del modelo 1200 podrán montarse fácilmente en 15 minutos o menos, utilizando un destornillador y una llave.
Política liberal de devoluciones.	Se aceptará la devolución de artículos de menos de 200 dólares sin preguntar, y devolviendo el importe total en efectivo.
Solicitud sencilla.	El formulario de solicitud tendrá una longitud máxima de dos páginas.

Puede plantear las siguientes preguntas para comprobar su definición de requisitos:

- ¿Refleja realmente lo que es importante para nuestros clientes?
- ¿Podemos verificarlo para ver si se han cumplido los requisitos y cómo se han cumplido?
- ¿Está definido de manera que sea fácil de comprender?

Etapas para la definición de requisitos

Podemos dividir el proceso de esclarecer los requisitos de cliente en seis etapas principales. (Véase también la hoja de trabajo del apéndice.)

1. *Identificar la situación del resultado o servicio.* Éste es el punto de partida clave: ¿requisitos para *qué*?
2. *Identificar el cliente o el segmento de clientes.* ¿Quién va a recibir el producto o servicio? Cuanto más exactamente lo enfoque, más fácil resultará. Cuando piense en clientes externos, asegúrese de diferenciar entre los distribuidores o proveedores de la cadena y los «usuarios finales» o consumidores.
3. *Revisar los datos disponibles sobre necesidades, expectativas, comentarios, quejas, etc., del cliente.* Utilice datos objetivos y cuantificados siempre que sea posible para definir los requisitos. Intente a toda costa no «adivinar» lo que es importante para el cliente o basar los requisitos solamente en datos anecdóticos.
4. *Haga un borrador de la definición de requisitos.* En él podrá afrontar el gran reto de traducir en algo observable lo que los clientes quieren y definir un estándar de rendimiento claro. Después de hacer un borrador de la declaración, compruébela con otras personas para asegurarse de que es clara, específica, observable/medible, fácil de comprender, etc.
5. *Valide los requisitos.* La validación incluye cualquier acción que pueda emprender para «volver a comprobar» los requisitos y garantizar que reflejan exactamente las necesidades y expectativas del cliente. Un método puede ser dar a los clientes un «ejemplo» basado en los requisitos y luego esperar sus reacciones o, simplemente, preguntarles. La validación de requisitos puede también incluir una comprobación con la gente que interviene en el proceso y que necesitará interpretar y cumplir esos requisitos.
6. *Perfeccionar y completar la definición de requisitos.* Si existe una brecha entre lo que el cliente quiere y lo que usted realmente *hace*, el reto es *negociar* un requisito viable o, incluso, mejorar el proceso. Después de finalizar los requisitos, distribúyalos y/o comuníquelos para asegurarse de que todo el mundo conoce las expectativas y medidas de rendimiento.

Si al final percibe que su definición inicial de requisitos se aproxima más a conjeturas que a la realidad, no será el único. Los requisitos vagos, debidos a escasos conocimientos del cliente o de la capacidad del propio proceso, son la regla en muchos procesos. Lleva tiempo construir una comprensión y consolidar los estándares de rendimiento. Un par de ejemplos nos ayudarán a ilustrar las cuestiones y esfuerzos que acompañan a la creación de una buena definición de requisitos.

Ejemplo n.º 1: atención al cliente

En el negocio hotelero, uno de los factores más importantes para la satisfacción del cliente es lo atento que sea y la capacidad de respuesta que tenga el equipo humano con las necesidades de los huéspedes. Crear un estándar de rendimiento alineado con «ser atento con los clientes» no es útil. Durante años de evaluar las claves de satisfacción de los huéspedes, la industria hotelera ha desarrollado un método para medir la «atención», definiendo un requisito de servicio para todos los tipos de trato entre un huésped y un empleado.

El requisito se llama «10,5, primero y último» y estipula que el personal del hotel *a)* establezca contacto visual con el huésped en el momento en que se encuentre a 10 pies (3 metros) de distancia; *b)* salude al huésped a no menos de cinco pies (1 metro y medio) de distancia; y *c)* sea el primero y el último en hablar en la conversación. Puede que no sea perfecta para todos los clientes, pero esta norma es un buen reflejo del tipo de atención que espera la mayoría de los clientes de un hotel de alto nivel[5].

Ejemplo n.º 2: diseño de envoltorios

Digamos que usted fabrica y vende soluciones desinfectantes para lentes de contacto. Es especialmente importante que sus envoltorios sean claros y fáciles de leer para los consumidores, por supuesto para su propia conveniencia, pero también en lo que respecta a la seguridad y publicidad de su producto. Los datos de los clientes indican que los portadores de lentillas quieren poder encontrar fácilmente el producto y comprender enseguida para lo que sirve. Su primer borrador de la definición de requisitos de un diseño de envoltorio es «fácil de leer», pero usted sabe que eso no es lo suficientemente concreto como para poder observarlo y medirlo.

En casos como éste, lo más conveniente es comprobar hasta dónde llegan los clientes cuando buscan soluciones para lentes de contacto. Siguiendo las investigaciones, su requisito puede decir: «Las etiquetas deben ser legibles por personas con una visión normal de 20/20 a no menos de seis pies (1,80 metros) de distancia del envoltorio».

Observe que esta definición de requisitos no describe el diseño real de la etiqueta; simplemente hemos establecido una norma o especificación de rendimiento que *cualquier* diseño debe cumplir. Uno de los métodos avanzados Seis Sigma de que trata el Capítulo 18, el despliegue de la función de calidad, se suele utilizar para equilibrar las relaciones y transacciones entre distintos requisitos, particularmente en *diseño* de productos y servicios.

Hay distintas herramientas y técnicas de organización de los datos que le pueden ayudar en el a veces arduo proceso de convertir varias entradas de cliente en estándares tangibles de rendimiento. Por ejemplo, un diagrama de afinidad podría servir para organizar un conjunto variado de cuestiones o comentarios del cliente en grupos lógicos; por último, le puede ayudar a recopilar los requisitos significativos de entre un mar de datos de respuestas del cliente. Un diagrama de árbol sirve para vincular funciones amplias y componentes de satisfacción con características y requisitos específicos.

Etapa 2C: análisis y priorización de necesidades de cliente; vinculación de requisitos con la estrategia

Hemos empezado este capítulo con la amplia meta de crear un sistema objetivo para reunir las entradas de la Voz del Cliente. También hemos examinado la actividad más concreta de adjuntar estándares específicos de rendimiento a los resultados y al trato con el cliente. En esta última sección revisaremos algunas de las cuestiones y de las decisiones que surgirán cuando empiece a crear una descripción más detallada de lo que quiere el cliente.

Todos los requisitos de cliente no se crean de igual forma ni todos los clientes reaccionan a un «defecto», es decir, a un caso en el que no se cumple el requisito, de la misma manera. Podemos enfadarnos por tener que esperar una larga cola para facturar en el aeropuerto, pero ciertamente nos enfadaremos *más* si el avión aterriza en un aeropuerto equivocado (¡de verdad, ha sucedido!). Otra dimensión de la definición de requisitos de cliente es clasificar y priorizar los estándares de rendimiento, así como sus impactos sobre la satisfacción del cliente. Esta revisión puede servirle también para anticiparse a la *evolución* de las expectativas del cliente, lo que le dará la oportunidad de mantenerse por delante de sus necesidades y de sus competidores.

Un modelo que utiliza un número cada vez mayor de empresas para analizar los requisitos es el basado en los trabajos de Noriaki Kano, un ingeniero y consultor japonés. En la aplicación más común del «análisis de Kano», los requisitos de cliente se agrupan en tres categorías:

1. *Insatisfactores* o *requisitos básicos*. Se trata de factores, funciones o estándares de rendimiento que los clientes esperan siempre ver cumplidos. Si usted los cumple, no obtendrá «crédito extra» alguno; si los incumple, obtendrá con seguridad un cliente insatisfecho. Cuando sintoniza un canal de televisión y ve una imagen, usted no dice «¡Qué bien! ¡Qué canal más estupendo!». Conseguir una imagen es la expectativa mínima; juzgará al canal por algo más.
2. *Satisfactores* o *requisitos variables*. Indican hasta qué punto se cumplen o no esos requisitos, es decir, cómo le «califican» sus clientes. El precio suele ser el satisfactor prevalente; en la mayoría de los casos, cuanto más bajo es el precio, más contento está el cliente. La mayor parte de la competencia diaria tiene lugar sobre estos factores. Suponiendo que su organización satisfaga las necesidades básicas, muchas de sus prioridades de mejora de procesos es posible que se concentren en impulsar su capacidad o rendimiento frente a estos requisitos.
3. *Deleitadores* o *requisitos latentes*. Son funciones o factores que van más allá de lo que los clientes esperan o que cubren necesidades que nadie más ha satisfecho. Podríamos darle algunos ejemplos de deleitadores, desde luego, pero no queremos publicar ninguna de nuestras grandes ideas de hacer dinero. Realmente, es fácil hacerse una idea; si imagina algo que usted *desea* que le regalen en una tienda (los deleitadores no tienen que ser gratuitos, aunque a veces lo son), es probable que esté pensando en un deleitador.

El modelo de Kano tiene algunos peligros. El más importante es que las funciones o requisitos cambian de categoría, a veces con rapidez. Por ejemplo, las comidas de unas líneas aéreas solían ser satisfactores: se espera que, en la comida de una línea aérea, puntúen la calidad y cantidad de comida. Sin embargo, hoy en día mucha gente puede deleitarse únicamente con que *le den* de comer durante un vuelo.

La mayoría de las veces, desde luego, funciona de otra forma; a medida que los clientes se habitúan a lo que inicialmente han visto como «especial» o «superior», ese requisito pasa a la categoría de «insatisfactor». El modelo de coche Taurus de Ford tuvo tanto éxito, en parte, porque incluía numerosas prestaciones «sorpresa». Sin embargo, las ventas cayeron años después cuando los deleitadores se redujeron para recortar costes.

Esta tendencia a ofrecer más, así como la de los clientes a *esperar* más, es una de las principales cuestiones de la competencia y de la mejora. A medida que su empresa desarrolla una imagen más objetiva y completa de las necesidades del cliente, puede también aplicar un concepto como el análisis de Kano para obtener una idea mejor de lo que las diferentes funciones y capacidades significan en términos de satisfacción de sus clientes y de su posición competitiva.

A lo largo de este capítulo hemos estado *terriblemente* cerca de aquellos conceptos y análisis que impactan directamente en las cuestiones estratégicas, como las propuestas de mercado objetivo y valor para el cliente. Esto no es una sorpresa, porque los métodos Seis Sigma pueden y deben guiar las decisiones estratégicas o, al menos, facilitar información que le permita tomar mejores decisiones. Sin embargo, sería prematuro empezar a basar las elecciones estratégicas clave simplemente en un inventario inicial de los requisitos de cliente.

En primer lugar, es preciso disponer de datos sólidos para valorar lo bien que sus procesos están cumpliendo esos requisitos de los clientes. El uso de esas medidas le ayudará a elegir más exactamente las mejoras de alta prioridad para su empresa y le permitirá empezar a probar la precisión de las estrategias actuales de su compañía. La aplicación de medidas efectivas se trata en el Capítulo 14.

Lo que hay que hacer y lo que no hay que hacer en la definición de necesidades

SÍ: Disponer de un amplio sistema de toma de datos y utilizar las entradas del cliente y del mercado.

Los datos externos son la clave para satisfacer las necesidades actuales del cliente y para conseguir otros nuevos, así como para desarrollar su propia habilidad de ver llegar los cambios. Afine el oído para escuchar la Voz del Cliente.

SÍ: Prestar igual atención a los requisitos de servicios que a los resultados.

Una empresa con productos Seis Sigma pero con servicios defectuosos y con malas relaciones con el cliente puede sobrevivir, pero únicamente hasta que los clientes encuentren una alternativa.

SÍ: Realizar esfuerzos para crear definiciones de requisitos claras, observables y relevantes.

Aunque sus requisitos sean ambiguos al principio, el aprendizaje y la disciplina que procede de construir requisitos claros y medibles es esencial para comprender realmente a sus clientes y para evaluar su propio rendimiento.

NO: Cerrar los ojos a la nueva información de lo que los clientes quieren realmente.

Los datos del cliente le pueden aportar mensajes que contradigan lo que usted siempre ha creído. En ese punto, las personas y las empresas suelen negarlo y rehusan aceptar que sus presunciones estaban equivocadas o que han dejado de ser válidas. Está bien cuestionar los datos, pero no lo está ignorarlos simplemente porque entran en conflicto con sus supuestos.

NO: Hacer súbitamente responsable a la gente de los nuevos requisitos definidos.

Si las necesidades recientemente conocidas del cliente revelan una «brecha» entre lo que quiere y lo que usted le ofrece, no se limite a impulsar a la gente a que «trabaje mejor», sin buscar también modos de cambiar los procesos.

NO: Convertir los nuevos requisitos en nuevos «paradigmas».

Prepárese para ver cambiar los requisitos de cliente. Planifique revisiones y mecanismos para redefinir los estándares de rendimiento a medida que lo precise la nueva Voz del Cliente.

NO: Fallar en la medida y seguimiento del rendimiento frente a los requisitos.

Obtener una mejor comprensión y una mejor definición de los requisitos de cliente es el preludio esencial para plantear la siguiente gran pregunta (el tema del Capítulo 14): «¿Cómo estamos cumpliendo esos requisitos?».

CAPÍTULO

14

Medida del rendimiento actual

(Etapa 3 del Mapa)

Introducción

Este capítulo se centra en la *medida*. Invertiremos la mayor parte del tiempo en revisar los aspectos prácticos de la comprensión y puesta en marcha de buenos métodos de medida, pero el objetivo subyacente es que usted obtenga datos válidos que pueda utilizar para planificar y seguir su esfuerzo de mejora Seis Sigma. Por desgracia, no podrá hacerlo a menos que disponga de medidas sólidas por las que empezar.

Según su propósito, las medidas pueden ser fáciles o suponer un esfuerzo importante. Por ejemplo, reunir datos sobre problemas específicos puede ser bastante rápido: si los datos ya están disponibles, reunirlos puede llevar unas horas. Por otro lado, obtener suficiente información y utilizarla comparativamente para medir los procesos clave de la empresa puede llevar semanas o incluso meses. Aparte de la formación, la medición es probablemente la mayor «inversión» que cualquier organización puede hacer en su iniciativa Seis Sigma. Sin embargo, el desarrollo a largo plazo de una «infraestructura» de medida es un bloque de construcción clave para un sistema Seis Sigma completo. El enorme beneficio que se obtiene es la capacidad de supervisar y responder a los cambios de una forma que pocas organizaciones pueden proclamar hoy haber conseguido.

Visión general de la etapa 3

La Figura 14.1 muestra las tareas principales de esta etapa de medida y presenta el orden en el que las iremos revisando en este capítulo. Para resumir, los resultados fundamentales incluyen:

- Datos para evaluar el rendimiento actual de los procesos frente a los requisitos de cliente de resultados y/o servicios.

- Medidas válidas derivadas de los datos que identifican las fortalezas y debilidades relativas en y entre procesos, lo que es una entrada clave para la selección adecuada del proyecto en la etapa 4.

Las técnicas de que trata este capítulo, creadas sobre algunos de los conceptos fundamentales presentados en el Capítulo 2, pueden ser algunas de las más importantes para el método Seis Sigma. Empezaremos echando un vistazo a algunos de los conceptos fundamentales de las medidas empresariales.

Qué es la medida de un proceso empresarial

Concepto n.° 1: observe y, después, mida

Hay mucha gente que, cuando se enfrenta a la sola *idea* de medir, proclama: «¡No es posible medir lo que hacemos!». Nuestra respuesta es que, aunque puede precisar algo de tiempo, la mayoría de las cosas que se hacen en la empresa se *pueden* medir. El requisito número uno de la medición es la habilidad para «observar». De hecho, «observación» es un término técnico utilizado en medición y estadística, que se refiere a un evento o a un recuento.

En el capítulo anterior introdujimos un estándar de rendimiento utilizado en la industria hotelera: «10,5, primero y último». Después de definir esta norma, es fácil observar al personal de hostelería y medir la forma en que la cumple. En Loews Hotel, donde la aprendimos, el requisito se ha convertido en una clave para la evaluación por parte de los clientes y de la propia empresa. Hay auditores y personal especializado en la comprobación, que recorren actualmente los pasillos del hotel para registrar la forma en que les atienden. Reuniendo datos específicos de contacto vi-

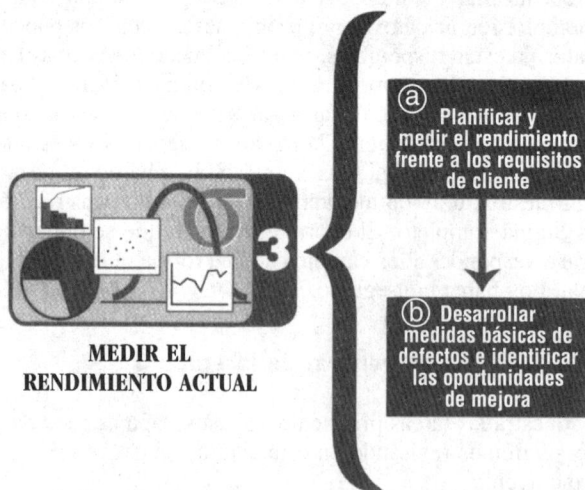

Figura 14.1 El Mapa de Seis Sigma, etapa 3 y subetapas

sual, de la distancia de saludo y de quién habla antes y al final, el hotel puede incluso disponer medidas para registrar cuál de los cuatro factores se incumple o se cumple con mayor frecuencia. Tenga en cuenta que es una medida de la *atención prestada al cliente* en el hotel, una de las cosas más «ambiguas» que uno podría querer medir.

Una de las cosas más fáciles de medir, y también una de las más importantes en el mundo empresarial de hoy, es el tiempo. Si usted es capaz de leer un calendario o de poner en marcha y detener un cronómetro, podrá reunir datos relacionados con el tiempo. Obviamente, el dinero es un elemento esencial medible. Nuestra comprensión de cómo seguir con precisión los costes se ha incrementado gracias a mejores sistemas de información y a la mayor atención prestada a los Costes de Mala Calidad y a los costes por actividad. La etapa más importante es saber conseguir «lo» que hay que medir dentro de un evento o comportamiento objetivamente medible. En el capítulo anterior hablamos de la necesidad de hacer que los requisitos de cliente sean observables y medibles y volveremos sobre ello más adelante, cuando tratemos de «definiciones operativas».

Concepto n.º 2: medidas continuas frente a medidas discretas

Comprender la diferencia entre medidas «continuas» y «discretas» es importante, ya que puede impactar no solamente en cómo definir las medidas, sino también en cómo reunir los datos y en lo que aprender de ellos. Encontraremos estos conceptos en el muestreo y también más adelante, cuando veamos el análisis de los datos y las herramientas avanzadas.

A veces, la diferencia puede parecer confusa, por lo que vamos a establecer la regla lo más explícitamente posible.

Las medidas continuas son solamente *aquellos factores que se pueden medir en una escala infinitamente divisible o en un continuo; por ejemplo, peso, altura, tiempo, decibelios, temperatura, ohmios, dinero.*

Una medida discreta es algo que no cumple los criterios de las medidas «continuas». Los elementos discretos pueden incluir:

- Características o atributos, como nivel educativo (superior, Bachillerato, etc.), o tipo (por ejemplo, Boeing 737, Boeing 747 o Airbus 300, en una línea aérea).
- Recuentos de elementos individuales (por ejemplo, número de tarjetas de crédito o cifras de pedidos procesados).
- Escalas artificiales, como clasificar un disco de música de 1 a 5 (buen ritmo, bailable) o describir el nivel de satisfacción del cliente con el servicio.

Las medidas discretas pueden parecer continuas, especialmente recuentos o atributos que se convierten en porcentajes. Por ejemplo, el género es una característica discreta en la mayoría de las especies; un individuo puede ser hembra o macho (se puede agregar una categoría «indeterminada» si es preciso). Sin embargo, si tomamos datos de género y decimos que un grupo es femenino en un 72,3334 por ciento, eso no hace continua la medida; la fuente sigue siendo discreta. Los estudios a escala también pueden *parecer* continuos, pero realmente son discretos.

Con frecuencia, resulta conveniente convertir las medidas continuas en discretas. Por ejemplo: los plazos de entrega se registran como «a tiempo» o «con retraso» en vez de en días o minutos. En el salpicadero de un coche, la presión del aceite (continua) se suele dar de forma que encienda una luz de aviso (discreta). Pero si no se ve una *cifra* en algún tipo de *escala* de medida, como la temperatura o el tiempo, sabemos que estamos tratando con una medida discreta; y punto. La Figura 14.2 ofrece algunos ejemplos de medidas discretas, continuas y continuas convertidas en discretas.

Ahora pasemos a ver el lado positivo de los datos discretos:

Los pros de las medidas discretas

✦ El más obvio, desde luego, es que muchos factores se pueden definir sólo como datos o atributos discretos. Los ejemplos comprenden la situación (país, ciudad, calle); el tipo de cliente (nuevo o que repite, empresa o usuario doméstico); el número de producto; estropeado frente a intacto; etc.

✦ Los factores intangibles se pueden convertir frecuentemente en características discretas medibles. Por ejemplo, para medir la percepción o la satisfacción del cliente, los investigadores suelen utilizar una «escala tipo» que es, en realidad, una medida discreta. Si quiere comprobar la efectividad de un anuncio, puede preguntar a los clientes si recuerdan haberlo visto. Las respuestas posibles (sí, no, no estoy seguro) son categorías discretas.

✦ Generalmente, es más fácil y rápido captar observaciones de datos discretos. Anotar si algo «es» o «no es» se puede hacer con más rapidez (y con menos intrusismo) que medirlo con una escala.

✦ Una de las observaciones más importantes que hacemos durante Seis Sigma y la mejora de procesos empresariales (el defecto) es un factor discreto. Por eso, si desea reducir los defectos, tiene que emplear una medida discreta.

Ejemplos de medidas: discretas y continuas

DISCRETAS	CONTINUAS ———▶	DISCRETAS
◆ Número de errores tipográficos.	◆ Tiempo de espera por llamada entrante. ——▶	◆ Número de llamadas en espera más de 30 segundos.
◆ Nivel del servicio.	◆ Temperatura media por hora. ——▶	◆ Horas con la temperatura a más de 18 grados.
◆ Unidades entregadas/día.	◆ Minutos para subir al avión. ——▶	◆ Incidencias con retraso al subir a bordo.
◆ Porcentaje de llamadas para un nuevo programa de servicios.		
◆ Número de reclamaciones en curso.	◆ Cantidad de gasolina en el depósito. ——▶	◆ Depósito vacío/lleno.
◆ Porcentaje de cumplimiento (porcentaje de entregas a tiempo, completas).	◆ Anchura del chip (micras). ——▶	◆ Chips que incumplen las especificaciones.
	◆ Coste unitario. ——▶	◆ Unidades que exceden los costes previstos.

Figura 14.2 Ejemplos de medidas: discretas, continuas y continuas convertidas en discretas

Los contras de las medidas discretas

Desafortunadamente, las medidas discretas también tienen sus inconvenientes. Cuando tenga la posibilidad de elegir y se pueda permitir emplear el tiempo y los recursos necesarios, es preferible que recoja datos continuos:

✦ Tendrá que hacer más observaciones, es decir, más medidas, con los datos discretos para obtener información válida. Y cuanto más próximo a la perfección sea su rendimiento, más elementos tendrá que contar para obtener datos exactos, ya que los fallos son raros. Algunos estadísticos observan que los datos continuos pueden ser exactos con una «muestra» de sólo 200 elementos, con independencia de lo grande que sea el volumen del proceso o de lo pequeño que sea el número de defectos[1]. Por tanto, los datos discretos pueden resultar más caros de recopilar. (Más adelante, en este mismo capítulo, trataremos cómo se determina el tamaño de la muestra.)
✦ Las medidas discretas pueden «ocultar» información importante. Si está dirigiendo un equipo deportivo y observa si el peso de los jugadores es «aceptable» o «excesivo», será difícil de analizar posteriormente. ¿Cuánto es el sobrepeso? ¿Qué modificaciones podrían arrojar los resultados apetecidos? Hay un largo camino hasta conseguir un equipo más esbelto sin medidas específicas continuas. (Y aún no hemos considerado que un jugador esté demasiado *delgado*…).
✦ Hablando estadísticamente, puede realizar muchas más formas de análisis potencialmente útiles con los datos continuos que con los discretos. Muchas de las técnicas Seis Sigma avanzadas, por ejemplo, sólo se pueden usar con medidas continuas.

Todo esto no significa que no utilice datos discretos. Como hemos dicho, en muchos casos no tendrá elección; en otros, puede no tener recursos o capacidad de «utilizar continuos». Por suerte, como veremos un poco más adelante, hay a mano numerosas herramientas que le ayudarán a utilizar datos discretos cuando solamente pueda contar con ellos.

Concepto n.° 3: razones para medir

Las medidas precisan recursos, atención y energía, y eso significa que no conviene realizarlas si no *es preciso*. A menos que haya un propósito claro para medir, una pregunta clave a responder o un factor a perseguir, medir puede resultar de poco valor o irrelevante.

Para garantizar la mejor elección y el equilibrio de las medidas, es recomendable tener en cuenta las diferentes categorías disponibles. A continuación, veremos dos formas de definir las medidas.

Predictores y medidas de resultados

Hemos dicho que el principio de las medidas Seis Sigma comprende las relaciones entre los cambios en los factores (X), es decir, proveedores, materias primas, procesos y procedimientos, y su impacto sobre la satisfacción, lealtad y rentabilidad del cliente (Y). Otra forma de describir el concepto X-Y (utilizando un lenguaje común) es considerar las dos siguientes categorías de medidas.

✦ *Predictores.* Son similares a las Xs y son factores que podemos medir para predecir el futuro o anticiparse a los eventos «aguas abajo» en el proceso. Por ejemplo, si vemos que aumenta el tiempo de ciclo en los pedidos de materias primas, podemos *predecir* un aumento de las entregas fuera de plazo.

✦ *Resultados.* Son similares a las Ys, y se centran en las salidas del proceso. Los resultados pueden ser inmediatos (por ejemplo, entregas a tiempo) o a largo plazo (por ejemplo, fidelización de los clientes).

Medidas de eficiencia y eficacia

Este método para clasificar las medidas dirige su atención hacia quién obtiene un beneficio inmediato del rendimiento: usted, el cliente o ambos.

✦ *Eficiencia.* Las medidas monitorizan el volumen de recursos consumidos en la generación de productos y servicios. Los procesos más eficientes emplean menos dinero, tiempo, materiales, etc. La eficiencia tiene un significado importante en el rendimiento del presupuesto de la organización y, eventualmente, en la rentabilidad. Pero, aunque pueda transferir mejoras en eficiencia al cliente mediante precios más bajos, es una medida enfocada principalmente al funcionamiento interno de la organización.

✦ *Eficacia.* Por otro lado, la eficacia contempla su trabajo a los ojos de los clientes. ¿Con qué exactitud satisface sus necesidades y requisitos? ¿Qué fallos o defectos reciben? ¿Qué grado de satisfacción y fidelidad han llegado a tener en función del rendimiento de su empresa?

Un sistema de medidas completo comprende una combinación de todos los tipos: predictores y resultados, eficiencia y eficacia. Uno de los «puntos ciegos» de la empresa tradicional ha sido observar solamente las medidas de resultados. En los esfuerzos de mejora existe la tentación de aumentar la eficiencia (con su rápido impacto potencial), sin considerar lo suficiente el impacto que tendrá en eficacia a la hora de dar valor a los clientes.

Concepto n.º 4: el proceso de medición

Las medidas pueden y deben mejorarse continuamente, al igual que los procesos «regulares» de trabajo. Las etapas fundamentales para implantar cualquier medición son bastante directas, como puede ver en la Figura 14.3. Lo que sigue es una visión general de algunas preguntas/acciones clave que debería plantearse/emprender en cada etapa de medición.

✦ *Seleccione lo que quiere medir.* ¿Qué preguntas clave intentamos responder? ¿Qué datos nos van a dar la respuesta? ¿Qué requisitos de resultados o servicios

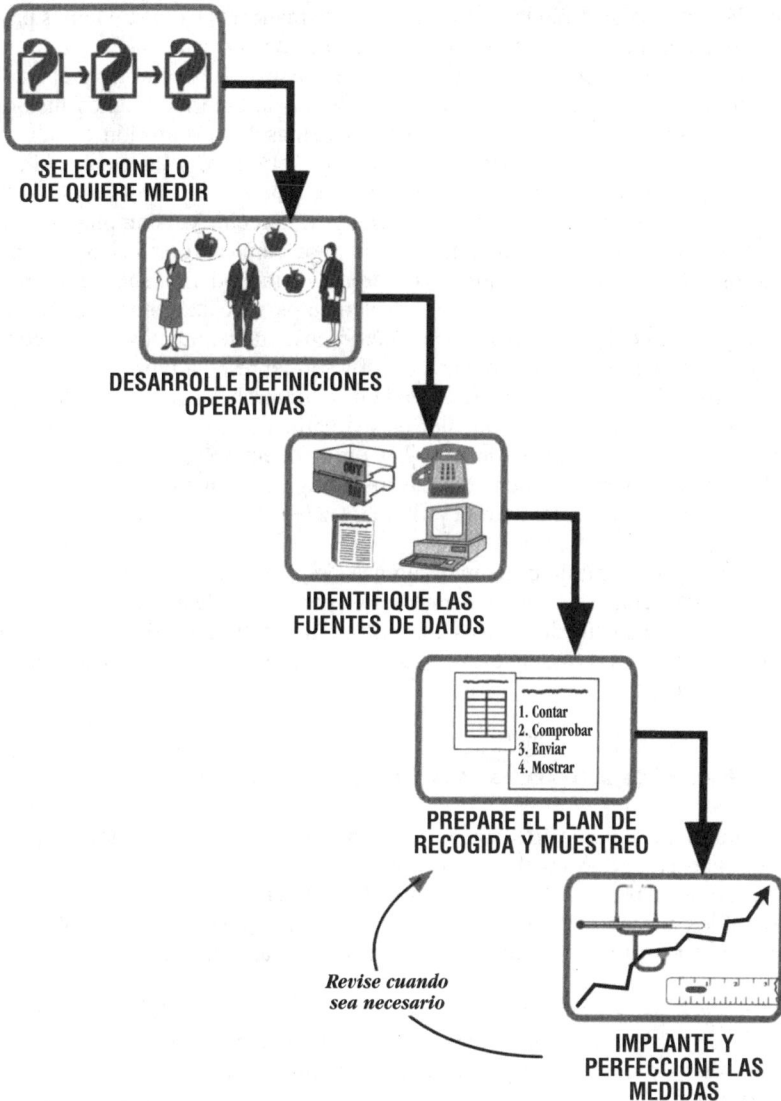

SELECCIONE LO QUE QUIERE MEDIR

DESARROLLE DEFINICIONES OPERATIVAS

IDENTIFIQUE LAS FUENTES DE DATOS

1. Contar
2. Comprobar
3. Enviar
4. Mostrar

PREPARE EL PLAN DE RECOGIDA Y MUESTREO

Revise cuando sea necesario

IMPLANTE Y PERFECCIONE LAS MEDIDAS

Figura 14.3 Un modelo de implantación de toma de datos en cinco etapas

nos ayudarán mejor a vigilar el rendimiento frente a las necesidades del cliente? ¿Qué factores nos pueden alertar sobre los problemas posteriores? ¿Cómo podemos mostrar/analizar y/o utilizar las medidas?

✦ *Desarrolle definiciones operativas.* ¿Cómo podemos describir claramente los factores/objetos que intentamos seguir o contar? Si hay distintas personas reuniendo datos, ¿interpretarán las cosas de la misma manera? ¿Cómo podemos probar nuestras definiciones para asegurarnos de que son correctas?

✦ *Identifique las fuentes de datos.* ¿Dónde podemos hallar u observar los datos que proporcionen las medidas? ¿Es válida la experiencia anterior («datos históricos»)? ¿Son accesibles los datos en nuestros sistemas de información y están en un formato útil? ¿Podemos permitirnos el tiempo, el dinero y las posibles interrupciones en el trabajo actual para reunir nuevos datos?

✦ *Prepare el plan de recogida y muestreo.* ¿Quién va a reunir y/o compilar los datos? ¿Qué formularios o herramientas necesitamos para capturar los datos y organizarlos? ¿Qué otra información necesitaremos para poderlos analizar de manera efectiva? ¿Cuántas observaciones o elementos necesitaremos contar para conseguir una medida exacta? ¿Con qué frecuencia tendremos que medir? ¿Cómo podemos asegurarnos de que los datos son representativos?

✦ *Implante y perfeccione las medidas.* ¿Podemos comprobar nuestras mediciones antes de implantar el método de medida en su totalidad? ¿Qué formación hay que dar a las personas que reúnen los datos? ¿Cómo podemos supervisar la toma de datos? ¿Qué cuestiones pueden surgir (o han surgido) y qué podemos hacer al respecto? ¿Qué vamos a cambiar la próxima vez?

En el resto de este capítulo trataremos algunas de las etapas y conceptos más importantes asociados con este proceso de medición, para ayudarle a seleccionar y ejecutar más fácilmente sus medidas. Nos concentraremos en la prioridad número uno de un esfuerzo inicial Seis Sigma: evaluar el éxito de la compañía para satisfacer los requisitos de cliente.

Medida de actividades esporádicas o de escaso volumen

Los accidentes aéreos, por suerte, son bastante raros. Por eso, las «medidas» que se han reunido han precisado muchos años. Pero suponga que un avión se estrellara mañana y que no existieran datos anteriores. Seguramente, usted no esperaría que los responsables dijesen: «Vamos a tener que esperar a que se estrellen unos cuantos aviones más para tener los suficientes datos como para empezar una investigación».

Sin embargo, este comentario no es distinto a la excusa que siempre estamos oyendo: «Esto sucede demasiado poco para que lo midamos». Si nunca *intenta* medir los datos de un proceso, desde luego que no aprenderá mucho.

Parte de este problema es el énfasis exclusivo en los datos *cuantitativos*. Es cierto que los acontecimientos esporádicos o las operaciones de escaso volumen ofrecen menos oportunidades para mediciones en base a cifras. Pero es un error creer que el único objetivo válido es obtener datos cuantitativos. Plantear preguntas y obtener información de los hechos, incluso para eventos raros o anecdóticos, también es crítico. Y, aunque los estadísticos afirmarán con razón que existe un peligro en sacar conclusiones de eventos que se producen una sola vez, hay que jugar con las cartas de que se dispone.

Recuerde también que reunir hechos es el punto de partida para medir. Al cabo del tiempo, los hechos aislados pueden convertirse en medidas significativas.

Etapa 3A: planifique y mida el rendimiento frente a los requisitos de cliente

Seleccione lo que quiere medir

En un mundo ideal, usted estaría empezando esta medición equipado con una descripción completa de la forma en que los clientes evalúan sus servicios y/o productos. Si sus datos de la Voz del Cliente y de sus requisitos todavía no son muy sofisticados, puede empezar a medir, pero con cierto riesgo de emplear medidas inadecuadas.

Seleccionar solamente las medidas óptimas de rendimiento (porque no puede medirlo todo) significa equilibrar dos elementos principales: 1) lo que es *factible*; 2) lo que es más útil o *valioso*. Si ha sido capaz de priorizar los requisitos de cliente, tiene un buen punto de partida para determinar el valor. Las áreas en las que sospeche que hay deficiencias en el rendimiento también son buenos lugares para empezar a medir. La Figura 14.4 le ofrece una lista parcial de criterios a considerar, en las categorías de viabilidad y valor, cuando elija qué medir.

Desarrolle definiciones operativas

Si les pidiésemos a usted y a un amigo que saliesen ahora mismo a la calle (asegurándose primero de poner una marca en esta página) y que contaran todos los coches rojos que viesen, pero sin hablarse entre sí, ¿qué similitud tendrían sus respuestas? Creemos que es probable que fueran bastante diferentes, por alguna de las siguientes razones:

- ¿Qué hace con los todoterrenos y los monovolúmenes?, ¿son «coches»? (Parece que son más populares que los «coches» hoy en día.)
- ¿Qué es «rojo»? Puede que considere rojos algunos coches que su amigo considere «anaranjados» (no *realmente* rojos).

Criterios de selección de medidas	
Valor/Utilidad	**Viabilidad**
• Enlaza con los requisitos de cliente prioritarios. • Exactitud de los datos. • Área de preocupación u oportunidad potencial. • Se puede comparar con la de otras organizaciones. • Permite obtener medidas de manera continuada.	• Disponibilidad de los datos. • Plazo de entrega requerido. • Coste de obtención de los datos. • Complejidad. • Posible resistencia o «factor miedo».

Figura 14.4 Criterios de selección de medidas

- ¿Va a contar solamente vehículos en movimiento o también los aparcados? Cualquier variación en esa opción va a afectar mucho al resultado.
- Si toma un coche (o un todoterreno, o un monovolumen) y da una vuelta para *buscar* «lo que sea» rojo, obviamente obtendrá un recuento muy distinto. (Y no les hemos dicho que fuesen juntos.)

Como ilustra este ejemplo, uno de los mayores riesgos asociados a la búsqueda de una medida efectiva de un proceso empresarial es el fallo a la hora de crear una buena «definición operativa», así como los procedimientos de toma de datos que van con ella. Por definición operativa queremos decir una descripción clara, comprensible y concreta de lo que hay que medir u observar, de forma que todo el mundo pueda operar o medir de forma coherente en base a la definición.

Éste es un ejemplo de la vida real para que vea la dificultad que supone intentar medir sin una buena definición. Hace tiempo trabajamos con el departamento de Publicidad de una gran compañía, que preparaba un evento importante para la prensa. El objetivo era mejorar los procesos de configuración y gestión del evento, para aumentar la probabilidad de una cobertura de prensa favorable. El cliente decidió (en el último minuto) hacer un seguimiento de las preguntas planteadas por los oradores sobre diversos factores, por ejemplo, el «tono» (positivo, neutro o negativo) y el «asunto», y después hacer un seguimiento de las respuestas a las preguntas. Asignaron a dos o tres personas la tarea de registrar los datos utilizando una «hoja de comprobación» con 30 opciones a elegir.

El resultado, como puede imaginar, fue algo más que un lío. Incluso el número de preguntas contadas por los que tomaron los datos fue diferente, ya que los periodistas plantearon con frecuencia varias preguntas juntas. Definir el «tono» fue bastante subjetivo y registrar el contenido de las respuestas resultó un ejercicio de cara o cruz. Por suerte, la toma de datos no fue una pérdida total de tiempo, porque se observaron bastantes tendencias que arrojaron algunos beneficios gracias a este seguimiento de preguntas y respuestas. El cliente aprendió una lección valiosa acerca del proceso (supimos que los ejecutivos terminaron por responder a más preguntas en conversaciones de pasillo que en la conferencia de prensa) y acerca de los objetivos realistas para una medición. Pero los «datos complejos» no resultaron de utilidad y las actividades futuras de medida iban claramente a demandar definiciones operativas mucho más precisas, si se trataba de conseguir datos cuantitativos sólidos.

Las definiciones de medición mal entendidas pueden tener consecuencias drásticas. Cuando el Mars Polar Orbiter se quemó en la atmósfera de Marte, en septiembre de 1999, resultó un *shock* para el programa de exploración espacial de los Estados Unidos. Se dieron cuenta de que el aparato había volado demasiado bajo porque un grupo de ingenieros había calculado las instrucciones de vuelo en libras por segundo, mientras que el ordenador interpretó los datos en *gramos* por segundo.

Cuando cree definiciones operativas para sus mediciones, simplemente tenga en cuenta que no hay sustituto para el trabajo bien centrado y para un escrutinio cuidadoso de los términos elegidos.

Identifique las fuentes de datos

Existen muchas posibles fuentes de datos en una organización. Sus consideraciones más importantes son garantizar que la fuente que elija, o a la que tenga acceso, tenga datos precisos y que represente el proceso, producto o servicio que quiere medir. Lo ideal es que seleccione medidas para las cuales existan fuentes adecuadas.

Nos podemos aventurar a ofrecerle algunas sugerencias de una fuente muy común de datos: el personal que trabaja en el proceso. Aunque muchos directivos o equipos que empiezan a medir en estos días esperan conseguir datos de los sistemas de información, suele resultar que el sistema no captura lo que realmente es necesario saber. O, si lo hace, se necesita mucho trabajo para separarlo de los demás datos. Una opción mejor en estos casos es reunir los datos a mano, de la gente y del proceso. Pero, si confiamos en la gente como fuente de datos, especialmente en las personas que miden su propio trabajo, hay riesgos obvios. Los más comunes son la falta de atención y los errores humanos; también hay fuerzas a reconocer y respetar, como las sospechas y la paranoia. Si tiene en cuenta las recomendaciones siguientes, podrá garantizar que sus datos son completos y correctos:

- Explique claramente por qué reúne los datos.
- Describa lo que va a hacer con los datos, incluyendo sus planes para compartir los hallazgos con los que los toman, mantener la confidencialidad de las identidades, etc.
- Preste atención a quién elige para participar en el trabajo; evite que la toma de datos sea un premio o un castigo.
- Haga el proceso tan fácil como sea posible.
- Ofrezca a los que tomen los datos la oportunidad de dar información sobre el proceso de recopilación.

Prepare el plan de recogida y muestreo

Los factores a tener en cuenta a la hora de ejecutar mediciones podrían llenar un libro entero, por lo que nos limitaremos en nuestra visión global de esta etapa a los tres elementos principales: formularios, estratificación y muestreo.

Formularios de toma de datos

Las hojas de toma de datos son hojas de cálculo y «hojas de comprobación» bien diseñadas. Aunque existen varios tipos estándar de formularios, conviene hacer cada uno a medida para adecuarlo a la toma de datos real. Las líneas maestras siguientes le serán de utilidad para crear un formulario de toma de datos:

✦ *Que sea simple.* Esto afectará a la cantidad de datos que podrá capturar con efectividad. Si el formulario es difícil de leer o tiene demasiado contenido, existe el riesgo de errores o de dejarlo incompleto.
✦ *Etiquételo bien.* Asegúrese de que nadie se pregunte dónde «va» tal respuesta.

✦ *Deje espacio para el nombre del tomador, la fecha y la hora.* Estos elementos obvios tienden a olvidarse, produciendo después dolores de cabeza.

✦ *Organice el formulario de toma de datos y la hoja de compilación (el formulario u hoja de cálculo que utilizará para reunir todos los datos) de forma consistente.* Si ambos funcionan unidos, la entrada de datos en bruto puede ser mucho más fácil y generar muchos menos errores.

✦ *Incluya factores clave para estratificar los datos.* Lo veremos en el epígrafe siguiente.

Algunos tipos comunes de hojas de comprobación son:

Hoja de comprobación de defecto o causa. Se emplea para registrar tipos de defectos o sus causas. *Ejemplos:* motivos de llamadas para reparaciones; tipos de discrepancias en el registro de operaciones; causas de envíos con retraso.

Hoja de datos. Captura de lecturas, medidas o cantidades discretas. *Ejemplos:* nivel de alimentación de un transmisor; número de personas en la cola; temperatura.

Hoja de comprobación de gráfico de frecuencia. Registra una característica de un elemento en un continuo o escala. *Ejemplos:* renta bruta de los solicitantes de un préstamo; tiempo de ciclo desde la solicitud hasta el envío para cada pedido; peso de un embalaje.

Hoja de comprobación de diagrama de concentración. Representa una imagen del elemento o documento en observación; los que tomen los datos marcarán dónde se aprecian problemas, defectos o daños en el elemento. *Ejemplos:* diagrama de daños empleado por las agencias de alquiler de automóviles; anotación de errores en las facturas.

Hoja de comprobación de tipo «viajero». Es cualquier hoja de comprobación que «acompañe» al producto o servicio a lo largo del proceso. Los datos acerca de ese elemento se registran en los lugares adecuados del formulario (véase la Figura 14.5). *Ejemplos:* captura de datos del tiempo de ciclo para cada etapa de un pedido de cambios de ingeniería; anotación del número de personas que manejan una pieza que se traslada en una instalación de ensamblaje; seguimiento de la repetición de trabajos en una reclamación de seguros.

Esa mención de la hoja de comprobación de tipo «viajero» nos da una buena oportunidad de señalar un factor importante en la toma de datos: en la medida de procesos, generalmente conviene reunir información acerca de *una cosa cada vez*, según ésta se desplaza a lo largo del proceso. Existe la tentación de coger una gran cantidad de elementos (piezas, formularios, pedidos) en el punto A del proceso y registrar datos sobre ellos; luego, pasar al punto B del proceso, reunir otro montón de elementos y registrar datos sobre *ellos*. El problema es que los elementos contados en el punto B pueden no relacionarse con los que hemos contado en el punto A. Esto suele ser realmente crítico cuando se trata de identificar las causas raíz o de determinar el impacto de las variables de entrada (predictores o Xs) sobre los resultados o salidas (Ys).

Hoja de comprobación de tipo «viajero» Solicitud de préstamo – Concesión		
Préstamo n.° 3256-879		
Tipo de préstamo: ☒ Convencional ☐ Jumbo ☐ VA/FHA		
Cantidad solicitada 194 000		
Ubicación del cliente ☐ NO ☐ O ☒ SO ☐ E		
Etapa del proceso	**Fecha/hora de la recepción**	**Fallos/defectos hallados**
Rellenar la solicitud	0623/13:42	|||
Preparar el paquete	0626/09:00	||||
Concesión	0715/16:30	⑉|||

Figura 14.5 Ejemplo: hoja de comprobación de tipo «viajero»

Una hoja de comprobación de tipo «viajero» es una buena forma de garantizar que hemos conseguido datos que se pueden relacionar en cada etapa del proceso.

Estratificación

Obtener una medida básica de rendimiento frente a los requisitos de cliente es un objetivo fundamental de la etapa 3 del Mapa de Seis Sigma. Sin embargo, es probable que usted quiera saber más sobre los datos en algún punto y, entonces, es cuando entra en juego la estratificación. El término en sí indica capas (o «estratos») de los datos; preferimos asemejarlo a «cortar las medidas en rodajas» o «rebanarlas». La estratificación es útil para ejercitar la curiosidad y esclarecer lo que realmente está sucediendo. Si, por ejemplo, se dedica a los sistemas de ordenadores y tiene datos que muestran una tasa elevada de sistemas devueltos, lo natural es que pregunte: ¿De dónde proceden las devoluciones? ¿Qué sistemas tienen problemas? ¿A qué clientes afectan? Pero si su toma de datos inicial no ha capturado esos elementos, no podrá responder a tales preguntas. Por ese motivo necesita pensar con antelación, lo

Estratificación de datos

Factores	Ejemplos (clasificar los datos por...)
Quién	◆ Departamento. ◆ Persona. ◆ Tipo de cliente.
Qué	◆ Tipo de reclamación. ◆ Categoría de defecto. ◆ Razón para el aumento de llamadas.
Cuándo	◆ Mes, trimestre. ◆ Día de la semana. ◆ Hora del día.
Dónde	◆ Región. ◆ Ciudad. ◆ Localización específica sobre el producto *(esquina superior derecha, conmutador de encendido/apagado, etc.)*

Figura 14.6 Factores de estratificación de medidas y datos

mejor posible, en los «factores de estratificación» que va a necesitar más tarde. (Véase la Figura 14.6.)

Visión general del muestreo

Para mucha gente de hoy en día, «muestreo» (en inglés, *sampling*) significa extraer el sonido de guitarra de un disco antiguo y crear un nuevo sonido sobre él. (Si tiene hijos adolescentes, ya sabe lo que quiero decir.) No es de eso de lo que vamos a hablar aquí, aunque existen ciertos paralelismos.

En la esfera de la recopilación de datos, muestreo significa utilizar *algunos* de los elementos de un grupo o proceso que representen el *todo*. La disciplina completa de la estadística se basa en el muestreo, con el sentido de la capacidad para extraer conclusiones basadas en observar una parte de un todo. Las medidas Seis Sigma tienden a ofrecer más opciones acerca de cómo elegir la muestra de las que probablemente haya aprendido en los cursos de estadística cuando asistía al colegio. Si quiere entender por qué, tendremos que explicar brevemente la distinción entre estadística de población y estadística de proceso.

◆ *Estadística de población*. La mayoría de los «libros de texto» estadísticos tratan de varios métodos de muestreo y de comprobación de relaciones entre dos o más grupos, por ejemplo, consumidores, compañías, productos, votantes, equipos de fútbol, etc. El muestreo de población es como coger un vaso de agua de un es-

Tabla 14.1 Ejemplos de muestreo de población y muestreo de proceso

Muestreo de población	Muestreo de proceso
• Extraer la cifra media de los préstamos de un grupo de solicitudes.	• Extraer las cantidades medias de préstamos solicitados por día, semana y mes.
• Registrar la edad de todas las piezas del inventario que se encuentran actualmente en el almacén.	• Seguir la edad media de las piezas del inventario por semanas.
• Dirigir una encuesta de las percepciones del cliente.	• Extraer la experiencia diaria del servicio cada diez clientes.
• Recopilar los motivos de las llamadas entrantes entre todas las demás llamadas de los últimos seis meses.	• Registrar el volumen de llamadas entrantes cada cuarto de hora.

tanque: mientras sepamos que el agua del vaso es igual que el resto del agua, podemos estar tranquilos de que la muestra es buena.

✦ *Estadística de proceso.* Las medidas empresariales suelen presentar diferentes dificultades, ya que tomar una muestra de un proceso es como comprobar una corriente de agua. Además de por tener pocas ranas, una corriente es distinta de un estanque porque cambia a cada momento. La muestra que estoy tomando en un momento podría ser diferente de la que tomé hace un rato. Los parámetros de la corriente pueden cambiar y eso incluye la temperatura del agua, el oxígeno que contiene, el número de peces, el flujo, etc. Además, si dos de nosotros tomáramos muestras al mismo tiempo en diferentes lugares de la corriente, probablemente serían distintas.

En un entorno empresarial es posible realizar cualquiera de los dos tipos de muestreo (de población o de proceso). Cuando extraiga datos de un grupo de personas o de elementos que se limiten a «estar ahí», incluyendo un conjunto de elementos de un proceso, puede considerarlo una muestra de población. Sin embargo, si intenta hacer un seguimiento de los cambios que se producen en el tiempo, con el fin de comprender el grado y el tipo de variación del proceso, necesitará una muestra de proceso. La Tabla 14.1 ofrece ejemplos comparativos de ambos tipos.

Obtener una muestra *válida*, es decir, que represente el todo, puede ser una dificultad significativa en cualquiera de los casos. La ciencia (que a veces es arte) del muestreo es un asunto importante. Por eso, nuestro objetivo en las próximas páginas será darle algunas nociones y unos cuantos pasos a seguir, para que comprenda el tipo de decisiones que se dan al elaborar un plan de muestreo. Incluso después de unas instrucciones detalladas, puede resultar difícil, por lo que le recomendamos consultar con un experto antes de empezar a recopilar muchos datos si ve que su situación es compleja.

Vayamos ahora a un escenario hipotético como forma de presentar algunos de los conceptos clave del muestreo. Observe los términos en cursiva; los revisaremos después.

Historia de un muestreo: Pivotal Logistics

En Pivotal Logistics, una empresa que proporciona servicios de almacenaje y distribución a diversas firmas de repuestos y materias primas, había un equipo de gestión de procesos trabajando sobre un aparente problema de errores en los albaranes de entrega. De alguna forma, los documentos en formato papel que acompañaban a las entregas parecían tener distintas fechas de las que mostraban los sistemas de seguimiento logístico. Si era cierto, el problema crearía inexactitudes en el inventario, facturas incorrectas y otros defectos que impactarían directamente sobre los clientes de Pivotal.

Por tanto, entendiendo el alcance del impacto de las posibles discrepancias de los documentos, el grupo deseaba obtener datos de los albaranes de entrega a partir del proceso de recepción. Sin embargo, con más de 1500 entregas diarias, sería imposible comprobar todas las entregas. Por otro lado, el equipo del proceso estaba preocupado sobre cómo evitar *sesgos* en los datos. Por ejemplo, si reunían datos de unos cuantos clientes, podían no reflejar lo que estaba pasando realmente con los papeles. O, si tomaban información en el momento inadecuado, podría afectar a la exactitud de los resultados. «Lo que necesitamos», dijo Les Lomas, propietario del proceso, «es un buen plan de muestreo».

El grupo dispuso que un plan para recopilar una muestra representativa debía considerar las opciones siguientes:

1. *Hacer que los empleados del muelle de carga vigilen los envíos cuando tengan menos trabajo.* Esto parecía una buena forma de evitar que las medidas interfirieran en el trabajo y que frustrasen a la gente del almacén. Pero, como dijo Monty Vista, la representante del departamento de Tecnologías de la Información en el equipo: «No es un muestreo bueno sino *conveniente*».

2. *Elegir los envíos que parezcan reflejar mejor el tráfico de un día particular.* Eso significaría que los empleados del muelle de carga podrían echar un vistazo en el programa del día y seleccionar algunos envíos que representaran el conjunto de ese día. Fue Mark de la Salle, del grupo de Programación, el que objetó: «¿Cómo podemos emitir un *juicio* de ese tipo y obtener al mismo tiempo una muestra exacta?».

3. *Hacer que los empleados del muelle de carga comprobaran los envíos con una frecuencia predeterminada para ver los defectos de los albaranes de entrega.* «Ahora *esto* tiene mucho más sentido», dijo Les Lomas. «Es mucho más *sistemático* y parece que podemos *confiar* en los resultados.»

«¿No sería mejor», preguntó De la Salle, «tomar una muestra *aleatoria?*»

«Creo que hemos tenido ya bastantes problemas haciéndolo aleatoriamente», respondió Lomas. «No hay forma de elegir envíos sin que haya que adivinar algo; y de esta manera podemos mantener una secuencia de datos que nos permita ver si se producen patrones durante el día.»

El grupo de Pivotal se dio cuenta de que estaban cerca de un buen plan de muestreo, pero todavía les quedaba trabajo por hacer.

Conceptos clave del muestreo

Como observó el grupo de Pivotal Logistics, hay métodos mejores y peores de hacer un muestreo. Algunas de las cuestiones que encontraron incluían las siguientes causas posibles de error:

✦ *Sesgo*. El sesgo es el iceberg de los muestreos. Tener una muestra sesgada significa que los datos no son completamente válidos y que las conclusiones que obtenga de ellos serán probablemente equivocadas. Siempre habrá algún sesgo y el truco es conseguir que sea mínimo.

✦ *Muestreo por conveniencia*. Recopilar los elementos más fáciles de obtener no solamente demuestra pereza, sino que es una buena forma de *crear* sesgos en los datos.

✦ *Enjuiciamiento de la muestra*. Casi tan malo, aunque puede parecer mejor, es intentar hacer «adivinaciones» acerca de los elementos o personas que son representativos. La adivinación en sí es un sesgo.

✦ *Muestreo sistemático*. Éste es el método recomendado para muchas actividades de medición empresarial. En un proceso, significa tomar muestras a ciertos intervalos (cada media hora, cada vigésimo elemento). Un ejemplo de población sistemática sería comprobar cada décimo registro de una base de datos. El problema del muestreo sistemático es asegurarse de que la frecuencia del muestreo no corresponde a algún patrón que sesgue los datos.

✦ *Muestreo aleatorio*. Hemos oído hablar de él como de lo mejor, pero en la vida real es difícil pensar que algo sea *realmente* aleatorio. La mayoría de las aplicaciones empresariales de muestreo aleatorio implican selecciones aleatorias basadas en algoritmos de programas de ordenador.

Otros conceptos relevantes del muestreo son los siguientes:

✦ *Muestreo estratificado*. Estratificar una muestra es útil para garantizar que todos los grupos importantes están representados en los datos. Si Pivotal Logistics tuviera dos tipos principales de envíos, les convendría tomar una muestra diferente de cada uno para asegurarse de que cada muestra contiene los datos adecuados.

✦ *Nivel de confianza*. Este término se refiere a la certeza que queremos tener de que los datos recogidos y las conclusiones que se extraigan de ellos reflejen la población o el proceso, es decir, la «realidad». La confianza suele expresarse en porcentajes; un nivel de confianza del 95 por ciento es el estándar en las medidas de procesos empresariales.

✦ *Precisión*. La exactitud de la medida a realizar. En realidad, la precisión enlaza con el tipo de escala o nivel de detalle de la definición operativa, pero puede impactar también en el tamaño de la muestra. Por ejemplo, si quiere medir los tiempos de ciclo al segundo, tendrá que asegurarse de que su cronómetro es especialmente exacto.

Prerrequisitos para el muestreo

Existe una especie de círculo vicioso a la hora de desarrollar un plan de muestreo sólido. Tiene que *saber algo* de los datos que está reuniendo. Como resultado, las primeras medidas suelen ser menos fiables, porque se basan en un plan de muestreo hecho con la mejor «adivinación» posible. Cuanto más mida y cuanto mejor conozca las características de lo que está midiendo, mejor serán sus decisiones de muestreo.

Veamos algunas de las cosas que probablemente necesite saber:

- ¿Es una medida continua o discreta?
- Si es continua, ¿qué grado de variación (desviación típica) tiene el proceso?
- Si es discreta, ¿con qué frecuencia se da lo que estamos observando? (generalmente es la «proporción defectuosa»).
- ¿Cuántos elementos pasan por el proceso cada día? ¿Y cada semana? *O:* ¿qué tamaño tiene la población total?
- ¿Qué nivel de confianza esperamos lograr en la medida?
- Para datos continuos, ¿cuál es la precisión deseada en la medida?

Otros términos y conceptos importantes del muestreo aparecen en la Tabla 14.2.

Recuerde que obtener la muestra implicará a menudo trabajo de adivinación al principio (hasta que obtenga las primeras lecturas de los datos) y, por desgracia, impactará en la viabilidad de acceder a lo que quiere observar. Sobre todo, tenga presente la regla de oro de que (mientras no sesgue sus datos) cuanto mayor sea la muestra, mayor será la precisión.

Implante y perfeccione las medidas

Siempre es mejor realizar una prueba de los datos recopilados, para garantizar que los formularios, planes de muestreo y definiciones funcionan como está previsto. Si no puede hacer una prueba, preste atención al menos a la forma en que funcionan cuando empiece a reunirlos. Si ha planificado utilizar muchas personas diferentes para recoger los datos, será esencial dar algún tipo de formación, ya sea formal o informal.

Tabla 14.2 Otros términos importantes de muestreo

Término	Definición
Evento de muestreo	El acto de extraer elementos del proceso o población a medir.
Subgrupo	El número de unidades consecutivas extraídas para la medida en cada evento de muestreo. Un subgrupo puede ser un solo elemento o varios.
Frecuencia de muestreo	El número de veces por día o semana que se toma una muestra; eventos de muestreo por período de tiempo. La frecuencia de muestro tiende a incrementarse cuando aumenta el número de ciclos o cambios de un proceso.

Compruebe la precisión y el valor de la medida

Existen varias formas de comprobar la exactitud de las medidas, así como de garantizar que siguen siendo precisas. En el terreno de la fabricación, el test más común de la efectividad de un sistema de medida se llama «calibración R&R». Consiste en repetir una medida en varios entornos para comprobar cuatro importantes criterios:

1. *Precisión:* ¿qué precisión tiene la medida u observación?
2. *Repetibilidad:* si una persona o un instrumento de medida mide u observa el mismo elemento más de una vez, ¿obtendrá el mismo resultado todas las veces?
3. *Reproducibilidad:* si dos o más personas o máquinas miden el mismo objeto, ¿obtendrán los mismos resultados?
4. *Estabilidad:* al cabo del tiempo, ¿se deteriorará o cambiará la precisión o la repetibilidad?

Aunque la calibración R&R se suele aplicar a medidas de datos continuos y, con frecuencia, con instrumentos de medida (escalas, metros), se pueden aplicar métodos similares para probar las medidas de datos discretos. También se pueden utilizar algunos formularios de precisión de medida como una prueba antes de implantar un sistema de medida, y como una comprobación si hay que reunir los datos durante un período de tiempo largo.

Etapa 3B: desarrollo de medidas básicas de defectos e identificación de oportunidades de mejora

Las herramientas y métodos de toma de datos son importantes en cualquier tipo de medición de procesos empresariales. Sin embargo, en este punto del Mapa de Seis Sigma, nuestro objetivo es simplemente establecer «la situación de partida» de rendimiento para determinar lo bien que funcionan *hoy* los procesos, de manera que podamos centrarnos en mejorar las medidas. Primero veremos las medidas de resultados y, después, las que tienen en cuenta el rendimiento interno.

Medidas del rendimiento de los resultados

Como vimos en el Capítulo 2, la medición Seis Sigma se centra en el seguimiento (y en la reducción) de los *defectos* de un proceso. En esta revisión de medidas comparativas, retomaremos el tema de las medidas de defectos y explicaremos las distintas opciones y conceptos que le conviene saber a medida que elige e implanta las suyas propias. El empleo de medidas de defectos tiene varias ventajas:

1. *Simplicidad.* Todo el mundo puede comprender lo que está «bien» y «mal». Los cálculos de los distintos tipos de medidas de defectos se pueden realizar con habilidades matemáticas básicas.

2. *Consistencia*. Las medidas de defectos se pueden aplicar a cualquier proceso para que exista un requisito o estándar de rendimiento, ya sea para datos continuos o discretos, o bien para un proceso de fabricación o de servicios.
3. *Comparabilidad*. Motorola utilizó medidas Seis Sigma para monitorizar la tasa de mejora de procesos de todo tipo y para comparar el rendimiento de los esfuerzos en diferentes áreas de la empresa.

Hay algunos inconvenientes en las medidas de defectos. Por un lado, al observar *solamente* lo que está bien y lo que está mal, se puede ocultar información o sutilidades de los datos, especialmente con las medidas de datos continuos. Sin embargo, nuestro propósito actual es ayudarle a construir un fundamento para medir, que luego pueda utilizar como base para evaluar la eficacia global de un proceso. Cuando entremos en el análisis de los datos, en el Capítulo 15, buscaremos otros métodos de medida que puedan proporcionar una imagen más detallada del rendimiento del proceso y que le ayuden a determinar causas raíz.

Conceptos clave de medidas basadas en defectos

Es necesario revisar o esclarecer algunos términos para poder comprender las medidas de defectos:

✦ *Unidad*. Es un elemento que se procesa o el producto final o servicio que se entrega al cliente, como un coche, un préstamo hipotecario, una estancia en un hotel, un certificado bancario, etc.
✦ *Defecto*. Es un fallo en el cumplimiento de los requisitos de cliente/estándares de rendimiento, como un depósito agujereado, un retraso en la entrega del préstamo, una reserva perdida, un error en la certificación, etc.
✦ *Defectuoso*. Cualquier unidad que contenga un defecto o fallo. Por ejemplo, un coche con un defecto es tan «defectuoso» técnicamente como un coche con 15 defectos.
✦ *Oportunidad de defecto*. Puesto que la mayoría de los productos o servicios tienen numerosos requisitos de cliente, puede haber varias oportunidades de que tengan un defecto o fallo. El número de oportunidades de defecto de un coche, por ejemplo, puede ser de más de 100.

Algo importante: recuerde que sus datos deben incluir información sobre el rendimiento frente a los requisitos de cliente. Por eso, si un requisito clave es «entrega a tiempo» y sus datos solamente captan «coste por pedido», tendrá que obtener más datos.

Medidas de unidades defectuosas y de rendimiento

Empezaremos por las medidas que se dirigen a los «defectuosos», es decir, a las unidades que contienen un defecto o diez. Las medidas de unidades defectuosas son especialmente importantes en empresas o productos para los que *cualquier* defecto es serio. Por ejemplo, un solo error tipográfico en una revista le resta credibilidad. O un hilo saltado en un vestido lo convierte en invendible a su precio.

Las dos expresiones siguientes son medidas de imperfección:

✦ *Porcentaje de unidades defectuosas*. Se refiere a la fracción o porcentaje de muestras del elemento que tienen uno o más defectos. La fórmula y algunos ejemplos aparecen en la Figura 14.7. Utilizaremos estos mismos ejemplos para cada tipo de medida de unidades defectuosas.

✦ *Rendimiento final* (se indica como Y_{final}). Se calcula como 1 *menos* la proporción de imperfección. Indica la fracción sobre el total de unidades producidas y/o entregadas sin defecto. (Multiplicando el rendimiento final por 100 da el porcentaje «bueno».) (Véase la Figura 14.8.)

Medidas de defectos

Defectos por unidad o *DPU*. Esta medida refleja la cantidad promedio de defectos, de todos los tipos, sobre la cantidad *total* de unidades de la muestra. (Véanse la fórmula y los ejemplos de la Figura 14.9.) Si ha calculado un DPU de 1,0, por ejemplo, indica la probabilidad de que todas las unidades tengan un defecto, aunque algunos

Porcentaje de unidades defectuosas

Fórmula: $\dfrac{\text{Número de unidades defectuosas}}{\text{Número de unidades}}$

Ejemplos de servicios:

◆ 43 de 250 solicitudes de préstamo contienen defectos

$\dfrac{43 \text{ unidades defectuosas}}{250 \text{ unidades}}$ = 0,172 (o 17,2 por ciento de imperfección)

◆ 66 de 186 contratos de publicidad contienen defectos

$\dfrac{66 \text{ unidades defectuosas}}{186 \text{ unidades}}$ = 0,354 (o 35,4 por ciento de imperfección)

Ejemplos de fabricación:

◆ 97 de 750 microchips contienen defectos

$\dfrac{97 \text{ unidades defectuosas}}{750 \text{ unidades}}$ = 0,129 (o 12,9 por ciento de imperfección)

◆ 99 de 1150 vigas de acero contienen defectos

$\dfrac{99 \text{ unidades defectuosas}}{1150 \text{ unidades}}$ = 0,086 (o 8,6 por ciento de imperfección)

Figura 14.7 Fórmula y ejemplos: porcentaje de unidades defectuosas

---

Rendimiento final

Fórmula: – Porcentaje de unidades defectuosas

Ejemplos de servicios:

◆ 43 de 250 solicitudes de préstamo contienen defectos

$1 - 0,172 = 0,828$ o **82,8 por ciento de rendimiento**

◆ 66 de 186 contratos de publicidad contienen defectos

$1 - 0,354 = 0,646$ o **64,6 por ciento de rendimiento**

Ejemplos de fabricación:

◆ 97 de 750 microchips contienen defectos

$1 - 0,129 = 0,871$ o **87,1 por ciento de rendimiento**

◆ 99 de 1.150 vigas de acero contienen defectos

$1 - 0,086 = 0,914$ o **91,4 por ciento de rendimiento**

Figura 14.8 Fórmula y ejemplos: rendimiento final

elementos pueden tener más de uno, y otros, ninguno. Un DPU de 0,25 muestra la probabilidad de que una de cada cuatro unidades tenga un defecto.

Estas tres primeras medidas le ayudarán a ver lo bien o mal que se está comportando su proceso y cómo se distribuyen los defectos en su trabajo.

Determinación de las oportunidades de defecto

Una de las innovaciones de las medidas Seis Sigma que aparecen en el Capítulo 2 es que se pueden ajustar según la complejidad o la cantidad de «oportunidades» de defecto. El propósito es nivelar el campo de juego, para poder comparar el rendimiento de un servicio o producto complejo al de otro más simple. Veamos primero el método para obtener medidas basadas en oportunidades y, luego, cómo se expresan esas medidas.

A primera vista, una taza de café no es algo muy complicado. Sin embargo, que una pareja solicite una hipoteca para su nueva casa, aunque sea algo completamente diferente a la taza, parece claro que resulta bastante más complejo. Y, aunque la calculadora que lleva en su maletín no sea difícil de manejar, hay muchas posibilidades de que sea aún más compleja que los impresos de la hipoteca. Por

---

Defectos por unidad o DPU

Fórmula: $\dfrac{\text{Número de defectos}}{\text{Número de unidades}}$

Ejemplos de servicios:

◆ 52 defectos en 250 solicitudes de préstamo (43 defectuosas)

$\dfrac{52\ \text{defectos}}{250\ \text{solicitudes}} = 0{,}208$ (o 20,8 por ciento) DPU

◆ 321 defectos en 186 contratos de publicidad (66 defectuosos)

$\dfrac{321\ \text{defectos}}{186\ \text{contratos}} = 1{,}73$ (o 173 por ciento) DPU

Ejemplos de fabricación:

◆ 99 defectos en 750 microchips (97 defectuosos)

$\dfrac{99\ \text{defectos}}{750\ \text{microchips}} = 0{,}132$ (o 13,2 por ciento) DPU

◆ 233 defectos en 1.150 vigas de acero (99 defectuosas)

$\dfrac{233\ \text{defectos}}{1.150\ \text{vigas}} = 0{,}202$ (o 20,2 por ciento) DPU

Figura 14.9 Fórmula y ejemplos: defectos por unidad o DPU

---

eso, en las medidas Seis Sigma, la palabra *complejo* significa más oportunidades de fallos o defectos. El reto está en identificar un número realista de oportunidades de defecto para cada producto o servicio. En muchos casos es un juicio, pero podemos identificar tres etapas principales en la definición de ese número de oportunidades:

1. *Desarrollar una lista preliminar de tipos de defectos.* Tomemos como ejemplo la taza de café (veremos el ejemplo del servicio enseguida). ¿Cuántos tipos de defectos puede tener? Veamos una lista inicial de posibilidades:

- Agujeros.
- Imperfecciones en el cristal o acabado.
- Falta el contenedor.
- Falta el asa.
- Está rota.

2. *Determinar cuáles son los defectos específicos reales, críticos para el cliente.* Podríamos hacer igual que con la lista anterior y decir que hay cinco oportunidades de defecto y punto. Pero puede haber defectos que nunca se den en la

realidad o que sean simplemente dos tipos del mismo defecto. Así pues, es conveniente escrutar el borrador de la primera lista. Además, cuando veamos los cálculos de las medidas Seis Sigma, incluir más oportunidades hará que nuestro *rendimiento Seis Sigma parezca mejor*. En realidad no queremos «inflar» nuestras oportunidades sólo para mejorar el nivel; pintar inicialmente una imagen «sobrepositiva» haría más difícil mostrar después las mejoras. Con esa actitud y con algo de sentido común, proponemos definir tan sólo tres oportunidades de defecto para una taza, que son:

- Imperfecciones en el cristal o acabado.
- Falta el asa.
- Está rota.

Hemos quitado los agujeros, porque son tan raros que su consideración no es realista en términos de medir el rendimiento día a día. Además, es simple, e incluso realista, considerar todas las tazas mal formadas dentro de una misma oportunidad.

Desde luego, no sería un *error* decir que hay cinco oportunidades. Al definir el número de oportunidades hay una gama de respuestas «correctas». Sugerimos que adopte criterios razonables, realistas, prácticos y, sobre todo, *consistentes*, cuando determine el número de oportunidades.

3. *Comprobar el número de oportunidades propuesto frente a otros estándares.* Si la empresa fabrica tazas de café, es probable que con el tiempo surjan directrices o convenciones para el número de oportunidades de cada taza. Motorola, como indicamos anteriormente, tiene un comité de estándares para el cálculo de oportunidades, de forma que puedan estar seguros de que la comparación entre procesos es coherente.

Después de hablar del recuento de oportunidades para tazas de café, vamos a ver otro ejemplo: el documento más importante, la factura. Cada pulsación de tecla en un documento como una factura podría considerarse técnicamente una oportunidad de defecto, pero contarlos no sería práctico ni coherente. Además, hay partes de una factura que están normalizadas o que se crean a partir de una plantilla, por lo que son fijas. Vamos a hacer una búsqueda de defectos sobre elementos de la factura que cambien cada vez que se emita una.

En una factura genérica *puede* haber hasta 17 oportunidades o más, que comprenden:

- Nombre del cliente.
- Nombre de contacto.
- Dirección del cliente: calle y número, ciudad, provincia, código postal, apartado de correos.
- Cuenta o número de cliente.
- Número de pedido.
- Elementos pedidos.
- Cantidad pedida.
- Precio unitario.

- Descuento.
- Precio total.
- Impuestos.
- Gastos de envío.
- Fecha de pago.
- Dirección de envío.
- Errores tipográficos.
- Errores de plegado o del material.
- Retraso.

Esta lista es demasiado larga. Sería muy complicado perseguir cada tipo de defecto individualmente. Además, como hemos observado, tener muchas oportunidades daría un nivel Sigma demasiado bueno. Por ello, otra opción podría ser tomar *cuatro* oportunidades, como sigue:

1. Datos del cliente (nombre, dirección y código postal).
2. Datos del pedido (elementos, cantidad, dirección de envío).
3. Precio (precio unitario, descuentos, impuestos, etc.).
4. Producción (calidad de impresión).

Así pues, partimos de un total de 17 tipos de errores y podemos llegar a *cuatro* oportunidades solamente. Pero, de hecho, mientras seamos consistentes y nuestro razonamiento sea práctico, cualquiera de las dos cifras, u otra intermedia, puede funcionar.

Los productos realmente complejos pueden tener muchas más oportunidades. Un ejemplo realizado en Texas Instruments a principios de los noventa para un componente electrónico mostró más de 4.000 oportunidades, lo que es comprensible si pensamos en el número de elementos individuales (cada uno de los cuales podía tener defectos) y de requisitos para tan compleja pieza de equipamiento.

Podemos resumir dándole algunas pautas para estimar las oportunidades de sus productos o servicios:

✦ *Diríjase a áreas problemáticas «estándar»*. Los defectos que son raros no deben considerarse como oportunidades.
✦ *Agrupe todos los defectos relativos a una oportunidad*. Esto simplifica el trabajo y asegura que no inflará artificialmente el número de oportunidades.
✦ *Asegúrese de que el defecto es importante para el cliente*. Si se centra en estándares válidos de requisitos o de rendimiento, será lo mejor.
✦ *Sea coherente*. Si su empresa planifica utilizar medidas basadas en oportunidades, debe considerar establecer normas para definir oportunidades.
✦ *Cambie solamente cuando sea necesario*. Cada vez que cambie el número de oportunidades, cambiará el denominador para la medida Sigma, y eso supone que la comparación con el resultado anterior ya no es válida. Debe cambiar las reglas solamente cuando sea necesario.

Algunas organizaciones con las que hemos trabajado, por ejemplo un grupo de logística para piezas y repuestos aeroespaciales y una empresa dedicada al *leasing* de equipamiento, habían simplificado la cuestión definiendo solamente *una* oportunidad, centrándose básicamente en las unidades defectuosas. El argumento en estos casos era que el cliente quería la entrega *sin* defectos y que el cálculo de oportunidades podía hacer que las cosas parecieran mejor de lo que eran. Por otro lado, la elección de una «oportunidad única» hace menos efectivas las comparaciones entre procesos.

Cálculo de las medidas basadas en oportunidades

Existen varias formas de calcular y expresar medidas basadas en oportunidades de defecto:

✦ *Defectos por oportunidad* o *DPO*. Expresa la proporción de defectos sobre el número total de oportunidades de un grupo. Por ejemplo, si DPO es 0,05, significa que hay un 5 por ciento de posibilidades de tener un defecto en esa categoría (véase la Figura 14.10).
✦ *Defectos por millón de oportunidades* o *DPMO*. La mayoría de las medidas de oportunidades de defecto se traducen al formato DPMO, que indica el número

---

Defectos por oportunidad o DPO

$$\text{Fórmula:} \quad \frac{\text{Número de defectos}}{\text{Número de unidades} \times \text{Número de oportunidades}}$$

Ejemplos de servicios:

◆ 52 defectos, 250 solicitudes de préstamo, 4 oportunidades de defecto por solicitud

$$\frac{52 \text{ defectos en solicitud}}{250 \text{ solicitudes} \times 4 \text{ oportunidades por solicitud}} = 0{,}052 \text{ DPO}$$

◆ 321 defectos, 186 contratos, 8 oportunidades de defecto por contrato

$$\frac{321 \text{ defectos en contrato}}{186 \text{ contratos} \times 8 \text{ oportunidades}} = 0{,}216 \text{ DPO}$$

Ejemplos de fabricación:

◆ 52 defectos, 750 microchips, 150 oportunidades de defecto

$$\frac{52 \text{ defectos en chips}}{750 \text{ microchips} \times 150 \text{ oportunidades por chip}} = 0{,}00046 \text{ DPO}$$

◆ 319 defectos, 1.150 vigas, 15 oportunidades de defecto

$$\frac{319 \text{ defectos en vigas}}{1.150 \text{ vigas} \times 15 \text{ oportunidades por viga}} = 0{,}018 \text{ DPO}$$

Figura 14.10 Fórmula y ejemplos: defectos por oportunidad o DPO

de defectos que podrían producirse si hubiera un millón de oportunidades. Especialmente, en los entornos de fabricación, DPMO suele llamarse PPM, «partes por millón»[2]. (Véase la Figura 14.11.)

✦ *Medida Sigma.* Obtener el rendimiento Sigma equivalente en este momento es ya muy sencillo. Como vimos en el Capítulo 2, la forma más fácil de obtener la cifra es traducir la medida de defectos (generalmente DPMO) utilizando una tabla de conversión. Las cifras para el ejemplo de la Figura 14.12 se derivan de la tabla de conversión Sigma que se encuentra en el apéndice. Si, en cada ejemplo, los datos son exactos y la definición de las oportunidades es consistente, podríamos concluir que el proceso de fabricación de microchips es uno de los que funcionan con mayor eficacia, y que el contrato de publicidad es el que peor funciona. En la vida real sería un resultado bastante típico.

La diferencia entre Sigma y la desviación típica

Hay una anomalía en la tabla de conversión Sigma que puede resultar de interés, especialmente para los expertos estadísticos, aunque también para los curiosos. Intentaremos explicarlo brevemente en lenguaje profano, aunque si usted piensa utilizar

---

Defectos por millón de oportunidades o DPMO

Fórmula: DPO × 1.000.000 (10^6)

Ejemplos de servicios:

◆ Solicitudes de préstamo

$$0,052 \times 106 = 5.000 \text{ DPMO}$$

◆ Contratos de publicidad

$$0,216 \times 10^6 = 216.000 \text{ DPMO}$$

Ejemplos de fabricación:

◆ Microchips

$$0,00046 \times 10^6 = 460 \text{ DPMO}$$

◆ Vigas de acero

$$0,018 \times 10^6 = 18.000 \text{ DPMO}$$

Figura 14.11 Fórmula y ejemplos: defectos por millón de oportunidades o DPMO

una tabla para obtener un nivel Sigma, puede que le resulte más de lo que ahora *necesita* saber.

La convención Seis Sigma, basada en el trabajo original de Motorola de los años ochenta, es el empleo de un sistema de puntuación que tiene en cuenta más variabilidad de la que normalmente se puede encontrar dentro de un proceso en unas cuantas semanas o incluso en un par de meses de reunir datos. Como ejemplo, digamos que trabajamos con un centro de llamadas de atención al cliente y que nos encontramos en un trimestre con una proporción del 95,44 por ciento del objetivo de «soluciones en la primera llamada». De un millón de llamadas, hemos encontrado unos 45.600 defectos o llamadas no resueltas a la primera.

Sin embargo, lo que vemos en un solo mes suele no ser representativo de lo que sucede en un año o dos. A largo plazo, probablemente encontraremos que nuestro rendimiento es más variable y, quizá, no tan bueno. Un «rendimiento» más realista, basado en suposiciones extraídas de los fabricantes de electrónica, pero aplicada ahora al resto de nosotros, sería cerca del 69,2 por ciento, o 308.000 defectos por cada millón de llamadas. ¡Eso es otra cosa!

Por suerte, la forma de aplicar esta convención no es tan deprimente. En vez de disminuir el nivel Sigma, se «desplaza» el propio nivel, de forma que, para unos datos mensuales del 95,44 por ciento, hemos considerado que el nivel Sigma *a corto plazo* sea de 3,2σ. Este valor refleja una expectativa más realista de los po-

---

Sigma

Cálculo de DPMO, tabla de consulta

Ejemplos de servicios:

◆ Solicitudes de préstamo

        52.000 DPMO = 3,1 Sigma

◆ Contratos de publicidad

        216.000 DPMO = 2,3 Sigma

Ejemplos de fabricación:

◆ Microchips

        460 DPMO = 4,8 Sigma

◆ Vigas de acero

        18.000 DPMO = 3,6 Sigma

Figura 14.12 Ejemplos de la medida de Sigma

sibles niveles de defecto; si tuviésemos que rendir a 3,2σ a largo plazo (es decir, sin este «desplazamiento» en el nivel), las tablas estadísticas de la distribución normal indicarían que hay que esperar menos de 3.000 defectos, mientras que esta tabla dice que, si cree que ahora está a 3,2σ, debe contar con que tiene más de *45.000* defectos.

Si cree que es suficiente para marearse, estamos en el mismo caso que usted. El llamado «desplazamiento de 1,5 Sigma» es uno de los puntos clave de discusión entre los expertos en estadística acerca de la definición de medidas Seis Sigma. Lo afortunado del caso es que, cuando se adopta una convención y se aplica con consistencia, sigue siendo válida. Puesto que es la forma en que todas las empresas que conocemos calculan su nivel Sigma, podemos asegurarle que funciona bien. El único reto se presenta si trata de igualar el sistema aceptado de cálculo de Seis Sigma a la desviación típica estricta bajo una curva normal.

Medidas del rendimiento del proceso total

Los cálculos de defectos y de Sigma que hemos visto se basan en resultados o medidas al *final* del proceso. Cuando su primera preocupación sea evaluar la efectividad de sus procesos en la satisfacción de las necesidades del cliente, estas medidas serán todo lo que necesite. Por otro lado, las medidas de unidades defectuosas, DPU o DPMO/Sigma no dan una indicación real de lo bien que funciona el proceso.

Medida del rendimiento interno

Las medidas internas o de procesos se basan en los datos recopilados desde *dentro* de la operación. Al igual que con las medidas de resultados, ahora nos concentraremos en las medidas de *defectos* internos, que cuantifican el rendimiento o los retrabajos durante el proceso. Estas medidas pueden ser reveladoras, si no sorprendentes.

Empezaremos por un proceso imaginario (podría ser en una empresa de servicios o fabricación). Como se ve en la Figura 14.13, los datos obtenidos a la salida del proceso muestran un rendimiento final de 0,985 (98,5 por ciento) y una Sigma

Datos finales/resultados:

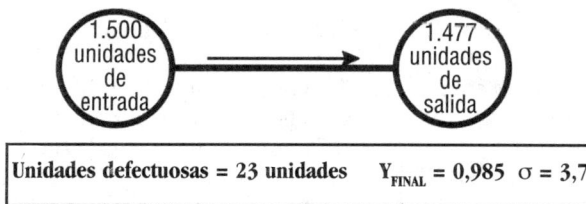

Figura 14.13 Ejemplo 1 de rendimiento: rendimiento final

Rendimiento a la primera:

$$1 - \left(\frac{89 \text{ unidades reprocesadas}}{1.500 \text{ unidades entrada}} \right) = 0,94$$

Figura 14.14 Ejemplo 2 de rendimiento: rendimiento a la primera

de $3,7^3$. De 1.500 unidades (pedidos, piezas, etc.), 1.477 se entregaron al final del proceso «sin defectos».

Ahora miraremos el interior del proceso. Podemos ver en la Figura 14.14 que existen tres «subprocesos» principales, cada uno de los cuales opera con un rendimiento cercano al 90 por ciento. La empresa ha detectado los defectos y puede subsanarlos pero, en el curso del proceso, ha habido que rehacer 89 elementos. Por tanto, al final de la recogida de datos internos, solamente se han *obtenido* 1.411 elementos «sin defecto», y ha habido que rehacer en parte 89.

En la Figura 14.14 hemos incluido los cálculos de lo que llamamos «rendimiento a la primera», basado en la cifra total de elementos «reprocesados» y en las entradas totales. Escrito como Y_{NORM}, muestra que el rendimiento de este ejemplo es algo peor que la Y_{FINAL} (0,94 comparado con 0,985). En otras palabras, las cifras de rendimiento final ocultan defectos que se solucionan durante el proceso[4].

Finalmente, podemos desarrollar cifras de rendimiento Sigma para cada subetapa del proceso, basadas en los datos de defectos que hemos examinado. Como puede verse, basándose en el rendimiento y en las cifras Sigma de la Figura 14.15, es en la tercera etapa del proceso donde es más necesario prestar atención.

Inclusión de «Costes de Mala Calidad»

Una dimensión importante del rendimiento que no captan las medidas de defectos o de Sigma es el *impacto monetario* de los defectos, llamado «Coste de Mala Calidad» o CMC (en inglés, *Cost of Poor Quality* o COPQ)[5]. Por ejemplo, si dos procesos resultan ser 3,5 Sigma, su rendimiento basado en defectos es aparentemente igual. Sin embargo, al sumarle la pérdida *monetaria* a los defectos de ambos procesos, se puede hallar que el impacto de un proceso es mayor que el del otro.

Nivel Sigma de los subprocesos:

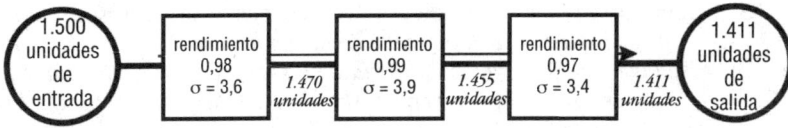

| 1.500 unidades de entrada | rendimiento 0,98 σ = 3,6 | 1.470 unidades | rendimiento 0,99 σ = 3,9 | 1.455 unidades | rendimiento 0,97 σ = 3,4 | 1.411 unidades | 1.411 unidades de salida |

Figura 14.15 Ejemplo 3 de rendimiento: rendimiento de los subprocesos y nivel Sigma

Por esta razón, urgimos a los equipos Seis Sigma a que conviertan los CMC en una parte importante de sus esfuerzos de medida lo antes posible. Esto supone un trabajo para traducir los problemas o defectos a coste monetario por incidente, incluyendo mano de obra y materiales para repetición de trabajos o ayuda al cliente, así como los costes de oportunidad o de pérdida de negocio. Pero las cifras de CMC suelen ser *más* significativas para los directivos u otras personas que no tienen conocimientos de Seis Sigma porque, a diferencia de Sigma o DPMO, hablan un lenguaje que casi todo el mundo entiende: *dinero*. Las medidas de los CMC pueden representar una forma muy útil de reforzar el consenso para mejorar y de ayudarle a seleccionar problemas que contengan beneficios tangibles. Si puede incluir estimaciones monetarias razonables en el impacto *externo* de los problemas (por ejemplo, cuantificar el volumen de negocio perdido en cada punto en que desciende el nivel de satisfacción del cliente), los CMC pueden ser una ayuda importante para mejorar los procesos orientados a clientes.

Empleo de medidas básicas

La razón para explorar estas diferentes medidas es que le den a usted y a sus directivos una mayor información a medida que fijan las prioridades de mejora. Con datos adecuados y medidas del funcionamiento de los procesos como el rendimiento, DPMO, Sigma o los CMC, y especialmente si esas medidas incluyen a la mayoría de sus procesos clave orientados al cliente, la organización puede centrarse en áreas más problemáticas o con más deficiencias. Además, tendrá un motivo para iniciar antes los proyectos, porque los datos del rendimiento actual ya estarán disponibles. Finalmente, estas medidas son un gran punto de partida para hacer el seguimiento de la mejora, lo que le permitirá documentar los beneficios y el aumento de rendimiento basándose en datos reales en lugar de anécdotas.

Estas nuevas mediciones, así como las habilidades para realizarlas, irán sentando las bases para los futuros sistemas de medida que tanto pueden hacer para crear una empresa con mayor capacidad de respuesta. Aprender de sus errores y aplicar buenos hábitos de recogida de datos y medición hará que los objetivos a largo plazo de esos sistemas de medida sean mucho más accesibles. Retomaremos el tema de los sistemas de medida en la etapa 5 (Capítulo 17), revisando la forma de combinar todos los elementos clave de la metodología Seis Sigma para conseguir el éxito sostenido y la mejora continuada.

Lo que hay que hacer y lo que no hay que hacer en las medidas

SÍ: Definir prioridades de medidas que se adapten a sus recursos.

Si se lo puede permitir y sabe cómo empezar a medir todos los procesos clave, empiece ya. La mayoría de las empresas tienen recursos limitados y, en ese caso, conviene buscar la medida más útil y viable según los datos conocidos.

SÍ: Considerar formas de medir los factores de servicios, así como los de resultados (salidas).

Para que sea más sencillo, hemos dirigido los ejemplos a las medidas más concretas de requisitos de resultados. Igualmente, puede ser útil medir el rendimiento y los defectos de las dimensiones de servicios clave, porque ayuda a identificar los proyectos de mejora.

SÍ: Practicar la mejora continua de las medidas.

Realizar buenas medidas de un negocio no es fácil. Los aspectos humanos de las medidas pueden ser tan importantes y, al mismo tiempo, complejos como los aspectos técnicos. Espere equivocarse y aprender, a medida que usted y su empresa se hagan más «expertos en medir».

SÍ: Dejar las medidas que no sean necesarias o útiles.

Si no hay razones para continuar realizando una medida, es mejor abandonarla. Si no se tiene cuidado, puede surgir una burocracia de la medición que proteja todas las medidas y, entonces, el objetivo se convertirá en «medir por medir».

NO: Utilizar todos los formatos de medidas disponibles.

Sigma, rendimiento, DPMO, todos ellos tienen su lugar. Pero recuerde utilizar las medidas que tengan más sentido para su empresa y procesos.

NO: Ignorar otras opciones de medir.

Las medidas existentes o alternativas como gráficos de control/Control Estadístico de Procesos (los veremos en el Capítulo 18), capacidad del proceso, Costes de Mala Calidad, etc., tienen también su lugar y pueden ayudarle a seleccionar los proyectos de mejora.

NO: Esperar que los datos confirmen sus suposiciones.

Frecuentemente encontramos que los datos reunidos son iguales a lo que esperábamos. Igual de frecuente es que las medidas nos den una sorpresa. Si sucede algo así, preste atención. Profundice si tiene que hacerlo, pero no rechace los datos como imposibles.

Mejora de procesos mediante Seis Sigma

(Etapa 4A del Mapa)

Introducción y resultados clave

Éste es el capítulo en que el motor Seis Sigma se pone realmente en marcha. A medida que le conduzcamos por las etapas de mejora del proceso, tanto en este capítulo como en el siguiente, el objetivo será ayudarle a conseguir los beneficios descritos en el Capítulo 1 (véase la Figura 15.1).

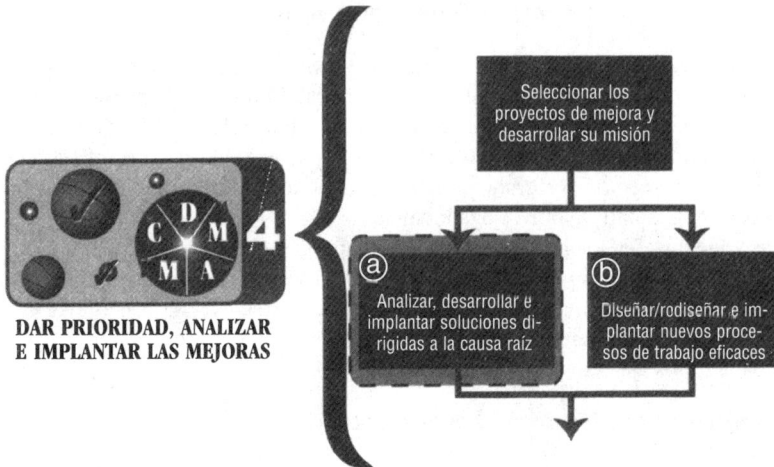

Figura 15.1 El Mapa de Seis Sigma, etapa 4A

Nuestro plan, mencionado anteriormente, es ilustrar los caminos que recorren las etapas Definir, Medir, Analizar y Mejorar, narrando una historia que revela cómo un equipo típico suele trabajar en un proyecto típico. Combinaremos la historia con interludios fascinantes en los que explicaremos acciones y herramientas. Desde luego, ningún equipo ni proyecto es realmente «típico»; cada uno es exclusivo y supone retos especiales. Además, expondremos un ejemplo que le ayudará a comprender el trabajo que hay que acometer, así como de la manera de hacerlo bien.

De paso, puede que haya notado que hemos dejado la C de DMAMC. El Control es el final de DMAMC, pero realmente es el *principio* de la mejora sostenida y de la integración del sistema Seis Sigma. Así, enlazaremos las herramientas de Control y sus conceptos en nuestra discusión de la etapa 5 en el Capítulo 17: Expansión e integración del sistema Seis Sigma.

Centre su atención

Hay muchos elementos fundamentales de DMAMC (por ejemplo, los elementos de un *Cuadro de Proyecto*) con los que trataremos en este capítulo, mientras que en el siguiente nos centraremos en el diseño y rediseño de proyectos. Si espera implicarse en un diseño o rediseño de procesos, conviene que revise ambos capítulos. Si su único interés, por ahora, es la mejora de procesos (el cambio incremental), puede centrarse en este capítulo. Además, puesto que trataremos muchas de las medidas básicas del Capítulo 14, la revisión de la fase Medir cubrirá la manera en que un equipo puede aplicar los conceptos, por ejemplo, seleccionando medidas y desarrollando los datos básicos. En Analizar, entraremos en la forma de utilizar las medidas para averiguar qué está sucediendo en el proceso.

Herramientas: uso y precauciones

Describiremos y daremos ejemplos de numerosas herramientas de mejora comunes y/o valiosas, así como técnicas que soportan el proceso DMAMC. Pondremos el énfasis en qué herramientas conviene utilizar, cuándo y por qué, lo que es uno de los mayores retos de la organización y de los equipos que se embarcan en un esfuerzo Seis Sigma. En la sección Referencias hemos incluido material adicional del que puede obtener más detalles sobre estas técnicas.

Siempre que enseñamos herramientas de mejora, la gente se preocupa por el mal uso o abuso de ellas. Es importante disponer de una variedad de herramientas para aplicar a diferentes problemas empresariales pero, con frecuencia, la gente se convierte en «amante de las herramientas».

Veamos algunos aspectos a tener en cuenta:

Líneas maestras para el uso de herramientas

1. *Siempre que decida utilizar una herramienta, tenga claro el objetivo.* Nunca use una herramienta sólo porque «viene en el libro» o porque «todavía no la hemos utilizado». Use un martillo solamente si asoma un clavo.

2. *Considere sus opciones y seleccione la técnica que mejor pueda satisfacer sus necesidades.* Con las variadas técnicas del kit de herramientas Seis Sigma, a menudo más de una *puede* ser útil. Cuidado con la que escoja.
3. *Hágalo simple; conjugue el detalle y la simplicidad de la herramienta con la situación.* Conviene usar herramientas básicas lo más a menudo posible. Si emplea estadísticas detalladas para todos los problemas o proyectos, es probable que complique las cosas.
4. *Adapte el método a sus necesidades.* Aunque algunas organizaciones o consultores que les gusta ejercer de «política de las herramientas», es conveniente crear variaciones propias sobre los métodos; *siempre y cuando, a)* no aplique una modificación que nadie pueda comprender y *b)* no termine extrayendo conclusiones equivocadas de ella.
5. *Si una herramienta no funciona, déjela.* Considere «a prueba» todas las herramientas que utilice y, si no obtiene la respuesta necesaria o si no funciona, pruebe otra cosa.

Visión general de la historia de la mejora de procesos

Crecimiento con apuros

El mercado de los dictáfonos ha crecido enormemente. La gente del mundo de los negocios se ha acostumbrado a hablar con el móvil desde el coche, andando por la calle, en el restaurante, etc., de tal manera que, cuando no queda nadie a quien llamar, todavía tienen ganas de seguir hablando... consigo mismos. Se ha introducido una nueva línea de dispositivos que aprovecha recursos como la memoria digital y los minidiscos. Como resultado, los consumidores disponen de diversos tipos de grabadoras entre las que elegir, todas las cuales entran en una categoría de productos llamados «dispositivos de grabación automática».

Hace año y medio, uno de los líderes de la charla automática, AutoRec Inc., tuvo gran éxito al enlazar varios dispositivos de dictado con la tecnología de reconocimiento de voz. Ahora, la gente puede realmente convertir automáticamente su voz en *texto*. AutoRec ha abierto un nuevo mercado en el campo de la automatización de recursos de venta, lo que quiere decir que, por ejemplo, los ejecutivos de cuentas pueden guardar más fácilmente las notas sobre sus clientes y clientes potenciales, así como dictar cartas y propuestas sin necesidad de soporte administrativo.

Sin embargo, la dificultad está en cumplir los requisitos específicos del creciente grupo de cuentas corporativas de AutoRec. Dado que los dispositivos de grabación automática tienen una interfaz con la tecnología del cliente (por ejemplo, portátiles, redes, procesadores de textos y aplicaciones de listas de contactos), es preciso diseñar y producir especialmente cada gran pedido procedente de cada grupo de ventas. Por desgracia, el número de entregas que *no* cumplen las especificaciones de cliente es siempre alto y está en crecimiento. El grupo directivo de AutoRec ha oído hablar del gran impacto de la mejora Seis Sigma en otras empresas y ha decidido ver si estos métodos les pueden ayudar a solucionar sus problemas.

«Sólo tenemos unos meses», dijo el director general de AutoRec, «antes de que alguien desarrolle una tecnología como la nuestra y los clientes se vayan a otra parte. Tenemos que aunar esfuerzos o terminaremos por llamarnos Auto-Ruina» (lo que, de hecho, ya eran).

El equipo directivo emitió una definición de la misión del proyecto:

> *Los errores afectan a casi el 40 por ciento de las entregas. Los costes de repetición de trabajos ascienden a 330 000 dólares mensuales y dos de las 25 compañías más importantes del país, que han venido enviándonos los pedidos más grandes, ahora dicen que necesitan garantías de que les vamos a servir. Si no mejoramos nuestra efectividad en el cumplimiento de requisitos de los clientes, nos arriesgamos a situarnos por detrás de nuestro competidor principal, TalkNBox, tan pronto como presente su sistema de integración de voz, el próximo otoño. Este equipo se encargará de averiguar por qué estamos cometiendo tantos errores en las entregas; también se ocupará de obtener resultados rápidos.*

Eligieron un equipo de siete personas con diferentes funciones dentro de la empresa, incluyendo a dos de Fabricación (Montaje) y una de cada uno de los departamentos de Administración de pedidos, Compras, Diseño de productos, Entregas y Ventas. Inicialmente, el equipo iba a tener solamente seis personas, pero el vicepresidente de Ventas insistió en tener un representante. (Véase el Capítulo 9 para las líneas maestras de selección del equipo de proyecto.) El director de Diseño de Productos fue nombrado jefe del equipo. Él y los miembros del equipo asistieron a un seminario de una semana, que les proporcionó una visión general y les mostró los métodos principales para ejecutar un proyecto de mejora de procesos orientado a Seis Sigma. El director general habló personalmente con cada uno de los miembros del equipo, para ofrecerles su apoyo en el proyecto.

La formación incluyó una perspectiva general de las cinco fases del modelo DMAMC. Puesto que el equipo sabía que el tiempo era esencial, comprendieron que tenían que dedicarse a *solucionar* los problemas de los procesos actuales: no iba a haber tiempo para rediseñar el flujo de trabajo.

Las idas y venidas de la mejora de procesos

Antes de seguir con la historia de AutoRec, conviene que tratemos un hecho importante: el ciclo DMAMC *no es una actividad puramente lineal*. Cuando un equipo empieza a hacer pruebas, a reunir datos, etc., casi invariablemente descubre cosas acerca de los problemas y procesos. Estas revelaciones significan que, por ejemplo, el objetivo del proyecto se puede revisar incluso hasta el momento de aplicar soluciones. O, después de probar una solución, el equipo puede necesitar realizar más trabajo de la etapa Analizar. En general, los equipos de mejora pueden trazar el gráfico de sus progresos utilizando las fases D-M-A-M-C, pero siempre como una actividad *iterativa*.

Definir: esclarecer el problema, el objetivo y el proceso

La fase Definir establece el escenario para un proyecto Seis Sigma eficaz, ayudando a responder las cuatro preguntas siguientes:

1. ¿Cuál es el *problema* o la oportunidad que vamos a tratar?
2. ¿Cuál es nuestro *objetivo*? Es decir, ¿qué resultados queremos conseguir y cuándo?
3. ¿Quién es el *cliente* al que sirve y/o sobre el que impacta este proceso y su problema?
4. ¿Cuál es el *proceso* que estamos investigando?

Al documentar los objetivos del proyecto y sus parámetros, en lo que generalmente se llama el «*Cuadro de Proyecto*», los equipos de mejora pueden garantizar que su trabajo consigue las expectativas de la empresa y del «patrocinador» del proyecto.

Inicio del Cuadro de Proyecto

En la primera reunión del grupo de AutoRec, la agenda contenía un solo elemento: «Definir el problema». Dos personas del equipo preguntaron por qué debían mantener una reunión completa, si la misión del proyecto que les había entregado el jefe ejecutivo del grupo había establecido la situación con claridad. Sin embargo, en los primeros cinco minutos de debate se identificaron ya algunas diferencias al respecto entre ellas, las siguientes:

- Las expectativas de los clientes para las unidades de AutoRec son demasiado exigentes.
- El personal de la planta de montaje comete equivocaciones que originan defectos en los productos que se envían a los clientes.
- De alguna manera, no se siguen adecuadamente las especificaciones de los pedidos, lo que supone que los productos no se envían a los clientes con la configuración requerida.
- Cada vez hay más entregas con retraso, lo que hace que los clientes se enojen y que dejen AutoRec cuando encuentran el más mínimo defecto en las unidades.
- Los comerciales, y por tanto los usuarios finales, no saben cómo utilizar las unidades.

Ante tal variedad de situaciones, el equipo decidió redactar una definición del problema, que perfeccionarían cuando reuniesen más información.

El equipo preparó también una declaración inicial de objetivos, que identificó los resultados que deseaban lograr. Algunos participantes se sintieron incómodos con los plazos definidos, pero estuvieron de acuerdo en que necesitaban lograr el éxito enseguida.

«Bien», concluyó el participante del departamento de Ventas, «se trata de declaraciones bastante generales. Vamos a conseguir otras más específicas muy pronto».

El Cuadro de Proyecto Seis Sigma

Existen muchas opciones para desarrollar y dar formato a un *Cuadro de Proyecto*. El equipo de AutoRec solamente ha creado hasta ahora sus dos elementos más esenciales del Proyecto. Veamos a continuación los elementos más comunes que incluye un *Cuadro* de Proyecto, así como algunas directrices para generar su propio documento de proyecto.

La definición del problema

Se trata de una descripción concisa y centrada en lo «que está mal», ya sean las consecuencias de un problema o la oportunidad que va a estudiar. En ocasiones, la definición del problema puede ser una versión depurada de la misión del proyecto; pero, generalmente, el equipo tendrá que definir estas cuestiones con mucha más especificidad, puesto que incluso las misiones mejor definidas son demasiado amplias.

La definición del problema y el proceso de redactarla sirven para lo siguiente:

1. Comprobar que el equipo de mejora ha comprendido perfectamente la misión del proyecto.
2. Afianzar el consenso entre los miembros del equipo respecto al problema a tratar.
3. Garantizar que el equipo ha empezado a centrarse en un problema que no es demasiado amplio ni demasiado específico.
4. Evaluar la claridad de los datos que soportan y ayudan a definir el problema.
5. Establecer una medida base contra la que validar los progresos y resultados.

Este último beneficio, la medida básica, puede no existir cuando el equipo se reúna por primera vez; por tanto, es un ejemplo de uno de los elementos de la definición del problema que hay que esclarecer al cabo del tiempo. La Figura 15.2 resume las cuatro preguntas clave que hay que plantearse para desarrollar una definición del problema.

La declaración de objetivos

La definición del problema y la declaración de objetivos han de ir parejas. Mientras que la definición del problema describe el mal o los síntomas, la declaración de objetivos define el «remedio» en cuanto a resultados concretos. La estructura de la declaración de objetivos se puede estandarizar bastante con los siguientes tres elementos:

1. *Descripción de lo que hay que hacer.* La declaración de objetivos debe empezar por un verbo: «reducir», «aumentar», «eliminar» (pero conviene evitar el verbo «mejorar», porque es demasiado vago).
2. *Un objetivo medible para los resultados deseados.* El objetivo debe cuantificar el ahorro en costes perseguido, la eliminación de defectos o la reducción de tiempo, etc., en porcentajes o cifras reales. Si es demasiado pronto incluso para rea-

Estructura de la definición del problema	
¿Qué?	◆ ¿Qué proceso está implicado? ◆ ¿Qué está mal? ◆ ¿Cuál es la deficiencia u oportunidad?
¿Dónde/ cuándo?	◆ ¿Dónde se observa el problema/ deficiencia? ✔ Departamento ✔ Región ✔ Etc. ◆ ¿Cuándo se observa el problema/ deficiencia? ✔ Hora del día/mes/año ✔ Antes/después de ✔ Etc.
¿De qué envergadura?	◆ ¿Qué envergadura tiene el problema/deficiencia/oportunidad? ◆ ¿Cómo medirlo?
¿Impacto?	◆ ¿Cuál es el impacto del problema/ oportunidad? ◆ ¿Cuáles son los beneficios de actuar o las consecuencias de no actuar?

Figura 15.2 Elementos de una definición del problema

lizar suposiciones, conviene dejar un «marcador» que indique dónde se planea añadirlo más adelante. El objetivo medible es el que su equipo y los directivos de la empresa van a utilizar para evaluar el éxito del proyecto.
3. *Un plazo y/o un marco temporal para los resultados.* Es posible que tenga que revisar posteriormente la fecha definida en la primera parte del proyecto, pero establecer un plazo ayuda a reunir recursos y compromisos y acorta el tiempo del ciclo del proyecto.

Una sugerencia: para que todo quede claro, conviene que la declaración de objetivos incluya *dos* plazos: una fecha para implantar las soluciones y otra para obtener resultados medibles.

Muchos equipos dicen que ponerse de acuerdo en el problema y los objetivos es uno de los aspectos más complejos del proyecto Seis Sigma. Las personas de diferentes lugares de la compañía pueden ver la cuestión de forma muy diferente, dificultando el consenso. Además, los bocetos iniciales tienden a basarse más en suposiciones que en datos reales, por lo que hay más lugar para el desacuerdo. Una forma de evitarlo es recordar que las definiciones tanto del problema como de los objetivos deben *evolucionar* a medida que se obtengan mayores conocimientos del proceso y de los datos. (Es común describir un *Cuadro de Proyecto* como un «documento vivo», lo que sugiere de alguna manera una escena de película: «Mire, profesor, ¡respira!».)

Limitaciones y supuestos

Esta sección del Cuadro de Proyecto, que también se podría llamar «recursos y expectativas», le ayudará a esclarecer y documentar las limitaciones y otros factores relevantes que pueden afectar a los esfuerzos del equipo. Un ejemplo común es la disponibilidad de tiempo: ¿se espera que los miembros del equipo de mejora inviertan en el proyecto el cien por cien de su tiempo?, ¿habrá suficientes recursos para cubrir sus puestos de trabajo «habituales»? Algunas soluciones pueden no ser planteables, por ejemplo, usted puede decidir que en ese momento no es factible llevar a cabo una actualización de las tecnologías de información más importantes. Es mejor reflejar estas realidades cuanto antes, para evitar que los equipos caigan en el error de fomentarlas o mantengan falsas expectativas.

No todos los elementos que aparecen en esta categoría tienen por qué ser limitados. Puede haber un supuesto que diga que «el equipo tomará todas las decisiones acerca de las soluciones a implantar». O bien: «El departamento financiero debe proporcionar una persona a tiempo completo para colaborar en la toma de datos de los Costes de Mala Calidad». Otros supuestos pueden definir con anticipación la frecuencia de las reuniones del equipo, de las contribuciones del patrocinador, etc. Incluso si las restricciones y los supuestos no son elementos formales del Cuadro de Proyecto, puede ser positivo plantear preguntas sobre ellos.

Datos del problema u oportunidad inicial

Puesto que no conviene que la definición del problema contenga más de dos o tres frases breves, es recomendable resumir en una sección separada del *Cuadro* las medidas o hechos que puedan ser relevantes para identificar o comprender la cuestión. Estos datos se pueden actualizar sobre la marcha o simplemente dejarlos «como están» como un registro de los hechos disponibles en el informe del proyecto.

Miembros de equipo y responsabilidades

El *Cuadro de Proyecto* puede contener también la lista de personas implicadas en el proyecto Seis Sigma, incluyendo a los miembros del equipo, al personal de Soporte y Consultoría, así como al patrocinador del proyecto.

Líneas maestras para el equipo

El *Cuadro* puede también incorporar las expectativas sobre la colaboración del equipo. Aquí cabe incluir las reglas básicas para gestionar reuniones, tomar decisiones u otros aspectos del trabajo en equipo.

Plan preliminar del proyecto

Las fechas finales previstas por sí solas no sirven para que el equipo haga un seguimiento del proyecto Seis Sigma; pero la identificación y definición de fechas para los hitos parciales importantes ayuda a mantener el nivel de energía y crea un sentido de urgencia. Si el equipo se ha comprometido voluntariamente a las fechas de los hitos parciales, en lugar de habérselas impuesto, el resultado suele ser mejor, pero, a veces, es necesario empujar un poco a la gente, especialmente si todos los miembros del grupo continúan desarrollando sus trabajos «habituales».

Nota: Un elemento adicional del *Cuadro de Proyecto* que incluyen algunas organizaciones es el «alcance». Esperaremos hasta ver el diseño y rediseño de procesos para tratar el alcance, ya que es más relevante para esos proyectos.

Finalización del Cuadro de Proyecto

El equipo de AutoRec llevaba dos horas completas de reunión sólo para preparar las definiciones iniciales de problemas y objetivos. Antes de la segunda reunión, un par de días más tarde, el jefe del equipo hizo un borrador de otras partes del *Cuadro* que incluían una lista de participantes, así como las limitaciones y supuestos.

Surgió una discusión acalorada acerca de las expectativas sobre el tiempo que los miembros del equipo podían dedicar al proyecto: el borrador indicaba que cada uno le dedicaría entre el 25 y el 50 por ciento de su tiempo. «Tengo trabajo atrasado en la mesa», dijo el participante del departamento de Compras. «No puedo pasar dos horas en una reunión sin un motivo importante.» Otros se quejaron de cosas parecidas. El jefe del equipo acordó hablar con el patrocinador para garantizar que la gente tuviera tiempo libre para el proyecto.

Hasta ese momento, la definición del problema era confusa en cuanto a su envergadura. Entonces habló la participante del departamento de Entregas: «He conseguido encontrar cifras de las entregas erróneas», dijo. «Resulta que cerca del 8 por ciento de los pedidos llegan con retraso y el 30 por ciento no llega bien configurado, con problemas de diversa índole.»

Basándose en los nuevos datos, el equipo revisó la definición del problema y completó el Cuadro inicial. (Véanse las Figuras 15.3 y 15.4.)

Identificar y escuchar al cliente

Veamos algunos beneficios parciales de utilizar una evaluación de la «Voz del Cliente» en la fase Definir:

1. Garantizar que el problema y el objetivo se han definido de forma que se relacionen realmente con los requisitos de los clientes principales.
2. Evitar soluciones de recortar costes y tiempo que realmente perjudiquen al servicio o a la relación con los clientes.
3. Facilitar información sobre posibles medidas de «resultados» que precisen un seguimiento como soluciones a implantar.

Equipo Seis Sigma para entregas al cliente:
Cuadro de Proyecto

Definición del problema

El 40 por ciento de los pedidos que se entregan a los
clientes corporativos de AutoRec no cumplen los requisitos,
incluyendo el 30 por ciento rechazado por incumplir las
especificaciones y el 8 por ciento de retrasos. Estos fallos están
deteriorando nuestra imagen, creando insatisfacción en los
clientes y costándonos unos 350 000 dólares al mes en repetir los
trabajos de los pedidos rechazados. Estos elevados y continuados
niveles de errores están poniendo en peligro nuestra posición
de líderes en este sector creciente.

Declaración de objetivos

Reducir los errores en las entregas en un 70 por ciento (a menos
del 12 por ciento) y disminuir los costes de reprocesado en
un 50 por ciento, para finales del tercer trimestre de este año.

Limitaciones

Los miembros del equipo de trabajo deben dedicar al proyecto
entre el 25 y el 50 por ciento de su tiempo. Las personas de
apoyo para sus actuales puestos de trabajo son... *(a revisar
con el patrocinador).*

Supuestos

Las soluciones no razonables se consideran «fuera de
especificaciones»; sin embargo, el equipo se centrará en mejorar
los procesos existentes y no en diseñarlos o rediseñarlos.

Reglas para el equipo

El equipo se reunirá al menos una vez a la semana. Los martes
por la mañana de 9 a 10. Las decisiones se tomarán por
consenso, guiadas por análisis de criterios cuando sea preciso.
Si no se alcanza el consenso, el jefe del equipo tomará la
decisión final.

CUADRO: Borrador uno, página uno.

Au토Rec

Figura I5.3 El *Cuadro de Proyecto* del equipo de AutoRec (página 1)

4. Acostumbrar a los miembros del equipo a centrar los trabajos en el cliente y
reforzar su importancia.

Si su organización ya tiene una estrategia efectiva de Voz del Cliente y los datos
son accesibles (como describe el Capítulo 13), puede facilitar al equipo DMAMC la
validación de las necesidades y requisitos de cliente. Sin embargo, si no hay fuentes
«fiables», puede costar mucho tiempo y dinero obtener datos relevantes del cliente.
Bajo la presión de conseguir resultados, los equipos de mejora de procesos tendrán
que equilibrar el *ideal* de una comprensión adecuada de los requisitos de cliente con
la necesidad de mantener el proyecto DMAMC en marcha.

Cuadro de Proyecto (continuación)

Miembros del equipo

El equipo se compone de las siguientes personas:
- – Ravi Gosai, Administración de pedidos.
- – Al Johnson, Diseño de productos (jefe del equipo).
- – Daphne Martin, Fabricación.
- – Mike Moshivitz, Fabricación
- – May Yamamoto, Compras.
- – Elena Zarzuela, Suministros
- – Arnold Ziffle, Entregas.

Otros participantes en el proyecto:
- – Pat DeLia, Vicepresidente de Satisfacción del cliente - patrocinador.
- – Martin Wick, *Consultor* Seis Sigma.
- – Eleanor Carajota, soporte/enlace financiero.
- – Bob Megabyte, soporte/enlace de Tecnologías de la Información.

Plan preliminar del proyecto

Para lograr nuestro objetivo y los resultados en la fecha prevista, el equipo trabajará agresiva y rápidamente. Las metas parciales para cada fase del proceso DMAMC son las siguientes:

DEFINIR – 15 marzo

MEDIR – 15 abril

ANALIZAR – 15 mayo

MEJORAR – 15 junio

CONTROLAR – 15 julio

CUADRO: Borrador uno, página dos.

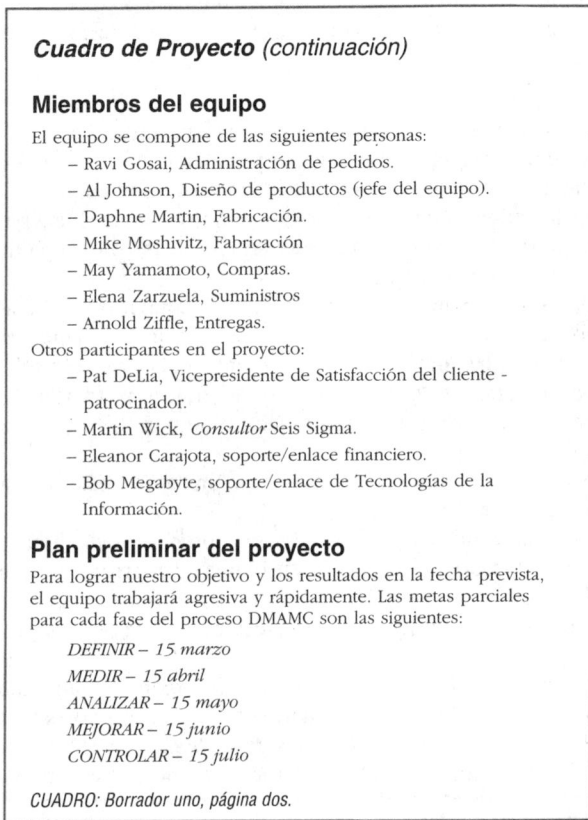

Figura 15.4 El *Cuadro de Proyecto* del equipo de AutoRec (página 2)

Toma de contacto con los clientes

Al final de la reunión para terminar el *Cuadro de Proyecto*, el equipo de Auto-Rec «Entregamos» (nuevo nombre con el que se bautizaron) acordó que May, de Ventas, y Arnold, de Entregas, tomasen contacto con varias fuentes para tener una idea mejor de cómo afectaban los problemas de las entregas a los clientes de cuentas corporativas.

Debido a la escasez de tiempo decidieron dividir el trabajo, centrándose cada uno en una fuente de datos de cliente:

1. May debía realizar una breve encuesta telefónica a unos 10 jefes de Ventas y otros 10 de Tecnologías de la Información, para desarrollar una lista detallada de los requisitos y prioridades de los clientes.

2. Arnold debía revisar las cartas y formularios de reclamación de los clientes, para ver los patrones que seguían o las conclusiones que se podían extraer.

Una semana más tarde, May y Arnold se reunieron para comparar sus hallazgos. Lo que averiguaron fue algo sorprendente: a los clientes corporativos no les preocupaba la rapidez de las entregas tanto como habían creído.

«Todos los clientes me han dicho que lo que quieren es tener equipos para aumentar su productividad», señaló May. «Pero no les preocupa mucho tener que esperar unas semanas o un mes.»

Los datos que Arnold obtuvo de las reclamaciones indicaban lo mismo. «Me llevó casi tres horas separar los elementos de las cuentas corporativas del resto; ¡estaban todas juntas! Pero, finalmente, encontré sólo seis reclamaciones relativas a los retrasos en las entregas y no eran muy fuertes. Los clientes que estaban realmente furiosos eran los que no podían utilizar los sistemas y eran más de 150.»

May y Arnold prepararon para el equipo un resumen de sus hallazgos, de una página de extensión (Figura 15.5).

Cuando los demás miembros del equipo vieron la lista y los datos, se quedaron de piedra y con los ojos en blanco. La prioridad de todo el mundo en AutoRec había sido enviar los sistemas *lo antes posible*. Lo lógico era que, «al ser el único en la ciudad tuviera que entregar sus productos rápidamente».

«Los clientes no tienen tanta necesidad de urgencia como habíamos creído», explicó May. «Entregar las cosas rápido está bien, pero no es lo más importante. Lo que sí es importante es entregar las cosas *bien*.»

El equipo abandonó la reunión con unas cuantas cosas en las que pensar.

Identificar y documentar el proceso

Una actividad final y esencial de la etapa Definir es desarrollar una «imagen» del proceso implicado en el proyecto. Hay grupos que sienten la tentación de saltarse esta etapa, pero existen razones de peso para hacer de ella un «deber» de cualquier proyecto DMAMC:

✦ *Situar el problema en su contexto.* Comprender el flujo de trabajo en torno al problema ayuda a esclarecer los distintos factores que pueden influir en el rendimiento.

✦ *Ajustar el alcance del proyecto o centrar el análisis.* Una forma rápida de que el equipo concentre su atención es crear un diagrama del proceso. Es común reconocer que el proceso descrito es tan grande que se necesita ajustar inmediatamente el foco de atención.

✦ *Revelar las posibles causas raíz «obvias».* No abogamos por saltar hasta las conclusiones, pero, a veces, simplemente al documentar cómo funciona (o *no* funciona) el proceso es suficiente para ver la causa del problema.

Cliente: Departamento de Ventas corporativas **Resultado:** Dispositivos de «texto automático» y materiales de apoyo		
Peso	Requisitos de cliente	Tipo
10	Compatible con el hardware existente	IN
10	Compatible con el software existente	IN
8	Exactitud de la traducción de voz a texto (al menos el 95 por ciento)	SA
5	Utilizable tras leer las instrucciones en 5 minutos o menos	SA
5	Cantidad correcta	IN
3	Entrega en la fecha indicada en el pedido	SA

SA = Satisfactor
IN = Insatisfactor (requisito mínimo)
DE = Deleitador

AutoRec

Figura 15.5 Pesos y tipo de los requisitos de los clientes de AutoRec

✦ _Clarificar las entradas, roles y relaciones con proveedores y clientes._ Esto es de utilidad para que los miembros del equipo comprendan el rol de cada uno durante el proceso y vean cómo contribuyen al proyecto. También ayuda a determinar si el equipo se compone de los miembros adecuados.

✦ _Ayudar a localizar qué y dónde medir._ Una visión general del proceso pone de relieve los puntos en que puede haber datos clave necesarios y/o disponibles.

Elección del diagrama del proyecto: SIPOC o detallado

Una pregunta importante que surge al principio respecto a la representación de un proceso en un proyecto DMAMC, es la siguiente: ¿qué nivel de detalle necesitamos?

Diagrama SIPOC desde el pedido hasta la entrega de AutoRec

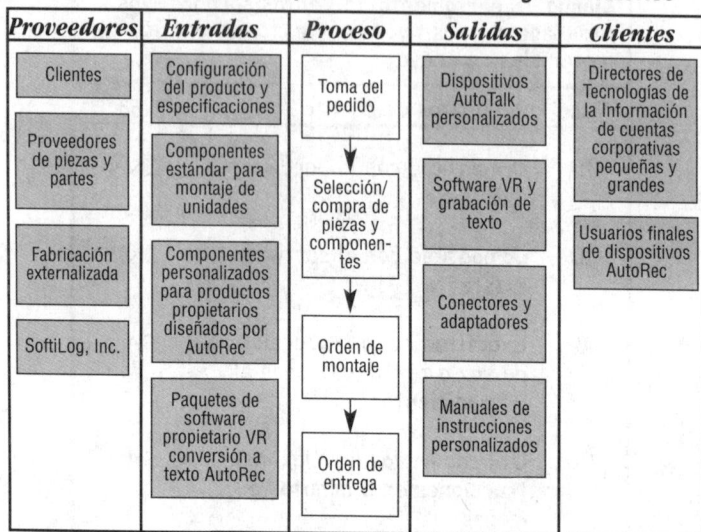

Proveedores	Entradas	Proceso	Salidas	Clientes
Clientes	Configuración del producto y especificaciones	Toma del pedido	Dispositivos AutoTalk personalizados	Directores de Tecnologías de la Información de cuentas corporativas pequeñas y grandes
Proveedores de piezas y partes	Componentes estándar para montaje de unidades	Selección/ compra de piezas y componentes	Software VR y grabación de texto	
Fabricación externalizada	Componentes personalizados para productos propietarios diseñados por AutoRec		Conectores y adaptadores	Usuarios finales de dispositivos AutoRec
SoftiLog, Inc.		Orden de montaje		
	Paquetes de software propietario VR conversión a texto AutoRec	Orden de entrega	Manuales de instrucciones personalizados	

Figura 15.6   Diagrama SIPOC desde el pedido hasta la entrega de AutoRec

Como es usual, la respuesta es «depende». En general, sugerimos que empiece por un diagrama SIPOC, como vimos en el Capítulo 12. Una vez completo, podrá decidir si es necesario un mapa del proceso más detallado. El equipo de AutoRec eligió un mapa SIPOC de alto nivel, que aparece en la Figura 15.6.

Con un diagrama SIPOC, los requisitos de cliente y el *Cuadro de Proyecto* completo, el equipo puede estar listo para pasar a la fase Medir de DMAMC. Una tarea «final» opcional sería trazar un mapa detallado del proceso para identificar dónde hay que situar los puntos de extracción de datos, pero solamente cuando sea realmente necesario. Es mejor evitar entrar demasiado pronto en excesivos detalles.

Lo que hay que hacer y lo que no hay que hacer en la fase Definir

SÍ: Hacer la definición del problema todo lo específica y basada en hechos que sea posible.

Céntrese en lo que es observable y en lo que está confirmado, no en sospechas o suposiciones.

SÍ: Utilizar el *Cuadro* para establecer pautas y obtener acuerdos sobre el problema, los objetivos y los parámetros del proyecto.

Tómese tiempo al principio para tratar las cuestiones o las dudas con el equipo y los patrocinadores. Esto le ayudará a alisar el camino del proyecto.

SÍ: Poner el *Cuadro* «visible» y revisarlo cuando sea necesario.
Es una herramienta para mantener las cuestiones bien enfocadas y es un «documento vivo».

SÍ: Escuchar la «Voz del Cliente».
Seis Sigma trata siempre de mejoras orientadas al cliente. Incluso los proyectos que aumentan la eficiencia precisan prestar atención al valor e impacto para el cliente.

NO: Describir causas sospechadas o buscar culpables del problema.
Una clave para la mejora Seis Sigma es la asunción de que no conoce la causa del problema, aunque se tengan algunas sospechas.

NO: Dar excesiva publicidad a los objetivos preliminares.
Está bien definir objetivos ambiguos mientras que no conduzcan a falsas expectativas.

NO: Cuadro de Proyecto retórico.
Es más fácil decirlo que hacerlo, puesto que a la gente le gusta conseguir redacciones demasiado perfectas. Si lleva demasiado tiempo puede minar el entusiasmo y el compromiso.

NO: Perderse en los detalles del proceso.
Es esencial tener una visión básica del proceso a alto nivel, lo que generalmente es suficiente al inicio del proyecto. Conviene crear mapas detallados del proceso sólo donde resulte útil tener información extra inmediatamente.
El apéndice final contiene una lista de comprobación para la etapa Definir.

Medir: fundamentos y exactitud del problema

La medición es una fase clave de transición, que sirve para validar o precisar el problema y para comenzar la búsqueda de las causas raíz, que son el objeto de la etapa Analizar. Las medidas responden a dos preguntas clave:

1. ¿Cuál es el foco y la extensión del problema, en base a las medidas y/o resultados del proceso? (Esto se suele llamar «medida de la situación de partida»).
2. ¿Qué datos fundamentales pueden ayudar a centrar el problema en sus factores principales y en las «pocas vitales» causas raíz?

Nota: Para obtener más información sobre la ejecución de las mediciones, véase el Capítulo 14.

Planificación de mediciones

Antes de la siguiente reunión, Al, el jefe de equipo de AutoRec, envió un mensaje por correo electrónico pidiendo a todos que aportaran ideas sobre las mediciones que más podrían contribuir a comprender los problemas de las entregas. El equipo envió las mediciones agrupadas en dos categorías: salidas o entradas/proceso. Después de eliminar las redundancias y duplicidades, la lista quedó como sigue:

SALIDAS

* Número de defectos por tipo.
* Proporción de defectos y rendimiento (total general y por tipo de cliente).
* Sigma resultante.

ENTRADAS/VARIABLES DE PROCESO

* Discrepancias entre el pedido y la entrega final.
* Tiempo de ciclo para la fase principal del proceso.
* Frecuencia cardíaca del personal de Entregas el último día de cada trimestre.
* Promedio de días que las piezas o partes están en almacén.

Por desgracia, el equipo se dio cuenta de que los datos existentes sobre las entregas defectuosas y las reclamaciones de los clientes no daban suficiente detalle para ayudarles a centrar el problema. Por tanto, tuvieron que desarrollar un nuevo plan de recogida de datos.

«Si podemos ver si las especificaciones del pedido son las mismas que las que se entregan», dijo Daphne, de Montaje, «sabremos si hay un error en la toma del pedido o en algún punto posterior del proceso».

Al final de la reunión, el grupo había decidido tres medidas. En los días siguientes, los subgrupos del equipo desarrollaron una descripción del propósito y las definiciones operativas de cada una:

* *Fallos en las entregas.* Esta medición identificaría diversos factores, incluyendo la fecha de entrega, el tipo de fallo (entre cuatro categorías u oportunidades), el tipo de producto (por ejemplo, microcasettes o memorias digitales), el tipo de cliente y el vendedor.
* *Tiempo de ciclo del proceso.* El equipo decidió seguir una muestra de pedidos a lo largo de todo el proceso y reunir datos del tiempo de ciclo para cada fase. Para esto, crearon una hoja de comprobación sencilla tipo «viajero», a adjuntar a la documentación que seguiría a cada uno de los trabajos a partir de la entrada del pedido en el proceso de entrega.
* *Discrepancias entre pedido/entrega.* Para esta medición, el equipo pudo utilizar datos históricos de las entregas erróneas. Se comprobaron para ver, como sugirió Daphne, si los *pedidos* estaban equivocados o si los problemas se producían en algún otro punto del proceso.

Posibilidades de medida

Las decisiones sobre lo que hay que medir suelen ser difíciles, tanto debido a las muchas opciones disponibles como debido al reto que supone recopilar datos. En los esfuerzos de mejora de procesos, los datos a recopilar en algunas fases son una de las razones principales que pueden hacer que los proyectos tarden meses en finalizar. Los equipos deben hacer una selección cuidadosa sobre sus posibilidades de medida. A veces no es posible medir lo que se *quiere*, por lo que también es importante la capacidad para hallar alternativas o incluso utilizar mejor los datos que sea *posible* reunir. Según pasa el tiempo, los proyectos de mejora tienden a desarrollarse más rápido, y se mejoran las distintas posibilidades y medios de medida. Parte del arte de Seis Sigma se basa en la toma de decisiones y soluciones a partir de hechos *suficientes* para que resulten efectivas y en aprender a hacer un mejor uso de los datos.

Reunión e interpretación de los datos de AutoRec

El equipo necesitó el mes completo para reunir datos sobre las tres medidas. Tuvieron suerte, porque el período de toma de datos llegó al final del primer trimestre del año, por lo que pudieron ver el comportamiento del proceso durante los ciclos de calma y de trabajo. (Sabían que era importante que los datos fuesen representativos de los niveles de trabajo y de otros factores que variaban en el tiempo.)

Veamos las conclusiones que extrajeron de cada una de las medidas:

- *Fallos en las entregas.* Los datos reunidos de esta medida (en realidad, varias medidas) se compilaron en una hoja de cálculo. Elena, de Compras, señaló: «Hay muchas cosas que podemos hacer con estos datos en la mano». Por el momento, lo primero que hicieron fue desarrollar dos perspectivas:

  1. Determinaron el rendimiento del proceso como DPMO (Defectos por Millón de Oportunidades) en 122.800 o 2,7 sigma.
  2. Dividieron los datos relativos a fallos por tipos y los representaron en un *Gráfico de Pareto* (que se explica más adelante). Esto reveló que la mayoría de los problemas eran de incompatibilidad, principalmente de hardware.

- *Tiempo de ciclo del proceso.* El tiempo promedio de ciclo, desde la entrada del pedido hasta la entrega, resultó de 17,3 días. Al dividir el tiempo total entre las etapas más importantes del proceso (a partir del diagrama SIPOC), se vio que el período de tiempo más largo se dedicaba al conformado de pedidos, con un promedio de 11,6 días.
- *Discrepancias entre pedido/entrega.* Para esta medida, el equipo pudo utilizar datos históricos de las entregas erróneas. Comprobaron si los *pedidos* estaban equivocados o si los problemas se producían en algún punto del proceso. Los datos fueron concluyentes: en casi el 93 por ciento de los pedidos defectuosos, los formularios de especificaciones del pedido eran diferentes de lo que se enviaba realmente al cliente. También encontraron una proporción significativa de formularios correctos, es decir, en los que la información reflejaba la configuración adecuada del cliente.

Junto con ello, los datos dieron al equipo una imagen mucho más clara del problema y le ayudaron a centrarse en la búsqueda de las causas raíz de las entregas defectuosas. Pudieron actualizar la definición del problema basándose en los resultados de la medida:

El cuarenta por ciento de las entregas de AutoRec a clientes corporativos no cumplen los requisitos de cliente, incluyendo un 30 por ciento de problemas de incompatibilidad de hardware y software. Estos fallos están deteriorando nuestra imagen, creando insatisfacción en los clientes y costándonos unos 350.000 dólares al año en repetir los trabajos de los pedidos rechazados. Estos niveles elevados y continuados de errores están poniendo en peligro nuestra posición de líderes en este sector creciente.

La transición de la medida al análisis

Lo principal, antes de declararnos listos para iniciar la etapa Analizar, es tener al menos una medición sólida y repetible que confirme (y a menudo clarifique) el problema u oportunidad. Ésta debe ser la medición a repetir durante y después de implantar las soluciones para el seguimiento de los efectos de la mejora. Otro resultado común de la etapa Medir es un nuevo y más sofisticado conjunto de preguntas sobre el problema. Tales preguntas son una buena señal: demuestran que estamos pensando en la forma de *investigar* el problema, en vez de limitarnos a aportar soluciones rápidas.

Lo que hay que hacer y lo que no hay que hacer en la fase Medir

SÍ: Lograr un equilibrio entre las mediciones de salidas y las de entradas/variables del proceso.

Asegúrese de que está haciendo un seguimiento del impacto sobre el cliente y sobre el producto/servicio final, aunque su objetivo sea aumentar la eficiencia.

SÍ: Utilizar mediciones para enfocar el problema.

Trate de averiguar los componentes más significativos o que más contribuyen al problema, de forma que sus análisis y soluciones vayan bien encaminados.

SÍ: Anticiparse a lo que hay que analizar más adelante.

Trate de reducir los ciclos de toma de datos reuniendo evidencias que le ayudarán a averiguar la esencia del problema.

NO: Intentar hacer demasiadas cosas.

Aunque quiera «saltar» a la etapa Analizar, no intente medir demasiadas cosas a la vez. Céntrese en las mediciones que tenga seguridad que va a utilizar y que pueda completar en un marco temporal razonable (entre una semana y un mes es un tiempo adecuado).

NO: Saltarse etapas importantes en las medidas.

Tomarse el tiempo necesario para crear buenas definiciones operativas, formularios de toma de datos, planes de muestreo, etc., y comprobar el sistema de medida antes de lanzarlo evitará datos inválidos y repetición de medidas.

El apéndice ofrece una lista de comprobación de la etapa Medir.

Analizar: conviértase en un detective de procesos

Analizar es la fase más «impredecible» de DMAMC. Las herramientas que utilice y el orden en que las aplique dependerán del problema y del proceso y de cómo los aborde. Como una historia detectivesca, puede intentar anticipar lo que va a suceder a continuación, pero frecuentemente se llevará sorpresas. Una de las lecciones más interesantes del método Seis Sigma es que las causas claramente sospechosas (las causas que usted *cree* son la raíz del problema) suelen no «tener la culpa» o ni siquiera ser cómplices del verdadero *culpable*. (Seguiremos con el rol de detectives.)

Cuando el equipo y los directivos de la empresa se equivoquen un par de veces, aprenderán a tener cuidado con sus conjeturas. No se trata de *ignorar* la experiencia pasada ni la intuición, pero basarse únicamente en ellas puede hacer que los auténticos criminales sigan causando problemas. (*Fin* de la analogía detectivesca.)

El ciclo de análisis de la causa raíz

Podemos representar la etapa Analizar, aplicada a la mejora de un proceso, como un *ciclo* (véase la Figura 15.7). El ciclo se dirige a la generación y evaluación de «hipótesis» (o «suposiciones con base») acerca de la causa del problema. Es posible en-

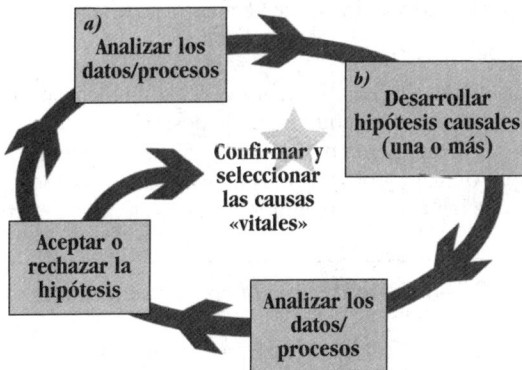

Figura 15.7 Ciclo de análisis/hipótesis de la causa raíz

trar en el ciclo en el punto *a)*, observando el proceso y los datos para identificar las posibles causas, o en el punto *b)*, en el que puede *empezar* por una causa sospechosa y comprobar su validez o rechazarla mediante el análisis. Si su hipótesis no es correcta, tendrá que volver al principio del ciclo para iniciar una nueva explicación completa. Pero, aunque las causas sean «incorrectas», resultan ser oportunidades para perfeccionar y centrar su explicación del problema.

Estrategias clave de análisis

Como indica el diagrama del ciclo de análisis, existen dos fuentes clave de entradas para determinar la verdadera causa del problema en estudio:

✦ *Análisis de los datos.* Empleo de mediciones y datos, bien los que ya se han recopilado, o los nuevos reunidos en la fase Analizar, para discernir patrones, tendencias y otros factores acerca del problema que puedan sugerir o bien aceptar/rechazar las posibles causas.

✦ *Análisis del proceso.* Una investigación más a fondo y la comprensión de su funcionamiento permite identificar las incoherencias, las «desconexiones» o las áreas problemáticas que pueden causar o contribuir al problema.

    Estas dos estrategias combinadas producen la verdadera potencia del análisis Seis Sigma. Independientemente, cada una le puede aportar una idea de la posible causa raíz del problema, pero su conocimiento será siempre pobre a no ser que pueda juntar los datos con el conocimiento del proceso.

Los dos errores más grandes que cometen los equipos de mejora de procesos en la fase Analizar son los siguientes:

1. Terminar el ciclo prematuramente, declarando a la supuesta causa como «culpable» adoptando una solución sin evidencias suficientes, algo similar a lo que sucede cuando se declara culpable a un inocente.

2. Permanecer en el ciclo demasiado tiempo, no estando convencidos nunca de tener datos suficientes y sin atreverse a aplicar soluciones a la causa más probable.

En las primeras etapas de Seis Sigma es especialmente importante evitar ambos extremos. Con la experiencia, el equipo puede desarrollar hábitos de sentido práctico sobre lo que es suficiente pero no *demasiado*, al analizar el problema. Cuando trabajemos en la etapa Analizar y observemos la historia del equipo de AutoRec, le explicaremos cómo pueden usted y su equipo intentar evitar esos errores.

Preparación de la primera lista de causas

    En la siguiente reunión, Ravi, de Administración de pedidos, recordó al equipo «En nuestro libro de trabajo Seis Sigma se dice que hay dos estrategias principales para analizar un problema: examinar el proceso o examinar los datos. ¿Cuál deberíamos utilizar?»

«No se trata de una cuestión o la otra», fue la respuesta de Martin Wyck, el *Consultor* que trabajaba con el equipo y que asistía a la reunión. «Generalmente es mejor observar tanto los datos *como* el proceso», añadió. «Podemos extraer información de ambas fuentes y, si coinciden, podemos aprender mucho acerca del problema.»

«Me gusta», dijo Ravi. El resto del equipo también estuvo de acuerdo. Sin embargo, tuvieron dificultades para alcanzar un consenso sobre qué hacer primero: estudiar los datos u observar el proceso con más detalle.

No obstante, por sugerencia de Elena, de Compras, decidieron no empezar ni por los datos *ni* por el análisis, sino por una lista de posibles causas fundamentales a considerar. Con un diagrama de causa-efecto, hicieron una «tormenta de ideas» para extraer todas las causas posibles que pudieran dar lugar al alto nivel de fallos en las entregas. Luego se fueron centrando en varias «principales sospechosas» o, hablando más técnicamente, «hipótesis de causas». Probablemente:

- Los formularios de especificación de pedidos se introducían incorrectamente en el sistema de compras.
- Los vendedores de piezas y partes ponían etiquetas equivocadas en los componentes, por lo que en los envíos se empaquetaban conectores y adaptadores equivocados.
- Los errores procedían de los envíos que se preparaban con excesiva celeridad para cumplir los plazos de entrega.
- El personal de Montaje, que se contrataba a docenas por mes, no tenía la suficiente formación y cometía errores al mezclar dispositivos digitales con grabadoras de voz.
- Los envíos se mezclaban en el muelle por etiquetas equivocadas y se enviaban a clientes equivocados.

«¡Pero eso no son más que *sospechas!*» comentó May, de Ventas.

«Es cierto», respondió Martin, el *Consultor*. «Lo que habéis hecho ha sido escribir algunas de las cosas que suponéis. Así que, ahora podéis observar los datos y el proceso para ver si tienen sentido. Pero la causa *real* puede ser algo que ni siquiera esté en la lista.»

Para seguir adelante con la etapa Analizar, el equipo se repartió los trabajos: tres de ellos trabajarían con un mapa más detallado de las actividades de Compras, Montaje y Entregas, mientras que los otros cuatro buscarían más a fondo en los datos ya reunidos.

Puntos de partida del ciclo de causas raíz

El equipo de AutoRec eligió un método común para entrar en el análisis: desarrollar una lista de causas potenciales o «hipótesis de causas». La herramienta elegida fue el diagrama causa-efecto o «espina de pescado», que ha sido durante años el favorito de los círculos de calidad y todavía se utiliza en los equipos de mejora Seis Sigma.

El diagrama causa-efecto

El análisis causa-efecto permite al grupo empezar con un «efecto», es decir, un problema o, en algunos casos, un efecto o resultado buscados, y crear una lista estructurada de posibles causas. Los beneficios del diagrama causa-efecto son, entre otros, los siguientes:

✦ Es una excelente herramienta para que el grupo reúna ideas y datos, sobre todo mediante el método de «tormenta de ideas estructurada».

✦ Al establecer categorías de causas potenciales, garantiza que el grupo piense en numerosas posibilidades, en vez de limitarse a unas cuantas áreas típicas (por ejemplo, personal o materiales defectuosos).

✦ Ayuda a iniciar la etapa Analizar. El empleo del diagrama causa-efecto permite identificar algunas de las causas «sospechosas», como hizo el equipo de AutoRec, y proporciona un enfoque para iniciar el análisis de los datos y del proceso.

El diagrama causa-efecto nos lleva de nuevo a la cuestión *variabilidad* que presentamos en el Capítulo 2. En él observamos que el proceso empresarial tiene dos tipos de variación. La variación «aguas arriba», a partir del cliente (en las entradas o procesos), son los factores de variación llamados «las X». La variación «aguas abajo» o de las salidas es la consecuencia de los cambios de las X y le llamamos «las Y». Podemos aplicar el mismo principio de X e Y al modelo causa-efecto: el «efecto» o problema es la Y y las posibles causas fundamentales que aparecen en las «espinas del pescado» son las X.

Como muestra la Figura 15.8, hay descritos seis factores principales que causan la variación en un proceso empresarial y que, a veces, se llaman las «5M y 1P».

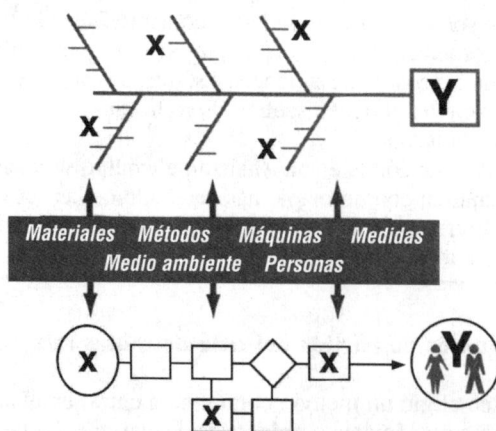

Figura 15.8 El mapa del proceso y el diagrama causa-efecto, que muestra las causas de la variación en los factores (X) e (Y)

- *Materiales.* Los consumibles o entradas de materia prima utilizados en el proceso.
- *Métodos.* Los procedimientos, procesos e instrucciones de trabajo.
- *Máquinas.* El equipamiento que incluye ordenadores y herramientas no consumibles.
- *Medidas.* Las técnicas empleadas para evaluar la calidad y cantidad de trabajo, incluyendo la inspección.
- *Medio ambiente.* El entorno en que se realiza el trabajo o que afecta a cualquiera de las demás variables; puede incluir las «instalaciones» y no sólo el entorno natural.
- *Personas.* Los nativos bípedos de la mayoría de los continentes de la tierra; hay evidencias de que pueden mostrar signos de inteligencia.

A medida que pasamos a niveles más profundos del análisis de las causas principales, examinaremos todas las causas potenciales de variación, para dirigirnos a las llamadas X «pocas vitales» o causas que contribuyen principalmente al problema.

El proceso de AutoRec

Había nueve personas en la sala de juntas trabajando por la mañana para completar el mapa del proceso de AutoRec, desde las compras hasta las entregas. Habían invitado a uno o dos representantes de cada área implicada para garantizar mayor información para el mapa.

«Queremos ver el proceso "como es"», explicó el jefe del equipo. «Vamos a comprobarlo con otras personas, así que no tiene que ser perfecto, pero tampoco queremos describir el proceso como debería de ser o de la forma en que los directivos creen que se está haciendo.»

La reunión les llevó dos horas para crear un mapa completo del proceso. Entre las sesiones, crearon un borrador preliminar (utilizando un programa de trazado de mapa de procesos) y lo hicieron circular para comentarlo y aplicarle las correcciones que surgieran.

Una parte interesante del proceso fue la que implicaba vínculos entre Compras y Montaje. La estrategia de Compras había sido mantener el stock un mes o dos en el caso de pequeños componentes, como conectores, adaptadores, paquetes de software, puesto que no son caros y no suponen congelar un gran capital en el inventario. Eso les dejaba tiempo para pedir partes personalizadas más complejas, como componentes para los dispositivos de grabación.

En Montaje, para cada pedido que se recibía, preparaban un «carrito» con bandejas conteniendo todos los elementos necesarios, basándose en una lista de materiales que generaba un programa de configuración. Para cada pedido, se asignaba la responsabilidad principal a una «pareja» para garantizar que el material se entregaba a tiempo. Una vez preparado el carrito, el grupo sacaba todos los componentes principales para los dispositivos de grabación disponibles en el inventario y enviaba un pedido a Compras con los elementos no disponibles. Dado que el volumen había crecido enormemente y continuaba creciendo, casi todos los pedidos precisaban una compra especial de elementos para las grabadoras.

Para los elementos más pequeños, como los conectores y los adaptadores, que se mantenían en grandes cantidades, los supervisores del almacén de montaje comprobaban los niveles de stock cada semana para ver lo que había que reponer. Cuando quedaban pocas piezas, enviaban un mensaje por correo electrónico con la lista de los elementos de inventario que estaban por debajo de lo que precisaba el departamento de Compras para el aprovisionamiento.

Al observar el proceso, el grupo tomó nota de la diferencia existente a la hora de pedir los dos tipos de piezas, dejando su análisis para más adelante. Uno de los asistentes a la reunión, del departamento de Montaje, comentó que algunos adaptadores y conectores *siempre* «estaban pedidos», mientras que otros se pedían raramente.

El otro «descubrimiento» de la reunión fue la responsabilidad y la participación en hacer las entregas a tiempo. Aunque todo el mundo en AutoRec sabía la alta prioridad de la empresa daba a las entregas a tiempo, el personal de Entregas parecía prestar mayor atención a las fechas, y comprobaba con Montaje los pedidos cuando las fechas de entrega estaban próximas. «Vamos a Montaje con mucha frecuencia y les ayudamos a completar los carritos», explicó uno de los empleados de Entregas. «Nos dan un bono mensual según el número de entregas hechas a tiempo, por lo que probablemente lo tomemos algo más en serio.»

Los miembros del equipo intercambiaron miradas cuando oyeron este comentario y después de la reunión acordaron que habían extraído una conclusión acerca del problema: el personal de Entregas se mezclaba en el trabajo de Montaje.

La Figura 15.9 muestra un segmento del mapa de proceso.

El Mapa de proceso y el análisis

Los mapas de proceso están entre las herramientas esenciales de Seis Sigma, dirigidas principalmente a la mejora, diseño, medida y gestión por procesos. Lo básico de un mapa de proceso es simple: una serie de tareas (rectángulos) y decisiones/revisiones (rombos), conectados mediante flechas para mostrar el flujo de trabajo. El ejemplo de AutoRec es un mapa estándar; más adelante veremos algunas variaciones.

Al construir el mapa de proceso para los proyectos Seis Sigma es probable hallar que parte de la información más esclarecedora procede de las sesiones reales de «creación del mapa», cuando la gente empieza a oír hablar de la forma en que se realiza el trabajo y se gestiona el proceso en otros lugares de la empresa. Cuando se documenta y valida un proceso (por ejemplo, se comprueba con otras personas que realizan el trabajo para ver si el mapa concuerda con la «realidad»), se pueden analizar y observar algunas de las áreas problemáticas específicas siguientes:

✦ *Desconexiones.* Puntos en los que se pasa el trabajo de un grupo a otro y que se gestionan de forma incompleta o en los que el proveedor y el cliente no se comunican con claridad los requisitos mutuos.

El mapa del proceso de montaje de AutoRec

Comprobar las especificaciones del pedido

NO

¿CORRECTAS?

Reescribir las especificaciones

SÍ

Crear la lista de materiales

Preparar los «carritos»

Comprobar el inventario

SÍ   ¿Faltan elementos?   NO

Montaje «en espera»

Montaje de elementos

Envío del pedido a Compras

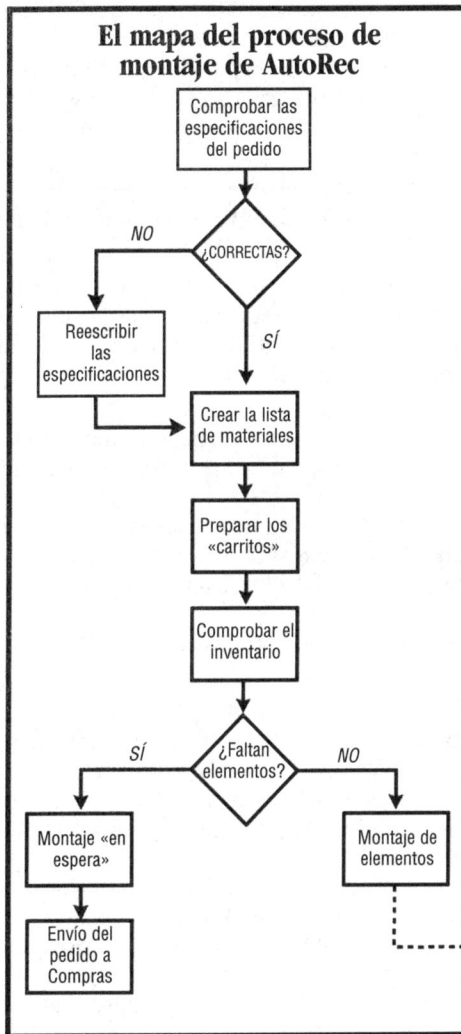

Figura 15.9 El mapa del proceso de montaje de AutoRec (parcial)

✦ *Cuellos de botella*. Puntos del proceso en los que el volumen sobrepasa la capacidad, lo que ralentiza todo el flujo de trabajo. Los cuellos de botella son «puntos débiles» para entregar a tiempo los productos y servicios a los clientes y en la cantidad adecuada.

✦ *Redundancias*. Actividades repetidas en dos puntos del proceso; también pueden ser actividades paralelas que dupliquen los mismos resultados (por ejemplo, entradas de los mismos datos en sistemas de diferentes departamentos).

✦ *Bucles.* Lugares donde se retorna un alto volumen de trabajo «de nuevo» al proceso, para repararlo, corregirlo o solucionarlo.

✦ *Decisiones/inspecciones.* Puntos del proceso en que interviene la elección de opciones, la evaluación o la verificación, y crean retrasos potenciales. Estas actividades tienden a multiplicarse en la vida del proceso o de la empresa.

Diversión en AutoRec durante el análisis de los datos

Cuando el subequipo «Entregamos» empezó con el análisis de los datos según el método elegido, comenzó por observar la lista de posibles causas para ver de qué manera los datos podían confirmarlas o refutarlas. Como recordatorio, las hipótesis iniciales fueron las siguientes:

- Formularios de especificación de pedidos incorrectamente rellenados.
- Conectores y adaptadores empaquetados en los envíos con etiquetas equivocadas.
- Errores debidos a la rapidez por cumplir las fechas de entrega.
- Personal de Montaje sin suficiente formación, contratado mensualmente por docenas, que mezclaba los dispositivos digitales con las grabadoras de cinta.
- Envíos con etiquetas equivocadas en el muelle de carga que se mandaban al cliente equivocado.

Puesto que las cantidades enviadas solían ser correctas, el equipo descartó a los «envíos con etiquetas equivocadas» como causa principal. «Esperábamos que todas las cantidades estuvieran mal», dijo Ravi, de Administración de pedidos. «Creo que no hemos tenido dos pedidos que solicitaran exactamente el mismo número de unidades.»

El grupo estuvo de acuerdo en analizar con mayor profundidad la categoría de fallos más habituales: incompatibilidades de hardware. A partir del gráfico de Pareto de «primer nivel» dibujaron un Pareto de «segundo nivel» para el tipo de fallo «incompatibilidad de hardware». En él aparecían las subclases de este tipo e indicaba que el fallo más común era «conectores y adaptadores incompatibles» (véase la Figura 15.10).

«Pero yo sé que estamos enviando mal los adaptadores y los conectores», dijo Arnold, de Entregas. «Esto todavía no explica por qué están equivocados.»

Una de las cuestiones investigadas precisaba mayor análisis estadístico. Una de las hipótesis sugería que la rapidez en servir los pedidos era la causa del problema. Desarrollaron un histograma que mostraba la distribución de las entregas defectuosas, basado en el número de días en que se enviaba al cliente antes y después de la fecha de entrega prevista (véase la Figura 15.11). La rapidez pareció ser claramente la clave. Sin embargo, cuando estratificaron los datos defectuosos por *tipo* de fallo, utilizando el «análisis de varianza» o «ANOVA» (véase el Capítulo 18), el factor «rapidez» no resultó diferente en el fallo «Incompatibilidad de hardware» respecto de cualquier otro fallo. Por

Pareto «nivel uno»

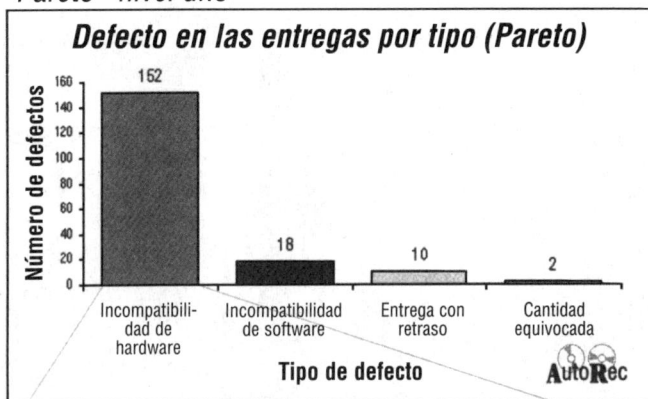

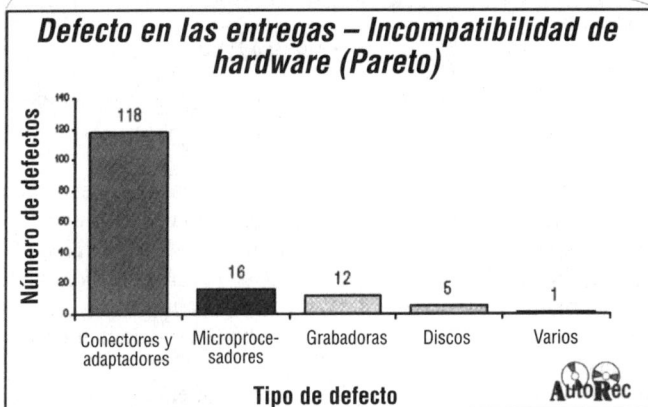

Defecto en las entregas por tipo (Pareto)

Pareto «nivel dos»

Figura 15.10 Gráficos de Pareto de nivel 1 y 2 de AutoRec

tanto, aunque «la prisa» parecía ser causa *general* de errores, no era la causa raíz para el problema principal que se estaba tratando.

Análisis de la causa lógica

Investigar los datos que rodean un problema a mejorar en un proceso requiere disciplina, una mente abierta y una combinación (aunque parezca extraño) de pensamiento lógico y creativo. Armados con un arsenal de datos precisos, que los miembros del equipo de AutoRec han recogido, podemos utilizarlos junto con otros hechos disponibles para extraer nuevas hipótesis o para «comprobar» objetivamente las hipótesis existentes y ver si concuerdan con los datos.

Entregas defectuosas frente a días antes y después del plazo

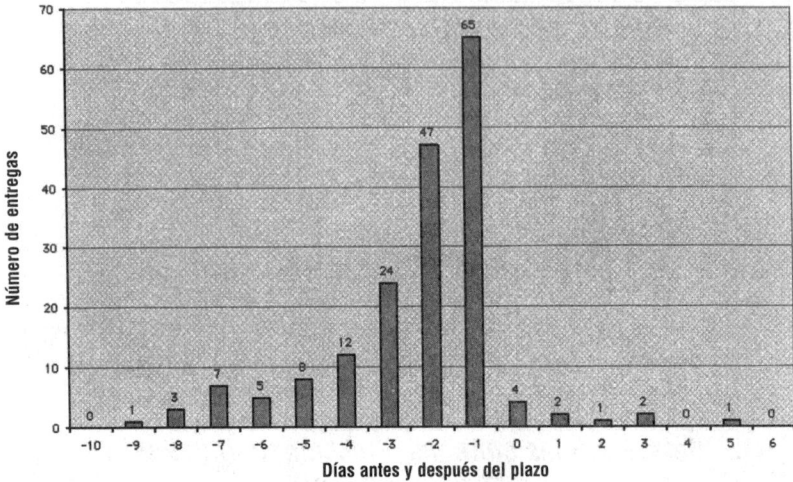

Figura 15.11 Distribución de las entregas defectuosas frente a días antes y después de la «fecha prevista»

El método de análisis de la causa lógica es el que todos utilizamos intuitivamente, al menos en algún momento. Por ejemplo, si un niño nos dice que el perro se ha comido las galletas y vemos que tiene migas en la cara, seguimos siendo escépticos respecto a su «hipótesis». O si el coche no arranca y el motor ni siquiera hace ruido, pero las luces, la radio, los limpiaparabrisas y las ventanas eléctricas funcionan, es evidente que la batería *no* es el problema. En ambos casos, lo que *observamos* (los hechos) no concuerdan con la hipótesis.

Lo bonito del método basado en la lógica (técnicamente, lógica «deductiva») es que no es preciso ser un experto en una materia o tecnología para contribuir a enfocar las causas posibles. Otro de los beneficios del análisis de la causa lógica es su objetividad y énfasis en los hechos. La técnica (también es una actitud) se dirige mediante preguntas y se apoya en la mayoría de los casos en datos «estratificados» sobre el proceso, el problema o el producto. (Ya hemos hablado de reunir datos estratificados en el Capítulo 14, ahora veremos cómo utilizarlos). Las preguntas que el análisis lógico típico plantea cuando hay un proyecto DMAMC son, entre otras, las siguientes:

- ¿Qué tipos o categorías de problemas son los más comunes? ¿Qué diferencias hay entre los tipos más comunes?
- ¿Hay lugares (regiones, locales) en que el problema sea mayor? ¿Cómo son los lugares en que el problema se da de forma menos frecuente?
- ¿A qué horas, en qué días, semanas o condiciones es el problema más prevalente? ¿Qué sucede y qué es exclusivo en esos momentos?
- ¿Qué factores o variables cambian cuando cambia el problema (o se «correlacionan» con el problema)?

Estas y otras preguntas soportan el ciclo del análisis al centrarse en el problema, eliminando posibles causas (un paso importante para hallar la causa real) y validando las hipótesis. Si el equipo no ha incluido factores de estratificación en la recopilación inicial de datos, la capacidad para el análisis se verá limitada; sin embargo, como hemos señalado, es común recopilar más de una colección de datos.

Herramientas visuales para el análisis de los datos

Con frecuencia, la mejor manera de aprender de los datos es «ver» literalmente las respuestas a las preguntas planteadas. Ya hemos visto un par de esas herramientas de análisis visual en el caso de AutoRec; ahora veremos otros ejemplos de cuatro de las técnicas más comunes y de la forma de utilizarlas.

El gráfico o análisis de Pareto

El Pareto se utiliza para estratificar los datos en grupos de mayor a menor. Como gráfico de barras especializado, el Pareto es útil para identificar los casos más comunes o las causas de un problema. Para utilizar un gráfico de Pareto es necesario asegurarse de que los datos son discretos, porque no funciona con medidas como peso o temperatura (que son datos continuos). El análisis de Pareto se basa en la regla del 80/20, en que el 80 por ciento de costes o dificultades de una empresa se generan por causa del 20 por ciento de los problemas. Las cifras no siempre son exactamente 80 y 20, pero el efecto suele ser el mismo. Se puede utilizar un gráfico de Pareto para:

- Clasificar los datos por regiones y averiguar qué región tiene la mayoría de los problemas.
- Comparar datos de fallos por tipo y cuál es el más común.
- Comparar los problemas por día de la semana (mes, hora, etc.) y ver en qué período se producen con mayor frecuencia.
- Clasificar las reclamaciones de los clientes por tipo y ver cuáles son las más comunes.

Histograma o gráfico de frecuencias

Los histogramas se utilizan para representar la gama y la profundidad de la variación en un grupo de datos («población»). Técnicamente, el histograma muestra sólo datos continuos, mientras que un gráfico de frecuencias puede mostrar un recuento de datos discretos (por ejemplo, número de fallos). Ambos presentan los datos a lo largo del eje horizontal y el número de casos/observaciones o frecuencia, en el eje vertical. En la mejora de procesos, los datos continuos se agrupan y presentan como gráficos de barras; la forma más «típica» de un histograma es la denominada «forma de campana». Puede utilizar un histograma o un gráfico de frecuencias para lo siguiente:

- Ver la gama y la distribución de factores continuos (por ejemplo, el peso de cada envío; el dinero invertido por compra; el tamaño de cada agujero; el tiempo de reinicio de cada ordenador).

- Ver la variación y el rendimiento de una especificación/requisito del cliente (por ejemplo, tiempo de ciclo, temperatura o coste). (*Nota:* Solamente factores continuos).
- Ver cuántos fallos se producen por cada unidad en un grupo de elementos defectuosos (cuando hay múltiples oportunidades de error). (Puede incluir características discretas.)
- Ver la distribución de un «recuento» (por ejemplo, clientes por número de ventas al año; proveedores por puntuación en la auditoría de calidad).

Gráfico de series temporales

Un gráfico de series temporales muestra la variación de un proceso, producto u otro factor *con el tiempo* y es una herramienta muy válida para comprender los procesos que por naturaleza son cambiantes. El gráfico de series temporales (llamado también «gráfico de tendencias») y su primo el gráfico de control, muestran cómo cambian las cosas de un instante a otro, de un día a otro, etc., lo que los convierte en las mejores herramientas para seguir las actividades o el rendimiento sobre la marcha. Al estructurar un gráfico de series temporales, el eje horizontal *(x)* *siempre* es el tiempo o secuencia de valores que van de izquierda a derecha. El eje vertical *(y)* puede representar cualquier medida continua o de recuento, incluyendo porcentajes, número de fallos, temperatura, etc. Al hacer cada observación o muestreo de observaciones, se anota el instante de tiempo junto con en el valor observado.

Puede utilizar un gráfico de tiempo para:

- Ver el nivel y el patrón de variación en un proceso o producto en el tiempo; por ejemplo, qué diferencia hay en los datos comprobados de un día a otro; o qué variación se produce en el tiempo de ciclo de un proceso de un elemento a otro.
- Identificar posibles patrones de tiempo en la variación; por ejemplo, ¿se trata de un ciclo semanal?; ¿coinciden ciertos acontecimientos con cambios en el proceso?
- Ver cómo responde el proceso o el factor clave al cambio: por ejemplo, cómo impacta en el rendimiento la mejora del proceso; cómo afecta el nuevo sistema telefónico al tiempo de espera del que llama.

Gráfico de dispersión o diagrama de correlaciones

El gráfico de dispersión muestra las relaciones o «correlaciones» entre dos factores que varían de forma discreta o continua. Este gráfico muestra las relaciones entre las causas potenciales y entre unos factores y otros. Como ejemplo, las temperaturas diarias altas y las ventas de helados tienden a correlacionarse: es razonable concluir que el tiempo más cálido hace que la gente compre más helados. Sin embargo, puede ser peligroso suponer que una correlación garantiza que un factor afecta a otro. Las ventas de cloro en los almacenes de suministros para piscinas, por ejemplo, pueden aumentar junto con las ventas de helados, pero estamos seguros de que una no causa la otra. Algo puede afectar a ambas, quizá el tiempo más caluroso.

Sin embargo, el gráfico de dispersión puede ser una herramienta excelente para comprobar los vínculos entre las causas probables y problema. Una correlación fuerte puede ser un buen indicador de que su hipótesis es válida, siempre que aplique el sentido común cuando extraiga sus conclusiones.

Realmente se pueden encontrar varios tipos de correlaciones:

✦ *Correlaciones positivas*. Es la relación en la que el *incremento* de un factor supone un *incremento* en el otro.

✦ *Correlaciones negativas*. En este caso, el incremento o reducción de un factor coincide con el efecto *opuesto* en el otro.

✦ *Correlaciones curvilineales*. Es la versión del gráfico de dispersión de «lo que sube tiene que bajar». En algunos factores puede existir una correlación positiva o negativa hasta cierto punto, y después cambiar al sentido opuesto.

Cuando *no* hay correlaciones, los puntos se dispersan literalmente en todo el gráfico, como una nube, lo que significa que el cambio de un factor nada tiene que ver con el cambio del otro. Se puede medir estadísticamente la fuerza de la vinculación entre dos factores, lo que es bastante fácil de hacer con las fórmulas contenidas en la mayoría de los programas de hojas de cálculo y gráficos.

Se puede utilizar un gráfico de dispersión o un diagrama de correlaciones para:

• Ver el grado en que el incremento en valor o rendimiento de un factor se relaciona con el incremento o disminución de otro.

• Comprobar las relaciones entre la supuesta causa principal de un problema y la intensidad del problema (defectos, costes, etc.).

Reunión de datos y conocimiento del proceso

De vuelta en AutoRec, dos subequipos han estado trabajando en el análisis del proceso y sobre los datos del problema de entregas defectuosas. El equipo completo ha convenido compartir sus averiguaciones. Al darse cuenta de que no han encontrado la verdadera causa del problema, han tenido que formular hipótesis más precisas. Los hechos más reveladores son los siguientes:

1. Los defectos más comunes en las entregas son los conectores y adaptadores incompatibles, que llegan al 60 por ciento de las entregas defectuosas.

2. Los conectores y adaptadores se mantienen en el inventario y no se piden «*just-in-time*». Los pedidos se lanzan cuando el almacén de montaje observa que el stock está bajo.

3. Los pedidos con defectos tienden a ser los que se envían justamente antes de la fecha de entrega prevista; en todos los tipos de fallo se da el mismo patrón, lo que indica que la rapidez no es la única razón de alto nivel de incompatibilidad de los componentes.

Se han eliminado un par de causas aparentes, los errores en la entrada de los pedidos y los envíos con etiquetas confundidas. La formación inadecuada del personal de Montaje no se considera como una posibilidad importante, porque parece que se van a encontrar otros problemas que no se reflejaban en los datos.

Hubo una discusión acalorada acerca de la acción siguiente. Dos de los miembros (vamos a proteger sus identidades) creyeron que simplemente había que decir a los clientes que iban a recibir los pedidos algo más tarde y prolongar los plazos de entrega que Ventas había prometido.

Hubo otras perspectivas por parte de Al, el jefe de equipo. Observó que la empresa podía verse dañada a largo plazo, si se retrasaban las entregas para recortar los fallos. «Si TalkNBox puede servir los pedidos más rápidamente que nosotros, *se convertirá* en más interesante para los clientes y finalmente nos abandonarán por ellos.»

Finalmente, acordaron estas dos «etapas siguientes»:

1. Al pediría al patrocinador del equipo que averiguara el punto de vista de los ejecutivos acerca del problema y sobre el asunto de los plazos de entrega.
2. El equipo pensaría en el problema y aportaría otras ideas sobre cómo proseguir su análisis hasta una reunión de «revisión» de media hora, al día siguiente.

Selección de las causas raíz

Al día siguiente, Al trajo la respuesta del patrocinador del equipo al grupo. «Pat cree que no debemos prolongar los plazos de entrega», dijo. «Eso reduciría nuestra capacidad a la larga y todavía podemos crecer de forma significativa si somos capaces de mantenernos por delante de TalkNBox. Así que realmente tenemos que averiguar por qué los conectores y los adaptadores llegan mal con tanta frecuencia.»

La siguiente persona que habló fue Elena, de Compras: «He estado pensando mucho sobre esto. Una cosa en la que no hemos caído es que nunca habíamos tenido tal nivel de rechazos en las entregas desde hace año y medio, cuando empezaron los sistemas de AutoTalk.»

«Entonces, ¿qué es diferente ahora?», preguntó Al. «Es decir, aparte de que tenemos más personal y más clientes y puede que nos quedemos fuera del mercado en seis meses si no solucionamos este problema.»

«Es fácil», dijo May, de Ventas. «El *mix* de productos.»

«¡Es verdad!», dijeron varios a la vez. May sacó un folleto y lo abrió para mostrar un gráfico que dividía las ventas de AutoRec en dispositivos de grabación de cintas y en memorias digitales. Mostraba que, a medida que crecían las ventas, los dispositivos de cintas habían bajado desde casi un 80 por ciento hasta ahora, en que rondaban el 30 por ciento del total de unidades entregadas (véase la Figura 15.12).

«Así es como ha cambiado», dijo Ravi, de Administración de pedidos. «¿Qué puede causar ese problema?.»

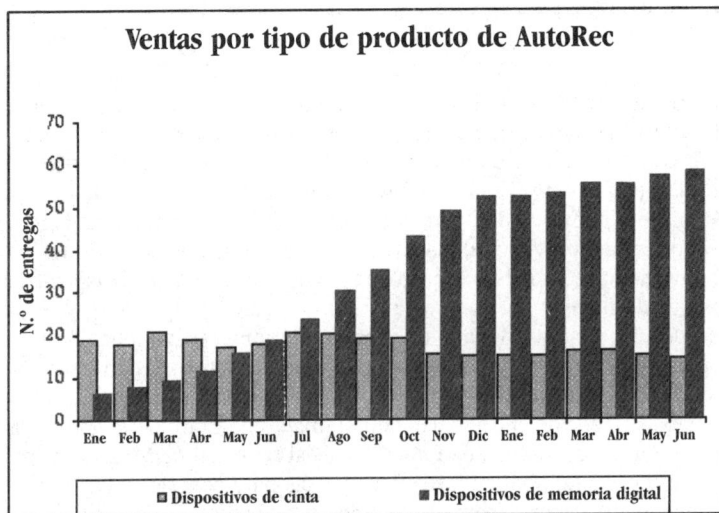

Figura 15.12 Gráfico de tendencia de las ventas totales de AutoRec estratificadas por tipo de producto

Daphne y Mike, de Montaje, explicaron que los conectores y los adaptadores para los dos tipos de productos eran diferentes, aunque iban en una funda de plástico y era difícil separarlos. Después de discutir un rato, llegaron a una *nueva* hipótesis de la causa raíz:

> *Los conectores y los adaptadores para las grabadoras de cinta se están enviando equivocadamente con los dispositivos de memoria digital, causando la incompatibilidad con las grabadoras y haciendo que los clientes den las entregas por defectuosas.*

«Pero ¿no lo sabíamos?», preguntó Ravi algo incrédulo.

Daphne y Mike volvieron a explicar al equipo que, cuando una entrega se califica de «defectuosa», la volvían a montar inmediatamente y la entregaban corregida. «La verdad es que no hemos tenido tiempo de hacer un análisis de defectos sobre el problema real», explicó Mike. «Cuando los elementos llegan devueltos del cliente, el grupo devoluciones se limita a anotar algunos datos que solamente son útiles de cara al inventario.»

«¿Cómo podemos comprobar esta causa?», preguntó Al al grupo.

«Es fácil», dijo Arnold. «Si los conectores equivocados van con las memorias digitales, son éstas las que tienen que estar más implicadas en las entregas defectuosas.» Arnold se ofreció voluntario para utilizar la hoja de cálculo y hacer una comparación por tipo de producto. Mientras, Elena, de Compras, que había estado en silencio durante un rato, fue a comprobar otra posibilidad.

El final del seguimiento detectivesco

El gráfico que aportó Arnold mereció el aplauso de todo el equipo (véase la Figura 15.13). «Me parece que esto lo define todo», dijo Al. «¿O no? Aunque aún no tengo claro por qué se envían cables equivocados con los equipos.»

«Ya te dije que había tenido un presentimiento», dijo Elena, de Compras, «y era cierto. Enviamos pedidos para conectores y adaptadores con nuestro software, basados en una previsión de utilización. Resulta que las previsiones no se actualizan desde hace 13 meses, por lo que siempre pedimos más dispositivos analógicos que digitales».

Después de un nuevo debate, las piezas del rompecabezas encajaron en su sitio; supieron que muchos pedidos de unidades digitales quedaban retenidos en Montaje debido a la escasez de conectores y adaptadores correctos. Cuando se aproximaba la fecha de entrega y el departamento de Entregas insistía más en tener los pedidos preparados, iban a «ayudar» al personal de Montaje y, de forma inocente e ignorante, ponían partes incorrectas para completar los pedidos. Los envíos llegaban a tiempo, pero su destino era ser rechazados porque los conectores y adaptadores no funcionaban.

«Es un buen ejemplo», comentó alguien, «de cómo, cuando un problema es lo suficientemente grande, hay suficiente culpa para todo el mundo».

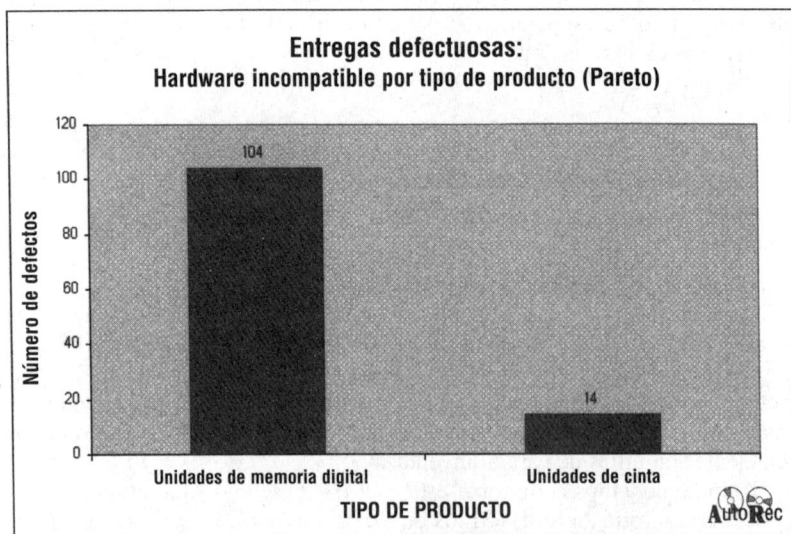

Figura 15.13 Entregas defectuosas de AutoRec por tipo de producto (Pareto)

Conclusión de la fase Analizar

No hay nada como la certidumbre absoluta de cuál es la causa raíz. Veamos las etapas finales que le ayudarán a confirmar su hipótesis de causas y a pasar a la fase Mejorar:

1. *Verifique la causa mediante el análisis lógico.* Compruebe la causa frente a los datos que haya reunido y pregunte: «¿Concuerda esta explicación con los hechos, incluyendo tanto los que vemos *como* los que suceden y no vemos?».
2. *Compruebe la causa mediante observación.* Visite el proceso o el lugar en que sospecha que está la causa, para ver si puede observarla en acción.
3. *Confirme sus sospechas con la gente que sepa.* Hable con la gente implicada en el trabajo, como clientes, proveedores o expertos en la materia, para obtener su validación o bien su rechazo o perfeccionamiento.
4. *Aplique el «test de confianza».* Como equipo, trate de lograr el consenso para las preguntas siguientes:

- ¿Estamos seguros de que entendemos lo suficiente acerca del proceso, del problema y de sus causas raíz como para desarrollar soluciones efectivas?
- ¿Vale la pena emplear más tiempo, recursos e impulso para continuar confirmando nuestras conclusiones?

Si sus respuestas son «SÍ» y «NO» a las dos últimas preguntas, está listo para pasar a la etapa Mejorar.

Lo que hay que hacer y lo que no hay que hacer en la fase Analizar

SÍ: Defina cuidadosamente su hipótesis de causas.

Evite la tendencia a describir causas vagamente sospechosas o a hacerlo demasiado brevemente (por ejemplo, «mala formación», «partes defectuosas»). Las definiciones generales son no sólo difíciles para que la gente las entienda, sino para comprobar que no son ciertas. En lugar de ello, dé una explicación clara de los factores que sospecha y de cómo cree que causan el problema.

SÍ: Sea escéptico con sus hipótesis.

La causa real debe ser corroborada con los datos y con el proceso. Si no lo hace, no cambie los datos para que coincidan, considere qué otras causas o hechos pueden estar implicados.

SÍ: Aplique el sentido común y la creatividad.

Las técnicas estadísticas tienen su papel, pero no es tan grande como la capacidad de plantear preguntas interesantes, de reconocer patrones y tendencias y de contrastar suposiciones mediante pruebas lógicas, lo que puede necesitar cierta capacidad creativa.

NO: Analizar demasiado.

El grado y profundidad del análisis debe ajustarse a los beneficios y riesgos.

NO: Analizar demasiado poco.

Un exceso de atajos o de fallos a la hora de comprender el proceso pueden conducir a soluciones que, o bien no traten *la causa raíz, o solucionen el problema creando otros. Si realmente entiende el proceso y el problema, puede pasar a aplicar las soluciones. Si no, considere ampliar la investigación.*

El apéndice proporciona una lista de comprobación para la fase Analizar.

Mejorar: generar, seleccionar y aplicar soluciones

Todo el trabajo de definir, medir y analizar los problemas de los procesos da su beneficio en la fase Mejorar, *siempre* que el equipo y la organización lo apliquen adecuadamente. La falta de creatividad, el fracaso en crear soluciones bien pensadas, la aplicación azarosa, la resistencia de la organización, son factores que pueden reducir los beneficios de un proyecto Seis Sigma. Por suerte, después de revisar a fondo los trabajos de investigación, la mayoría de los equipos encuentran nuevas energías cuando empiezan a plantearse las preguntas que conducen hacia la fase Mejorar:

- ¿Qué acciones posibles o ideas nos ayudarían a encontrar la causa raíz del problema y a lograr nuestro objetivo?
- ¿Cuáles de esas ideas aportan soluciones viables?
- ¿Qué solución logrará más probablemente nuestro objetivo con el menor coste y la mínima interrupción de los trabajos?
- ¿Cómo podemos comprobar que la solución elegida es adecuada para garantizar su eficacia y luego aplicarla permanentemente?

Debemos sugerir que, en la fase Mejorar, es importante buscar métodos para aumentar los beneficios *al máximo*. Si existe alguna manera de que las soluciones ayuden a remediar otras cuestiones, conviene aprovecharlas, mientras que los riesgos sean aceptables. Es demasiado frecuente que los equipos apliquen soluciones *exactas* cuando podrían haber logrado más, solamente con algo más de creatividad y una perspectiva más amplia.

Los logros de AutoRec

En la siguiente reunión del equipo, Ravi, el participante de Administración de pedidos, comentó: «En nuestro libro de trabajo se dice que la mejor manera de iniciar la fase Mejorar es aportar numerosas ideas para solucionar el problema y luego utilizarlas para desarrollar soluciones viables». (Ravi se había convertido en un experto en procesos DMAMC y algunas veces ayudaba al equipo a seguir en la brecha, recordándoles las etapas principales.)

Tras 20 minutos de tormenta de ideas, el equipo obtuvo unas 40, que incluían algunas posibilidades bastante buenas. Pero querían más información. Daphne, de Montaje, les recomendó un método de «valla publicitaria» para conseguir más ideas de la gente. «Llevamos un tiempo tan metidos en el problema, que no estoy segura de que mi creatividad vaya a ser muy buena.»

Martin, el Consultor, sugirió distribuir *cartulinas* por las paredes de los tres edificios de AutoRec, para conseguir ideas de los demás empleados (que se llamaban a sí mismos AutoReckers). En la parte superior de cada cartulina escribió: «¿Cómo podemos dejar de enviar conectores y adaptadores equivocados a los clientes? ¡Dadnos ideas!». Funcionó. Al cabo de tres días tenían otras 40 sugerencias.

Generación de ideas, objetivos y métodos

Una organización Seis Sigma, potenciada por sistemas para comprender a los clientes y mediante la medida de los procesos, puede ser un lugar espléndido para el pensamiento creativo. Lo ideal es que surjan nuevas ideas que proporcionen nuevas perspectivas acerca de la forma actual de trabajar y que planteen retos; además, puede resultar muy divertido.

Por desgracia, se utiliza a la gente en el trabajo para que sea más bien práctica, lo que está muy bien cuando hay que aplicar una solución, pero no tanto cuando se trata de sacar ideas nuevas. Veamos algunos conceptos básicos sobre la generación de ideas efectivas y sobre los métodos para ayudarle a ampliar su pensamiento, incluso en un entorno práctico como un proyecto DMAMC.

Claves para una «tormenta de ideas» provechosa

1. *Aclare el objetivo de la «tormenta de ideas».* A menos que todo el mundo tenga el mismo propósito en la mente, las ideas pueden aparecer como un revoltijo. Otro objetivo importante es la «cantidad», así como la «calidad». Definir objetivos en cifras (por ejemplo, «vamos a generar 30 ideas en los siguientes cinco minutos») puede ayudar a aumentar el número de ideas, haciendo surgir algo inesperado que resulte un éxito.
2. *Escuche y construya sobre las ideas de los demás.* Los participantes en una tormenta de ideas deben prestar atención a las de los demás y no quedarse solamente con las suyas propias. La «chispa» de una sugerencia puede encender una llama creativa mayor en otra mente, lo que no sucede si no se escucha a los demás.
3. *No enjuicie, critique ni comente las ideas.* Éste puede ser el fallo más frecuente para lograr el éxito. Sin embargo, la típica sesión de tormenta de ideas, en donde cada idea va seguida de cinco minutos de discusión, tiende a frenar las que son realmente nuevas.

4. *Evite la autocensura.* La forma más insidiosa y dañina de juzgar sus ideas suele surgir en *su propia cabeza.* La mayoría de nosotros somos conscientes de lo que nuestras ideas pueden parecer a los demás. Sin embargo, recuerde que su «idea tonta» puede ser la chispa para el genio de otra persona (en las estadísticas de tormenta de ideas, esto se apuntará como una «ayuda»).
5. *Deje a un lado los supuestos y sea espontáneo.* Es más fácil de decir que de hacer, desde luego. Siempre hay tiempo para consideraciones prácticas y analíticas en la fase Mejorar. Hacer lo mismo de siempre no le llevará a Seis Sigma.

Veamos otras consideraciones prácticas para la generación de ideas:

✦ *Tiempo y lugar.* Evite momentos de baja energía o de alta distracción, así como lugares en que la gente tienda a pensar de forma práctica.
✦ *Participación.* Suele ser mejor cuanto más gente haya (hasta cierto punto, desde luego), por lo que procure ampliar el grupo con otras personas. Por otro lado, la gente puede sentirse menos libre respecto a la emisión de ideas cuando el «jefe» está presente.
✦ *Comprensión del proceso de desarrollo de la idea.* La gente se encontrará más cómoda si entiende cómo se planea concretar y sintetizar las ideas en soluciones viables.

Una vez se haya cargado de ideas, importantes o menos importantes, el siguiente reto es convertirlas en *soluciones* reales.

Tras la tempestad viene la calma

Una auténtica ventisca de notas adhesivas circuló por la sala de reuniones del equipo «Entregamos», con ideas procedentes de la sesión anterior y de la «valla publicitaria» que habían colocado en los pasillos. El equipo eliminó en primer lugar las ideas duplicadas y luego utilizó el método «diagrama de afinidad», para organizar las que quedaron.

Surgieron cinco amplias categorías de ideas:

1. Cambiar el sistema de reaprovisionamiento (todos estuvieron de acuerdo en que eso no era una idea creativa).
2. Cambiar los incentivos de rendimiento para las entregas dentro de plazo.
3. Ampliar la responsabilidad para la preparación de los envíos.
4. Reorganizar el almacén de montaje.
5. Facilitar la identificación de las partes de cintas de las partes de memorias digitales.

Con una votación múltiple por turnos, en que cada uno votó varias veces sus ideas predilectas, la lista se redujo a 12 ideas.

«No creo que podamos hacerlo todo», dijo May, de Ventas.

«En absoluto», acordó Al. «Si le vamos a los jefes con una lista como ésta, que parece de la lavandería, nos ponen a todos en la calle.» Ravi, siempre pendiente del proceso DMAMC, sugirió intentar combinar ideas para hallar soluciones más coherentes. El grupo acordó pensar informalmente durante un par de días y luego volverse a reunirse para tratar de extraer una solución final para el jueves.

El plan se completa

En la sesión siguiente, todos los miembros del equipo aportaron información nueva e ideas a considerar. Eventualmente, se agruparon todas en dos opciones principales, a las que llamaron «definiciones de la solución»:

1. Para eliminar las incompatibilidades de hardware en los envíos a los clientes corporativos, cambiar la fórmula de reaprovisionamiento para volver a pedir las cantidades de conectores y adaptadores que se ajustasen al *mix* actual del producto. Cambiar además el etiquetado de los paquetes de conectores y adaptadores para facilitar su identificación.
2. Para eliminar las incompatibilidades de hardware en los envíos a clientes coorporativos, incluyendo todas las partes y piezas (también conectores y adaptadores), en el sistema de pedidos *just-in-time*, descartando todas las partes de productos del almacén de Montaje, cambiar los criterios de rendimiento para que el personal de Compras, Montaje y Entregas evaluase correctamente las entregas en la fecha programada.

El equipo empezó a llamar a las dos soluciones la «opción segura» y la «opción arriesgada», ya que la segunda implicaba claramente más cambios sustanciales. Establecieron la siguiente lista de criterios de selección, que les ayudaría a elegir la solución más adecuada:

- Coste de implantación.
- Coste de operación.
- Facilidad de implantación.
- Posibilidad de lograr el objetivo del proyecto.
- Beneficios adicionales a largo plazo.
- Aceptación por parte de la organización.

Mediante una matriz de criterios, el equipo comparó las dos opciones. Los costes de implantación y operación en ambas eran los mismos. Aunque la primera solución, la opción segura, era claramente más fácil de implantar, el equipo no estaba convencido de que lograría su objetivo o de que podría ofrecerle el beneficio de solucionar otros fallos, como la incompatibilidad de software. Y, aunque cambiar los criterios de rendimiento era un área que potencialmente presentaría cierta resistencia, se dieron cuenta de que podían hacer que la gente de Compras, Montaje y Entregas comprendiese las necesidades del cambio.

«Vamos a trabajar mucho más duro para hacer que funcione la segunda solución», dijo Elena, de Compras, «pero básicamente es una solución mucho mejor. La primera opción es como poner una tirita en una herida».

Dado que los directivos de AutoRec se reunían al día siguiente, la mayoría de los miembros del equipo se quedaron hasta tarde para preparar un plan inicial de implantación, mientras Al terminaba la presentación de la solución recomendada para la dirección general. A las diez de la mañana del día siguiente recibieron el beneplácito para convertir el sistema de pedidos en *just-in-time* y para trabajar con los nuevos criterios de rendimiento en las tres funciones clave de cumplimentación de pedidos.

Síntesis y selección de soluciones

Las ideas generadas en la fase Mejorar son como materia prima: es preciso perfeccionarlas para que tengan verdadero valor para la organización. Generalmente, las soluciones Seis Sigma son combinaciones de ideas que producen un plan de resultados, ya sea reducir defectos, acelerar el tiempo de ciclo, aumentar el valor para el cliente, etc. Es importante reconocer que la selección de la solución puede no ser una opción. Es adecuado combinar varias acciones en un plan. Por otro lado, una solución tipo «general», que produzca un conjunto de muchos arreglos pequeños para el problema, puede ser un gran desperdicio de recursos.

Definiciones de la solución

La «definición de la solución» es una descripción clara de la mejora propuesta. El valor de la definición de la solución es que garantiza una definición y una comprensión completas de la idea a considerar. Recomendamos que los equipos creen de forma consistente este tipo de definiciones para asegurar que sus soluciones se han madurado lo suficiente. La definición de la solución se convierte en el objetivo del proyecto, una vez que se ha escogido una solución a implantar. También se convierte en la última de las cuatro definiciones clave que el equipo DMAMC ha de crear en el curso de un proyecto de mejora.

Una opción basada en criterios es un modo de demostrar la lógica de la solución recomendada, por lo que Al, de AutoRec, pudo conseguir rápidamente el beneplácito de la dirección general. Se puede incorporar también un análisis de costes y beneficios al proceso de decisión.

Ahora vamos a resumir las etapas principales que conducen a una solución final DMAMC:

1. *Generación de ideas para la solución*. Utilice la tormenta de ideas, el sentido común y otras técnicas como análisis de las mejores prácticas, información de expertos, etc., para crear una amplia matriz de posibilidades para tratar la raíz del problema.
2. *Concrete las opciones y cree «definiciones de la solución»*. Perfeccione las ideas en métodos viables que se puedan implantar en el proceso o en la empresa. Descríbalas con una «definición» formal.
3. *Seleccione la solución a recomendar o implantar*. Revise la «lista reducida» de opciones e identifique la solución a implantar para lograr el objetivo. Sea cons-

ciente de otras soluciones potencialmente buenas que *puedan* formar parte del plan para implantación posterior.

Puesta en marcha de las mejoras del proceso

Este punto medio de la fase Mejorar es un hito para el equipo. Después de semanas de hablar, de medir y de analizar, llegan finalmente a *hacer* algo. Según la naturaleza de la solución, el equipo puede necesitar otros conocimientos y recursos. La atmósfera cambia de la reflexión a la acción.

Aunque los beneficios potenciales aumentan según se aproxima la mejora real, también aumenta el riesgo. Para poner en marcha soluciones productivas hay que centrarse en las «cuatro P»: Planificación, Prueba y Prevención de Problemas:

✦ *Planificación.* Cambiar o reparar un proceso requiere grandes habilidades de gestión de proyectos. Un plan sólido de implantación que tenga en cuenta las acciones, los recursos y la comunicación resulta fundamental y más crítico a medida que aumenta la complejidad de la solución.

✦ *Prueba piloto.* Es obligatorio hacer una prueba de las soluciones a pequeña escala. Hay muchas posibilidades de que surjan problemas insospechados y la «curva de aprendizaje» puede empeorar al cambiar a una nueva forma de hacer las cosas.

✦ *Prevención de problemas.* Plantearse preguntas como «¿cómo puede haber sucedido esto?» puede parecer un pensamiento negativo cuando nos encontramos en medio de un interesante proyecto de mejora, pero es fundamental para garantizar que el equipo ha reflexionado a fondo en las muchas dificultades que puede haber y que está preparado para tratarlas de forma proactiva.

Puesta en marcha de la solución

El equipo de AutoRec se ocupó inmediatamente de planificar la solución. Al darse cuenta de que tenía dos elementos principales, que eran pasar a inventario *just-in-time* (JIT) y desarrollar los nuevos criterios de rendimiento, configuraron dos equipos paralelos de implantación. El *Cuadro de Proyecto* original incluía una persona que hacía de enlace con el soporte de Tecnologías de la Información, Bob Megabyte, pero los cambios en los criterios de rendimiento precisaban ayuda del departamento de Recursos Humanos. Por ello, el vicepresidente de RRHH acordó prestarles a Bonnie Fitz, una de las personas más expertas del departamento, que se convirtió en parte del equipo de puesta en marcha.

Cada uno de los equipos preparó un plan piloto de la solución. Para los trabajos de JIT eligieron a un vendedor de adaptadores para probar el nuevo procedimiento de pedidos y entregas durante dos semanas. Hubo algunos errores, pero funcionó. La mayor dificultad era obtener personal de Montaje y Compras, así como vendedores que utilizaran el nuevo método de servir adaptadores. Una vez que el personal de AutoRec terminó de aplicar el cambio con el vendedor, se encontraron más cómodos para aplicarlo a los restantes vendedores.

Dado que su mayor temor era que algún vendedor no cumpliera sus cortos compromisos de entrega, Compras y Montaje acordaron disponer de suministros de repuesto, para evitar que el nuevo sistema causara mayores retrasos o más errores en las entregas si no funcionaba correctamente. (Sólo tuvieron que utilizar conectores de repuesto en una de las entregas.)

En cuanto a los nuevos criterios de rendimiento, una de las técnicas de «prevención de problemas» elegida fue permitir al personal proporcionar información de entrada al nuevo sistema. Puesto que muchas de las personas ya conocían el conflicto creado por las entregas defectuosas, estuvieron bastante predispuestos al cambio. De hecho, una de las sugerencias fue medir no solamente las entregas «a tiempo», sino la velocidad real de la cumplimentación de los pedidos. El plan se inició primero en Montaje y funcionó bien. Al cabo de un mes, los nuevos criterios de rendimiento se implantaron en los tres grupos.

Medida de los resultados

El equipo «Entregamos» continuó midiendo los defectos en las entregas durante los trabajos de planificación y la prueba piloto. Resultó interesante ver que, una vez descubierta la causa del problema, se produjeron algunas mejoras inmediatamente. A medida que se desarrolló cada elemento de la solución, el nivel de entregas defectuosas cayó en picado, como muestra el gráfico de frecuencias de la Figura 15.14.

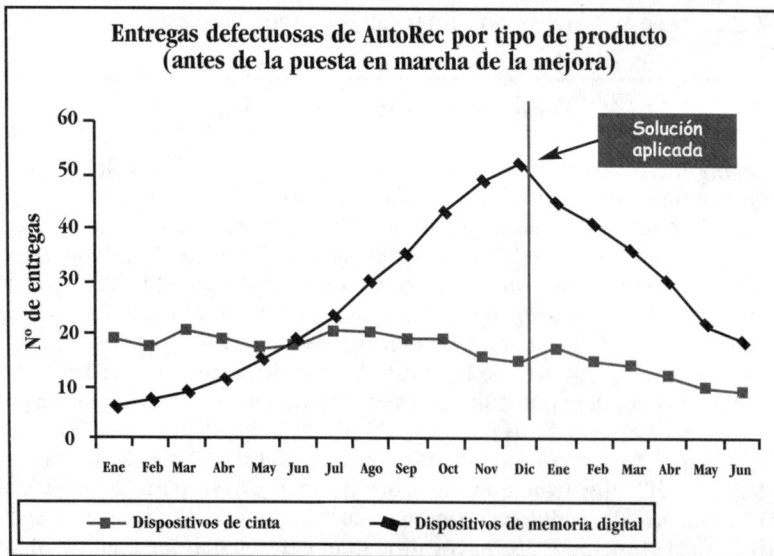

Figura 15.14 El gráfico de frecuencias de AutoRec que muestra los niveles de defectos antes y después de la solución DMAMC

También se redujeron otros motivos de entregas defectuosas. El nivel de coordinación entre Compras, Montaje y Entregas aumentó sustancialmente en cuanto dispusieron de una norma de rendimiento más clara y común para todos: servir los pedidos lo antes posible, pero servirlos *correctamente*. Los «equipos» informales, con ayuda de los datos que había desarrollado el equipo «Entregamos», empezaron a buscar otras causas de entregas incorrectas. Fueron capaces de cambiar algunos procedimientos para evitarlas y las entregas urgentes también resultaron más fluidas. Con la reducción de los defectos de compatibilidad y otros beneficios, la cifra DPMO del proceso descendió de 12.000 a 39.000, es decir, un nivel Sigma de un 3,3.

Conclusión del proyecto

Con unos resultados que iban incluso más allá de su ambicioso objetivo, el equipo «Entregamos» se convirtió en un grupo orgulloso de su trabajo. Habían trabajado con la dirección en las funciones clave a las que afectaba el proyecto para traspasarles la responsabilidad de las mejoras. Sin embargo, puesto que vamos a hablar más adelante de la fase Controlar, dejaremos por ahora al grupo de Auto-Rec disfrutando de su fiesta (con pinchadiscos incluido) de fin de proyecto y de sus nuevos compromisos para la mejora Seis Sigma.

Fin de la fase Mejorar

Los trabajos de comprobar soluciones, medir resultados y garantizar el éxito de un proyecto DMAMC pueden llevar tiempo. Un elemento crítico final de la puesta en marcha es capturar los datos de seguimiento del impacto que tendrán los cambios cuando tomen efecto, tanto para medir los resultados como para seguir y dar respuesta a cualquier posible desviación.

Lo que hay que hacer y lo que no hay que hacer en la fase Mejorar

SÍ: Buscar soluciones realmente innovadoras.

Cada proyecto Seis Sigma es una oportunidad para elevar el rendimiento de su empresa a un nuevo nivel. Aunque el mejor método para obtener una mejora «exponencial» es generalmente el diseño/rediseño de procesos, cualquier solución puede ser un éxito.

SÍ: Dirigir las soluciones a un objetivo.

Mantenga siempre presente su objetivo. No permita que la tormenta de ideas y el desarrollo de soluciones le conduzca a otros cambios que no impacten directamente sobre el problema objeto de sus trabajos.

SÍ: Planificar cuidadosa y proactivamente.

La urgencia en poner en marcha una solución puede socavar todos sus esfuerzos. Los procesos son testarudos y el ser humano es un animal de costumbres. Es necesario aproximarse a la solución dándose cuenta de que sólo funcionará si usted hace las cosas bien desde la primera vez.

NO: Implantar soluciones a escala completa la primera vez.

El error de no realizar una prueba piloto para las soluciones es casi una garantía de desastre. Se podrá recuperar de los pequeños fracasos y gestionar problemas limitados, pero puede que no se recupere si la solución fracasa en toda la organización.

NO: Olvidarse de medir.

Las mediciones le ayudarán a ver lo que funciona y lo que no, comprobará los resultados y convencerá a los demás de que esa mejora es adecuada. Sin medidas, los resultados no serán más que anécdotas y los éxitos serán cuestión de opinión.

NO: Olvidar celebrar los éxitos.

La mejora Seis Sigma es un reto. Compártala y disfrútela cuanto funcione.

El apéndice proporciona una lista de comprobación para la fase Mejorar.

Si su empresa no es AutoRec

Y, desde luego, no lo es. La historia que hemos contado y la de diseño/rediseño de procesos que contaremos en el capítulo siguiente solamente reflejan parte de lo que es un proyecto de mejora. La mayoría de los proyectos pueden encontrarse con algunos tropezones en el camino como le sucedió al equipo de AutoRec. Por otro lado, muchos proyectos son más simples que el de AutoRec, de la misma forma que puede haberlos mucho más complicados. Pero esperamos que usted pueda centrarse, más que en los detalles de este proyecto, en el *proceso* que siguió el equipo:

1. Localizaron un problema y lo esclarecieron. *Definir.*
2. Midieron el problema y lo concretaron. *Medir.*
3. Analizaron los datos y el proceso, obtuvieron conocimientos sobre el problema y averiguaron la causa. *Analizar.*
4. Consideraron la causa y buscaron soluciones que la eliminaran y lograran la mejora a la que se habían comprometido. *Mejorar.*

Todo el conjunto de herramientas, preguntas y retos es realmente tan simple como eso.

Diseño y rediseño de procesos mediante Seis Sigma

(Etapa 4B del Mapa)

Introducción y resultados clave

La capacidad de crear un proceso nuevo o totalmente renovado se describe en el Capítulo 2 como una «competencia central» crítica para las organizaciones del siglo XXI. Para conseguir los niveles de rendimiento Seis Sigma y mantener la posición en el mercado y frente a los cambios tecnológicos, son necesarias ambas estrategias de mejora Seis Sigma: mejora y diseño/rediseño. Esta actividad de «reinvención», orientada a una mejora *exponencial* frente a la incremental, es el tema de este capítulo (véase la Figura 16.1).

Etapas críticas hacia el diseño/rediseño de procesos

El proceso DMAMC, aplicado al diseño o rediseño de un proceso empresarial, se le revelará cuando responda a estas preguntas:

- ¿Cuál es el «alcance» de las actividades que quedan sujetas al diseño de nuestro proceso?
- ¿Cuáles son los requisitos críticos de resultados y servicios que debe conseguir el nuevo proceso? ¿Qué nuevas normas tendrá que cumplir el proceso en el futuro?
- ¿Qué objetivos de rendimiento interno son fundamentales para que el nuevo proceso tenga éxito (velocidad, coste, facilidad de uso, flexibilidad, etc.)?
- ¿Qué aspecto tendrán los nuevos flujos de trabajo y asignación de responsabilidades? ¿Cómo podemos mejorar el diseño en la primera revisión?

Figura 16.1 El Mapa de Seis Sigma, etapa 4B

- ¿Cómo podemos verificar, perfeccionar y hacer la transición al nuevo proceso de trabajo?
- ¿Cómo vamos a gestionar el impacto en la organización de un cambio sustancial en la forma de hacer ese trabajo?

Antes de ver las respuestas a estas preguntas, vamos a explorar las cuestiones clave relacionadas con *por qué* y *cuándo* es necesario el diseño/rediseño del proceso.

Beneficios del «diseño Seis Sigma»

Desde que las empresas probaron la «reingeniería» durante los años noventa, resulta legítimo preguntar: «¿En qué es diferente?». El «diseño Seis Sigma» incluye herramientas para diseñar nuevos productos y servicios, no solamente procesos. De hecho, varias de las técnicas avanzadas Seis Sigma que se tratan en el Capítulo 18, se suelen aplicar a la creación de nuevos productos de alto rendimiento y de bajo nivel de defectos. Para el diseño y el rediseño de *procesos*, que es el tema de este capítulo, Seis Sigma ofrece una oportunidad de mejorar los métodos de reingeniería del pasado. Las diferencias fundamentales son las siguientes:

Énfasis en el valor y en el cliente

Muchas iniciativas de reingeniería a gran escala en el pasado fueron campañas enmascaradas para reducir la plantilla de la organización. Estos esfuerzos se hicieron frecuentemente sin la consideración adecuada a las necesidades de los *clientes*, por no mencionar el impacto en los «supervivientes» de la reingeniería. El punto de partida del diseño/rediseño de procesos en la «generación Seis Sigma» ha de ser mejorar el valor para los clientes y poner mayor énfasis en la productividad, velocidad y eficiencia.

Un método centrado y escalable

Los trabajos de rediseño Seis Sigma se centran en segmentos específicos del negocio u oportunidades críticas de cambio. Como resultado, se obtienen proyectos de diseño y rediseño más pequeños y manejables; una vez más, en claro contraste con los esfuerzos de reingeniería de los noventa. Rich Lynch, coautor del libro *Corporate Renaissance*, una obra sobre el «cómo» de la reingeniería, observa que los tiempos largos de ejecución de los pasados proyectos de reingeniería constituyeron una razón clave para que los líderes perdieran su sentido de compromiso hacia ellos. Los proyectos de diseño concretos son más fáciles de gestionar y más rápidos de terminar, aunque casi siempre resultan más largos que los proyectos de mejora de procesos.

Una aplicación más amplia de los esfuerzos de diseño/rediseño

Convertir el diseño/rediseño del proceso en una parte estándar del sistema Seis Sigma permite una participación mayor y una gama más amplia de ideas y habilidades. Muchos de los primeros proyectos de reingeniería se asignaban a un grupo de élite o a una consultora importante, con la idea de que decisiones tan críticas precisaban del talento más elevado. Sin embargo, las ideas aparentemente magníficas que quedan a un nivel de 10.000 metros de altura pueden no ser prácticas a la hora de ponerlas en marcha. De igual modo, la gente cercana al proceso, al estar habituada a hacer las cosas de determinada manera, puede ser incapaz de «pensar sin ataduras» para buscar nuevos modos de diseñar su trabajo.

El éxito del diseño/rediseño del proceso depende del equilibrio entre la creatividad rompedora y la implantación práctica. Implicar a un número mayor de personas en los trabajos de diseño y rediseño le ayudará a aprender que no se trata solamente de *arreglar* los problemas, sino también de *diseñar* procesos que funcionen.

Aplicación inteligente de la tecnología

Uno de los factores que impulsan la reingeniería, y de los más frecuentemente mencionados, es la mejora de las Tecnologías de la Información (TI). Pero los cambios de las Tecnologías de la Información han demostrado ser un arma de doble filo, cuando se trata de racionalizar los procesos y de mejorar el servicio a los clientes. Internet, la tecnología de bases de datos, los sistemas de gestión de clientes y la creciente potencia de los ordenadores han permitido a muchas empresas gestionar mejor los inventarios, responder con mayor rapidez, personalizar las ofertas, etc. En muchos casos, los procesos empresariales se han rediseñado completamente para beneficiarse de las capacidades tecnológicas.

El otro filo del arma tecnológica, sin embargo, es la tendencia a emprender enormes proyectos de actualización de sistemas y esperar que produzcan de forma mágica una mejora importante de los procesos empresariales, una noción que ahora demuestra haber sido demasiado optimista. Las soluciones que abarcan un amplio espectro de las Tecnologías de la Información corporativas son, como poco, muy complejas (y también caras y arriesgadas). Las numerosas historias de retrasos, frustraciones, reparaciones chapuceras y necesidades insatisfechas en los principales proyectos de Tecnologías de la Información, indican que los cambios en los sistemas deben hacerse a menor escala, al igual que los trabajos de reingeniería.

El vínculo entre el diseño de procesos Seis Sigma y el cambio en las Tecnologías de la Información es cada vez más fuerte a medida que las compañías encuentran natural el enlazarlos. En General Electric, el diseño Seis Sigma forma ahora parte de muchos esfuerzos de Tecnologías de la Información: desde 1998 existe el requisito de que cualquier sistema importante o instalación de software se ha de guiar por el modelo diseño/rediseño de procesos de GE. De hecho, el director de la iniciativa Seis Sigma en GE durante los dos primeros años, Gary Reiner, era también el Director de Comunicación de la compañía[1].

Inicio del diseño/rediseño del proceso

La decisión de cuándo emprender el diseño o el rediseño de un proceso no suele ser como elegir entre blanco o negro. En la «historia» del rediseño de procesos que vamos a presentar dentro de un momento, el equipo decide en primer lugar si necesita rediseñar un proceso inadecuado. Sin embargo, en otros casos, el equipo decidirá si es necesario el diseño o el rediseño *durante* el esfuerzo DMAMC, siempre con la aprobación del patrocinador. Veamos el ejemplo y luego exploraremos el momento de dar la opción al diseño/rediseño.

Visión general de la historia del rediseño del proceso[2]

Ralentización de las burbujas de COLA

A medida que las compañías se han ido haciendo más dependientes de las Tecnologías de la Información, el riesgo de caídas y fallos de los sistemas principales se ha ido incrementando. Como han demostrado algunos cortes en Internet, la responsabilidad potencial por la caída de servicio, por no mencionar la pérdida potencial de información y de ingresos, puede amenazar la existencia de las empresas del sector de Tecnologías de la Información. Por suerte, una de las reglas del mercado libre es: «Donde hay un riesgo, hay un seguro».

De hecho, la cobertura de estos fallos en el sector de Tecnologías de la Información se ha convertido en uno de los grandes negocios de las compañías de seguros, alimentado sobre todo por las ofertas de las nuevas divisiones de las grandes aseguradoras. Una de las prácticas más habituales de los seguros en los Estados Unidos es lo que se llama LOA (*Letter of Agreement*, una especie de contrato previo a la póliza). Cuando un proveedor de Tecnologías de la Información o una empresa importante adquiere una póliza para asegurar su responsabilidad civil sobre los fallos, la LOA es el documento que inicia la cobertura. No se trata de una póliza oficial, pero incluye las líneas generales del seguro adquirido. Legalmente, una vez formalizado este contrato, la compañía aseguradora tiene 12 semanas para emitir la póliza, que es el contrato oficial.

El personal de COLA (Computer Outage Liability Assurance, Seguros de responsabilidad civil sobre fallos informáticos) está cada vez más *preocupado* por el impacto del llamado «límite de 12 semanas». (COLA es una subsidiaria independiente de una enorme compañía de seguros, International Insurance and Indemnity, a la que se conoce como «Número Tres (III)» por las tres "I" de su nombre). Existen numerosas cuestiones bien conocidas con respecto al plazo estándar de emisión de pólizas:

◆ Se cuestiona la eficiencia de tener procesos de emisión de pólizas que duren de 8 a 12 semanas. El consejero delegado de COLA, Biere (al que llaman «Rute») ha comentado en numerosas ocasiones: «Mi abuela, que en paz descanse, hubiera conseguido hacer un contrato en *seis* semanas».

◆ Las cuestiones legales que surgen entre la firma de la LOA y la formalización de la póliza, incluyendo las reclamaciones y disputas acerca de los términos de cobertura, hacen que el departamento jurídico de COLA tenga que contratar personal continuamente, lo que le cuesta a la empresa entre 2 y 3 millones de dólares mensuales.

◆ Los clientes de COLA están empezando a quejarse vehementemente del plazo que transcurre entre la LOA y la póliza definitiva. Aunque las empresas de otros sectores no se han escandalizado demasiado por el límite de las 12 semanas, las del sector de las Tecnologías de la Información reclaman que en ese plazo pueden sufrir dos fusiones y tres ciclos de vida de un producto. A menudo se emiten nuevas LOAs para un cliente antes de que esté lista la póliza para los anteriores. Incluso los clientes que no han tenido reclamaciones dicen que se sienten desprotegidos con esa cobertura «semioficial».

◆ Se rumorea que las instituciones que regulan los seguros están pensando en reducir el límite de 12 semanas, quizá a la mitad.

Los proyectos de mejora de procesos de COLA

Hace un año y medio, COLA lanzó varios proyectos en un esfuerzo por reducir el tiempo que lleva emitir y formalizar una póliza. En cada caso se han hecho ya algunos progresos: un equipo de proyecto, al descubrir que las LOAs se manejaban con el método LIFO «última en entrar, primera en salir», redujeron la emisión de pólizas en el último minuto (y las retrasadas) en un 20 por ciento. Otro proyecto modificó el modo en que se redactan las LOAs, de forma que fuera más fácil transferir los términos básicos a la póliza definitiva.

Aun así, a pesar de tales esfuerzos, el tiempo promedio que lleva emitir una póliza en COLA es todavía de 10,4 semanas desde la formalización de la LOA. Se ha reducido, pero aún queda mucho para llegar a lo que reclaman los clientes.

Condiciones esenciales para el diseño/rediseño de procesos

El personal de COLA se enfrenta a un dilema que se está haciendo cada vez más común en las organizaciones Seis Sigma: ¿Qué método es mejor para facilitar el trabajo en esta situación? Los líderes de COLA *podrían* adoptar un método de mejora; después de todo, han tenido éxito en los proyectos anteriores. Por otro lado, existe la preocupación de que los proyectos adicionales de mejora de procesos, incluso los que son efectivos, no sean suficientes.

Los directivos de las empresas nos han preguntado si existe una fórmula para decidir el momento en que poner en marcha un esfuerzo de rediseño. Nuestra respuesta honrada es «no», puesto que simplemente hay demasiadas variables a considerar, desde el ámbito del proceso a cambiar, hasta la voluntad de conmocionar la empresa y la urgente necesidad de obtener mayor rendimiento. Podemos ofrecer, sin embargo, un modelo de evaluación basado en dos condiciones principales; *ambas* deben cumplirse para que el diseño o rediseño del proceso funcione:

Condición n.° 1: existe una necesidad, una amenaza o una oportunidad importante

La parte «beneficios» de la ecuación diseño/rediseño puede partir de diversas fuentes o amenazas. Aunque la lista siguiente se solapa en ocasiones, ofrece situaciones en las que pueden ser necesarios nuevos procesos:

✦ *Modificaciones de los requisitos/necesidades de cliente.* Las nuevas necesidades, las demandas rigurosas, los cambios del mercado, todos ellos presionan a su empresa para que realice cambios importantes en los servicios, funciones de los productos, capacidad de entrega, etc.

✦ *Demandas de mayor flexibilidad.* Las demandas cada vez más segmentadas o individualizadas de los clientes significan que sus procesos necesitan manejar una gama más amplia de necesidades y requisitos. Sus procesos actuales pueden no servir para satisfacer este nivel de segmentación.

✦ *Nuevas tecnologías.* Ya los perciba como una amenaza o como una oportunidad, su empresa necesita acomodarse a los avances que impactan en sus productos y servicios. Observe que las nuevas tecnologías pueden no tener que ver con sus productos o servicios en sí mismos: los libros vienen a ser lo mismo que eran, pero Internet está demandando nuevos procesos entre los vendedores de libros, por ejemplo.

✦ *Nuevas o distintas reglas y normas.* La inexistencia de leyes ha tenido un impacto enorme en los procesos de muchas empresas en los últimos 20 años. Las nuevas leyes han tenido también efectos significativos. Las empresas que responden a esos cambios de forma rápida y decisiva pueden ganar un buen impulso.

✦ *La competencia está cambiando.* Las otras empresas del sector o las que llegan nuevas pueden ir a por las necesidades o a por las oportunidades que usted haya perdido. Cuando la competencia está ganando puestos, puede ser el momento de buscar nuevos modos de adelantarles en cuanto a valor, velocidad o cualquier otro factor competitivo.

✦ *Los antiguos supuestos (o paradigmas) ya no valen.* Ésta es la versión interna del método «esperar a que llamen» de algunos elementos que ya hemos menciona-do. A veces, los cambios en las demandas del cliente, en los mercados y tecno-logías, se observan desde la empresa, pero no se comprenden o abordan.

Una triste anécdota lo ilustra. Estuvimos trabajando con una firma de alta tec-nología, que una vez triunfó y que hace un par de años fue una estrella rutilante en el universo tecnológico, antes de sufrir un declive fatal. Uno de los factores que cambió nada más empezar a decaer era el siguiente: su base de clientes ha-bía evolucionado desde un usuario final autosuficiente y muy técnico hasta un usuario «promedio», poco técnico. A pesar de ese cambio, la compañía no dedi-caba recursos para dar soporte a esos clientes. Los ingenieros de la empresa, su-puestamente dedicados a los trabajos de diseño de los productos importantes totalmente nuevos, tenían que dejar constantemente su trabajo para atender llamadas de los clientes. Mientras, el nuevo producto importante llevaba ya dos años de retraso. Aun así no se hizo esfuerzo alguno por cambiar la situación.

El rediseño de procesos es necesario a veces para despertar a la gente y para sacudir los supuestos que gobiernan a la organización y sacarlos de su sueño, en el que creen que las cosas siguen tan bien como antes.

✦ *El proceso actual es «un lío».* Nos gusta esa frase mucho más que una definición técnica como «el proceso actual no es capaz», porque la «capacidad» es una defini-ción estadística. Las evaluaciones estadísticas o técnicas de un proceso no dicen a un directivo si ese proceso merece un nuevo diseño. Por ejemplo, un proceso «in-capaz» puede perfeccionarse sustancialmente en muchas ocasiones con algunas me-joras bien aplicadas (no con un nuevo diseño). Otros procesos, como el de COLA, están tan enlazados a problemas o tan engranados con las formas de hacer las cosas que resulta infructuoso limitarse a intentar quitar las malas hierbas.

Condición n.° 2: ya está dispuesto a asumir el riesgo

Los «peligros» del diseño/rediseño no son triviales. Pero, desde luego, es posible manejarlos, así que la pregunta real a plantearse es: «¿Estamos listos y somos capa-ces de llevar a cabo este proyecto hasta su término?». A continuación veremos al-gunos de los requisitos necesarios para aceptar los riesgos adicionales de un esfuer-zo de rediseño:

✦ *Que sea aceptable un plazo más largo para el cambio.* En muchos casos, el di-seño o el cambio de un proceso lleva más tiempo del esperado.

✦ *Que haya recursos y talento disponibles.* No puede esperar limitarse a sustituir el antiguo proceso por uno nuevo. Necesita personal para el equipo del rediseño, que comprenda al cliente y que conozca los servicios, productos, procesos, tec-nologías y personas. Las posibilidades de necesitar inversión de capital, nuevos sistemas de Tecnologías de la Información e incluso nuevo personal aumentan siempre que se acomete un «remodelado» completo del trabajo.

✦ *Que los líderes y la organización en su totalidad apoyen el esfuerzo.* El consenso no tiene que ser total, porque seguro que habrá algunas resistencias, pero la capacidad para crear un convencimiento a favor del rediseño del proceso es una enorme ventaja. Los directivos tienen que estar dispuestos también a hacer elecciones difíciles, puesto que los nuevos procesos pueden significar reducción de plantilla.

✦ *Que el «perfil de riesgo» sea aceptable.* Los cambios significativos traen mayores posibilidades de error, oposición, problemas técnicos, etc. Debe considerar si un método más limitado (por ejemplo, un proyecto de mejora del proceso) representa la apuesta más segura.

El paso al rediseño

El director general de COLA, Rute Biere, y sus colaboradores más próximos habían estado hablando sobre la necesidad de progresar aún más en acortar el proceso de emisión de pólizas. «Creo que tenemos una oportunidad», dijo Sal Sparilla, vicepresidente de Marketing. «Los últimos datos de la Voz del Cliente indican un alto nivel de insatisfacción entre los ejecutivos de Tecnologías de la Información con nuestro rendimiento y con el modo en que todo el sector de responsabilidad civil sobre los fallos está tratando el tiempo de ciclo de las pólizas.»

«Sé que hay muchos problemas en el área de emisión de pólizas», confesó Di Edsota, de Administración de pólizas. «Te puedo enseñar siete u ocho proyectos que podríamos lanzar hoy mismo, pero sin garantizar que lográsemos lo que queremos. El límite de 12 semanas está totalmente engranado con la forma en que el sector viene trabajando desde hace mucho tiempo.»

El grupo ejecutivo estaba preocupado acerca del trauma organizativo que podía suponer intentar rehacer el proceso de emisión de pólizas. El reto de gestionar un cambio a gran escala era, como mínimo, gigantesco. Finalmente, el grupo acordó (o no tuvo más remedio que acordar, dada la insistencia de Rute Biere) nombrar un equipo que explorara un nuevo diseño desde el principio. «Puede que sea el único modo», dijo Biere.

Desde que lanzó su esfuerzo de mejora de procesos algo más de un año atrás, COLA no había llevado a cabo proyecto alguno de *rediseño* de procesos. Se había creado un *nuevo* proceso para introducir en el mercado sistemas de alimentación de respaldo, como una *joint venture* con un fabricante de equipamiento. «Sin embargo, fue más fácil», señaló el director del proceso de Gestión de COLA (nombre dado a la iniciativa Seis Sigma), Juan Callorrí. «No intentamos reemplazar un proceso existente por otro nuevo.»

En la reunión de la semana siguiente, Callorrí trajo un borrador de la misión del proyecto, para mostrarlo al grupo ejecutivo.

Misión del proyecto

El sector de las Tecnologías de la Información, que es nuestro mercado, necesita celeridad. Por desgracia, las actividades administrativas de

COLA y de otras aseguradoras del ramo de responsabilidad civil sobre fallos no han respondido todavía a esa necesidad crítica. Nuestros clientes están solicitando pólizas en el día y nosotros estamos tardando más de diez semanas. Aunque ese plazo es mejor que el promedio del sector, somos vulnerables frente a competidores más rápidos o frente a la posibilidad de que nuestros clientes se aseguren a sí mismos.

Necesitamos rediseñar completamente nuestro método de emisión de pólizas. Con ello, podemos ofrecer importantes beneficios a nuestros asegurados y clientes potenciales, aumentar nuestra rentabilidad, reducir la sensación de fracaso de nuestros asociados y situar a COLA en un lugar que le facilite un crecimiento más rápido.

Revisando estas palabras, algunos de los ejecutivos comentaron que les resultaba muy interesante la idea de reducir el plazo de emisión de pólizas.

«Ya», dijo el presidente, Tom Collins, «pero también da miedo».

Definir: definición de los objetivos de rediseño, del alcance y de los requisitos

Formularios para el equipo de rediseño de COLA

Cuando se oyó decir que se iba a rediseñar el proceso de emisión de las pólizas, hubo una mezcla de reacciones en COLA. Algunas personas se mostraron complacidas y notaron que era una decisión necesaria; otras, ni siquiera entendieron el razonamiento o hasta tuvieron miedo al cambio. Sin embargo, numerosas personas se adelantaron para ofrecerse voluntarias para el equipo de rediseño. El primer nombramiento fue el de la jefe de equipo: Toni Kwahter. Toni llevaba dos años y medio en COLA y era bastante respetada en la compañía. Como antigua agente de seguros, tenía bastantes credenciales en la aseguradora y, además, había trabajado bastantes años en una empresa de redes de ordenadores y conocía la mentalidad de los clientes de COLA. Su posición actual era jefa de Relaciones con clientes.

Trabajando con Di Edsota, el vicepresidente de Administración de pólizas, y con el *Consultor* que asesoraba al equipo, Art Glass, Toni eligió un equipo que comprendía gente de todas las secciones de los procesos y funciones de la compañía:

Bev Ehridge	Recursos Humanos
Ike Scube	Seguros
Bob Tull	Jurídico
Colleen Waters	Sistemas de información
Tye Neebublscz	Administración de pólizas

Cuando el equipo se reunió por primera vez, Toni presentó la misión del proyecto y dijo al grupo que tenían un gran reto por delante. «Mucha gente dirá que queremos hacer algo imposible o innecesario, que es lograr que las pólizas se emitan rápidamente. Vamos a tener que ser los agentes del cambio de la compañía y, como hemos puesto en el *Cuadro de Proyecto*, vamos a aprovechar la oportunidad que se nos presenta de impactar fuertemente en la empresa y especialmente en los clientes.»

El Cuadro de Proyecto de diseño/rediseño

El propósito fundamental del *Cuadro de Proyecto* en un esfuerzo de rediseño es el mismo que en un proyecto de mejora: establecer la dirección y definir los parámetros del proyecto. El espíritu del *Cuadro de Proyecto*, sin embargo, debe ser algo distinto. Mientras que el trabajo del equipo de mejora del proceso es analizar y solucionar el problema, el rediseño conlleva más trabajo de investigación: diseñar y llevar a la práctica un nuevo método de realizar el trabajo clave de la organización. Puede que no resulte inspirador para los que lo ven desde fuera, pero, para la gente de dentro, es preciso que el sentido de este propósito sea fuerte. Sin que exista una «visión» (ésa es la palabra), el nivel de creatividad y energía del equipo puede ser bajo y el nuevo proceso puede ser solamente algo mejor que el antiguo.

Además, es correcto que las definiciones del problema y del objetivo sean algo más vagas, puesto que el enfoque suele ser más global que en las cuestiones específicas. Las medidas siguen siendo importantes, pero una declaración de objetivos demasiado concreta puede *bajar* el listón para el equipo. Para la gente con experiencia técnica en calidad, por ejemplo, estas ideas pueden parecer faltas de rigor. Sin embargo, la base lógica es que el nivel de beneficios que ha de producir Seis Sigma precisa un apasionamiento y un propósito que van más allá de los típicos de un proyecto de mejora de procesos (aunque el apasionamiento es también algo bueno para esos equipos).

El problema, el objetivo y el alcance del equipo de COLA

El equipo de COLA decidió dar un nombre al proyecto para centrar sus actividades y acordaron llamarle «Los rompedores del límite», puesto que intentaban romper el concepto límite de 12 semanas, que había ocasionado el enojo de los clientes. Les llevó largo tiempo conseguir una definición del problema y una declaración de objetivos; pero, finalmente, tras un largo día de reuniones, redactaron sendos borradores:

Definición del problema

La emisión de las pólizas de seguros para los clientes de COLA lleva un promedio de 10,4 semanas. A pesar de que los esfuerzos anteriores para mejorar el plazo, han reducido el número de pólizas que no cumplen la norma del sector, el límite de 12 semanas, todavía estamos lejos de lograr el plazo que demandan los clientes del sector de redes y ordenadores. Si no reducimos sustancialmente ese plazo, nos arriesgamos a perder los clientes actuales y a que los clientes potenciales se aseguren a sí mismos o lo hagan con competidores más rápidos. Es fundamental una mejora importante en el proceso, para la supervivencia y el crecimiento de COLA.

Declaración de objetivos

Nuestro objetivo es rediseñar el proceso de emisión de pólizas, desde la firma de la LOA hasta la formalización de la póliza final, para un promedio de 1,5 semanas, antes de que acabe el año fiscal en curso. Con ello, mejoraremos la competitividad y la rentabilidad de COLA y definiremos una nueva norma de rendimiento para nuestro mercado.

Una de las decisiones iniciales del equipo en cuanto al desarrollo del *Cuadro de Proyecto* fue el «alcance» del mismo. Lo habían incorporado a la declaración de objetivos en la forma siguiente: «desde la firma de la LOA hasta la formalización de la póliza final» y se convirtió rápidamente en una de las partes más controvertidas de la reunión.

«¿Podemos realmente rediseñar el proceso *completo*?», preguntó Bev Ehridge, de Recursos Humanos. «Haría falta una cantidad de trabajo enorme.»

«Parece demasiado para acabarlo», dijo el abogado Bob Tull.

Tras varios debates, Toni (la Jefe del equipo) preguntó su opinión al *Consultor*, Art Glass. «Bueno», dijo éste tras una pausa de reflexión y de acariciarse la barba, «yo diría dos cosas». Hizo una nueva pausa. «Puede que tres». (El equipo ya había oído que Art era brillante, pero le costó un rato ver su brillantez.)

«La primera es que *tenéis* que tomar el proceso entero como objetivo. Después de todo, reducir cuatro quintos o cuatro quintos y medio o, incluso cinco sextos el tiempo del proceso, supone que tenéis que mirar a todas partes para recortar el tiempo de trabajo. La segunda (ahora iba tomando impulso) es que tenéis razón en que será más difícil gestionar un alcance mayor, por lo que conviene que lo reduzcáis si podéis. La tercera, que creo que *puedo* añadir, es que podéis *ajustar* el alcance más adelante para satisfacer las necesidades del proyecto y según la información que obtengáis en los trabajos sucesivos».

«Yo recomendaría», concluyó, «que lo dejéis como está y que lo reviséis cuando tengáis más información».

En ese punto, el equipo se sintió mucho más conforme con el borrador que habían hecho y acordaron dejar el alcance del proyecto como estaba por el momento. También se alegraron de tener la asesoría de Art, aunque, como un participante anónimo dijo a otro más tarde: «Menos mal que está prohibido fumar en el edificio. Si le das una pipa a ése, tenemos para horas».

El alcance del proyecto/proceso

El término «alcance» describe genéricamente la envergadura de un problema o la amplitud del enfoque del equipo. En los proyectos Seis Sigma, el término tiene una definición más específica; «alcance» significa los *límites* del proceso que el equipo del proyecto trata de diseñar o de rediseñar. Por ello, el alcance describe el «campo de juego» o los límites dentro de los cuales se han de considerar las actividades del proceso a rediseñar. Definir el alcance puede ser también de utilidad en los proyectos de mejora de procesos, porque puede proporcionar una guía al equipo acerca de dónde deben aplicar las soluciones.

Selección del alcance del proyecto

Seleccionar el alcance *adecuado* de un proyecto puede ser un reto importante. Como indica la declaración de objetivos del equipo de COLA, el alcance se identifica simplemente denominando el proceso (o procesos) implicados y especificando los puntos *inicial* y *final* de las etapas a rediseñar:

- «Vamos a rediseñar el proceso de pago de facturas, desde la recepción de la factura hasta que el cheque quede cargado en nuestra cuenta.»
- «El alcance para el nuevo proceso de embalaje empieza por el etiquetado del contenedor del producto, ya lleno, y termina por la paletización para el transporte.»

Un diagrama SIPOC o un mapa del proceso más detallado le ayudará a definir el alcance, porque permitirá al equipo *dibujar* literalmente los límites del proceso en el diagrama.

La elección del alcance suele ser subjetiva. Cada uno de los ejemplos anteriores podría haber sido más amplio o más ajustado y, aun así, haber sido «correcto». El debate que se produjo entre el equipo de COLA es bastante común; el alcance puede y debe ajustarse en el curso del proyecto de diseño.

Las etapas a seguir y las preguntas a responder que vienen a continuación, le ayudarán también a esclarecer el alcance de su proyecto:

1. *Denominar el proceso.* Es mejor *evitar* nombres de departamentos (por ejemplo, «el proceso de Ventas»), para poder distinguir claramente el rediseño (que cambia la forma de realizar el trabajo) de la reorganización (que cambia la estructura de un grupo o función). Por ejemplo:

   - El «proceso de pago de facturas», no «cuentas pendientes».
   - El «proceso de respuesta a la petición de servicios», no el «proceso de soporte técnico».

2. *Identificar el punto final.* El elemento más importante de un proceso es su producto final, servicio o resultado. Lo mejor es definir el punto final en el que «lo» que se procesa pasa, terminado, al proceso siguiente o al cliente. Pregunta:

   ¿Cuál es el resultado principal del proceso? ¿Quién es el cliente? ¿Cuál es la «etapa final» que podemos considerar dentro de nuestro alcance? ¿Podemos esperar realmente «rediseñar» las actividades hasta ese punto?

3. *Definir el punto inicial.* La siguiente etapa es esclarecer el límite «aguas arriba» del proceso a rediseñar. Si hay un evento claro que lo ponga en marcha o un punto inicial del proceso (por ejemplo, la llamada de un cliente, una orden de trabajo, la recepción de materia prima o de piezas), el punto de partida puede ser fá-

cil de describir. En otros casos, especialmente en las actividades de procesos internos, puede ser más subjetivo. Pregunta:

¿En qué punto o con qué acción se inicia el proceso? ¿Qué entrada clave sería un punto de partida razonable?

4. *Probar el alcance.* A medida que los límites del proceso tomen forma, el equipo necesitará describir una parte amplia o más concreta de las actividades. Aquí, el equilibrio está en dos criterios genéricos: significativo y gestionable. Pregunta:

¿Incluyen los límites que hemos definido las actividades necesarias para lograr el objetivo? ¿Podemos diseñar y gestionar efectivamente todas las actividades dentro del alcance actual? Si cambiamos y mejoramos estas etapas, ¿seremos realmente capaces de «elevar el listón» del rendimiento, de la eficiencia, de la competitividad, del valor, etc.?

Garantía de un alcance gestionable

Un método que se ajusta bien a las necesidades actuales de rapidez y a los entornos empresariales en continuo cambio es el rediseño de un proceso «por etapas». Después de establecer una perspectiva y los objetivos para la «nueva generación» de rendimiento del proceso completo, los ejecutivos, los propietarios del proceso y/o los equipos del proyecto pueden segmentar los trabajos de diseño en etapas, en las que se emprenda una revisión completa del proceso en dos o más proyectos sucesivos. Si, por ejemplo, la empresa necesita rediseñar el proceso de prestación de servicios para mejorar la capacidad global, el esfuerzo completo se podría dividir en tres etapas de distinto «alcance»: 1) Solicitud del servicio; 2) Preparación de la solicitud, y 3) Entrega de la solicitud y prestación de servicio.

Siempre que sienta la tentación de abordar un alcance mayor, recuerde la regla siguiente: a medida que los límites del proceso se «amplían», la complejidad tiende a crecer geométricamente. Una de las dificultades del diseño Seis Sigma es que no se trata de cambiar *solamente* el proceso limitado por el alcance, sino también, potencialmente, todas las entradas e interfaces que tenga del proyecto. Un proyecto de rediseño de alcance limitado puede tener de dos a ocho interfaces principales y otras menores. A medida que amplíe los límites, ese número puede crecer enormemente. Si cambian los requisitos de entrada, puede ser preciso «renegociar» con muchos más proveedores del proceso, lo que hará más complicado y dificultoso el esfuerzo en su conjunto.

Redacción del alcance

El equipo de COLA revisó, con el comité de dirección de la compañía, sus definiciones iniciales del problema y de los objetivos. También incluyeron un diagrama SIPOC del proceso de emisión de pólizas (Figura 16.2), que «tomaron prestado» de uno de los equipos que había realizado un proyecto de mejora anterior.

El diagrama SIPOC del proceso de emisión de pólizas de COLA

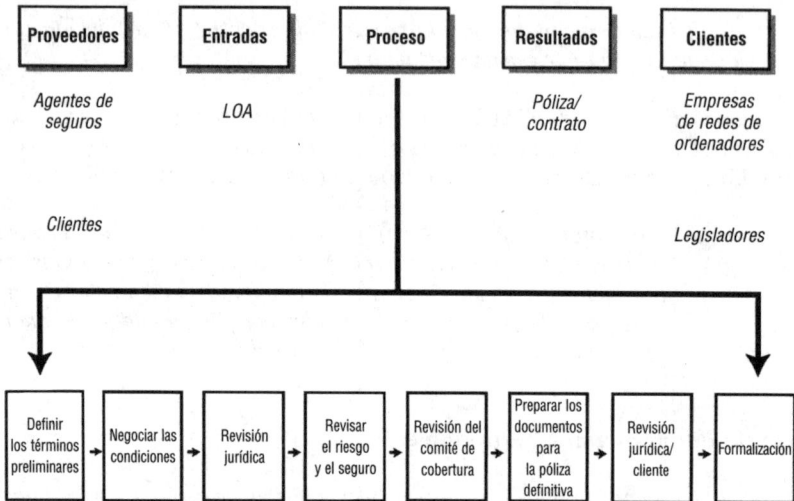

Proveedores	Entradas	Proceso	Resultados	Clientes
Agentes de seguros	LOA		Póliza/ contrato	Empresas de redes de ordenadores
Clientes				Legisladores

| Definir los términos preliminares | → | Negociar las condiciones | → | Revisión jurídica | → | Revisar el riesgo y el seguro | → | Revisión del comité de cobertura | → | Preparar los documentos para la póliza definitiva | → | Revisión jurídica/ cliente | → | Formalización |

Figura 16.2 El diagrama SIPOC del proceso de emisión de pólizas de COLA

Definición y revisión de los resultados y requisitos del proceso

Las historias más impactantes e inspiradoras del diseño/rediseño de procesos proceden de los grupos que aprovecharon sus proyectos para redefinir su comprensión de las necesidades del cliente, lo que, en ocasiones, supuso incluso cambiar la comprensión de los *clientes* de sus propios requisitos o necesidades. En esta etapa, como en muchas de las actividades del diseño/rediseño de procesos, un objetivo fundamental es *cuestionar los supuestos existentes* acerca de lo que es importante, para qué es necesario y cómo se puede conseguir. El problema es que los supuestos son difíciles de abandonar.

Conocemos a una empresa de formación, por ejemplo, que gastó numerosos recursos, incluyendo la compra de una imprenta, basándose en el supuesto de que los clientes «necesitaban» libros impresos a todo color y de alta calidad para los cursos. A pesar de la insistencia de los clientes para «personalizar» la formación, la empresa siguió imprimiendo materiales en grandes cantidades con los métodos tradicionales de imprenta. Finalmente hubo que desechar una gran cantidad de material, porque los materiales personalizados solamente se utilizaban en pequeños volúmenes.

Por último, la empresa despertó a la realidad: los clientes se preocupaban mucho menos del color o de la impresión de fantasía y mucho más de satisfacer sus necesidades específicas de formación. Estos últimos descubrimientos permitieron a la empresa de formación cambiar su producción a «publicaciones bajo demanda» (imprimiendo pequeñas tiradas en blanco y negro con impresoras láser de alta velocidad), cerró el almacén y vendió la imprenta. Y todo porque lo que habían desarrollado en base a sus suposiciones de lo que era importante para los clientes, no era válido.

Etapas para esclarecer los resultados y requisitos

Los resultados y los requisitos forman la «razón de ser» del proceso. En el curso de los trabajos de diseño, sin embargo, conviene emprender las siguientes acciones y plantearse estas preguntas:

1. *Definir y volver a examinar el resultado del proceso.* Preguntas:

   - ¿Cuáles son los resultados actuales o el producto final del proceso?
   - ¿Siguen siendo estos resultados lo «mejor» para satisfacer las necesidades y cumplir los objetivos de los clientes?
   - ¿Qué otras alternativas, es decir, productos o servicios, podríamos ofrecer en su lugar o cómo podría cambiar la naturaleza del resultado?

2. *Esclarecer y analizar los requisitos fundamentales del resultado.* Preguntas:

   - ¿Qué funciones o características del resultado lo hacen utilizable y efectivo para el cliente?
   - ¿Qué otras funciones o características no se cumplen?
   - ¿Qué necesidades o requisitos cambiantes de los clientes de nuestro *cliente* podemos ayudarle a satisfacer?
   - ¿Qué otras oportunidades existen para que el producto/servicio sea más válido, útil y conveniente para el cliente?
   - ¿Qué lecciones o qué otras necesidades podemos identificar al comprender el uso que hace el cliente de los resultados?

3. *Revisar y volver a comprobar los supuestos de resultados y requisitos con el cliente.* Preguntas:

   - ¿Cómo podemos comprobar la validez de nuestros supuestos o de los del cliente, acerca de lo que es necesario?
   - ¿Qué datos recientes confirman esos requisitos? ¿Qué datos son cuestionables?
   - ¿Existen diferentes grupos dentro de la «base de clientes» del proceso que deban abordarse por separado?

Todas estas preguntas reflejan que, si piensa romper los «paradigmas» en los que se basa el proceso, *éste es el momento de hacerlo.* Uno de nuestros colegas hace que los equipos implicados en los trabajos de rediseño redacten todos sus supuestos sobre el proceso en hojas de papel y luego *las rompan*, para simbolizar una ruptura deliberada con el pasado.

El equipo de COLA visita a los clientes

El equipo de COLA decidió poner mayor énfasis, en los inicios del proyecto, en obtener más conocimientos acerca de la cobertura sobre fallos de ordenadores de los clientes y sobre otras áreas en las que la compañía podría añadir valor. Empezaron por una revisión de los datos existentes de la Voz del Cliente, anotando todos los resultados y requisitos clave.

A continuación, el equipo programó una serie de reuniones telefónicas y en persona con el personal de Gestión de riesgos, con la dirección general y con los departamentos jurídicos de diferentes clientes. Estas conversaciones resultaron muy enriquecedoras. Comenzaron por darse cuenta de que podrían «deleitar» a sus clientes no solamente al emitir las pólizas con mayor rapidez, sino haciendo los documentos más fáciles de comprender. Terminaron la fase Definir creando un conjunto preliminar de especificaciones de diseño de resultados para el proceso de emisión de pólizas.

Lo que hay que hacer y lo que no hay que hacer en la fase Definir del diseño/rediseño de procesos

SÍ: Pensar «*a lo grande*» sobre los posibles resultados, beneficios y escala de mejoras.

La gente entusiasta tiende a ser más creativa y a persistir en su esfuerzo a pesar de la resistencia. Los miembros del equipo de diseño precisan verse a sí mismos como «agentes de cambio».

SÍ: Definir un alcance donde se equilibre la oportunidad y el riesgo.

Puede obtener más beneficios con un alcance mayor, pero la complejidad crecerá rápidamente. Ajuste el alcance según lo necesite durante el proyecto.

NO: Suponer que los resultados y los requisitos son «estáticos».

Utilice el diseño/rediseño como una oportunidad para establecer nuevos estándares o incluso para cambiar la «solución» a ofrecer a los clientes.

NO: Demorar la preparación de la organización para el cambio.

El plan de gestión del cambio debe formar parte del trabajo inicial de un equipo de diseño/rediseño, en colaboración con el patrocinador del proyecto y con el jefe del equipo.

Medir: establecimiento de las líneas básicas de rendimiento

El equipo de COLA comprueba sus niveles

El equipo de COLA ya tiene un buen conjunto de datos sobre el tiempo de ciclo *global* de los resultados para el proceso de emisión de pólizas. Sin embargo, se han dado cuenta de que, si quieren tener más conocimientos sobre el rendimiento del proceso actual, les vendría bien disponer de información sobre el tiempo empleado *dentro* del proceso. También han decidido añadir una nueva medida, antes olvidada, que se basa en un nuevo requisito de los clientes: la cantidad de documentos de la póliza.

El equipo trazó un plan de muestreo de los datos disponibles, empleando una hoja de comprobación tipo «viajero», para obtener una visión de la duración de cada etapa del proceso. Esperaban poder ver si el tamaño de los documentos impactaba sobre la velocidad del proceso. Con los datos en la mano, estaban listos para pasar a la fase Analizar.

Visión general de la fase Medir del diseño/rediseño

Existen pocas diferencias, si las hay, entre el trabajo de un equipo en la fase Medir del diseño/rediseño y en el proyecto de mejora de procesos. Si acaso, la medición puede ser más sencilla, porque el objetivo del diseño de un proceso no es sacar a la luz las causas raíz, sino simplemente comprender el proceso actual lo suficiente como para garantizar que el nuevo pueda mejorar sustancialmente el rendimiento. Como siempre, hay que asegurarse de que las medidas que se decidan tomar tienen objetivos claros y un valor sobre el objetivo general del proyecto.

Benchmarking y *medidas externas*

Las medidas externas son una dimensión de la fase Medir que puede traer beneficios especiales a un esfuerzo de diseño/rediseño de procesos. (El *benchmarking* de procesos es también una opción en los proyectos de mejora, pero tiende a ser más aplicable cuando se va rehacer el proceso en sí.) El *benchmarking* ayuda a establecer puntos de comparación entre el rendimiento de un proceso y el de otros procesos similares.

A menudo, los mejores candidatos para las medidas de *benchmarking* no son los competidores directos. Por razones obvias, puede ser difícil compartir información con ellos. Además, en los mercados del mismo tipo se puede ver que las peores prácticas (no las mejores) son las que se repiten en todo el sector. Si considera otros lugares de donde extraer datos o llevar a cabo mediciones fuera de su organización, pregúntese: «¿Quién lo hace *realmente* bien y cómo podemos definir un estándar más elevado y aprender *mejores* prácticas?». Desde la perspectiva del acceso y de la colaboración, observar otras divisiones, unidades de negocio o adquisiciones *dentro de* la organización global puede ser también una buena fuente de *benchmarking* de datos.

Definición de medidas futuras

Una de las tareas del proceso de diseño Seis Sigma que suele empezar en la fase Medir es establecer mediciones que deben realizar más adelante para probar las alternativas de diseño. Con el empleo de los requisitos identificados en la etapa Definir, podrá desarrollar factores específicos ponderables, que se evaluarán utilizando herramientas de simulación de procesos y/o métodos como el diseño de experimentos.

La definición de estas medidas en las primeras etapas no debe «bloquearlas», sino garantizar que el trabajo se ajusta a los requisitos fundamentales a través de todo el esfuerzo de diseño.

Tiempos de ciclo del proceso de emisión de pólizas por etapas

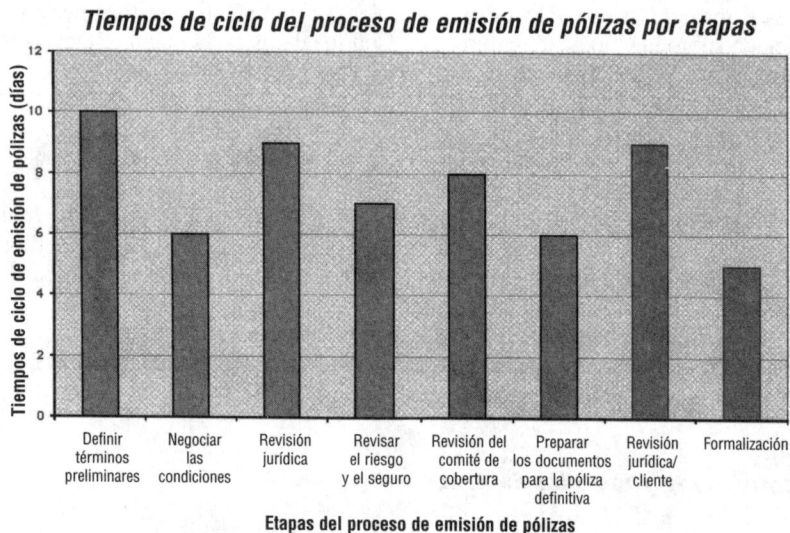

Etapas del proceso de emisión de pólizas

Figura 16.3 Tiempos de ciclo del proceso de emisión de pólizas por etapas (COLA)

Tiempos de ciclo de las pólizas frente a longitud del contrato

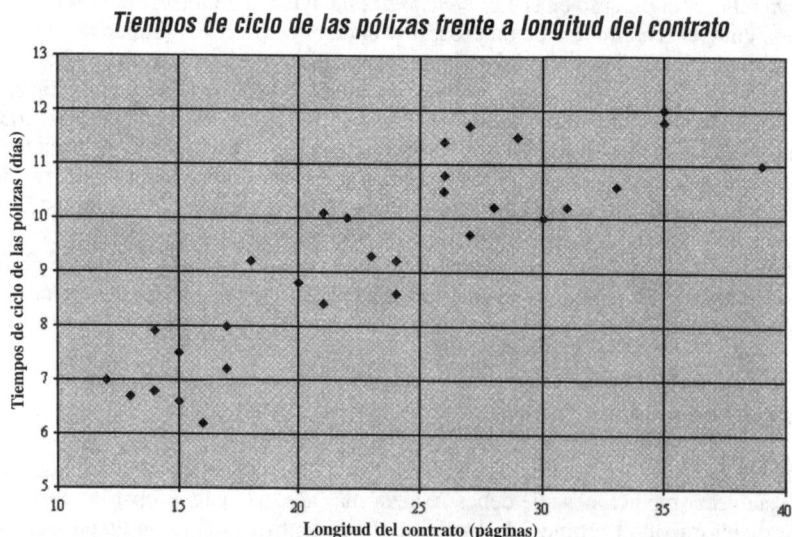

Figura 16.4 Gráfico de dispersión de los tiempos de ciclo de las pólizas (Y) frente a longitud del contrato (X)

Lo que hay que hacer y lo que no hay que hacer en la fase Medir del diseño/rediseño de procesos

SÍ: Garantizar que existen medidas de rendimiento del proceso sólidamente fundamentadas para todos los requisitos clave.

Cuando confirme los resultados y haga el seguimiento del rendimiento del nuevo proceso, tendrá que compararlo con los datos básicos iniciales.

SÍ: Buscar información que ayude a identificar las oportunidades de rediseño, tanto dentro del proceso como fuera de la organización.

Aquí se trata de buscar formas de construir las mejores prácticas de rendimiento que las medidas puedan ayudarle a identificar.

NO: Ir a la caza de causas raíz cuando lo que planifica es rediseñar el proceso.

Las medidas no necesarias no solamente son una pérdida de tiempo, sino también un golpe a la creatividad, ya que la existencia de demasiados datos sobre el proceso llega a abrumar a la gente.

Analizar: construir una base para el rediseño

Disección de los datos básicos

Las medidas que ha recopilado el equipo de COLA han probado ser bastante útiles. Como habían sospechado, el tiempo de ciclo para la mayor parte de las nueve etapas principales del proceso de emisión de pólizas era bastante alto. Representaron los tiempos por etapa en un gráfico de barras que aparece en la Figura 16.3. Sin embargo, cuando prepararon un gráfico de dispersión con las relaciones entre la longitud del documento y el tiempo de ciclo *total*, los datos resultaron más reveladores (Figura 16.4).

Una mirada más de cerca al proceso

A pesar de las averiguaciones, aún quedaba mucho escepticismo entre los miembros del equipo que rediseñaban el proceso, en cuanto a que pudiera llevarles cerca de su objetivo de emitir las pólizas en semana y media. Después de un largo preámbulo, el *Consultor* Art Glass les sugirió realizar un «análisis de valor y tiempo».

«¿Y eso qué es?», preguntó Bob, del departamento jurídico, lamentando inmediatamente haber planteado la pregunta a Art.

Por suerte para Bob, la respuesta de Art fue sorprendentemente breve: «Es la forma de descubrir qué trabajo del que se hace a lo largo del proceso es realmente importante y cuánto tiempo se invierte en él».

Diseño y análisis del proceso

En la *mejora* del proceso, el análisis o la búsqueda de la causa raíz es una etapa fundamental. En contraste, una vez la organización o el equipo hayan decidido emprender el *rediseño* del proceso, este análisis deja de ser crítico. Su objetivo pasa a ser crear un nuevo proceso que se aplique a los nuevos flujos de trabajo, procedimientos, tecnologías, etc., para cumplir un nivel más elevado de rendimiento. El análisis excesivo puede dañar el rediseño, al grabar en la mente de las personas el método actual que se emplea para hacer las cosas. Al mismo tiempo, en el equipo de COLA descubrieron algunas lecciones útiles durante el análisis, sobre *cómo* el rediseño puede conducir a una mejora radical del rendimiento.

Análisis de valor del proceso

A medida que los procesos se hacen más complejos, tienden a aislar a la gente del hecho de que el cliente es el verdadero objeto de la empresa. El «análisis de valor» es una forma de volver a poner el énfasis en la principal razón de ser de una empresa o proceso, al observar el trabajo desde el punto de vista externo del cliente. En el análisis hay que asignar a cada etapa del proceso una de las tres categorías siguientes:

1. *Las que añaden valor (value-adding).* Son tareas o actividades valiosas *desde el punto de vista externo del cliente.* Esta última parte es crítica, porque casi todas las etapas se pueden justificar a los ojos de *alguien.* «Lo hacemos porque lo ha dicho el jefe» no significa que una tarea añada valor al cliente.

   Hay tres criterios a considerar en relación con las etapas que dan valor al cliente:

   a. Al cliente le interesa y/o paga esta actividad si sabe que la estamos haciendo.
   b. Aplican cambios al servicio o producto. Pero limitarnos a mover las cosas de un lado a otro *no* suele añadir *valor.*
   c. Solamente las hacemos una vez. (Reparaciones, repetición de trabajo, sustituciones, etc., solamente corrigen los errores que se han cometido antes; pero no *añaden* valor.)

2. *Las que permiten añadir valor (value-enabling).* Existe un tipo de actividad que permite realizar trabajos para el cliente de forma más rápida o eficaz, lo que significa que puede entregarle productos o darle servicios más pronto, a menos coste, con gran precisión, etc. Es necesario ser prudente y no dejar que todas las etapas que no cumplen la categoría de «añadir valor» se conviertan en etapas que «permiten añadir valor». Suele haber muy pocas en este grupo.

3. *Las que no añaden valor (non-value-adding).* Son los aspectos del «duro despertar» de un proceso, porque en la mayoría de las organizaciones hay *numerosas* etapas que no añaden valor. El tipo de actividades que entran en esta categoría incluye también la repetición de los trabajos, así como las siguientes:

   - Retrasos.
   - Inspecciones.

- Revisiones.
- Transporte (desde una posición o etapa del proceso a otra).
- Informes y justificaciones de cara al interior.
- Configuración y preparación.

Decir que una categoría no añade valor puede parecer algo cruel. Si lo observamos directamente, la mayoría de lo que sucede en una organización típica no añade valor a los ojos del cliente. El lector (nuestro cliente) probablemente no tenga en cuenta que hemos comprado un programa de edición de textos que nos avisa cada determinado número de palabras, para recordarnos el tiempo que llevamos escribiendo sin decir nada inteligente. En lo que a usted respecta, usted paga el valor de lo que le ofrecemos, no los costes que tenemos para hacerlo mejor, ¿no es cierto? Es duro admitir que hemos desperdiciado dinero en este programa, pero la cruda realidad es que es una actividad que no añade valor. Es totalmente seguro que existen *muchas* cosas que hacemos en la empresa «en interés del cliente», pero que al cliente realmente no le importan en absoluto.

Equilibrio entre las tareas que añaden valor y las que no lo añaden

De forma realista, sería un *error* eliminar todas las tareas que no añaden valor. Por ejemplo, pedir la devolución de impuestos; o proporcionar beneficios al personal; o hacer copias de respaldo de los archivos de los ordenadores. Generalmente no añaden valor desde el punto de vista del cliente, pero son tareas realizadas para el interés de la compañía si se trata de permanecer en el mercado.

Otro ejemplo sería comprobar el crédito del cliente. Éstas son prácticas inteligentes que le protegen de los malos pagadores. Aunque no añadan valor desde el punto de vista del cliente, no le conviene en absoluto abandonarlas. Por otro lado, si se da cuenta de que realmente *no* añaden valor, le será útil situar esas actividades en su verdadera perspectiva. *Puede* acelerar o incluso eliminar la verificación del crédito de los clientes sin gran riesgo de que éstos se quejen. Y, de hecho, las comprobaciones instantáneas se han convertido en algo cada vez más importante para los servicios financieros, a medida que las empresas buscan formas de reducir el impacto que producen sobre sus clientes las actividades que no añaden valor, aunque, desde luego, siguen limitando el riesgo del negocio[3].

Etapas del análisis de valor

Para hacer un análisis de valor efectivo es necesario tener una visión del proceso bastante detallada. La técnica es muy sencilla:

1. Identificar el mapa del proceso a analizar.
2. Clasificar las etapas según los criterios anteriores, como que añaden valor, que no añaden valor o que permiten añadir valor.
3. Calcular la proporción de actividades de cada categoría y revisar el «balance» entre los trabajos que añaden y que no añaden valor.

El equipo de COLA dirige un análisis de valor

El equipo de COLA precisó varios días para preparar mapas más detallados del proceso de emisión de pólizas. A continuación, organizaron el mapa del proceso con un «despliegue» en formato «interfuncional», que representaba los departamentos y los clientes en la parte superior, y las etapas de los procesos en las columnas adecuadas. A la derecha, clasificaron cada etapa en función de si añadía valor (AV), permitía añadir valor (PAV) o no añadía valor (NAV).

Los resultados revelaron que de las 45 etapas básicas del proceso, 4 añadían valor (el 8,9 por ciento), 2 permitían añadir valor (el 4,4 por ciento) y, las restantes 39 etapas, el 86,7 por ciento de las tareas, no añadían valor. «Creo que tiene sentido», comentó Toni, la jefe del equipo. «Lo que vendemos son seguros o protección frente a riesgos, no papeles.»

Colleen Waters, de Sistemas de Información, añadió que, puesto que varias de las etapas que no añadían valor eran cosas que no podían eliminar, sin el riesgo de ser perseguidos por la ley, aún no quedaba claro que el proceso se pudiera recortar a semana y media.

«Bien», agregó Toni, «todavía necesitamos ver los factores en la dimensión del tiempo».

Análisis de tiempo del proceso

A las tres categorías del análisis de valor podemos añadir dos aspectos del análisis del tiempo, para comprender mejor el proceso:

1. *Tiempo de trabajo.* El tiempo realmente invertido en *hacer* algo para el producto o servicio, a medida que fluye hacia el cliente.
2. *Tiempo de espera.* El tiempo que el producto o servicio está esperando a que se haga algo. Imagine un montón de piezas, o una carga de productos de un camión, sentados jugando con sus pulgares (si los tuvieran, claro), esperando que alguien los mueva o los utilice para trabajar. Esto se llama «tiempo en cola», o simplemente «retraso».

El análisis de tiempo puede ser otra caja de sorpresas si nadie le ha prestado atención anteriormente. Puede que no le traiga buenas noticias, pero suele haber *mucho* tiempo muerto en los procesos empresariales. Si la mejora del tiempo de ciclo es una prioridad, el análisis de tiempo es un enorme beneficio para recortar los tiempos muertos del proceso hasta minutos en vez de horas, o días en vez de meses. La necesidad de velocidad, desde la entrega *just-in-time* a los ciclos rápidos del producto para una competencia basada en el tiempo, ha dado lugar a una de las mejoras más impresionantes en las empresas de todo el mundo en los últimos 15 años.

El tiempo está de su parte (sí, lo está)

Cuando el grupo de COLA observó los datos del tiempo desde la perspectiva del proceso completo, éstos se convirtieron en una revelación aún mayor que el análisis del valor.

«Esto me ha convencido», dijo Colleen cuando vio las cifras. El equipo había hecho una estimación de la cantidad de «tiempo de trabajo» necesario para cada etapa del proceso y luego había revisado sus estimaciones hablando con el personal que realizaba el trabajo. Cuando consiguieron totalizar todo el tiempo posible, resultó que de las aproximadamente 10,4 semanas (52 días) como promedio que tardaban las pólizas en estar listas, solamente había 8 días de trabajo real, es decir, el 15,4 por ciento del total.

Los factores de los datos del análisis fueron aún más reveladores: una buena parte del tiempo se dedicaba a las etapas que no añadían valor. Sobre todo, estimaron que solamente se invertía el 3 por ciento del tiempo total del proceso de emisión de pólizas en actividades que añadieran valor, es decir, menos de dos días.

«¡Límite de 12 semanas, ya eres *historia*!», exclamó Ike, de Suscripciones.

«No tan deprisa», dijo Art, el cauto *Consultor*, sin temor a batir un récord de velocidad. «No podéis eliminar sin más todas las etapas de tiempo muerto de este proceso y esperar que los niveles actuales de rendimiento se mantengan mientras seguís controlando los...». De cualquier forma, lo importante era que la solución auténtica iba a surgir después de volver a considerar la forma en que COLA preparaba los documentos de las pólizas y de averiguar la manera de cómo hacerlo ajustándose al nuevo parámetro de semana y media. El equipo acordó que estaba listo para empezar el diseño.

Resumen de la fase Analizar

Los análisis de valor y de tiempo de ciclo son herramientas muy útiles que puede emplear en los proyectos de diseño de procesos para confirmar (o, al menos, preguntarse) la viabilidad de conseguir grandes mejoras en la eficacia y eficiencia del proceso. Algunas de las exclamaciones de admiración más fuertes que hemos escuchado proceden de gente que ha visto lo que realmente tienen de esencial su tiempo y su trabajo. Estas técnicas también pueden resultar útiles en las actividades de mejora de procesos o cuando un equipo tiene dudas sobre si solucionar un proceso o rediseñarlo.

A pesar de lo reveladores que pueden ser estos datos, es necesario utilizarlos con cuidado. Por un lado, puede que usted no esté listo para rediseñar el proceso; eso significa que no podrá, como dijo Art Glass, limitarse a eliminar todas las tareas que no añadan valor y prohibir los tiempos de espera. Además, estas tareas, que pueden incluso ser críticas para la *empresa*, representan puestos de trabajo. Decir a un gran porcentaje de la plantilla que su trabajo «no añade valor» podría generar repercusiones que es preferible evitar.

Lo que hay que hacer y lo que no hay que hacer en la fase Analizar del diseño/rediseño de procesos

SÍ: Utilizar el análisis del proceso para esclarecer los beneficios potenciales del rediseño.

Busque los datos que den soporte a la conclusión de que es necesario rediseñar y observe también la forma en que se puede hacer y que le ayudará a lograr su objetivo.

SÍ: Disponerse a revisar los planes en función de lo averiguado.

Por ejemplo, si averigua que una sola solución va a conseguir grandes beneficios sin necesidad de un rediseño completo, cambie su enfoque. No rediseñe lo que no necesite.

NO: Empezar a analizar los problemas en detalle.

Mantenga una perspectiva amplia del proceso. Cuanto más entre en detalles, más difícil será diseñarlo sin supuestos.

Una revuelta de poca importancia

«Sólo tengo que explicar a la gente lo que pasa.» El Director General de COLA, Rute Biere, hablaba en una reunión urgente del comité de dirección de la empresa acerca de varios rumores que circulaban sobre despidos masivos. «No vamos a ganar nada con guardar silencio», dijo.

Toni Kwahter, que asistía a la reunión, dijo entonces: «Es posible que se nos presente la opción de reducir algunos puestos de trabajo, Rute. ¿No sigue eso siendo una opción?».

«Puede ser, Toni», asintió Biere. «Pero también estoy esperando que el crecimiento que consigamos, si podéis generar un proceso más rápido, nos permita dar a todo el mundo la oportunidad de seguir a bordo. De todas formas, no podemos endulzarlo: tiene que haber algún recorte, porque no podemos dejar a la gente sin hacer nada.»

El vicepresidente de Administración de pólizas, Di Edsota, el patrocinador del equipo, ofreció una disculpa: «Está bien, Rute. Tengo que confesar que Toni y su equipo me han pedido un par de veces que te explicara algo más directamente cómo está el proyecto y nuestros posibles planes. Pero no me he atrevido».

«Ya sabes», señaló el director de Sistemas de gestión, Juan Callorrí, «que muchas empresas tendrán que tratar con este tipo de situaciones; y cada vez más. Si fuésemos más proactivos para mejorar la empresa o nos mantuviésemos al tanto de nuestros clientes y competidores, cambiaríamos con mayor frecuencia. Pero tenemos que aprender a gestionar mejor las posibles implicaciones».

Al día siguiente, todos los colaboradores de COLA recibieron un mensaje por correo electrónico en el que Rute Biere les anunciaba lo siguiente:

Para continuar creciendo y satisfacer las crecientes demandas de nuestros clientes en cuanto a respuestas más rápidas a sus necesidades de cobertura de riesgos, COLA debe formalizar sus contratos de pólizas con mucha más rapidez, pero con la misma precisión y profesionalidad en que se basa nuestra reputación. El equipo está viendo la forma de rediseñar el proceso de emisión de pólizas y se ha impuesto el objetivo de disminuir el trayecto de los documentos desde más de 10 semanas a menos de 2. Intentamos no reducir plantilla, pero existe la posibilidad de tener que eliminar algunos puestos de trabajo al cambiar el método. También es posible que contratemos nuevo personal. Prometo hacer todo lo posible por mantenerles informados sobre el progreso de estos trabajos y pido a todos que apoyen esta iniciativa. Si lo logramos, tendremos nuevas oportunidades para COLA y para todos nuestros colaboradores.

En los días siguientes, los directivos de COLA mantuvieron una serie de reuniones con el personal. Aunque seguía habiendo alguna preocupación por parte de los empleados, el ambiente en general cambió positivamente cuando se explicó claramente el objeto de los rumores.

Mejorar: diseño e implantación del nuevo proceso

Planificar, diseñar y luego dar operatividad a un nuevo proceso de trabajo puede ser casi un esfuerzo esquizofrénico. El equipo necesita desempeñar diferentes «personalidades» para romper las normas y temores latentes e identificar nuevos flujos de trabajo y procedimientos. Luego, debe construir una nueva forma de hacer el trabajo que sea práctica, rentable, sin problemas y sin necesidad de retrabajos y que, además, arroje beneficios significativos en el rendimiento. Un reto añadido es el que procede del hecho de que los procesos existentes son «cómodos» para la gente que trabaja con ellos día a día.

Las etapas de la fase Mejorar

El mejor camino para el diseño de un proceso es alternar entre la creatividad y el análisis, agregando detalles y perfeccionando el diseño sobre la marcha. La primera fase de «diseño» va seguida de la fase de «perfeccionamiento», durante la cual se realiza la mayor parte del trabajo de comprobar, mejorar y verificar el proceso; finalmente, la fase de «implantación» es aquella en la que se pone el proceso en funcionamiento. La Figura 16.5 presenta una guía que muestra el conjunto de etapas de la fase Mejorar, desde el diseño hasta la implantación.

El trabajo de alto nivel

Tras haberse quitado de encima una pequeña parte de sus muchas preocupaciones, el equipo de COLA ha pasado la primera parte de su reunión revisando el *Cuadro de Proyecto* y reafirmando la necesidad esencial de rediseñar el proceso de emisión de pólizas desde el principio.

Para empezar a pensar en el nuevo formato, decidieron localizar un lugar fuera de la oficina que les ayudara a apartarse para reflexionar sobre el proceso que se estaba llevando a cabo *en aquellos momentos*. Con la orientación de Art y de Juan, trazaron el plan de trabajo a seguir, que incluía varios turnos de diseño creativo, seguidos de un escrutinio, análisis y, después, la implantación.

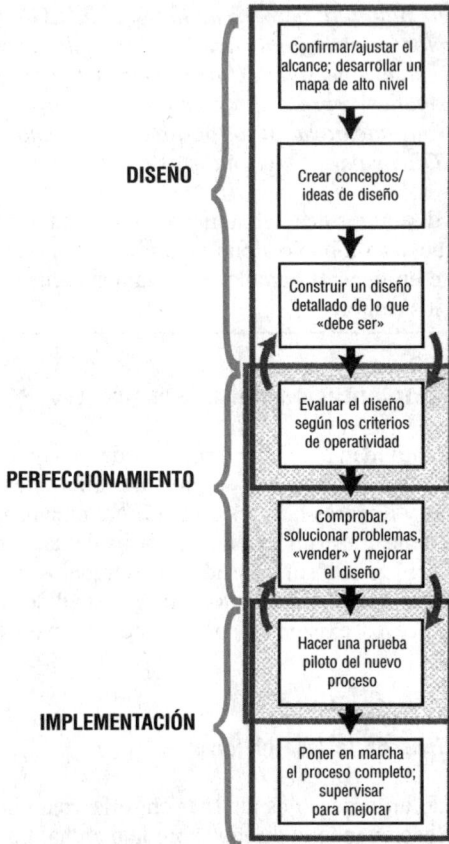

Figura 16.5 Las etapas de alto nivel de la fase Mejorar del diseño/rediseño de un proceso

En las primeras discusiones, el equipo acordó una importante función del proceso: el contrato en sí debería simplificarse mucho. «No era parte de nuestro plan, pero el efecto de estos contratos de 30 páginas es obvio. Podemos hacer que las cosas vayan más aprisa y que los clientes se sientan más a gusto con algo que puedan comprender», dijo Tye, de Administración de pólizas.

Un contrato más corto, pero, desde luego debería sonar a legal y ser aceptable para la legislación de seguros. El departamento jurídico de COLA tendría que dar su beneplácito, pues en caso contrario habría que abandonar la idea. Bob Tull, de Jurídico, se ofreció voluntario para reunir un equipo que rediseñara el contrato; todos estuvieron de acuerdo y Toni y él se reunieron con Di Edsota, de Administración de pólizas, y con el jefe de Bob, Tom Collins, para obtener su apoyo para el subproyecto de revisión del contrato.

También discutieron otras idea, entre ellas las siguientes:

• Limitar o eliminar las revisiones.
• Crear más funciones estándar en el contrato como «bloques de construcción» para las pólizas.

- Tomar algunas decisiones en la LOA.
- Eliminar el tiempo de espera del proceso.
- Transmitir los documentos electrónicamente.
- Asignar un «propietario» o «coordinador» para cada contrato, es decir, un responsable de su formalización a tiempo.

La acción final se desarrolló en el diagrama del proceso de alto nivel que muestra la Figura 16.6. «Teníamos ocho etapas y ahora sólo tenemos cuatro, así que ya es algo», dijo Bev.

Ingredientes esenciales para el diseño del proceso

Cuando el equipo empieza a «construir» el nuevo proceso, es importante comprobar que no faltan ingredientes. Algunos de ellos son más bien cuestión de sentido común, mientras que otros no resultan tan obvios:

✦ *Objetivos y/o perspectivas claras.* Esto ayudará al equipo a ver dónde tiene que estar el proceso. Sirve como las balizas o como una señal luminosa de un aeropuerto lejano.
✦ *Un alcance del proceso bien definido.* Cualquier modificación significativa del proceso o de su alcance debe comprobarse con el patrocinador y/o con los directivos de la empresa.

Proceso de emisión de pólizas revisado

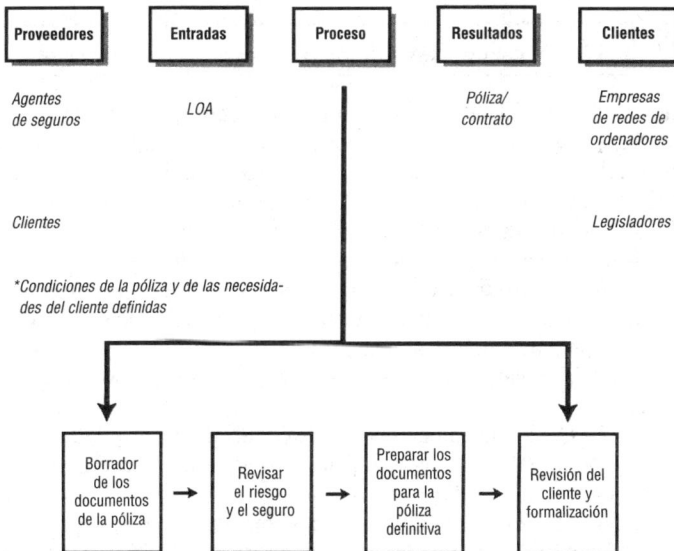

Figura 16.6 El diagrama SIPOC de emisión de pólizas de COLA después del rediseño

✦ *Voluntad de cambiar las normas.* Por desgracia, los obstáculos para las nuevas ideas suelen ser supuestos *inconscientes* o creencias acerca de cómo deben hacerse las cosas. Puede ser preciso un esfuerzo conjunto del equipo y de sus compañeros que tengan algo que ver con el proceso para vencer los antiguos supuestos.

✦ *Pensamiento creativo.* La capacidad para imaginar y buscar modos de lograr un nuevo nivel de rendimiento puede desempeñar un papel importante. Se pueden incluir los «préstamos creativos» de las mejores prácticas de la organización.

✦ *Conocimiento técnico/puesta en marcha.* Cuando las ideas llegan a madurar, la capacidad para evaluarlas prácticamente y para convertirlas en realidad precisa mayor esfuerzo.

✦ *Criterios de evaluación/operatividad.* Si el objetivo del rediseño es como las balizas de un aeropuerto, los criterios de evaluación y operatividad del nuevo proceso son como las luces: le guiarán por el camino correcto para un «buen aterrizaje». Definir esos criterios con antelación puede ayudar realmente a ser más creativos, al dar a la gente líneas maestras y seguridad de que existe un «buen» método de evaluar las ideas.

✦ *Tiempo.* Para citar a Thomas Paine: «El tiempo logra más conversos que la razón». Disponer de tiempo para pensar y para sentirse a gusto con los nuevos métodos es esencial para la creatividad y la capacidad de convencer.

✦ *Confianza.* La confianza es un principio e ingrediente fundamental para el éxito del diseño del proceso. Por ejemplo, muchas actividades de procesos que no añaden valor se basan en la *posibilidad* de que alguien se equivoque, simplemente porque no confiamos en él. Pero una premisa básica del flujo correcto de un proceso es que la gente entienda lo que se necesita y lo que se espera de ella, y que tenga el apoyo adecuado y las habilidades necesarias, para que pueda hacer bien su trabajo.

Añadir carne a los huesos: el nuevo proceso emerge

El grupo de COLA decidió trabajar en dos subequipos para empezar a crear el nuevo flujo del proceso. Mientras que uno de los equipos se dedicó a trazar el mapa del trabajo «como debía ser», el otro realizó varias tormentas de ideas para acortar el tiempo del proceso y conseguir que los contratos se redactaran con los datos adecuados de los clientes y que cubrieran sus necesidades de seguro. («Rápido, pero mal, no es una opción», comentó Bob Tull.) A medida que fueron desarrollando los nuevos mapas del proceso, ambos equipos comentaron si cada etapa añadía valor o permitía añadir valor. Las etapas que no añadían valor se anotaron para una revisión posterior.

En general, se planificaron varias innovaciones en el nuevo flujo del proceso:

✦ Las LOAs incluirían un código de cobertura correspondiente a la «plantilla» de la póliza. La póliza definitiva se emitiría con mayor rapidez, basándose en los códigos y plantillas.

✦ Las condiciones de la póliza (es decir, los requisitos de cliente que garantizan que no hay un riesgo indebido) se definirían también en «paquetes». Su descripción iría incluida en la LOA, para que la sección de emisión de pólizas pudiera simplemente introducir las condiciones correctas (si las hubiera) en el contrato.

✦ Por cada nueva póliza habría un «coordinador» de emisión de pólizas que sería responsable de ella. Cada coordinador trabajaría con no más de dos equipos de ventas/suscripciones de seguros, para garantizar un conocimiento consistente del cliente y del proceso.

✦ Cada LOA o nueva póliza recibiría un número al *principio* del proceso, en lugar de a la mitad, como se venía haciendo. El seguimiento de las pólizas se haría desde la base de datos, con una guía de tiempo de ciclo para cada etapa del proceso. Se emitiría una alerta si una póliza no cumplía el plazo previsto.

✦ El personal del departamento Jurídico no tendría que revisar las pólizas, excepto en casos de cobertura de una elevada cantidad (lo que representaba una cifra pequeña de pólizas).

✦ Mientras, un grupo de la sección de Suscripciones, inicialmente dos personas, se integraría al grupo de emisión de pólizas para revisar las cuestiones que no hubiese que presentar al cliente.

✦ Como ya se había decidido, los contratos quedarían simplificados, con el objetivo de una longitud promedio de ocho páginas. Las copias se enviarían a los clientes por correo electrónico para su revisión, con directrices explícitas y texto resaltado para ayudarles a analizar los puntos clave. Cuando los dos subequipos compartieron sus ideas y fusionaron los mapas del proceso «como debe ser», habían reducido el número de etapas de 45 a 16.

El flujo del proceso y las opciones de gestión

Existen numerosas opciones que pueden mejorar el rendimiento de un proceso, según el producto/servicio y el trabajo a realizar. Veamos algunos principios aplicables a muchas situaciones de diseño de procesos:

✦ *Simplificación.* Cuantas menos etapas haya y más consistente sea el trazado, mayor será su capacidad para eliminar defectos y controlar la variación. Puede disponer de menos personal con menos «traspasos» de trabajo (ya sabe, demasiados cocineros…) y menos actividades que no añaden valor. La simplificación puede ser una razón para *evitar* la automatización cuando sea menos complicado hacer el trabajo manualmente.

✦ *Proceso en línea recta.* Si se pueden organizar las tareas en secuencia, será mucho más fácil evitar problemas de comunicación y de coordinación. La vía en línea recta es la más fácil de seguir y manejar. Una desventaja de esta línea, sin embargo, es que puede aumentar el tiempo del proceso general, al retrasar el inicio de cada tarea hasta que se haya terminado la anterior.

✦ *Procesos en paralelo.* Realizar tareas «en paralelo» o de forma concurrente reduce el tiempo de ciclo del proceso general. Por ejemplo, en el desarrollo de un nuevo producto, se pueden diseñar los componentes por separado y luego integrarlos en el producto completo. La dificultad de los flujos paralelos, a los que podríamos llamar el síndrome de la «mano derecha y mano izquierda», es el siguiente: los cambios o decisiones se aplican a un lado del proceso, y los otros lados lo desconocen. El resultado es un problema «aguas abajo», cuando las vías convergen.

✦ *Vías alternativas.* La flexibilidad preplanificada sobre la forma de realizar el trabajo, basándose en las necesidades del cliente, en el tipo de producto, en la tecnología, etc., es cada vez más importante en un entorno en el que el producto o el pedido sean únicos. Las vías alternativas le permiten manejar el trabajo según los distintos factores. Por ejemplo, si va al hospital, hay diferentes «vías» para que le admitan, según su estado. El riesgo de tener vías alternativas es que hay que hacer el seguimiento y la gestión de las distintas formas de manejar un solo elemento del proceso.

✦ *Gestión de los cuellos de botella.* En casi todos los procesos hay puntos en los que la capacidad o el tiempo de ciclo causan una ralentización o vuelta atrás. En la gestión de un *cuello de botella*, el flujo del proceso se «amplía» para acelerarlo globalmente. Pero hay que prestar atención, porque puede que poner más personal o equipamiento *no* sea la mejor manera de ampliar el *cuello de botella*. También debe considerar cómo se podría cambiar el producto, el servicio, la tarea o el procedimiento, para eliminar la ralentización. Además, sepa que eliminar un *cuello de botella* puede crear otro más adelante en el proceso; eso significa que la gestión de los *cuellos de botella* debe abordarse con una perspectiva de «todo el proceso».

✦ *Toma de decisiones frontales.* Dado que las decisiones pueden constituir un reto, hay una tendencia natural a diferirlas hacia adelante en el proceso. Pero esa demora puede hacer que muchos trabajos se basen en suposiciones que más tarde demuestren estar equivocadas. Impulsar la toma de decisiones en la primera parte del proceso puede reducir la probabilidad de esfuerzos de reproceso de trabajos posteriores. En nuestro ejemplo de COLA, una de las decisiones del diseño es pedir el esclarecimiento de las condiciones y términos de la póliza al principio del proceso, lo que se llama una decisión frontal, por lo que el proceso de emisión real de la póliza puede pasar adelante sin trabas.

✦ *Opciones «estandarizadas».* Es una forma de simplificar las decisiones, al definir un número fijo de opciones y preparar el proceso para gestionarlas. El resultado de este diseño sería un producto o servicio «semipersonalizado». Según el número de elementos a seleccionar, puede haber una cifra mayor de posibles productos finales. Uno de los ejemplos más familiares de este método está en el negocio de los automóviles. Los fabricantes ofrecen un juego de «paquetes» de color y otras opciones entre las que elegir, pero el usuario no puede obtener la alfombra beige con el exterior azul, a menos que sea otro de los paquetes. En el ejemplo de COLA, el equipo utilizó este método cuando eligió establecer un juego de componentes de la póliza para agilizar la emisión de los contratos.

✦ *Un solo punto de contacto o contactos múltiples.* Hay dos extremos en el espectro cliente-interfaz. En la opción de «un solo contacto», se asigna un cliente y/o un pedido a una persona o grupo que mantiene la responsabilidad del elemento mientras se procesa. Si solicitamos un servicio y nos dicen: «Pregunte siempre por Amy», estaremos tratando con un proceso de un solo punto de contacto (a menos que haya muchas Amys...). Los procesos de «múltiples contactos» suelen tener el respaldo de sistemas de seguimiento de clientes o pedidos. Permiten a cualquier persona del sistema seguir y responder las preguntas y demandas del cliente. Una vez, utilizamos un servicio de viajes en el que había que introducir un código de identificación al principio de la llamada; el agente que recibía nuestra llamada tenía delante los datos de nuestro último viaje cuando nos decía, «Buenos días». Entonces podía hacer cambios en el itinerario, responder preguntas, y así sucesivamente.

Éstas son algunas de las opciones más comunes que conviene considerar al explorar el diseño de procesos para la empresa. Las variaciones sobre todos estos temas son algo que existe desde hace mucho tiempo. Uno de los avances más importantes en el pensamiento de gestión de los últimos años ha sido definir estas opciones con mayor claridad y permitir decisiones más conscientes acerca de qué métodos funcionan mejor para una organización o proceso en particular. La pregunta más importante, desde luego, es: «¿Qué diseño funcionará, y lo hará mejor, desde el punto de vista del cliente?».

Revisión y perfeccionamiento del diseño

Existe una gran variedad de técnicas útiles que le ayudarán a evaluar y mejorar el diseño inicial del proceso. Durante esos trabajos se pueden desarrollar también más detalles y subcomponentes del nuevo proceso. Algunos de los métodos más útiles para la fase de perfeccionamiento son los siguientes:

✦ *Ensayos y simulaciones del proceso.* Incluso las discusiones sobre el proceso son una buena manera de validar el funcionamiento de las cosas; hacen que los posibles problemas afloren a la superficie; permiten determinar si será preciso mayor nivel de detalle; etc. Un software de flujo de proceso también le puede ayudar a ejecutar escenarios de muestra de las diferentes opciones, para ver el impacto en los costes en el tiempo de ciclo, etc. Incluso se pueden llevar a cabo simulaciones en ordenador más elaboradas, aunque los costes pueden ser elevados.

✦ *Evaluación de momentos de la verdad.* Debe ser prioritario identificar y evaluar los puntos clave de la interfaz del cliente en el proceso. Puede que usted disponga de un nuevo y estupendo método que proporcione a los clientes productos mejores y con mayor rapidez; pero, si los clientes se sienten ignorados o no lo suficientemente bien tratados durante el proceso, terminarán por estar más insatisfechos que antes.

✦ *Sesiones de información y grupos focales.* Disponer de mayor información, especialmente del cliente o de personas familiarizadas con el proceso, puede hacer aflorar preocupaciones y cuestiones con las que usted ni siquiera había soñado. Aunque no le haga mucha *gracia* que la gente agujeree su brillantemente diseñado proceso, es mejor saber claramente lo que sucede con anticipación, en la sala de reuniones, que cuando ya se haya puesto todo en marcha. La búsqueda de información en otras personas también le proporcionará su apoyo o, al menos, les hará saber que valora sus opiniones. Sin embargo, tenga cuidado de no limitarse a escuchar atentamente para luego no hacer nada con la información obtenida.

✦ *Análisis de problemas potenciales*. Todos los procesos tienen numerosos problemas potenciales. El equipo de diseño de un proceso puede tratar todos los problemas posibles, pero también puede tratar de identificar los más grandes y preparar acciones proactivas para eliminarlos o reducirlos. En el análisis de problemas potenciales, la estrategia fundamental es centrarse en las etapas críticas o en los hitos del proceso y preguntar: «¿Qué podría fallar?». Entonces hay que concentrarse en los problemas que tengan más alta probabilidad o mayor impacto, y desarrollar acciones *preventivas*, que son las encaminadas a reducir o bloquear el efecto del problema, o bien acciones *reparadoras*, que son medidas diseñadas para contener o vencer las consecuencias del problema. (En el epígrafe «Análisis modal de fallos y efectos» o AMFE del Capítulo 18, revisaremos una aproximación más detallada del análisis de problemas potenciales.)

✦ *Análisis de consecuencias no deseadas*. Este método adopta la perspectiva de la «imagen global» para considerar el impacto de un nuevo proceso y los diversos procedimientos, formularios, sistemas, etc., que conlleva. Poner un nuevo proceso en marcha es como tirar una piedra a un estanque: el efecto se difunde por la superficie del agua (es decir, la gente y los procesos) en todas las direcciones. Esas ondas de cambio pueden crear otros problemas en los que usted nunca pensó; problemas potencialmente importantes. Comprender la interconectividad de los procesos es clave para realizar un buen análisis de las consecuencias potenciales. Puede hacer el seguimiento «hacia atrás» de los efectos de los nuevos requisitos, para ver quién se verá afectado y cómo. Por el contrario, los cambios en los nuevos procedimientos o servicios tienen que ser seguidos de forma descendente, para observar dónde pueden causar dificultades imprevistas.

Lo más crítico en la comprobación y perfeccionamiento de las actividades (y es preciso elegir las que sean de mayor utilidad para su proyecto) es obtener información de ellas y adaptar o mejorar el proceso de manera que incorpore ese aprendizaje.

Obtención de apoyo para el plan

Una parte importante del proceso de perfeccionamiento, con la mirada en una puesta en marcha efectiva, es obtener la aceptación del diseño del proceso, o bien de la mejora del proceso. Hay un par de métodos que le ayudarán a enfrentarse al desafío de obtener apoyo para su plan:

✦ *Venta estratégica*. Con «venta estratégica» nos referimos a enfocar sus esfuerzos en quienes tienen mayor influencia y en quienes toman las decisiones, que pueden constituir el mejor apoyo para el plan y, además, ofrecer sugerencias útiles para mejorarlo. Es mejor empezar por personas que probablemente estén a favor de sus ideas. Generalmente, eso significa centrarse en la dirección y en los niveles ejecutivos, pero no hay por qué detenerse aquí. Puede haber personas influyentes en muchas partes de la organización.

✦ *Análisis de campos de fuerza*. Esta herramienta se utiliza para identificar y analizar los factores, pros y contras, de cualquier cambio o idea. El campo de fuerzas empieza por una tormenta de ideas estructurada y luego conduce a una discusión y a la planificación de cómo tratar con aquellos elementos o cuestiones que se oponen a la nueva idea. Una premisa fundamental es concentrarse en cambiar o debilitar a la oposición o a las fuerzas restrictivas. Si usted empuja con fuerza del lado de las «fuerzas conductoras», el otro lado suele limitarse a empujar con más fuerza.

Perfeccionamiento del proceso de emisión de pólizas

Aunque el equipo de COLA estaba bastante satisfecho con el nuevo diseño del proceso que habían conseguido, se dieron cuenta de que lo difícil era obtener la aprobación de todo el mundo. También sabían que serían necesarios numerosos detalles para que todo funcionara antes de ponerlo en marcha.

Lo primero que hicieron fue presentar el plan al comité de dirección. En realidad, primero se reunieron con su patrocinador, Di Edsota, así como con el director de Ventas, Phil Cooler, para revisar el plan. Se dieron cuenta de que el soporte de este último sería muy importante, puesto que estaban pidiendo al personal de Ventas que incluyeran más detalles en las LOA, lo que añadiría tiempo y trabajo al proceso de ventas. Pero también sabían que Phil era un gran convencido de Seis Sigma y que vería la solidez de su razonamiento.

Los altos directivos tenían algunas preocupaciones, especialmente acerca de la cuestión de eliminar la revisión jurídica. Eso significaría también el probable despido de 20 abogados, lo que no era un objetivo inicial del proyecto. Al final, acordaron permitir al equipo seguir adelante con sus trabajos para perfeccionar el plan del proceso y asegurarse de que iba a operar como estaba previsto.

Antes de «desvelar» el proceso a los demás grupos de la organización, el equipo decidió hacer algo por su cuenta para evaluarlo, y dieron a Bob Tull el beneplácito para empezar a trabajar con las plantillas de los contratos. El primer análisis que hicieron fue un ensayo de cada etapa del nuevo diseño del proceso. En un día completo, pudieron comprobar algunos de los procedimientos más importantes e identificar dónde había que desarrollar otros.

El ensayo también originó que se tuviese que colocar otro aspecto del nuevo diseño en la lista de los «cuestionables»: el seguimiento de pólizas en la base de datos. «Con el trabajo que tiene en el departamento de Sistemas de Información», dijo Toni, la jefa del grupo, «esto pararía el proyecto entero, y no estoy segura de que un seguimiento manual funcionase igual de bien».

La siguiente etapa fue dividir el trabajo en dos áreas principales:

1. Analizar el proceso para ver problemas potenciales.
2. Preparar un plan inicial de prueba piloto.

El análisis de problemas potenciales arrojó una cantidad de posibles puntos conflictivos que había que tratar. Por ejemplo, uno se describió como sigue:

Etapa del proceso: Revisión del contrato con el cliente.
Problema potencial: El cliente modifica el archivo de revisión enviado por correo electrónico, lo que dificulta el seguimiento de las revisiones y la garantía de que los documentos son legalmente válidos.

Acción preventiva: Enviar a los clientes un archivo «protegido», al que puedan añadir comentarios y cambios, pero sin modificar realmente el documento en sí.

Acción reparadora: Ninguna.

Enfoque del proceso

La siguiente acción de perfeccionamiento fue revisar el diseño del proceso, todavía en evolución, con una serie de grupos, en reuniones con los asociados y colaboradores de COLA. Hubo un gran debate sobre si realizar reuniones interfuncionales o si centrarse en un departamento cada vez. Al final adoptaron el siguiente compromiso: se mantendrían tres sesiones, cada una con uno o dos representantes de Administración de pólizas, Suscripciones, Ventas, Contabilidad y Reclamaciones. Decidieron tener una sesión especial con un par de compañeros de Asesoría jurídica; a la luz de los potenciales despidos, no pareció oportuno implicarles en sesiones interfuncionales.

Las sesiones precisaron grandes preparativos. En primer lugar, el equipo quiso presentar el proceso bajo una perspectiva positiva y precisa. En segundo lugar, quisieron asegurarse de que la gente no «protestaría» ni criticaría. La mayoría de las reacciones fueron positivas, y quedó claro que las comunicaciones que Rute Biere había enviado acerca de los rumores de «reducción de plantilla» les ayudaron a preparar al personal para los cambios futuros. Al mismo tiempo, hubo algunas críticas severas junto con sugerencias útiles. Salieron a la luz numerosas cuestiones imprevistas, que dieron al equipo más que pensar y que le aportaron más ideas sobre cómo hacer que las cosas funcionaran sin sobresaltos.

Al final de una serie de revisiones del proceso, Toni, Bev Ehridge y el jefe de contabilidad prepararon un presupuesto para la puesta en marcha. Incluía varios paquetes de servicios externos de abogados y costes para trasladar a algunas personas, así como salarios para dos agentes de seguros adicionales. Toni se reunió con Rute Biere y con Di Edsota y presentó el plan actualizado y el presupuesto. Envió un mensaje por correo electrónico al equipo tan pronto terminó la reunión: «¡En marcha!».

Puesta en marcha del nuevo proceso

Repitamos el punto de la implantación de soluciones Seis Sigma del capítulo anterior: *siempre* hay que empezar por una prueba «piloto», en vez de con un lanzamiento a gran escala. La prueba piloto le dará la oportunidad de verificar sus supuestos, los procedimientos y las dificultades del personal del nuevo proceso; le permitirá probar sus sistemas de medida y cualquier daño que pudiera ocurrir será limitado, si las cosas no funcionan perfectamente, y lo más probable es que *no* lo hagan.

Métodos de prueba piloto

Existen varias opciones para preparar una prueba piloto. Las más sofisticadas se pueden utilizar como «experimentos» para comparar los diferentes métodos e identificar la mejor combinación de factores para un rendimiento eficaz y efectivo. Algunas de las opciones más generales para una estrategia piloto, que también influyen en cómo vaya a implantar el proceso de modo permanente, incluyen las siguientes:

✦ *Prueba piloto «desconectada».* Al igual que en un laboratorio, la prueba piloto realizada mediante este método es una operación «ficticia» que simula la vida real. Es probable que el resultado no se venda a los clientes, pero puede evaluarse su «calidad» para comprobar la efectividad del proceso. En algunas empresas se utiliza una «planta piloto» para verificar los nuevos procesos y equipos y/o para desarrollar nuevos productos y pruebas de marketing.

✦ *Período de tiempo limitado.* Una prueba piloto de duración definida ofrece un par de ventajas:

1. Los participantes saben que la prueba tiene un punto final predefinido, por lo que pueden abordarlo con una mente más abierta.
2. El período posterior ofrece «un tiempo adicional» para correcciones o perfeccionamiento, que podrían ser más difíciles de realizar si la prueba continuara operativa.
3. Las medidas comparativas pueden ser incluso más reveladoras. Por ejemplo, si se ven las mejoras durante el período de prueba, pero desaparecen después, eso demuestra que la solución (y no otro factor desconocido) es la que generó los beneficios.

✦ *Elementos o clientes definidos.* En esencia, este método crea una «vía alternativa» en la que se envía al nuevo proceso cierto tipo o número de elementos reales. Esta estrategia de prueba piloto puede adaptarse bien a una implantación «paralela», en que se vayan integrando trabajos al nuevo proceso.

✦ *Emplazamientos definidos.* Si existen diferentes regiones o lugares, es posible «cambiar» el proceso en uno de ellos como piloto, reunir datos y perfeccionar la operación. Posteriormente, se pueden modificar los otros lugares de la misma forma.

✦ *Componentes de la solución definidos.* En vez de comprobar el nuevo proceso completo, se pueden probar independientemente distintas partes del cambio. Puede obtener más información sobre este procedimiento, que funciona mejor como método experimental, en el epígrafe «Diseño de experimentos» del Capítulo 18.

Estas estrategias de prueba piloto se pueden combinar. Por ejemplo, puede llevar a cabo una prueba «desconectada» de un componente del nuevo proceso o aplicar un test de tiempo limitado en un emplazamiento. Según el alcance, la complejidad y el riesgo potencial del nuevo proceso o solución, aplicar una prueba piloto de diversas dimensiones y/o fases puede ser la clave para garantizar que la implantación total sea lo más fácil y segura posible.

Preparación para el despegue

El plan piloto del equipo de COLA reunió a un gran grupo, seleccionado para probar el nuevo proceso en paralelo con el ya existente, durante un período de cuatro semanas, trabajando con todas las nuevas LOAs de dos asociados de Ventas. Los miembros del equipo procedentes de Ventas y Suscripciones habían empezado a preparar a sus clientes potenciales, para tomar una decisión más detallada antes de firmar las LOAs. Hasta ese punto, los clientes no mostraron resistencia para definir la cobertura precisa de forma más explícita con antelación a las LOAs, y los detalles extra no supusieron mucho más tiempo en el ciclo de ventas. «Si me pueden facilitar la póliza más rápidamente», dijo el director general de una empresa proveedora de servicios de Internet, «no es problema trabajar un poco más».

El equipo había acordado que los coordinadores de las pólizas harían el seguimiento del progreso de sus contratos y lo medirían «manualmente» (es decir, no desde la base de datos centralizada). «Ha sido un trabajo tremendo», dijo Tye Neebublscz, de Administración de pólizas, al grupo piloto, «pero también ha sido bastante divertido. Cada vez lo encuentro más interesante».

Tras la primera prueba piloto de cuatro semanas, habría un período de dos semanas para su evaluación. En ese punto, decidirían si era necesaria una segunda prueba piloto. Suponiendo que no lo fuera, el plan era pasar el grupo piloto al nuevo proceso, y luego cambiar el resto del grupo haciendo la transición en dos fases.

Al final de la reunión, el *Consultor* Art Glass dio una breve (según él) charla acerca del excelente trabajo que había realizado el grupo. El equipo de diseño explicó después a los participantes del grupo piloto que Art había sido de enorme ayuda para sus trabajos. «Sólo tenéis que acostumbraros a él.»

¡Observe esta COLA burbujeante!

Como cualquier prueba piloto, el test de cuatro semanas del nuevo proceso de emisión de pólizas sufrió algunos baches. Las categorías «cobertura predefinida» y las nuevas plantillas de pólizas no coincidían bien, por lo que los coordinadores de las pólizas tuvieron que trabajar algo más para esclarecer las cláusulas y suplementos necesarios. Sin embargo, para que el trabajo fuese más fácil, los coordinadores estuvieron la mayor parte del tiempo en estrecho contacto con los participantes de Ventas y Suscripciones. También averiguaron que nunca había existido una rutina para obtener las direcciones de correo electrónico de los clientes, por lo que, en el momento de enviar los documentos para revisión, tenían que llamar primero por teléfono para conseguir la dirección.

Con el equipo de COLA concentrado en terminar los documentos de las pólizas en menos de ocho días, los tiempos de ciclo estuvieron cerca del objetivo, especialmente a medida que progresó la prueba piloto. Resultó algo más difícil gestionar el tiempo de revisión de los clientes; a veces, les llevó cuatro o cinco días obtener los papeles de vuelta. Pero cuando los clientes *sí* los devolvieron a tiempo (en un día), los ciclos de tiempo totales se acortaron a menos de una semana.

Al final de la prueba piloto, el grupo completo mantuvo una sesión de evaluación. Identificaron las siguientes mejoras a incorporar, entre otras:

1. Incluir las direcciones de correo electrónico de los clientes en las hojas de datos de las LOAs.
2. Señalar un contacto principal y otro sustituto para revisar los documentos en nombre del cliente (de forma que hubiera un «reemplazo» si la persona principal se ausentaba del trabajo).

3. Ajustar los códigos de cobertura y las plantillas de las pólizas, para que los elementos que hubiera que incluir aparecieran en los documentos.
4. Informar a los clientes con un día de antelación del envío de documentos por correo electrónico para revisión y enviar un recordatorio por la misma vía dos días después de la transmisión de documentos.

El equipo se dio cuenta de que las medidas no quedaban tan claras como debieran y que había que tener también en cuenta el rol del cliente. Por tanto, resolvieron cambiar el objetivo del tiempo de ciclo de forma más específica:

Mantener un promedio *de 7 días laborables de tiempo de ciclo, con un tiempo máximo (en caso de que el cliente se demore) de 2 semanas.*

Actualizaron la definición operativa para la medida del tiempo, para esclarecer que el «reloj» se pondría en marcha el día en que el cliente firmara la LOA, excepto para las que se firmaran después de las 3 de la tarde, que se medirían a partir del siguiente día laborable. Cualquier contrato de póliza se consideraría como un defecto respecto al tiempo de ciclo si:

1. Se formalizaba en más de 8 días si el cliente lo firmaba en tres días o menos; *o*
2. Se formalizaba en más de 10 días si el cliente lo firmaba en más de tres días.

La otra medida de resultados principales del proceso de emisión de pólizas, la «precisión del contrato», continuaría sin modificar.

Después del período de cuatro semanas, el tiempo de ciclo promedio era de 8,5 días, y solamente 5 de las 150 pólizas procesadas tardaron más de 10 días. El equipo, tanto el grupo de diseño como el del proceso piloto, confiaba en que estas mejoras les permitirían cumplir su objetivo.

Expansión del proceso final

Es un gran error confiarse demasiado después de tener éxito en una prueba piloto. Esta prueba suele ser una situación mucho más controlada que la vida real, con menos variables a gestionar y menos gente implicada. También es casi seguro que surgirán otros problemas en la conversión de la prueba al desarrollo final del nuevo proceso. Algunos de los ingredientes críticos, todos ellos de sentido común, del lanzamiento próspero de un proceso rediseñado son los siguientes:

✦ *Formación.* Es preciso aprender los nuevos métodos y romper los hábitos antiguos.
✦ *Documentación.* Es importante poder consultar la forma de hacer las cosas, disponer de respuestas a las preguntas más frecuentes, de mapas del proceso, etc.
✦ *Solución de problemas.* Conviene dejar clara la responsabilidad respecto a quién ha de tratar las cuestiones que surjan.

✦ *Gestión del rendimiento*. Mantenga los ojos abiertos hacia la necesidad y oportunidad de revisar las descripciones de puestos de trabajo, incentivos y criterios de revisión del rendimiento.

✦ *Medidas*. Es preciso documentar los resultados.

El equipo de COLA proclama la victoria

Seis meses después de la primera prueba piloto del nuevo proceso de emisión de pólizas, el personal de COLA empezaba a preguntarse cómo podían haber vivido con el antiguo «límite de 12 semanas». Habían surgido algunos conflictos en la expansión del nuevo proceso al resto de la compañía. No todos los vendedores estaban dispuestos a realizar el trabajo extra que requería el nuevo proceso para las LOAs. Un par de ellos llegaron a abandonar la empresa.

Tampoco los clientes eran siempre tan rápidos como se esperaba a la hora de devolver los papeles. Con el tiempo, la organización aprendió nuevas formas de preparar mejor a sus clientes para acelerar la revisión. Y, aunque acortar los documentos de la póliza resultó un logro enorme, COLA tuvo que añadir al proceso una «fecha de revisión de documentos», en la que los coordinadores de las pólizas hablaban con los clientes (normalmente por teléfono). Ese nuevo «momento de la verdad» arrojó realmente un gran aumento en la satisfacción de los clientes.

Los informes «antes y después» cuentan la historia (véase la Figura 16.7). Incluso con requisitos de cliente mucho más exigentes, el rendimiento y la capacidad del proceso habían mejorado. El personal de Administración de pólizas, Suscripciones, Ventas y Reclamaciones descubrieron que su trabajo era mucho más satisfactorio sin la constante confusión acerca de la cobertura que *solía* durar durante 10 semanas de incertidumbre.

En el informe anual de la empresa matriz de COLA, International Insurance and Indemnity, se pusieron de relieve los trabajos de diseño para Seis Sigma de la empresa subsidiaria:

> *En uno de los ramos que crece con mayor rapidez en el sector de los seguros, Computer Outage Liability Assurance (COLA) se ha establecido como líder en capacidad de respuesta, orientación al cliente y comprensión de las necesidades de sus clientes de altas tecnologías. «Sin el trabajo de COLA», dijo el director general de NetSetGo, el quinto ISP en volumen del sector financiero, «muchas compañías tendrían que cerrar debido a los riesgos de responsabilidad civil. Su trabajo nos está manteniendo literalmente en el negocio». El director general de COLA, «Rute» Biere, proyecta un crecimiento del 35 por ciento anual para los cinco próximos años. Este año Biere fue nombrado miembro del Comité de Dirección de III.*

Lo que hay que hacer y lo que no hay que hacer en la fase Mejorar del diseño/rediseño de procesos

SÍ: Concentrarse en ver el proceso de una forma nueva.

   Intente identificar las reglas o supuestos que gobiernan el proceso actual y pregunte: «¿Son válidos? ¿Por qué? ¿Cómo podemos refutarlos?».

SÍ: Definir criterios de rendimiento para analizar el diseño.
Dé al equipo un marco de trabajo para evaluar sus ideas creativas frente a la realidad práctica del proceso.

SÍ: Perfeccionar y mejorar el proceso iterativamente.
Obtenga información, emplee simulaciones, ensaye el proceso y vaya agregando detalles.

SÍ: Haga una prueba piloto del proceso en varias fases cuando sea útil.
Puede ser más largo, pero el beneficio principal será una implantación final más fácil.

NO: Ejecutar una prueba piloto «en tiempos muertos».
Compruebe el proceso en diferentes condiciones, incluyendo cuando las cosas están «realmente sobrecargadas».

**Proceso de emisión de pólizas:
Datos comparativos de rendimiento**

Medida:	Antes del rediseño:	Después del rediseño:
Tiempo de ciclo total	10,4 semanas	8,2 días
Promedio de páginas del contrato	26,3 páginas	9,2 páginas
Revisiones internas del contrato	7,1 revisiones	0,4 revisiones
DPMO (redondeado)	321.000	75.000*

*Basado en los nuevos requisitos de emisión de 8 a 10 días

Figura 16.7 El informe de resultados «antes y después»

NO: Suponer que todo el mundo va a adorar el nuevo proceso.

Aunque sea de forma inconsciente, surgirán resistencias. Respóndales y aprenda de ellas. Pero también esté dispuesto a reforzar los nuevos procedimientos cuando la gente se muestre beligerante.

NO: Apartar la vista del proceso.

Espere a que haya problemas y dispóngase a afrontarlos. Permanezca alerta durante todo el ciclo del proceso. Prepare la transición al «control».

CAPÍTULO

17

Extensión e integración del sistema Seis Sigma

(Etapa 5 del Mapa)

Introducción y resultados clave

Suponga que ha decidido perder peso utilizando la nueva dieta Seis Sigma. Con ayuda de una buena definición del problema (tengo un sobrepeso de 40 kilos), algunas medidas adecuadas y cuidadosamente especificadas, una revisión de sus hábitos de alimentación, algo de ejercicio, y los consejos del médico y de un instructor de *fitness,* usted puede poner en marcha una solución para cambiar su dieta y aumentar el ejercicio que realiza. Tiene tanto éxito que sobrepasa el objetivo señalado y pierde 45 kilos. ¡Y justo para Navidades!

¿Cómo podría terminar esta historia? Al igual que Seis Sigma, la dieta depende de muchas cosas.

Los antiguos hábitos son difíciles de romper. Puede que mantenga algunas costumbres contrarias a la nueva dieta, como dejar de correr los días de lluvia o comprar leche *entera* en vez de desnatada. Y antes de que se dé cuenta, se habrá iniciado la marcha atrás. La alternativa es aplicar mayor disciplina. Ha decidido controlar su peso sin perder de vista sus procesos de comida y ejercicio y con algunos gráficos de su peso y de su conducta alimentaria. Incluso mantiene el colesterol por debajo de lo habitual y la gente le dice que tiene un aspecto excelente.

Las empresas Seis Sigma se enfrentan más o menos al mismo reto que quien hace una dieta. Cuando los proyectos de diseño o mejora de procesos logran su objetivo de reducir los defectos, la disciplina es esencial para mantener los resultados. Es más complicado que perder peso, desde luego, porque un proceso implica a muchas personas, no solamente al que hace régimen. ¿Desaparecen los beneficios de

283

Seis Sigma cuando las soluciones se implantan completamente? ¿Vuelven a ganar peso los que hacen régimen para adelgazar?

Aun cuando las mejoras «permanezcan», una empresa Seis Sigma se enfrenta a otro reto similar al del régimen: los primeros kilos suelen desaparecer fácilmente, pero son más fáciles de recuperar. Sin un esfuerzo sostenido, el impulso inicial de su mejora perderá energía y la empresa se convertirá en una organización que *fue* Seis Sigma.

Visión general de la etapa 5

En este capítulo vamos a explorar los retos que se presentan a corto y a largo plazo para sostener las mejoras Seis Sigma y convertir todos los conceptos y métodos de las etapas 1 a 4 en un sistema de gestión interfuncional en régimen permanente. Las acciones clave a emprender en la gestión por procesos para obtener un rendimiento Seis Sigma (véase la Figura 17.1) son las siguientes:

1. Implantar medidas y acciones continuas para mantener la mejora.
2. Definir la responsabilidad de la gestión y propiedad del proceso.
3. Realizar una gestión en «bucle cerrado» y dirigirse hacia Seis Sigma.

Etapa 5A: implantar medidas y acciones continuas para mantener la mejora (Controlar)

Nuestra primera consideración es cómo consolidar los beneficios inmediatos obtenidos mediante los esfuerzos Seis Sigma. Los resultados logrados se hacen más vul-

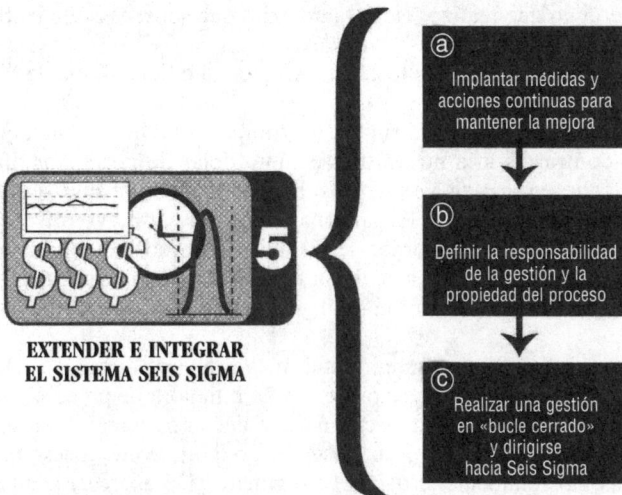

EXTENDER E INTEGRAR EL SISTEMA SEIS SIGMA

ⓐ Implantar médidas y acciones continuas para mantener la mejora

ⓑ Definir la responsabilidad de la gestión y la propiedad del proceso

ⓒ Realizar una gestión en «bucle cerrado» y dirigirse hacia Seis Sigma

Figura 17.1 El Mapa de Seis Sigma, etapa 5 y subetapas

nerables al final del esfuerzo de mejora o diseño/rediseño de procesos. Un equipo solo no puede mantener su esfuerzo y evitar que desaparezca. Las subsecciones que veremos a continuación le servirán de guía para mantener las mejoras.

Construya un soporte sólido para la solución

Un principio recurrente de Seis Sigma es ser lo bastante inteligente como para conseguir que los demás entiendan y apoyen la solución de forma permanente. A continuación veremos algunas consideraciones importantes al respecto:

✦ *Trabaje con quienes gestionan el proyecto.* Le resultará útil que los que gestionan los procesos, nuevos o mejorados, participen también de su creación. Si no lo hace así, los equipos y los patrocinadores tendrán que explicar detalladamente los beneficios de la mejora. Si hay un «propietario» del proceso sobre quien recaiga la responsabilidad de la solución, la tarea será más fácil.

✦ *Utilice un «storyboard» con hechos y datos.* El *storyboard* del proyecto indica los antecedentes, la evolución y el resultado del proyecto de mejora con palabras e imágenes. Si representa los porqués y la forma de desarrollar el cambio, así como el sentido que tiene para los clientes de la empresa, habrá recorrido un largo camino para convencer al personal de que el nuevo método es el correcto.

✦ *Trate a la gente que gestiona y utiliza el nuevo proceso como a clientes.* Personalice su producto para el grupo interno al que tiene que vendérselo. Los resultados deben expresarse de forma que todos los grupos los entiendan. Por ejemplo, el personal de Soporte al cliente puede sentirse satisfecho si oye hablar de «reducción de reclamaciones», pero puede que no se interese mucho por «referencias a negocios adicionales». Si pide a la gente que realice un trabajo extra como parte de la solución, explíquele cómo facilitará esos otros aspectos de su trabajo.

✦ *Cree una sensación de objetivo común y entusiasmo.* Compartir el «mérito» de la solución y crear una sensación de participación no solamente es una excelente herramienta de venta, sino también práctico. Como hemos indicado, ningún *Black Belt* o equipo esperaría lograr por sí mismo una mejora de importancia.

Documente los cambios y los nuevos métodos

En la mente de muchas personas, la idea de documentar un procedimiento o un proceso, incluso aunque lo hayan creado ellas mismas, es algo que cae entre el pánico al dentista y el éxtasis de rellenar la declaración de la renta. Pero la documentación es un mal necesario y puede ser una labor creativa en sí misma. Una organización Seis Sigma próspera tiene que buscar nuevos y mejores modos de hacer la documentación útil y accesible, para huir de los horrores de esos inmensos manuales de normas, procedimientos y descripciones de procesos, que son una garantía de curación del insomnio.

Lo que sigue son líneas maestras generales que facilitarán la labor de la gente a seguir las directivas y la documentación que usted realice:

1. *Haga una documentación simple.* Escriba frases directas y sin argot. Si tiene que utilizar términos específicos que alguien pueda no comprender, incluya una de-

finición o un glosario. Explique el significado de los ADP (Acrónimos De Palabras), es muy importante. Si necesita muchos detalles, considere incluirlos entre los materiales de soporte o referencia, para que la gente pueda obtener fácilmente lo *fundamental* y más información si la necesita.

2. *Haga una documentación clara y que invite a leerla.* Utilice imágenes y gráficos, siempre que sea posible, para hacer su mensaje más claro y accesible. Utilice espacios en blanco, listas con viñetas, distintas fuentes y negrita o cuadros que resalten el texto, para hacer los documentos más fáciles de seguir y más atractivos para la vista, lo que es un criterio importante en el mundo actual orientado a los medios visuales.

3. *Incluya opciones e instrucciones para «emergencias».* Una de las formas de garantizar que el lector no abandone los nuevos procesos y procedimientos es planificar y documentar métodos para ajustarlos a diversas condiciones. Incluya información que permita identificar también los problemas o cuestiones.

4. *Haga una documentación breve.* ¡Exacto! Si quiere una guía para elaborar instrucciones breves, lea las recetas de cocina. Suelen ser modelos de claridad y brevedad. Por el contrario, observe las instrucciones de un vídeo. Cuanto más largas sean, menos probable es que la gente tenga tiempo para leerlas o entenderlas.

5. *Haga una documentación accesible.* Una señal de que la organización no ha tomado seriamente el control son los documentos difíciles de localizar, ya sea físicamente o dentro del ordenador. Esto emite un mensaje implícito de que, a pesar de todo el análisis y de los trabajos de quien lo ha redactado, el usuario se puede permitir hacer lo que le venga en gana cuando trabaje en ese proceso. Pero ¿sabe lo que pasará? Que entonces, el antiguo mal, la variación, andará serpenteando entre todo lo que suceda y no será nada bueno para la empresa.

6. *Haga un proceso de actualizaciones y revisiones.* No basta con decir «tenemos que actualizar esto». La documentación, como las mediciones, es un proceso que debe ser *diseñado* y gestionado, siendo una parte fundamental el seguimiento y la revisión de los documentos. La necesidad de revisión es una de las consideraciones más importantes del diseño de documentos: cuanto más complicada sea, más difícil será de actualizar. Pero cuanto menos se revise, más probablemente la ignorará el personal.

Existe, desde luego, el riesgo de crear una burocracia. En algunas empresas, el departamento de Control de la documentación funciona bien. Nuestra recomendación es mantener la propiedad de los documentos cercana al trabajo, en manos de la gente que pueda juzgar mejor lo que *necesita* documentarse, hasta qué nivel y cuándo hay que revisarlo. También es importante disponer de directrices para mantener la consistencia en toda la organización.

El servicio se asienta en Up-Home

Up-Home es una pequeña pero próspera cadena de tiendas que vende muebles y artículos para el hogar, de estilo «rústico moderno», en 17 localidades de los Estados Unidos. Up-Home ha conseguido su cuota de mercado por ser el primer almacén de su tipo en vender productos que tienen un aspecto rústico, pero actualizados al gusto contemporáneo. Los mejores clientes de la empresa son gente que quiere decorar su casa de forma «retro» pero no antigua.

Sin embargo, como el mercado de artículos para el hogar se ha diversificado, Up-Home ha empezado a ver cierto declive en sus ventas. Tras observar el comportamiento de los clientes potenciales, los líderes de la compañía y los jefes de las tiendas llegaron a la conclusión de que sus *productos* podían eclipsar todavía a los de la competencia, pero que el mantenimiento de la primera posición se lograba prestando *servicios* a los clientes. En consecuencia, la empresa puso en marcha un esfuerzo de transformación basado en el sistema Seis Sigma, con el lema «Hagamos que la gente se sienta como en casa» (Up-Home se puede traducir por «como en casa»).

Uno de los primeros proyectos finalizados fue el desarrollo de un nuevo proceso de artículos en préstamo. Los vendedores de Up-Home (llamados «vecinos») y el personal de Publicidad empezaron a promocionar activamente la opción de probar algunos elementos en casas particulares para asegurarse de que realmente funcionaban bien. El proceso «Lléveselo a casa» se llevó a cabo en dos tiendas, antes de implantarlo en toda la cadena; las pruebas demostraron que era un gran éxito.

Lléveselo a casa no era, sin embargo, un proceso simple, porque implicaba cuestiones como inventario, entregas, daños potenciales y el riesgo de robo. El equipo que desarrolló el proceso trabajó con todas las cuestiones que le fue posible en la fase de diseño, y luego perfeccionó los distintos procedimientos durante la prueba piloto, con la participación activa de la dirección y del personal de los dos almacenes en que se llevaba a cabo.

El resultado fue una breve campaña para el despliegue total de *Lléveselo a casa,* que creó mucho interés en la compañía. El personal de Ventas de las tiendas piloto dio testimonio de la fortaleza de las relaciones que podían desarrollar con los clientes. Las cifras de ventas mostraron un 25 por ciento de ascenso inmediato tras el lanzamiento del programa.

Además de una serie de programas de formación que se llevaron a cabo en cada lugar para explicar el nuevo proceso y las correspondientes tareas, cada tienda recibió un libro personalizado titulado «Puesta en marcha de *Lléveselo a casa*». Lo más útil fue una página Web en la Intranet, que ofrecía instrucciones completas para tratar las preguntas y cuestiones que surgieran; estaba enlazada a un «tablón de anuncios» donde se podían enviar las preguntas. Uno de los sitios más populares fue una sección con mapas de los elementos clave del proceso. Un comité constituido por representantes de cada tienda se responsabilizó de la revisión y actualización del sitio Web, cuando hubo que hacer ajustes en el proceso.

Para asegurarse de que ninguna tienda tuviera problemas con los clientes debidos a dudas sobre la política y procedimientos de *Lléveselo a casa*, los mandos intermedios dispusieron de tres oportunidades mensuales para plantear preguntas sobre cualquier decisión que tomasen. El único requisito fue que debían exhibirlas en el tablón de anuncios.

Establezca medidas y gráficos significativos

Suponga que es el entrenador en un equipo de baloncesto en el que no está seguro del marcador o del tiempo de juego que queda. ¿Cómo puede saber qué hacer: dejar que el reloj avance o pedir un tiempo muerto? Pues bien, nuestra experiencia puede aportarle algunos supuestos bastante buenos, que son en los que se basan la mayoría de los directivos.

Pero, ahora que ha invertido con éxito en proyectos Seis Sigma, sabe que puede poner su victoria en entredicho si vuelve al juego de la «dirección por supuestos». Por otra parte, evitará tener que adivinar si utiliza mediciones bien hechas y bien implantadas para evaluar el proceso y la solución. Por ahora, esperamos que haya entendido los fundamentos y herramientas de medición que hemos visto en los capítulos anteriores. Por ello, las dos preguntas de la etapa 5 se convierten en: «¿Qué medidas hemos de continuar utilizando?» y «¿Cómo hacer que sean útiles?».

Selección de mediciones rutinarias

Hemos visto distintas maneras de clasificar las mediciones: entrada, proceso y resultado; eficiencia y efectividad; predictores (X) y resultados (Y). Una de las primeras reglas de las mediciones es lograr un equilibrio entre las distintas categorías, para obtener una imagen completa del sistema de la organización. Por ejemplo, las mediciones de los niveles de defecto indican lo bien que cumple los requisitos de cliente, pero las mediciones internas del proceso son mejores para obtener un aviso por adelantado de los *posibles* problemas. Las mediciones financieras son útiles, pero otros datos pueden ser más indicativos de lo que está pasando con el dinero.

Otra consideración es la frecuencia de los cambios. Las cosas que cambian más habitualmente, especialmente los factores que pueden impactar en el cliente, en el producto o en la calidad del servicio y en la relación coste/beneficio, deben ir en primer lugar en la lista de prioridades a medir. No se deben ignorar los factores que cambian más lentamente, pero puede ser posible observarlos a través de otros mecanismos mejor que mediante mediciones rutinarias.

También es importante tener en cuenta todo lo que puede influir en la medida en un momento particular. Algunas medidas son de «mantenimiento» a largo plazo, como las relativas a defectos, tiempo de ciclo, coste por unidad, etc. Otras medidas son «esporádicas». Por ejemplo, en los primeros meses después de introducir el nuevo proceso, conviene medir algunos aspectos para asegurarse de que funciona bien; y después, dejarlos, una vez garantizado el éxito de la mejora. Además, hay otras medidas que se centran en la mejora. Existen ejemplos obvios, como los iniciados durante el proyecto DMAMC para recopilar datos sobre un problema o su causa, o los vinculados a un imperativo empresarial como el lanzamiento de un nuevo producto.

Finalmente, cada una de las mediciones posibles debe cumplir nuestros dos criterios preferidos: que sea *significativa* y *manejable*. ¿Van a ser realmente útiles los datos de la medida para comprobar el progreso de la empresa y para conducirle a tomar mejores decisiones? y ¿será posible abordar los recursos y cuestiones logísticas que surjan de esos datos?

Empleo de las mediciones rutinarias

Como cualquier producto, cuanto más personalice el diseño de las mediciones y la forma en que se elabora el informe, tanto mejor. Hay gente a la que le gustan los detalles y que no se encuentra a gusto sin una hoja de cálculo repleta de cifras. Otros prefieren un resumen.

Sin embargo, por regla general, los informes gráficos se aceptan mejor. Son más rápidos de leer, facilitan las comparaciones y pueden ser a todo color. Los tipos de gráficos que hemos mencionado, como los de tendencias, Pareto e histogramas, junto con muchas otras «representaciones de datos» familiares, pueden ser los caballos de batalla del informe de las medidas. Otra técnica, perfilada en el capítulo siguiente, es el gráfico de control, que sirve para ver de una sola ojeada las variaciones que se están produciendo en un proceso y si el proceso está «bajo control».

Cuando se recopilan datos en diversos puntos de toda la organización, es crítica la necesidad de resumir *muchas* de las mediciones, de forma que la alta dirección pueda tener efectivamente una idea de lo que sucede en las trincheras. Una de las herramientas más útiles y populares que puede emplear para lograr esa visión a alto nivel es el «Cuadro de mando integrado», que divulgaron Robert Kaplan y David Norton[1]. Un Cuadro de mando integrado (o BSC, iniciales de *Balanced Scorecard*) es una herramienta flexible para seleccionar y representar «indicadores clave» de la empresa, en un formato fácil de leer. Muchas organizaciones que *no* están implicadas en Seis Sigma, incluyendo agencias del Gobierno de los Estados Unidos, utilizan BSC para representar mediciones habituales de rendimiento y no perder de vista el negocio.

Uno de los puntos fuertes del concepto de Cuadro de mando integrado es el énfasis que pone en cuatro categorías de medidas: Innovación, Proceso, Cliente y Financiero. Así pues, puede ayudar a elegir lo que hay que medir. Pero ya utilice un Cuadro de mando integrado «de libro» o desarrolle su propio método, el mero hecho de emprender la acción de crear una matriz fácilmente digerible de mediciones de datos puede ayudar a garantizar que el *uso* de mediciones se convierta en parte de los nuevos hábitos de su organización Seis Sigma.

Creación de planes de respuesta al proceso

Dada la potencia de la ley de Finnegan («Murphy era un optimista»), podemos estar seguros de que, antes o después, algo saldrá mal en cualquier proceso, incluso en uno mejorado por un equipo Seis Sigma. Disponer de pautas anticipadas acerca de cuándo conviene emprender la acción y qué hacer es parte de la práctica de la «dirección proactiva» de cualquier empresa Seis Sigma.

El plan de respuesta del proceso debe incluir los siguientes elementos fundamentales:

1. *Alarmas de acción*. Con normas claras en los puntos principales de las fases de Entrada, Proceso y Salida del proceso, y con medidas de rendimiento, los «puntos de disparo» se pueden situar en el lugar en que sea preciso emprender alguna acción para corregir un problema. Por ejemplo, si los datos de una prueba demuestran que las tarjetas electrónicas están al borde de su consumo de energía

promedio, conviene que un ingeniero inicie una investigación para ver qué está fallando. O, si la facturación de un hotel se halla al 5 por ciento por debajo de la temporada normal, hay que poner en marcha un plan de contingencia.

2. *Reparaciones a corto plazo o urgentes.* Ningún problema puede esperar a ser asignado a un equipo o *Black Belt.* Disponer de líneas maestras para arreglos rápidos supone un funcionamiento más efectivo y menos probabilidades de que se produzcan daños colaterales que a menudo aparecen como consecuencia de aplicar soluciones improvisadas.

3. *Planes de mejora continua.* Dentro de los procesos DMAMC u otras actividades a alto nivel, como planificación estratégica y presupuestos, hay un procedimiento para identificar y dar prioridad a los problemas serios o imprevistos, es decir, para poder actuar en consonancia. También se pueden establecer directrices acerca de cómo debe ser un problema, antes de calificarlo como para ser abordable a través de una acción de mejora continua. Estos planes de mejora continua son fuentes fundamentales del sistema de gestión empresarial en bucle Seis Sigma.

Anticiparse a posibles problemas es también una parte importante de un plan efectivo de respuesta. Las técnicas como el análisis de problemas potenciales y AMFE (que veremos en el capítulo siguiente) pueden dar soporte a ese esfuerzo.

Up-Home mantiene los ojos abiertos

A pesar de los primeros éxitos del nuevo servicio *Lléveselo a casa* de Up-Home, la empresa aún no cantaba victoria. Cada una de las tiendas tenía que hacer el seguimiento de ciertas variables del nuevo proceso, como las siguientes:

- Porcentaje de clientes de la promoción *Lléveselo a casa* que realizan compras.
- Volumen de dinero de las ventas de *Lléveselo a casa*, total por vecino (comercial).
- Datos defectuosos (por ejemplo, entregas equivocadas, facturas erróneas, etc.), incluyendo el nivel Sigma.
- Mercancías perdidas/dañadas.
- Datos de satisfacción de cliente.

Se hizo un informe de los datos por cada emplazamiento y luego un resumen para la cadena en su totalidad.

El apéndice proporciona una lista de comprobación para la fase Controlar de DMAMC.

Lo que hay que hacer y lo que no hay que hacer en mediciones y control

SÍ: Desarrollar una documentación adecuada que dé soporte al nuevo proceso. *Hágala simple y fácil de usar y prepare un plan para actualizarla.*

SÍ: Seleccionar una combinación equilibrada de mediciones para supervisar el rendimiento del proceso.
Observe los resultados, las variables, los requisitos de cliente y los costes. Evite medir estrictamente datos financieros.

SÍ: Crear informes de las mediciones que ofrezcan información rápida y simple.
Los gráficos suelen ser preferibles a los textos y tablas con cifras.

SÍ: Desarrollar un plan de acción en caso de que surjan problemas en el proceso.
«Responder» de manera efectiva y previamente planificada es mucho mejor que «reaccionar» con pánico ignorante.

NO: Dejar que los documentos se cubran de polvo.
Diseñar y encontrar modos de garantizar que la documentación utilizada se mantendrá al día y le ayudará a evitar que el proceso vuelva a los «malos hábitos».

NO: Olvidar los mapas del proceso.
Son las mejores herramientas para una consulta rápida y para revisar los flujos de trabajo, las relaciones con clientes y proveedores y los puntos clave a medir. Los mapas de proceso también permiten cambiar el proceso más fácilmente.

Etapa 5B: Definir la responsabilidad de la propiedad y gestión del proceso

Seis Sigma y la visión de gestión por procesos

Si su empresa adopta e implanta la metodología Seis Sigma, debería prepararla para que incorpore la solución más prometedora contra las barreras interfuncionales: un método de *gestión por procesos*. ¿Qué significa eso, en lo que se refiere a forma de operar de la compañía? Veamos algunos elementos de la «visión» de la gestión por procesos:

- Los directivos se concentran en hacer que el trabajo circule con efectividad y eficiencia *en todas* las funciones que benefician al cliente y, como consecuencia, a los accionistas.
- El personal se identifica tanto con el proceso como con sus funciones o departamentos correspondientes.
- El personal de todos los niveles entiende cómo se ajusta su trabajo al proceso y cómo añade valor al cliente.
- Los requisitos de cliente se van conociendo durante el proceso.
- Los procesos necesitan medidas, mejoras y rediseño de forma continua.
- Se dedica más energía y recursos a dar valor a los clientes y accionistas que a desperdiciarlos en burocracia o disputas internas.

Observe que esta lista coincide con los objetivos del sistema Seis Sigma que hemos presentado. De hecho, las empresas líderes en Seis Sigma como GE, Allied-Signal/Honeywell y otros, ya establecieron la tarea de hacer de la gestión por procesos un elemento clave de su método global. Actualmente, sólo se han dado algunos pasos en la nueva dirección, pero ciertamente han ayudado a abrir camino.

El propietario del proceso

Quizás la etapa más esencial de la transformación a gestión por procesos sea la designación del «propietario del proceso».

Responsabilidades del propietario del proceso

No existe una descripción oficial del puesto de trabajo de un propietario de proceso, pero las siguientes responsabilidades son esenciales para su desempeño en una organización Seis Sigma:

✦ *Mantener la documentación del proceso.* El propietario del proceso es la persona que crea y mantiene los datos de diseño del proceso (por ejemplo mapas, flujos y procedimientos), los datos sobre requisitos de clientes y otros documentos que definen el proceso, y es responsable de mantenerlos actualizados.
✦ *Medir/supervisar el rendimiento del proceso.* Seguramente se habrá preguntado: «¿Quién va a *hacer* todas esas medidas y el seguimiento del proceso?» El propietario del proceso es el que controla que las medidas sean correctas y que se lleven a cabo de forma adecuada.
✦ *Identificar problemas y oportunidades.* Como observador principal de los datos de rendimiento, el propietario del proceso es la persona que primero debería detectar los problemas cuando surjan, o a quien otras personas deberán informar sobre los problemas que ellos observen. Idealmente, la propiedad del proceso conlleva la autoridad para emprender acciones, tanto «reparaciones rápidas» como soluciones permanentes.
✦ *Lanzar y patrocinar esfuerzos de mejora.* Cuando se identifican los procesos a mejorar, diseñar o rediseñar, el propietario del proceso asume el rol de apoyar, incluso *dirigir*, los trabajos. Tan importante como esto es que se ocupe de «transferir» el trabajo de un equipo de mejora a otro, asumiendo la responsabilidad de mantener los beneficios.
✦ *Coordinar y comunicar con otros procesos y con los directores funcionales.* Uno de los principios más importantes que subyacen al rol de propietario del proceso es que el trabajo que *entra,* y especialmente el que *sale* de proceso son tan importantes como el trabajo que existe *dentro* del proceso. Algunos de los mayores obstáculos que surgen a la hora de servir a clientes *externos* proceden de la falta de coordinación entre los proveedores *internos* y los clientes. Solamente la coordinación en todas direcciones del propietario del proceso puede eliminar las barreras o las actitudes de «están contra nosotros» que surgen del mundo funcional. Un propietario del proceso tiene que trabajar *con* los proveedores y con

los clientes para cumplir objetivos con un alto nivel de rendimiento. También debe coordinar a los distintos grupos del proceso para garantizar que el trabajo fluye suavemente y se hace bien.

✦ *Maximizar el rendimiento del proceso.* Todas las responsabilidades anteriores conducen a este objetivo, que es el más importante. El propietario del proceso se convierte en el dirigente fundamental para lograr los niveles de calidad, eficiencia y flexibilidad Seis Sigma.

El propietario del proceso en la organización

Décadas de gestión funcional no facilitan el camino para el paso a una gestión por procesos de la noche a la mañana, y tampoco queda claro que se deba hacer así. Para mantener las ventajas de «ordenar y controlar» del sistema funcional, puede resultar más eficaz un proceso híbrido de estructura jerarquizada.

En algunas empresas, por ejemplo, hay «niveles» de propiedad del proceso, en los que un propietario del proceso clave tiene dos o más subpropietarios comprometidos en un equipo de gestión por procesos. Cada uno de estos individuos lleva también a cabo una tarea funcional, pero en su rol como propietario del proceso, se concentra en la operación global interfuncional y en la mejora del proceso. Si esas capas de gestión por procesos se llegan a convertir en una nueva estructura jerárquica, está claro que resultarán mucho mejor que las jerarquías existentes en la organización. Ésta es una de las cuestiones acerca de la gestión por procesos que tendrá respuesta con el tiempo y por parte de cada organización, según sus propias necesidades y experiencias.

Lo que sí *está* claro acerca de la propiedad del proceso es que el énfasis en la medición, en la mejora y en la coordinación de los flujos de trabajo demandan un conjunto de habilidades diferente, si no más amplio, que el de la gestión funcional. Un perfil que identifique a un potencial propietario de procesos podría incluir las siguientes características:

- Orientado a resultados, con el énfasis en los beneficios «yo gano – tú ganas» y un enfoque hacia el cliente.
- Respetado por la dirección general, directores y mandos intermedios.
- Gran conocimiento de la empresa, con habilidad para pensar y trabajar de forma «generalista».
- Excelentes habilidades personales, especialmente en las áreas de desarrollo de equipos humanos, construcción de consensos y capacidad de negociación.
- Con habilidades en los conceptos Seis Sigma, medidas y métodos de diseño y mejora de procesos.
- Habilidad para compartir éxitos y asumir la responsabilidad de los fracasos.

Un gran conocimiento técnico o conocimientos en estadística también pueden ser útiles, pero no si le alejan de la perspectiva generalista, que es la más importante.

El lugar exacto en que se pueden encontrar candidatos para propietarios de procesos en una empresa depende de cada una. Puede que necesite cierto talento creativo encontrar la combinación adecuada de habilidades y conocimientos y el potencial para desempeñar el papel de propietario de procesos en la organización. Sin embargo, lo más seguro es decir que los directivos autoritarios al viejo estilo no son adecuados para este rol, a menos que puedan cambiar de método. De hecho, una de las razones por las que la gestión por procesos precisa una evolución a largo plazo es el hecho de que muchos de los directivos de hoy tendrán problemas para adaptarse al nuevo sistema «horizontal». Puede que sea precisa una generación completa para desarrollar realmente el talento necesario para el nuevo rol.

¿Dónde hay que poner al propietario del proceso?

En el Capítulo 12 establecimos las bases para responder a esta pregunta, explorando los procesos clave y de soporte. Cuando su empresa prepare el inventario de procesos estratégicos o críticos, también ha de iniciar la etapa para designar *propietarios* de esos procesos. En organizaciones grandes, la mejor opción es disponer de «capas» de propiedad. Una sola persona no puede supervisar un solo proceso grande y diversificado. Si se divide la responsabilidad de un proceso importante, los propietarios formarán lo que algunas empresas llaman un Equipo de gestión por procesos (PTM, siglas inglesas de *Process Management Team*).

También es importante que los propietarios de los procesos se desplieguen en la empresa a nivel *operativo*. Conocemos una situación en que una empresa con varias divisiones creó un «macro» sistema de gestión por procesos a nivel corporativo. Por desgracia, aunque había procesos comunes a las distintas divisiones, cada uno era único y precisaba propiedad hasta el nivel de división. La empresa tardó un tiempo antes de darse cuenta y de corregir el error.

¿Puede un propietario de proceso conseguir todo a nivel funcional o departamental? La respuesta es un «sí» cualificado. Hay procesos *dentro* de una función y se pueden gestionar con muchos de los mismos métodos y medidas que los procesos interfuncionales. No obstante, creemos que un cambio en la gestión del proceso a nivel departamental se lleva a cabo mejor con un cambio de enfoque, en vez de creando un nuevo nombramiento de «propietario del proceso» dentro de las funciones existentes. La gente ya está ubicada para realizar una gestión por funciones: vicepresidentes, directores, jefes, etc.

Propiedad de Up-Home

La dirección general de Up-Home se sentía muy satisfecha con los resultados del diseño y gestión del proceso *Lléveselo a casa*. Estaban, sin embargo, al principio del esfuerzo Seis Sigma y todavía no tenían seguridad de si el concepto de «gestión por procesos» serviría o no en un sistema descentralizado

El lanzamiento del nuevo proceso pareció proporcionar una buena oportunidad para comprobar cómo funcionaría el rol de propietario del proceso y para ver si añadiría valor a la organización y a sus clientes. Después de discutir la idea de crear un propietario para el proceso *Lléveselo a casa,* el comité de dirección llegó a la conclusión de que este nuevo proceso cumplía varios criterios importantes:

- Se trataba de un proceso interfuncional, que implicaba a muchos de los departamentos de la empresa.
- El esfuerzo iba a ser continuo, no se limitaba a una campaña de marketing y, por ello, era importante definirlo como un proceso empresarial clave.
- La capacidad de medir, evaluar y mejorar el proceso *Lléveselo a casa* era clave para el éxito permanente. Dado que las necesidades del cliente, el *mix* de productos, la competencia, etc., cambiarían, probablemente el proceso necesitaría adaptarse.

La pregunta que provocó el debate fue: ¿Puede realmente un propietario de proceso supervisar una actividad que se está llevando a cabo en 17 lugares diferentes? La decisión fue nombrar un *propietario* del proceso para toda la compañía y asignar un *coordinador* a nivel de tienda. (Algunos de los coordinadores cubrirían dos o tres lugares.)

La selección del propietario del proceso fue, por fortuna, muy fácil. Uno de los miembros del equipo que había diseñado el nuevo proceso, Margy McMahon, había demostrado tener el tipo de liderazgo y la perspectiva del proceso que parecían ideales para una actividad interfuncional tan importante.

La primera tarea de Margy fue reunir muchos de los documentos y notas preparados por el equipo de diseño, que nadie había tocado desde la prueba piloto, y crear una guía general para el proceso. Cuando estuvo terminada, hizo un recorrido por las tiendas de Up-Home para empezar a seleccionar los Coordinadores del proceso.

Etapa 5C: Realizar una gestión en «bucle cerrado» y dirigirse hacia Seis Sigma

Aplicar la gestión por procesos es tanto el final como el principio de los pasos para convertirse en una organización Seis Sigma real. Cualquier empresa o proceso que haya seguido el Mapa o, al menos, las etapas 1, 2 y 3, dispondrá de los elementos principales del método de gestión por procesos. Vamos a revisar brevemente esas etapas y sus contribuciones:

1. *Identificar los procesos clave y los clientes principales.* Definir el proceso, sus etapas, clientes y resultados clave crea la base para una gestión por procesos.
2. *Definir los requisitos de cliente.* Los objetivos del proceso y los estándares de rendimiento, determinados por las necesidades del mercado y del cliente, son las «razones de ser» de cualquier proceso. Comprender esos requisitos en términos concretos ayuda a contestar a esa pregunta elemental: «¿Gestionar el proceso para que haga *qué*?».
3. *Medir el rendimiento actual.* La medida del sistema de gestión por procesos proporciona información esencial y continua de los resultados (Y) y de los factores clave de los procesos (X).

Cuando su esfuerzo Seis Sigma madure, la mejora y el diseño/rediseño de procesos (DMAMC) se convertirán en estrategias que conducirán a los procesos a niveles Sigma más elevados y que responderán a las demandas de los clientes en los nuevos productos, servicios o prestaciones.

Herramientas para la gestión por procesos

Cada herramienta que hemos descrito o mencionado, así como las que revisaremos en el capítulo siguiente, desempeña un papel en la gestión por procesos. Sin embargo, hay otro par de métodos que pueden ser válidos para el propietario del proceso, cuando trate de lograr que el proceso funcione con facilidad y de mejorarlo continuamente.

Cuadros de mando del proceso

El cuadro de mando, al igual que el cuadro de mando integrado que mencionamos anteriormente, proporciona una actualización resumida de los indicadores clave del rendimiento del proceso. Aunque este cuadro suele proporcionar datos de toda la organización, hay que diseñar un cuadro de mando para cada proceso específico. Puede incluir «alarmas» que indiquen si un indicador clave está próximo a un nivel problemático. Por ejemplo, al señalar el plazo de entrega específico en un gráfico de tiempo de ciclo, un propietario del proceso podría ver si los plazos están próximos a incumplir los requisitos. Algunas empresas, incluyendo bastantes del grupo de GE, facilitan cuadros de mando personalizados para los *clientes*, indicándoles: «Estos son los indicadores de nuestro proceso en lo que a usted se refiere».

Fichas de información de cliente

Una información temprana procedente de los clientes es un ingrediente clave para el rendimiento óptimo de un proceso. Una de las herramientas que pueden dar soporte a esta necesidad, un elemento del sistema global de captación de la Voz del Cliente, es una ficha de información del cliente. Lo ideal es que proporcione datos representativos (por ejemplo, muestras precisas y sin sesgo) sobre la forma en que el proceso satisface las necesidades del cliente. Las mejores fichas de información del cliente son algo más que «encuestas» o «datos de reclamaciones»; proporcionan información significativa, tanto para el cliente como para la empresa, sobre rendimiento, problemas, etc.

En las relaciones entre empresas, estas fichas se pueden personalizar específicamente para cada cliente, de forma que el nivel de detalle así como la información contenida se seleccionen en base a las necesidades y prioridades exclusivas de cada cliente.

La gestión por procesos llega a Up-Home

Seis meses después de que Margy McMahon fuera nombrada como primera propietaria de procesos en Up-Home, supervisando la prueba del nuevo producto *Lléveselo a casa*, los directivos de la empresa quedaron convencidos de que el método de gestión por procesos podría ser muy beneficioso para la organización en su conjunto.

Por una parte, Margy y la red de coordinadores del proceso en las tiendas habían aportado cosas importantes al éxito continuo del proceso *Lléveselo a casa*. Veamos algunas:

- Tres meses después de lanzar el proceso, los artículos perdidos empezaron a aparecer. Margy y los coordinadores pudieron determinar que algunos vendedores fallaban al registrar los datos completos de la dirección y no eran capaces de volver a contactar con los clientes para que devolvieran los artículos. Resultó muy simple resolver este problema.
- Al conocer los tipos de producto de *Lléveselo a casa* que conducían al aumento de las ventas, pudieron anticipar las necesidades de inventario y prepararse para una demanda más elevada. Esto no solamente permitió más ventas, sino también dio a Up-Home la oportunidad de obtener descuentos de los distribuidores.
- En numerosas ocasiones en que surgían disputas entre los departamentos de Ventas y Entregas, Margy y los coordinadores consiguieron que las cosas no se fueran de las manos. Al centrarse en el cliente, las cuestiones se resolvieron para la satisfacción de todo el mundo.

El cuadro de mando del proceso que Margy creó para *Lléveselo a casa* sirvió a todos para tener actualizado el rendimiento del proceso (véase una muestra en la Figura 17.2).

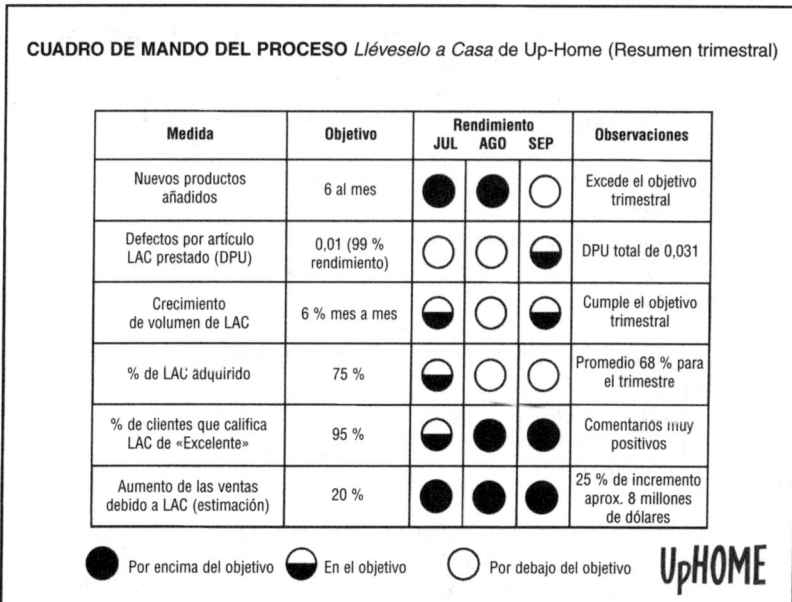

CUADRO DE MANDO DEL PROCESO *Lléveselo a Casa* de Up-Home (Resumen trimestral)

Medida	Objetivo	Rendimiento JUL	AGO	SEP	Observaciones
Nuevos productos añadidos	6 al mes	●	●	○	Excede el objetivo trimestral
Defectos por artículo LAC prestado (DPU)	0,01 (99 % rendimiento)	○	○	◑	DPU total de 0,031
Crecimiento de volumen de LAC	6 % mes a mes	◑	○	◑	Cumple el objetivo trimestral
% de LAC adquirido	75 %	◑	○	○	Promedio 68 % para el trimestre
% de clientes que califica LAC de «Excelente»	95 %	◑	●	●	Comentarios muy positivos
Aumento de las ventas debido a LAC (estimación)	20 %	●	●	●	25 % de incremento aprox. 8 millones de dólares

● Por encima del objetivo   ◑ En el objetivo   ○ Por debajo del objetivo   **UpHOME**

Figura 17.2 Cuadro de mando del proceso *Lléveselo a casa* (LAC)

Como primer paso en la expansión de la gestión por procesos, los directivos de Up-Home programaron una reunión de medio día, para empezar a bosquejar todos los procesos clave de la empresa...

Hacia Seis Sigma

Hemos empezado este capítulo con la analogía de volver a ganar peso después de una dieta. Hemos sugerido que algunas empresas, como las personas complacientes e indisciplinadas que hacen dieta, están destinadas a ir hacia atrás cuando trasladan su atención a asuntos aparentemente más «urgentes». También observamos que los beneficios de Seis Sigma se obtienen fácilmente al principio, como los primeros kilos que se pierden al hacer régimen, pero que los últimos «puntos Sigma» son más difíciles de lograr.

La disciplina de la gestión por procesos es de donde procede el «mantenimiento del peso perdido» (o de los fallos corregidos). Es el mecanismo que garantiza que su empresa aplicará medidas y mejoras a la responsabilidad diaria y no a una tarea ocasional. Además, a medida que su empresa progrese hacia el método Seis Sigma, encontrará más oportunidades de utilizar herramientas sofisticadas para ir más allá de cuatro y cinco Sigma. Veremos las herramientas avanzadas Seis Sigma en el capítulo siguiente.

Lo que hay que hacer y lo que no hay que hacer en la gestión del rendimiento Seis Sigma

SÍ: Documentar las etapas y la información obtenida en los proyectos de mejora y diseño/rediseño de procesos.

Un storyboard *del proyecto puede ser de gran ayuda para «vender» las soluciones y un apoyo para los futuros equipos de mejora.*

SÍ: Desarrollar un plan completo de control del proceso y mantenimiento de los beneficios.

Vender, documentar, medir y responder son esenciales para consolidar el éxito y para convertirse en entradas clave del sistema de gestión por procesos.

SÍ: Definir cuidadosamente el rol y las responsabilidades de los propietarios de proceso de la empresa.

Como un nuevo actor en el paisaje empresarial, el propietario del proceso y quienes colaboran con él necesitan ideas claras de sus funciones y objetivos.

NO: Llevar a cabo la gestión por procesos sin previas consideraciones.

Por útiles que sean esta disciplina y sus recursos, la puesta en marcha de una gestión por procesos a gran escala puede no tener sentido. Si es necesario, pruébela y aprenda de ella (por ejemplo, con una prueba piloto) antes de crear expectativas innecesarias.

NO: Crear informes y documentación del proceso que terminen por utilizarse igual que las actuales.

Primero céntrese en la información que sabe que van a necesitar usted o los demás y añada los datos que precise.

18

Introducción a las herramientas avanzadas Seis Sigma

Eⁿ nuestro viaje a lo largo de Seis Sigma nos hemos concentrado en las herramientas que producen la mayoría de las mejoras en las organizaciones y procesos. Veamos lo que descubrió Motorola cuando inició Seis Sigma y lo que otras empresas han aprendido desde entonces: muchos de los problemas y oportunidades se pueden manejar con técnicas que cualquiera puede utilizar. Por otro lado, una de las claves del éxito del sistema Seis Sigma ha sido la aplicación, por parte de equipos y *Black Belts* formados especialmente, de herramientas más sofisticadas que aportan más potencia a los esfuerzos de aprendizaje y mejora.

En este capítulo nuestro objetivo no es convertirle en un experto en cualquiera de estos métodos avanzados, sino tratar de familiarizarle con *lo que* son algunas de las técnicas más comunes de Seis Sigma, *por qué* pueden ser de utilidad y *cómo* se pueden aplicar al diseño, gestión y mejora de procesos. Cada una de esas «potentes herramientas» que vamos a tratar tiene una o más aplicaciones específicas y, como cualquier herramienta, se puede utilizar mal o de forma improductiva si no se elige y aplica con cuidado.

Hemos listado de forma ordenada, basada en el uso más común que se hace de ellos en los esfuerzos de mejora Seis Sigma, una serie de métodos. Los usos se reflejan en cursiva:

- Control estadístico de procesos y gráficos de control: *identificación de problemas.*
- Pruebas de significación estadística (chi-cuadrado, *t*-test y ANOVA): *definición de problemas y análisis de causas raíz.*
- Correlación y regresión: *análisis de causas raíz y predicción de resultados.*

- Diseño de experimentos: *análisis de la solución óptima y validación de resultados.*
- Análisis modal de fallos y efectos (AMFE): *priorización y prevención de problemas.*
- A prueba de fallos: *prevención de defectos y mejora de procesos.*
- Despliegue de la función de calidad: *diseño de productos, servicios y procesos.*

Control estadístico de procesos y gráficos de control

El control estadístico de procesos (SPC, iniciales de *Statistical Process Control)*, implica la medida y evaluación de la variación en un proceso y los esfuerzos realizados para limitar o «controlar» dicha variación. En su aplicación más común, SPC sirve para identificar posibles problemas o incidentes inusuales, de forma que sea posible emprender acciones para resolverlos; en otras palabras, para *controlar* el rendimiento de un proceso.

Cuándo y por qué utilizar SPC y gráficos de control

El uso de SPC y de los gráficos de control constituye el método ideal de supervisar el rendimiento de los procesos en curso, porque predice el rendimiento futuro y sugiere la necesidad de una acción correctora. Los gráficos de control, que se entienden fácilmente con un mínimo de aprendizaje, pueden ser una herramienta de comunicación muy eficaz. Algunas de las compañías con las que hemos trabajado colocan gráficos de control para los procesos clave en lugares accesibles, lo que proporciona visibilidad a las actividades, tendencias y patrones diarios, así como una advertencia de posibles problemas. Esta práctica puede hacer que todo el mundo se implique en la gestión y solución de los problemas de la compañía.

Los gráficos de control tienen tres usos significativos en los sistemas Seis Sigma:

1. En las primeras actividades de la fase «Medir» de un proyecto DMAMC, son de utilidad para que los equipos identifiquen el tipo y frecuencia de los problemas o condiciones «fuera de control». Incluso pueden sugerir el tipo de investigación o acción correctora que puede resultar más efectiva.
2. En las pruebas piloto o en la puesta en marcha de una solución o cambio de proceso (en las fases Mejorar o Controlar), sirven para el seguimiento de los resultados, al mostrar cómo se ven afectadas la variación y el rendimiento, y quizá incluso para sugerir trabajos o investigaciones a realizar en otras áreas.
3. Los gráficos de control actúan sobre el sistema de alarmas en curso, avisando al observador de las actividades inusuales del proceso y disparando el «plan de respuesta» que vimos en el Capítulo 17.

Puede considerar SPC y los gráficos de control en esta tercera aplicación como un detector de humos en un edificio. Cuando tiene batería, está bien situado y hay alguien que lo escuche, puede hacer sonar la alarma con tiempo suficiente para salvar el lugar de las llamas.

¿Qué significa el «control» en SPC y en los gráficos de control?

«Control» significa mantener un proceso operativo dentro de un intervalo predecible de variación. El objetivo es mantener estable y consistente el rendimiento del proceso. En SPC vamos a añadir al tema la noción de control *estadístico*. Por ello, para averiguar si un proceso está estadísticamente «bajo control» o «fuera de control», hay que empezar por medirlo en el tiempo y luego examinar la variación de los datos reunidos. Con los datos suficientes es posible calcular lo que se llaman «límites de control», abordando entonces una primera etapa de comprobación para ver si el proceso está funcionando adecuadamente.

Veamos un ejemplo. Suponga que está gestionando el sistema de correo electrónico de la empresa y que quiere saber la variación que existe en el número de mensajes enviados por hora. Para obtener una respuesta, lógicamente, tendrá que obtener algunos datos. Por tanto, después de compilar durante un mes los niveles de volumen a la hora (utilizando, sin duda, excelentes métodos de toma de datos), usted elabora un gráfico de tendencias o de series temporales para los volúmenes de tráfico de correo electrónico (es decir, ordenados en el tiempo). A continuación, utiliza esos datos para calcular los límites de control (llamados LCS, iniciales de límite de control superior, y LCI, iniciales de límite de control inferior) y los añade al gráfico junto con una línea que indica el promedio o media. Y ya tiene un gráfico de control (véase la Figura 18.1).

Si continúa reuniendo datos sobre el tráfico de correo electrónico, el gráfico de control le dará la capacidad, no solamente de seguir los cambios de volumen de correo electrónico, sino también de ver si el proceso está «fuera de control» y cuándo, es decir, si está operando de una forma que ya no es predecible.

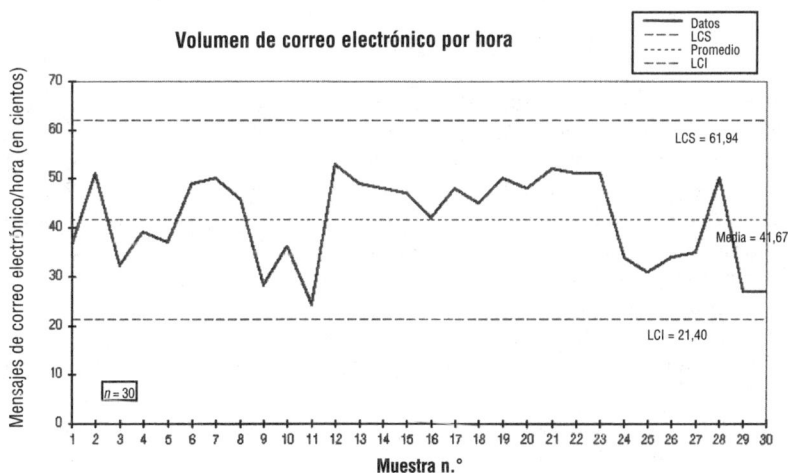

Figura 18.1   Ejemplo: gráfico de control del volumen de correo electrónico

Alarmas del gráfico de control

Dado que se espera que la variación en un proceso en condiciones normales sea «aleatoria», existen varios indicadores de situaciones fuera de control:

- *Valores atípicos («outliers»):* cualquier punto fuera de los límites de control.
- *Tendencias:* una serie de puntos que se eleva o desciende continuamente.
- *Pautas* o *rachas:* una secuencia continua de puntos por encima o por debajo del promedio.
- *Ciclos* o *periodicidad:* una serie de puntos que alternan arriba y abajo o tienden a subir y bajar en forma de «ondas».

Gráficos de control y requisitos de cliente

Uno de los malentendidos de los gráficos de control es que estar «bajo control» significa lo mismo que ser «bueno». Si una tienda de reparación de ordenadores decide medir el tiempo que invierte en las rutinas de reparación, puede crear un gráfico que muestre un proceso bajo perfecto control. Sin embargo, el problema es que, aunque el tiempo promedio es de cinco días, los clientes desean que el trabajo se haga en *dos*.

Recuerde que estos dos tipos de «límites» que hemos introducido en este libro (de control y de especificaciones) se desarrollan de manera diferente: los límites de control se calculan a partir de los datos reales del proceso; pueden cambiar cuando cambie el rendimiento del proceso en el tiempo. Los límites de especificación proceden del *cliente;* cambian solamente cuando se modifican los requisitos de cliente.

Empleo de los gráficos de control

Las etapas básicas para implantar SPC tienen que resultarle ya familiares: decidir las mediciones críticas, implantar un plan de recogida de datos, representar los datos, visualizar los resultados y emprender la acción adecuada. Está muy en línea con el sistema en «bucle cerrado» que es el fundamento de la organización Seis Sigma. Representar y comprobar los datos puede llevarse a cabo fácilmente utilizando software de estadística. No hay más que copiar los datos a partir de una hoja de cálculo, seleccionar el tipo de gráfico o prueba en los menús; eso es todo lo necesario para obtener un gráfico de control.

Elegir el tipo de gráfico adecuado es importante. Existen varios factores implicados en la determinación del formato de gráfico que concuerdan con su situación. Por ejemplo, si tiene medidas de datos continuos (peso, tiempo, temperatura, etc.), puede utilizar uno o dos tipos. Los libros sobre SPC suelen contener guías útiles para seleccionar el gráfico adecuado.

No conviene crear constantemente nuevos gráficos de control, puesto que solamente tienen valor para supervisar los cambios de rendimiento de un proceso. Por tanto, sólo hay que responder ocasionalmente a la pregunta: «¿Qué tipo de gráfico de control hemos de utilizar?»

Lo que hay que hacer y lo que no hay que hacer en SPC y gráficos de control

SÍ: Reunir, representar y revisar los datos con prontitud.

El valor clave de SPC es obtener anticipadamente avisos de problemas u oportunidades. Si los sistemas de toma de datos e informes tardan días o semanas en elaborar esos informes o nadie los mira, ¿por qué gastar tiempo y recursos?

SÍ: Elegir y dar prioridad a las mediciones cuidadosamente.

Uno o dos gráficos de control que sean verdaderamente significativos pueden resultar de gran utilidad. Disponer de 10 ó 15 de mediano interés solamente significa que pronto dejará de prestarles atención.

SÍ: Establecer y ajustar las alarmas.

Utilice la información obtenida del proceso para mejorar sus planes de respuesta. Cuanto antes pueda emprender acciones sobre los eventos fundamentales, mayor probabilidad habrá de que sus clientes y accionistas sigan sonriendo.

NO: Recalcular los límites de control con demasiada frecuencia.

Puesto que los límites de control son una función de los datos, se podrían ajustar casi continuamente, pero eso haría mucho más difícil detectar las condiciones de «alarma». Es mejor recalcularlos solamente después de un cambio en el proceso. (Si utiliza software para presentar y probar los gráficos de control, defina sus preferencias en la configuración, para evitar el recálculo de los límites de control.)

NO: Suponer que los datos son perfectos.

Verificar regularmente la calidad de los datos reunidos, utilizando métodos como la calibración R&R, es importante para garantizar que las alarmas no se disparen por defectos en la recogida de los datos mismos.

Finalmente, recuerde que SPC y los gráficos de control son métodos para *supervisar* y *comprender* los procesos. No sirven para *resolver* los problemas o para mejorar el rendimiento, a menos que emprenda acciones correctoras o que aplique métodos de mejora Seis Sigma.

Pruebas de significación estadística (chi-cuadrado, t-test y ANOVA)

Cuando mida y analice un proceso o un producto, es posible que extraiga conclusiones válidas simplemente *observando* los datos.

Sin embargo, hay veces que lo que enseñan los datos no es obvio o cierto. Puede que observe los datos y diga: «No veo nada significativo». O puede que tenga una corazonada acerca de lo que pasa, pero que quiera estar *más* seguro de que sus conclusiones están respaldadas con datos. En esos casos, podrá aplicar métodos de análisis *estadístico* más rigurosos para hallar o confirmar las tendencias o los patrones de los datos.

Empleo de las pruebas de significación estadística

Las pruebas de significación estadística son algunas de las técnicas más importantes que emplean los estadísticos para buscar patrones o para comprobar sus sospechas acerca de los datos. En Seis Sigma, estas herramientas tienen varias aplicaciones:

- Confirmar un problema o un cambio significativo en el rendimiento.
- Comprobar la validez de los datos.
- Determinar el tipo de patrón o «distribución» de un grupo de datos continuos.
- Desarrollar una hipótesis sobre la causa raíz basada en patrones y diferencias.
- Validar o rechazar la hipótesis sobre la causa raíz.

Fundamentos del análisis estadístico: la hipótesis nula

Desde hace diez días, una ola de calor se abate sobre su ciudad y la gente dice: «¡Hay un recalentamiento global!». Durante las dos últimas semanas jugando al golf, consigues terminar dos hoyos de un solo golpe y exclamas exaltado: «¡Mi juego ha resucitado!». El teléfono de la oficina parece sonar constantemente y todo el mundo dice: «Vamos a tener un trimestre de mucho trabajo». Usted ve a un grupo de niños armar un escándalo en el supermercado y se dice: «Los niños de hoy no tienen educación».

¿Qué validez tienen esas conclusiones? Es fácil extrapolar las explicaciones a partir de una simple observación y, en algunos casos, eso no es un problema. Sin embargo, el hecho es que en muchas ocasiones los «patrones» sociales que creemos ver son simplemente variaciones aleatorias. Si espera lo suficiente, podrá ver la evidencia necesaria para llegar a la conclusión *opuesta*. Si llega un viento frío que dura cuatro semanas, seguramente habrá alguien que especule con una nueva glaciación. Si el teléfono deja de sonar una mañana, la gente puede pensar que el trabajo se acaba y el despido se acerca. Y así sucesivamente.

En estadística, hay que ponerse en guardia frente a la posibilidad de «falsos patrones» que nos pueden hacer llegar a conclusiones erroneas, al adoptar lo que se llama «la hipótesis nula». La hipótesis nula establece que cualquier variación, cambio o diferencia observados en una población o proceso se debe puramente a la *casualidad*. Es similar a la actitud de los últimos escépticos que no creen en nada que no se pueda «probar». Y, con frecuencia, la forma de convencer a un escéptico no es probar *nuestra* teoría, sino *probar* que las demás explicaciones no son válidas. Éste es el método que adoptaremos en las pruebas de significación estadística.

Pruebas de significación estadística: métodos y ejemplos

Al igual que con los gráficos de control, hay varios métodos a elegir para comprobar estadísticamente una hipótesis:

- Prueba o contraste de *chi-cuadrado* (X^2). Es la técnica utilizada con datos discretos y, en algunos casos, con datos continuos. Como ejemplo, se puede usar para:

  - Comparar porcentajes de defectos en dos ubicaciones para ver si hay diferencias significativas.
  - Comprobar si los cambios semanales en las elecciones de productos por parte de los clientes indican un nivel de variación significativo.
  - Verificar el impacto de los distintos grupos de actividades de la empresa en la satisfacción del cliente.

- *t*-test. Este método se utiliza para comprobar la significación cuando hay dos grupos o muestras de datos *continuos* (como vimos en el capítulo 14, las medidas de datos continuos son más potentes que las discretas, pero es preciso tener cuidado, porque esta prueba funciona solamente si los datos cumplen ciertas condiciones). Suponiendo que los datos tengan las características necesarias, se puede aplicar un *t*-test para:

  - Comparar el tiempo de ciclo de una etapa clave del proceso en dos semanas durante el trimestre, para ver si hay algún cambio significativo.
  - Examinar los niveles de ingresos del cliente en dos zonas, para ver si uno de los clientes tiene ingresos significativamente más altos o más bajos.
  - Comprobar si las velocidades de búsqueda de dos unidades de disco son diferentes.

- *Análisis de varianza (ANOVA)*. ANOVA es otra prueba de significación estadística para datos continuos; a diferencia de *t*-test, se puede utilizar para comparar *más* de dos grupos o muestras. (Si encuentra una diferencia significativa entre tres o más grupos de datos, tendrá que hacer un nuevo análisis para averiguar *qué* grupos son diferentes). Los ejemplos siguientes son los mismos que para el método *t*-test, pero con algunas diferencias que aparecen en cursiva:

  - Comparar el tiempo de ciclo de una etapa clave del proceso *en cada semana* del trimestre, para ver si hay algún cambio significativo.
  - Examinar los niveles de ingresos del cliente en *cuatro* zonas, para ver si *uno o más* de los clientes tienen ingresos significativamente más altos o más bajos.
  - Comprobar si las velocidades de búsqueda de *cinco* unidades de disco son diferentes.

- *Análisis multivariante*. En los tres primeros métodos que ya hemos descrito antes, las comparaciones se basan en un solo factor o variable: tiempo, ingresos, velocidad, etc. Desde luego, hay muchos *otros* factores cambiantes entre un grupo o muestra. El análisis multivariante (a veces llamado MANO-VA) se emplea para determinar la significación de varios factores. (Generalmente, es mejor aplicar el test ANOVA, antes de realizar un análisis multivariante.)

Etapas básicas para aplicar las pruebas estadísticas

Lo bueno de aplicar estadística a los problemas empresariales en estos tiempos es que se ha eliminado gran parte del trabajo desagradable gracias al software estadístico. Las etapas más importantes que quedan, con independencia de la rapidez de los cálculos, son las siguientes:

1. *Identifique la cuestión a analizar.* ¿Cuál es la cuestión o problema a la que aplicar una prueba estadística? Compruebe y asegúrese de que realmente necesita validación estadística; ¿es bastante obvia la respuesta?
2. *Formule su hipótesis y la hipótesis nula.* Describa su hipótesis (conocida como «hipótesis alternativa»), lo que supone que está sucediendo, y luego niéguela: «¿Es realmente una probabilidad aleatoria lo que estamos viendo?» (Hipótesis nula).
3. *Seleccione el test estadístico adecuado.* Antes de hacer la elección final de una técnica para datos continuos, tendrá que revisarlos para ver si va a funcionar.
4. *Haga los cálculos y revise los resultados.* Básicamente, existen tres posibles respuestas: *a)* la hipótesis nula resulta probada, lo que significa que los datos no dan evidencia que soporte su hipótesis alternativa; *b)* la hipótesis nula *no* es cierta, según estos datos, lo que indica que hay algún factor importante que incide en los datos y, por tanto, su hipótesis alternativa puede ser correcta, o *c)* hay un *error*, lo que indica que hay algo erróneo en sus datos o en la herramienta elegida.

Lo que hay que hacer y lo que no hay que hacer en la prueba de significación estadística

SÍ: Asegurarse de que los datos utilizados son válidos.

Una prueba realizada con datos falsos no tiene sentido o puede ser incluso peligrosa. Si, por ejemplo, el tamaño de la muestra es demasiado pequeño, puede ser causa de que encuentre diferencias «significativas» cuando en realidad no existen.

SÍ: Seleccionar el tipo de prueba adecuado.

Por ejemplo, si se trata de datos discretos, conviene usar la chi-cuadrado.

NO: Emplear los conocimientos propios como una «comprobación» del análisis estadístico.

Las estadísticas y la experiencia tienen que funcionar en conjunto.

NO: Creerse un «experto» antes de tiempo.

> *Hay demasiada complejidad en estas herramientas. Las situaciones «inusuales» son bastante típicas en el mundo real y por ello puede ser necesario algo más que un poco de experiencia para extraer conclusiones válidas de un análisis estadístico.*

Tabla 18.1 Ejemplo de prueba de correlación

Unidad o elemento	Factor 1 (X o variable independiente)	Factor 2 (Y o variable independiente)
Fotocopiadora	Tiempo transcurrido entre dos mantenimientos	Copias defectuosas

Análisis de correlación y regresión

El análisis de correlación y regresión forma parte de la familia de herramientas que analizan las relaciones entre dos o más factores. Hemos visto los fundamentos de la correlación en el Capítulo 15, junto con los gráficos de dispersión. Cuando dos factores tienen «correlación» significa que la modificación de uno de ellos irá acompañada por un cambio en el otro. Al aplicar cálculos estadísticos sobre los datos, podemos medir la *fuerza* de una posible relación entre los factores y extraer además otras muchas conclusiones útiles.

Empleo del análisis de correlación y regresión

Entre los diversos tipos de correlación y regresión, hay herramientas que pueden ser de gran utilidad:

- Comprobar la hipótesis de la causa raíz, observando si hay vínculos entre la posible causa (la X) y la respuesta o resultado (la Y).
- Medir y comparar la influencia de *varios* factores (las Xs) sobre los resultados (las Ys).
- Predecir el rendimiento de un proceso, producto o servicio bajo ciertas condiciones.

La correlación y la regresión se pueden utilizar *solamente* cuando hay datos para dos o más factores que coinciden en elementos individuales. (Esto contrasta con las pruebas estadísticas que acabamos de ver, que comparan *grupos* de datos.) La Tabla 18.1 muestra una situación en la que se puede probar una correlación.

Para realizar el análisis de correlación, necesita disponer de datos *tanto* del tiempo entre mantenimientos *como* de las copias defectuosas de las fotocopiadoras A, B, C, etc.

En el análisis de las causas, según la naturaleza de los datos, las herramientas de correlación y regresión pueden aportar ventajas importantes sobre otras herramientas como chi-cuadrado y ANOVA. Le permiten ver patrones más precisos en muestras de datos más pequeñas y observar cómo afectan los cambios de diferentes variables directamente a una «unidad».

Tipos de análisis de correlación y regresión

Una vez más, los ordenadores, las hojas de cálculo y el software estadístico pueden hacer estas herramientas accesibles para mucha gente. Veamos algunos de los usos más comunes y algunos conceptos clave:

✦ *Coeficiente de correlación.* Los mismos datos utilizados para trazar un gráfico de dispersión pueden representarse con una cifra, identificada con la letra r, que indica si los factores se correlacionan y de qué modo. El coeficiente de correlación r va de -1 a 1; generalmente, un valor r inferior a $-0,7$ o superior a $0,7$ indicaría que merece la pena continuar la investigación. (La r negativa indica una correlación negativa.)

✦ *Porcentaje de correlación.* Otra cifra, r^2, preferida por mucha gente, porque refleja la cantidad o el porcentaje de variación de la Y o del factor dependiente que parece ser causado por el factor X. (r^2 se obtiene simplemente elevando r al cuadrado.) Por ejemplo, digamos que usted halla una aparente correlación positiva de tiempo entre el mantenimiento de la fotocopiadora y los defectos de las copias, con un valor r de $0,72$. Obtendría un r^2 de $0,52$, lo que significa que aproximadamente el 50 por ciento del incremento de defectos tiene correlación con el tiempo entre un mantenimiento y otro. Observe que la forma de interpretar r o r^2 y la de responder a esa interpretación dependerá del objeto de su análisis y del tipo de datos disponibles.

✦ *Regresión.* Las distintas formas del análisis de regresión se concentran en el uso de los datos existentes para predecir resultados futuros. La más común es la «regresión lineal» (o regresión «simple»), que se utiliza para dos variables. Podemos ilustrarla con un ejemplo.

El servicio de reparación de fotocopiadoras Percy's

La empresa Percy's desea mostrar a los clientes el valor de sus servicios de mantenimiento. Después de reunir datos sobre las relaciones entre el tiempo transcurrido entre los mantenimientos y el número de copias defectuosas, encontraron que el porcentaje de defectos tendía a aumentar en un 15 por ciento cada período de dos semanas sin mantenimiento. Con la herramienta de regresión lineal, pudieron predecir para un cliente potencial que el tercer mes después de su última llamada al servicio de «emergencia», tendría alrededor del 25 por ciento de copias «defectuosas». La predicción resultó bastante precisa y ahora el cliente tiene un contrato de mantenimiento con Percy's con servicio cada dos semanas.

✦ *Regresión múltiple*. La regresión múltiple, como el análisis multivariante, examina las relaciones entre *varios* factores y los resultados. En un entorno de proceso, los ejemplos incluirían todos los que muestra la Tabla 18.2.

El empleo de la regresión múltiple le permitirá cuantificar el impacto de cada una de las Xs sobre las Ys, así como observar su interacción. En aplicaciones más avanzadas, la regresión múltiple se aplica a la creación de *modelos* para predecir los resultados, cuando la combinación de factores interactúa bajo diversas condiciones.

Lo que hay que hacer y lo que no hay que hacer en la correlación y regresión

SÍ: Asegurarse de tener datos emparejados.

El análisis de correlación y regresión depende de la forma de reunir y compilar los datos. Si los valores de los factores analizados no coinciden sobre cada elemento, no se puede llevar a cabo el análisis.

SÍ: Utilizar el coeficiente de correlación y el porcentaje (r y r^2) para entender mejor los datos del gráfico de dispersión.

Éste es uno de los indicadores estadísticos más fáciles y puede resultar enormemente útil para interpretar la nube de puntos del diagrama de dispersión.

SÍ: Aplicar métodos más avanzados, si es posible, para aprender más sobre los procesos y productos.

Utilizado de forma adecuada, el análisis de correlación y regresión puede ayudar a comprender cómo y por qué se produce la variación en la empresa y cómo controlarla.

Tabla 18.2 Ejemplo de análisis de regresión múltiple

Proceso	Unidad o elemento	X_1 (variable de entrada)	X_2 (variable de proceso)	X_3 (variable de proceso)	Y (variable de salida o resultado)
Instalación del software	Paquete de software	Tamaño del software (Mb)	Número de usuarios de la red	Velocidad del servidor (MHz)	Parada del sistema durante la instalación (en minutos)
Reservas de hotel y registro	Reserva	Tiempo de espera para hablar con el agente de reservas (en segundos)	Número de días de reserva	Número de agentes en activo en el centro de llamadas	Tiempo de registro de un cliente (en minutos)

NO: Tomar las predicciones extraídas de los datos como «hechos».

Las predicciones extraídas del análisis de regresión suelen basarse en tendencias. Eso significa que puede haber gran variación que usted no llegue a comprender y que puede producir resultados inesperados.

NO: Observar los datos de una sola manera.

Si no aparece una fuerte correlación que en principio esperábamos, puede estar «oculta». Conviene considerar estratificar los datos o reunirlos para un período más largo, antes de concluir absolutamente que no existe correlación.

NO: Suponer que la correlación significa causa.

Como vimos en el Capítulo 15, dos elementos correlacionados pueden no ser causa el uno del otro y puede haber algo más profundo que afecte a ambos.

Diseño de experimentos

El diseño de experimentos o DOE (siglas inglesas de *Design of Experiments*) es un método utilizado para probar y optimizar el rendimiento de procesos, productos, servicios o soluciones. Aprovecha las técnicas que acabamos de ver, la prueba de significación estadística, la correlación y la regresión, y es útil para ver el comportamiento de un producto o proceso bajo diferentes condiciones. Lo exclusivo del DOE es la oportunidad que ofrece para planificar y controlar las variables, utilizando un *experimento*, en lugar de limitarse a reunir y observar eventos del mundo real de la forma conocida como «observación empírica».

Utilización del diseño de experimentos

El método DOE tiene muchas posibilidades de aplicación en una organización Seis Sigma. Le permitirá:

- Evaluar los sistemas de Voz del Cliente, para hallar la mejor combinación de métodos que produzcan información válida sin molestar al cliente.
- Evaluar los factores que aíslen la causa raíz «vital» de un problema o defecto.
- Hacer una prueba piloto o verificar las combinaciones de posibles soluciones para hallar la estrategia óptima de mejora.
- Evaluar los diseños de productos o servicios para identificar problemas potenciales y reducir defectos desde el «primer día».

Aunque el método DOE tiende a ser más fácil de aplicar a *cosas* que a personas, puede ser posible realizar experimentos en entornos de servicios. En estos casos, suelen tender a ser pruebas del «mundo real», en que las variables se controlan en el proceso real y luego se comparan los resultados. Por ejemplo, una empresa de ventas comprobó 14 variables en un período de cuatro meses, en un esfuerzo por hallar la mejor combinación para aumentar las ventas. Basándose en las soluciones identificadas en el «experimento de campo», el volumen de ventas aumentó en un 50 por ciento incluso en la región de mayor producción[1].

Etapas básicas del diseño de experimentos

Las etapas básicas del diseño de experimentos incluyen las siguientes:

1. *Identificar los factores a evaluar.* ¿Qué quiere averiguar con el experimento? ¿Cuáles son las influencias probables sobre el proceso o producto? Al seleccionar los factores, hay que llegar a un compromiso entre el beneficio de agregar datos adicionales, comprobando más factores, y el consiguiente aumento de coste y complejidad.
2. *Definir los «niveles» de los factores a comprobar.* En caso de factores variables continuos como velocidad, tiempo, peso, etc., se pueden comprobar con un número infinito de niveles. Por ello, en esta etapa conviene elegir no solamente los valores, sino también los diferentes niveles a comprobar. En el caso de datos discretos, los niveles pueden ser « A o B»; discretos, por ejemplo, al probar un formulario, podemos *a)* incluir la dirección de correo electrónico o *b)* no incluirla[2].
3. *Crear una matriz de combinaciones experimentales.* En el sistema DOE, generalmente queremos evitar el método de «un factor cada vez» (llamado OFAT por las siglas inglesas de *one factor at a time*), en el que se prueba cada factor aisladamente. En lugar de ello, se examinan matrices de condiciones para obtener datos representativos para todos los factores. Las posibles combinaciones o matrices se pueden obtener mediante herramientas de software estadístico o por medio de tablas, y su empleo le ayudará a evitar tener que probar todas las posibles permutaciones.
4. *Realizar el experimento bajo las condiciones prescritas.* Aquí la clave es evitar que otros factores no comprobados influyan en el resultado.
5. *Evaluar los resultados y conclusiones.* Si se trata de ver patrones y extraer conclusiones de los datos del DOE, son imprescindibles herramientas como ANOVA y la regresión múltiple. A partir de los datos experimentales se pueden obtener respuestas claras o pueden surgir nuevas preguntas que habrá que comprobar en experimentos adicionales.

Lo que hay que hacer y lo que no hay que hacer en el diseño de experimentos

SÍ: Prepararse para aplicar los conceptos de DOE a los procesos de la «vida real».

    Aparte del diseño de productos, la ingeniería y la fabricación, la mayoría de las actividades empresariales no funcionan en un «laboratorio».

Puede ser posible realizar el experimento con personas reales, por ejemplo, sobre la prueba piloto de una nueva solución.

SÍ: Beneficiarse de las «matrices» experimentales.

Una forma en que la disciplina del DOE puede aportar un ahorro de tiempo y recursos es mediante la producción de más datos con menos pruebas. Si lo hace bien, podrá tener tiempo para llevar a cabo experimentos que de otra manera no habría considerado.

SÍ: Incluir la «prevención de problemas» en los planes del DOE.

Si algo sale mal en el experimento, ¿habrá consecuencias serias? Si es así, es necesario planificar prevenciones y contingencias para garantizar que el experimento no es un «retroceso». Por ejemplo, una prueba piloto de una solución con clientes está bien, siempre y cuando no ponga a su empresa en una situación arriesgada.

NO: Considerar algunos factores o influencias.

Son las variables no tenidas en cuenta las que «echan abajo» numerosos experimentos.

NO: Quedarse en la parte rutinaria de los experimentos.

Al igual que en la fase «Analizar» de DMAMC, siempre puede hacer más pruebas y reunir más datos. Utilice DOE como una herramienta y no como un fin.

Análisis de modal de fallos y efectos (AMFE)

El Análisis modal de fallos y efectos (AMFE) es un conjunto de directrices, un método y una forma de identificar y dar prioridad a problemas potenciales (errores). Al basar sus actividades en AMFE, un directivo, un equipo de mejora o un propietario de proceso puede centrar la energía y los recursos en planes de prevención, supervisión y respuesta donde sea más probable que funcionen. Tomado de sectores que apuestan alto, como la industria aerospacial y la defensa, AMFE es una aplicación más rigurosa del concepto de «análisis de problemas potenciales» que vimos en el Capítulo 16.

Utilización de AMFE

AMFE tiene muchas aplicaciones en entornos Seis Sigma en cuanto a la búsqueda de problemas no solamente en los procesos de trabajo, sino también en las actividades de toma de datos, la Voz del Cliente, procedimientos e incluso en el despliegue de la iniciativa Seis Sigma. El único prerrequisito es disponer de una situación compleja o de alto riesgo, en la que haya que poner un énfasis especial en tener los problemas bajo control.

Funcionamiento de AMFE

Las etapas y conceptos clave de AMFE son los siguientes:

1. *Identifique el proceso, producto o servicio.*
2. *Haga una lista de los problemas potenciales que podrían presentarse (modos de fallo)*[3]. La pregunta básica es: «¿Qué podría salir mal?». Las ideas acerca de los problemas potenciales pueden proceder de diferentes fuentes, incluyendo tormenta de ideas, análisis del proceso, *benchmarking*, etc. Se pueden agrupar por etapas del proceso o por componentes del producto o servicio. Evite tratar problemas triviales.
3. *Califique el problema por severidad, probabilidad de ocurrencia y detectabilidad.* Con una escala de 1 a 10, puntúe cada factor de cada problema potencial. Los problemas más serios tendrán una puntuación más alta; los problemas difíciles de detectar también deberán puntuar alto. De nuevo, los juicios deben basarse en el histórico o en datos comprobados.
4. *Calcule el «número de prioridad del riesgo» (o RPN, Risk Priority Number) y dé prioridad a las acciones.* Multiplicando las tres puntuaciones se obtiene el riesgo global. Al sumar el RPN de todos los problemas podrá obtener una cifra total de riesgo para el proceso, producto o servicio. (El RPN máximo es 1.000.)
5. *Desarrolle acciones para reducir el riesgo.* Si se centra en primer lugar en los problemas potenciales que tengan más alta prioridad, podrá instrumentar acciones para reducir uno o todos sus factores: severidad, ocurrencia y detectabilidad. Un beneficio importante de esta herramienta es conseguir que los recursos de gestión de problemas, que siempre son limitados, arrojen los mayores beneficios.

Un ejemplo de AMFE

Los directivos e ingenieros de la empresa de comercio electrónico Nitwit.com querían asegurarse de que nada saldría mal en el proceso de actualización del catálogo «on line». Identificaron los dos siguientes problemas, que sometieron a análisis:

1. *Se utiliza una imagen equivocada con los nuevos artículos.*
   Severidad = 5.
   Ocurrencia = 5.
   Detectabilidad = 3.
   RPN = 5 × 5 × 3 = 75.
2. *Los compradores no pueden enviar pedidos para un artículo.*
   Severidad = 8.
   Ocurrencia = 5.
   Detectabilidad = 6.
   RPN = 8 × 5 × 6 = 240.

Tras esta evaluación, se centraron en el problema de no poder enviar pedidos y desarrollaron medidas preventivas para garantizar que se enviasen al sistema de pedidos todos los códigos de los nuevos artículos.

A prueba de fallos (o *Poka-Yoke*)

El método A prueba de fallos se puede considerar como una extensión del AMFE o, al menos, como un método «extra disciplinado» de eliminar los últimos kilos (defectos) en nuestra dieta Seis Sigma. Mientras que AMFE es útil para predecir y prevenir problemas, A prueba de fallos pone el énfasis en la detección y corrección de errores antes de que se conviertan en defectos entregados al cliente. Pone especial atención en lo que amenaza constantemente a cualquier proceso: el error *humano*.

Las ideas básicas de este método, también conocida por su nombre japonés *Poka Yoke* (POH-Kuh YOH-Katy), fueron desarrolladas por un *consultor* de empresas en Japón, Shigeo Shingo. Estas ideas resultaron controvertidas, en parte porque proponía un método en el que la «inspección» (la palabra que él eligió) se convertía en parte integral de todas las etapas de un proceso, en oposición a aislar cada responsabilidad por separado. Sin embargo, cuando se observa más de cerca, se ve que el núcleo de A prueba de fallos es simplemente prestar atención especial a todas las actividades del proceso y situar marcas de verificación y prevención de problemas en cada etapa. Es cuestión de constancia, de información instantánea, igual que los datos de equilibrio y dirección transmitidos desde el oído de un ciclista a su cerebro hacen que se mantenga derecho en el camino.

Utilización del método A prueba de fallos

Se puede utilizar para:

- *Perfeccionar el diseño de mejoras y procesos en los proyectos DMAMC.* ¿Cómo evitar o tratar los errores más raros y difíciles?
- *Reunir datos de los procesos que tengan un rendimiento cercano a Seis Sigma.* (Cuanto más «perfecto» sea el proceso, más difícil será medir sus fallos.)
- *Eliminar los defectos de los procesos que sean necesarios para llevarlo de 4,5 a 6 Sigma.*

Etapas básicas en A prueba de fallos

Se aplica mejor después de finalizar la revisión AMFE de predicción y prevención. Entonces podrá:

1. *Identificar posibles errores que se pueden producir a pesar de las acciones preventivas.* Revise cada una de las etapas mientras plantea la pregunta: «¿Qué posible error humano o mal funcionamiento del equipo puede producirse en esta fase?»
2. *Determine un método para detectar si se está produciendo o se puede producir un error o mal funcionamiento.* Por ejemplo, un circuito eléctrico de su coche puede indicarle si se ha puesto el cinturón de seguridad. El software de comercio electrónico está programado para indicar si faltan datos en un campo. En una planta de montaje, las bandejas para transportar piezas ayudan al montador a ver si falta un elemento.

3. *Identifique y seleccione el tipo de acción a emprender cuando se detecte un error.* Los tipos básicos de «dispositivo a prueba de fallos» son los siguientes:

- *Control.* Una acción que corrige el proceso automáticamente, como un verificador/corrector automático de ortografía.
- *Bloqueo.* Un procedimiento o dispositivo que bloquea o cierra el proceso cuando se produce un error. Por ejemplo, la función de apagado automático de una plancha doméstica. Otro ejemplo es el sofisticado software que bloquea la entrada de distintas inversiones en cuentas cuando sobrepasan los límites de esas inversiones.
- *Advertencia.* Como su nombre indica, alerta a la persona implicada en el trabajo de que algo va mal. El timbre que advierte que no nos hemos puesto el cinturón de seguridad es un ejemplo. Lo mismo se puede aplicar a un gráfico de control que muestra que un proceso puede estar «fuera de control». Las advertencias se ignoran con demasiada frecuencia, por lo que son preferibles los controles y los bloqueos.

Aportar métodos para detectar, corregir automáticamente, bloquear, desconectar o advertir sobre un problema precisa una buena dosis de creatividad e imaginación. Veamos algunos tipos de medidas a prueba de fallos:

- Codificación en color o forma de materiales y documentos.
- Formas distintivas de elementos clave, como documentos legales.
- Símbolos e iconos para identificar fácilmente elementos confusos.
- Listas de verificación automatizadas, formularios claros, procedimientos actualizados y flujos de trabajo simples, resultan útiles para impedir que los errores se conviertan en defectos en manos del cliente.

Dave Boenitz, de la empresa constructora de equipamiento de semiconductores Applied Materials y de quien hablamos en el Capítulo 4, dice que el método a prueba de fallos ha sido el centro de sus esfuerzos de mejora y producción ajustada. «Buscamos formas para hacer el montaje tan perfecto que sea imposible montar algo mal. Así, pues, hacemos las cosas con representaciones más visuales; tenemos esquemas de colores de cómo deben ensamblarse las piezas.» También se utilizan numerosos bloques y partes fijas para dificultar los errores de montaje, igual que una llave, que sólo entra en la cerradura adecuada.

Conviene tener un cuidado especial al comprobar los trabajos en cada etapa: «el personal que realiza el trabajo inspecciona el producto antes de pasar a la etapa siguiente; entonces, la gente que lo *recibe*, lo inspecciona de nuevo. Mediante estos movimientos orquestados se pueden eliminar la mayoría de los defectos de montaje de la fábrica».

Lo que hay que hacer y lo que no hay que hacer en el método A prueba de fallos

SÍ: Intentar imaginarse todos los errores concebibles que se pueden cometer. *¡Aquí es donde la gente negativa y paranoide de la empresa puede resultar realmente útil!*

SÍ: Utilizar toda la creatividad de la tormenta de ideas para hallar modos de detectar y corregir los errores, como parte del mismo proceso.
Dejar la detección de defectos en manos de los inspectores o en las de los clientes es ir hacia el desastre.

NO: Pensar que «errar es humano».
También es humano «hacer las cosas bien la mayor parte de las veces». Averigüe cómo puede corregir su personal los problemas que el personal de la etapa anterior no puede prevenir y haga que compartan las mejores prácticas.

NO: Confiar en que la gente se dará cuenta de sus errores.
Mientras el proceso solamente reciba la calificación de 2 Sigma, no es posible eliminar la «red de seguridad» que proporciona la inspección.

Despliegue de la función de calidad (QFD)

El despliegue de la función de calidad (QFD, siglas inglesas de *Quality Function Deployment*) es un método para dar prioridad y traducir las entradas del cliente en diseños y especificaciones para un producto, servicio y/o proceso. Aunque el diseño del *trabajo* que implica el método QFD puede ser complejo y exhaustivo (por no decir agotador), sus fundamentos se basan en ideas de sentido común y en herramientas que ya hemos visto.

Empleo del despliegue de la función de calidad

El método QFD es muy robusto y posee numerosas variaciones, por lo que tiene amplia utilización. Se puede aplicar para:

- Dar prioridad y seleccionar proyectos de mejora basados en las necesidades del cliente y en el rendimiento actual.
- Evaluar el rendimiento de un proceso o producto frente al de la competencia.
- Traducir los requisitos de cliente en medidas de rendimiento.
- Diseñar, probar y perfeccionar nuevos procesos, productos y servicios.

QFD no es en absoluto una herramienta autónoma. Para que funcione bien, debe acompañarse de diversos métodos, desde la Voz del Cliente al diseño de experimentos.

Lo básico del despliegue de la función de calidad

El elemento más conocido del método QFD es una matriz especial multidimensional conocida por la «Casa de la calidad». Un proyecto de diseño de producto QFD consiste en una serie de matrices de este tipo, que traducen las necesidades del cliente y de la competencia en especificaciones detalladas del proceso. Los detalles de la documentación del método QFD se basan en dos conceptos fundamentales:

1. *El Ciclo QFD.* Un esfuerzo iterativo para desarrollar diseños operativos y planes en cuatro amplias fases:

    a. Traducir el análisis de las entradas de clientes y competidores a características del producto o servicio (elementos básicos del diseño).
    b. Traducir las características del producto o servicio a especificaciones y medidas del mismo.
    c. Traducir las especificaciones del producto o servicio a características del diseño del *proceso.*
    d. Traducir las características del diseño del proceso en especificaciones y medidas del rendimiento del mismo.

2. *Priorización y correlación.* Un análisis detallado de las relaciones entre necesidades específicas, funciones, requisitos y medidas. Las matrices como la Casa de la calidad o la simple Matriz L (véase la Figura 18.2) hacen que el análisis esté organizado y documentan el razonamiento lógico que subyace al esfuerzo de diseño.

En esencia, el ciclo QFD desarrolla los vínculos entre las Ys «aguas abajo» (requisitos de cliente y especificaciones del producto) y las Xs «aguas arriba» (especificaciones del proceso) *en el mismo proceso de diseño.* Se puede utilizar sobre un proceso o producto existente para esclarecer y documentar esas relaciones, si nunca se han investigado anteriormente. Otro beneficio de la Casa de la calidad es el test de relaciones «diagonales» que se aborda mediante la matriz, con la verificación de combinaciones que pueden no haberse considerado en los procesos estándar de pensamiento humano «lineal».

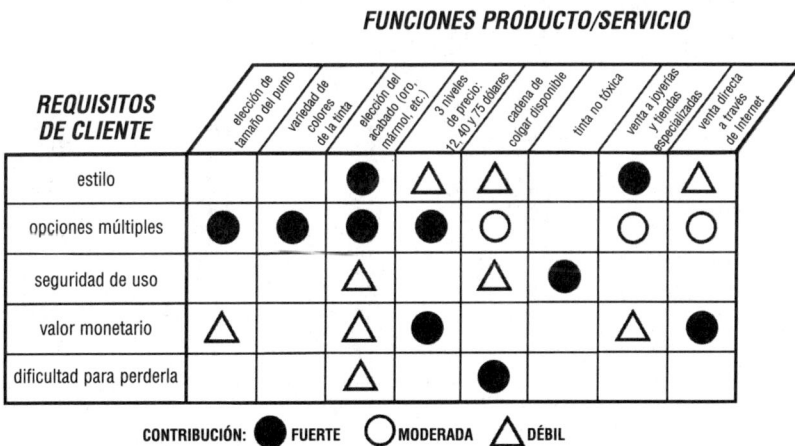

Figura 18.2 Ejemplo: Matriz L simplificada para diseñar una pluma

Lo que hay que hacer y lo que no hay que hacer en el despliegue de la función de calidad

SÍ: Adapte la complejidad del método a su situación.

Diseñar un producto complejo puede implicar muchas capas y detalles. Crear simplemente medidas para un proceso existente puede ser más fácil. (Hay paquetes de software para matrices «Casa de la calidad» simples o detalladas.)

SÍ: Concéntrese en obtener buenos datos o entradas, no solamente «casillas para rellenar».

Una matriz QFD puede tener muchos espacios en blanco. Conviene rellenarla empleando el juicio más preciso; sin embargo, si la rellena simplemente por llenar espacios, no lo haga.

SÍ: Utilice la característica de «análisis de competencia» de QFD para otros datos externos en sus diseños y especificaciones.

Diseñe para el cliente sin perder de vista al competidor.

NO: Olvidar aplicar otras herramientas al método.

Por ejemplo, el diseño de experimentos puede ser crítico para aumentar al máximo el rendimiento en varias características de diseño. También puede utilizar herramientas como el Cuadro de Proyecto *para fundamentar un esfuerzo de diseño.*

Doce claves para el éxito

C UANDO NOS ACERCAMOS AL FINAL de nuestro camino a lo largo del método Seis Sigma, esperamos que sea un *principio* para usted. De alguna forma, este libro se ha limitado a arañar la superficie en cuanto a esquematizar las ideas, herramientas y disciplinas que configuran este *sistema* de gestión. (Hemos repetido algunos puntos lo suficiente como para que el diligente lector diga «¡Basta! ¡Ya lo *tengo!*».) Para concluir, resumiremos algunos puntos clave del libro y de las experiencias de diversas organizaciones que intentan convertirse en «organizaciones Seis Sigma», en una lista de *claves para el éxito*. Esperamos que esta lista trate las áreas que no hemos cubierto con tanta profundidad y que le ayude a extraer los puntos fundamentales de los temas que ya hemos descrito en detalle.

Claves para el éxito

1. Enlace los esfuerzos Seis Sigma a la estrategia y prioridades de la empresa

Aunque sus primeros esfuerzos se dirijan a problemas bastante precisos, su impacto sobre las necesidades fundamentales de la empresa ha de ser claro. Siempre que sea posible, observe cómo los proyectos y otras actividades enlazan con los clientes, los procesos clave y la competitividad.

2. Sitúe Seis Sigma como un método mejorado para la gestión de hoy en día

Los métodos y herramientas Seis Sigma tienen sentido para las organizaciones que triunfan en el siglo XXI. Son producto de las lecciones aprendidas por las empresas y directivos que los han aplicado, que se enfrentan a las dificultades del cambio rápido, de la competencia intensa y de las demandas crecientes de los clientes.

3. Mantenga el mensaje simple y claro

Tenga cuidado de no alienar a la gente con términos extraños o jerga que puedan crear «clases» en un entorno Seis Sigma. Aunque el nuevo vocabulario y las habilidades forman, obviamente, parte de la disciplina Seis Sigma, el corazón del sistema y la visión de Seis Sigma de la empresa deben ser accesibles y comprensibles para todo el mundo.

4. Desarrolle su propio camino hacia Seis Sigma

Sus principios, prioridades, proyectos, formación, estructura; todo ello debe decidirse en función de lo que mejor funcione para usted. Piense en ello: ¿Por qué tiene que haber una fórmula rígida para que un método cree una organización más flexible y con mayor capacidad de respuesta?

5. Céntrese en los resultados a corto plazo

Pruebe la potencia de lo que puede hacer Seis Sigma para que su organización sea más competitiva y rentable y para que sus clientes se sientan más fieles y satisfechos. Desarrolle e impulse un plan que concrete los logros iniciales en los primeros cuatro o seis meses.

6. Céntrese en el crecimiento y desarrollo a largo plazo

Consiga un equilibrio entre el impulso para obtener resultados rápidos y el reconocimiento de que esos beneficios deben fundarse en la potencia real de Seis Sigma: la creación de una empresa con mayor capacidad de respuesta, orientada al cliente, resistente y próspera a *largo plazo*.

7. Publique los resultados, admita los errores y aprenda de ambos

No espere que Seis Sigma funcione perfectamente en su empresa. Reconozca y celebre los éxitos, pero preste igual atención a las dificultades y a las decepciones. Esté preparado para mejorar continuamente e, incluso, para rediseñar los procesos Seis Sigma a medida que progrese.

8. Invierta en hacer que suceda

Sin tiempo, apoyo y dinero, los hábitos y procesos existentes en su empresa no cambiarán gran cosa. Los resultados le traerán probablemente una rápida recuperación de la inversión, pero primero tendrá que *hacerla*.

9. Utilice las herramientas Seis Sigma
de forma apropiada

Ninguna herramienta o disciplina individual de Seis Sigma puede producir clientes más satisfechos o mejorar los beneficios. Las estadísticas pueden responder a preguntas, pero no pueden dar servicios. Las ideas creativas pueden mantener un potencial pero, sin desarrollar procesos ni entregarlos, no son más que sueños. Su éxito en Seis Sigma depende de la aplicación de estos métodos con el equilibrio adecuado para maximizar los resultados. Debe valorar altamente el uso de las herramientas más *simples*, que funcionen, y no de las más complejas.

10. Vincule los clientes, procesos, datos e innovaciones
para crear el sistema Seis Sigma

Éstos son los elementos clave del método Seis Sigma. Si comprende sus mercados, sus operaciones, y puede utilizar medidas y creatividad para aumentar el valor y el rendimiento, ésa es la *potente combinación que puede convertir la vida de sus competidores en un sufrimiento continuo.*

11. Haga que la alta dirección se responsabilice
y colabore

Hasta que la alta dirección de la empresa, de la unidad de negocio o del departamento acepte Seis Sigma como parte de su trabajo (o lo *haga* formar parte de él), la verdadera importancia de la iniciativa quedará en entredicho y la energía que haya tras ella se debilitará.

12. Haga de la formación una actividad diaria

Unos cuantos meses de formación, aunque sea intensiva, no bastan para cimentar todos los conocimientos y habilidades necesarios para sostener Seis Sigma. Con el tiempo, deberá buscar fuera de la disciplina de Seis Sigma otros métodos e ideas que complementen las herramientas que hemos visto en este libro.

Ventaja adicional
¡Haga de Seis Sigma una diversión!

Sí, todo esto de la supervivencia de la empresa, la competencia y las medidas es serio; incluso, a veces, produce confusión o llega a asustar. Pero el método Seis Sigma abre la puerta a nuevas ideas, a nuevas formas de pensar y a un nuevo soplo de aire fresco de éxito. Añádale humor y pasará un buen rato con Seis Sigma, *aumentará* sus posibilidades de éxito: siempre que la gente disfruta con algo, le añade automáticamente más energía y entusiasmo.

Unas palabras para terminar

En el lenguaje empresarial nos vemos obligados a utilizar frases cortas para describir ideas complejas. Seis Sigma no es más una *cosa* de lo que lo son «política económica», o «excelencia organizativa», o cualquier otra de las expresiones abreviadas que usamos cada día. Como hemos indicado desde el inicio de este libro, Seis Sigma es un *sistema* que aúna muchos conceptos, herramientas y principios; así pues, no es una *cosa*.

Creemos, y esperamos que esté de acuerdo, que hay suficientes elementos esenciales, potentes y válidos para hacer del sistema Seis Sigma, de alguna forma, parte de cada *empresa* próspera. Al mismo tiempo, le animamos a que adapte la disciplina y los métodos Seis Sigma para que logren el mayor impacto en su cultura, sector, posición en el mercado, personal y estrategia. Nuestro mayor temor es que la gente «acepte» o «rechace» Seis Sigma como si fuera una *cosa* y que no lo utilice como un sistema flexible.

Finalmente, después de trabajar con Seis Sigma y de que las empresas lo apliquen desde ya hace unos cuantos años, nos seguimos sorprendiendo de lo mucho que nos queda todavía por aprender y del número de nuevas perspectivas que puede llegar a haber. Nos encantará conocer sus ideas y comentarios, así como su opinión de si el libro le ha sabido ayudar. Puede localizarnos por correo electrónico en *ssw@pivotalresources.com*.

Esperamos conocer sus momentos de éxito en el camino de Seis Sigma.

Ayudas y hojas de trabajo de Seis Sigma

Lista de comprobación para la puesta en marcha de Seis Sigma

Parte uno: ¿es válido Seis Sigma para nosotros en este momento?

Evalúe el estado estratégico y de rendimiento actual de su organización (compañía, unidad de negocio, departamento) y responda a las siguientes preguntas:

1. ¿Es el cambio una necesidad crítica de negocio o una oportunidad en este momento, basada en necesidades financieras, competitivas o culturales? **SÍ** **NO**

2. ¿Podemos encontrar razones estratégicas de peso para aplicar Seis Sigma (de alguna forma) a nuestra empresa? **SÍ** **NO**

3. ¿Serán capaces nuestros sistemas de gestión actuales y nuestros procesos de mejora de alcanzar el grado de mejora imprescindible para el éxito continuado? **SÍ** **NO**

   Si sus respuestas son Sí, Sí y No, parece preparado para seguir explorando cómo adoptar Seis Sigma en su organización.

Parte dos: ¿cómo y dónde debemos empezar a trabajar?

Considere la combinación actual de actividades y prioridades de su organización y marque, de las siguientes proposiciones, la que mejor describa su situación:

1. La empresa está lista y es capaz de dirigir todo su impulso a la creación de una «organización Seis Sigma». ☐

2. Existen cuestiones importantes o procesos de alta prioridad estratégica que necesitan recursos para mejorar. ☐

3. Nuestro sentido de la urgencia es tal que necesitamos abordar problemas y proyectos a corto plazo antes de extender el proceso Seis Sigma. ☐

   Si ha elegido:

   1: Puede estar listo para una transformación empresarial completa. 2: Lo más conveniente es que se centre en algún tipo de mejora estratégica. 3: Su mejor punto de partida es probablemente comenzar proyectos de mejora inmediata de procesos.

Figura A.1   Lista de comprobación para la puesta en marcha de Seis Sigma

Hoja de trabajo de definición de requisitos

1. Identifique el punto de encuentro con el resultado o servicio (momento de la verdad).

    _____

2. Defina el cliente o segmento de clientes al que se aplicará el requisito.

    _____

3. Señale las fuentes de datos para la entrada de la «Voz del Cliente». (Adjunte los datos relevantes que sean necesarios.)

    _____

    _____

4. Esboce una definición de requisitos (debe incluir factores observables y objetivos para verificar que se ha cumplido el requisito).

    _____

    _____

    Compruebe el borrador de la definición de requisitos para hacerlo más claro, específico, etc.

5. Señale métodos para validar la definición de requisitos. (Adjunte las evidencias de validación si es necesario.)

    _____

    _____

6. Definición final de requisitos.

    _____

    _____

    _____

Figura A.2 Hoja de trabajo de definición de requisitos

Lista de comprobación de la etapa Definir

Instrucciones:

Si puede responder «sí» a las afirmaciones siguientes, usted ha logrado algo más que un buen inicio para su proyecto y está listo para pasar a la fase «Medir» de DMAMC.

Para nuestro proyecto hemos...

1. Confirmado que se trata de una prioridad de mejora para nuestra organización y cuenta con el apoyo de los líderes de la compañía.   SÍ   NO

2. Recibido (o redactado) una breve nota con la misión del proyecto, explicando el impacto potencial que tendrá en los clientes, en los beneficios y su relación con las estrategias de la compañía.   SÍ   NO

3. Redactado y acordado una descripción del problema en dos o tres frases según lo vemos, es decir, la definición del problema, centrada solamente en los síntomas (no en las causas o soluciones).   SÍ   NO

4. Preparado una declaración de objetivos que defina los resultados que buscamos para nuestro proyecto, con una meta medible (o un lugar para añadirla). No se deben proponer soluciones en esta declaración.   SÍ   NO

5. Preparado otros elementos clave del Cuadro de Proyecto DMAMC, que incluyen una lista de restricciones y supuestos, una revisión de los actores y los roles, un plan y una programación preliminares y el alcance dentro del proceso.   SÍ   NO

6. Revisado nuestro Cuadro de Proyecto con el patrocinador del proyecto y confirmado su apoyo.   SÍ   NO

7. Identificado el cliente principal y las necesidades fundamentales del proceso a mejorar y hemos creado un diagrama SIPOC de las áreas de interés.   SÍ   NO

8. Preparado un mapa del proceso que detalla las áreas en las que esperamos centrar nuestra medida inicial.   SÍ   NO

Figura A.3   Lista de comprobación de la etapa Definir

Lista de comprobación de la etapa Medir

2. Medir

Instrucciones:

Si puede responder «sí» a las afirmaciones siguientes, usted ha completado adecuadamente la fase Medir y está listo para pasar a la fase «Analizar» de DMAMC.

Para nuestro proyecto hemos...

1. Determinado lo que queremos aprender sobre nuestros problemas y procesos y en qué punto del proceso podemos conseguir la respuesta. `SÍ` `NO`

2. Identificado los tipos de medidas que queremos obtener para conseguir un equilibrio entre la eficacia/eficiencia y las entradas/procesos/resultados. `SÍ` `NO`

3. Desarrollado definiciones operativas claras y precisas de lo que queremos medir. `SÍ` `NO`

4. Comprobado nuestras definiciones operativas con otras personas, para garantizar su claridad y la coherencia de su interpretación. `SÍ` `NO`

5. Hecho una elección razonable y clara entre recopilar nuevos datos o aprovechar los datos ya recopilados por la organización. `SÍ` `NO`

6. Esclarecido los factores de estratificación que necesitamos identificar para facilitar el análisis de los datos. `SÍ` `NO`

7. Desarrollado y comprobado los formularios de toma de datos o las listas de comprobación para que sean fáciles de utilizar y proporcionen datos completos y coherentes. `SÍ` `NO`

8. Identificado un tamaño adecuado de la muestra, una cantidad de subgrupos y una frecuencia de muestreo para garantizar la representación válida del proceso que vamos a medir. `SÍ` `NO`

9. Preparado y verificado nuestro sistema de medidas incluyendo la formación de las personas que han de reunir los datos y la estabilidad de la captura de datos. `SÍ` `NO`

10. Utilizado datos para preparar las medidas iniciales del proyecto, incluyendo la proporción de defectos y el rendimiento. `SÍ` `NO`

Figura A.4 Lista de comprobación de la etapa Medir

Lista de comprobación de la etapa Analizar

3. Analizar

Instrucciones:

Si puede responder «sí» a las afirmaciones 5 ó 7, y ya ha realizado muchas de las tareas descritas en los otros puntos, hay muchas posibilidades de que esté listo para comenzar a desarrollar soluciones en la fase «Mejorar» de DMAMC.

Para nuestro proyecto hemos...

1. Examinado los procesos e identificado los potenciales cuellos de botella, así como las desconexiones y redundancias que pueden contribuir al problema en el que nos centramos. `SÍ` `NO`

2. Realizado un análisis de tiempo de ciclo y de valor, localizando áreas en las que se dedica tiempo y recursos a tareas no críticas para el cliente. `SÍ` `NO`

3. Analizado los datos del proceso y su rendimiento para ayudar a estratificar el problema, a comprender las razones de la variación del proceso y a identificar las causas potenciales. `SÍ` `NO`

4. Valorado si nuestro proyecto debe centrarse en el diseño o rediseño del proceso y no en la mejora, y hemos confirmado nuestra decisión con el patrocinador del proyecto. `SÍ` `NO`

Para el diseño/rediseño del proceso:

5. Asegurado de que comprendemos los trabajos principales del proceso, de forma que podamos crear uno nuevo que satisfaga las necesidades del cliente de forma eficiente y efectiva. `SÍ` `NO`

Para la mejora del proceso:

6. Desarrollado hipótesis de causa raíz para explicar el problema que estamos solucionando. `SÍ` `NO`

7. Investigado y verificado nuestras hipótesis de causa raíz, de forma que podamos confiar en haber descubierto una o más de las «pocas vitales» que generan el problema. `SÍ` `NO`

Figura A.5 Lista de comprobación de la etapa Analizar

Lista de comprobación de la etapa Mejorar

4. Mejorar

Instrucciones:

Si puede responder «sí» a las afirmaciones siguientes, usted ha logrado el éxito con su mejora y está listo para pasar a la fase «Controlar» de DMAMC.

Para nuestro proyecto hemos...

1. Creado una lista de ideas innovadoras como posibles soluciones.
SÍ NO

2. Utilizado técnicas de enfoque y aproximación para desarrollar y valorar las posibles soluciones.
SÍ NO

3. Creado una «definición de la solución» al menos para dos de las posibles mejoras propuestas.
SÍ NO

4. Hecho la elección final de una solución basada en criterios de éxito.
SÍ NO

5. Verificado la solución con el patrocinador y recibido su aprobación para seguir adelante.
SÍ NO

6. Desarrollado un plan para probar la solución, incluyendo prueba piloto, plan de acción, evaluación de resultados, programación, etc.
SÍ NO

7. Evaluado los resultados de la prueba piloto y confirmado que podemos lograr los resultados definidos en nuestra declaración de objetivos.
SÍ NO

8. Identificado y realizado los últimos retoques en la solución, basados en lo aprendido en la prueba piloto.
SÍ NO

9. Creado y puesto en funcionamiento un plan para extender la solución, ya perfeccionada, hasta implantarla totalmente.
SÍ NO

10. Considerado los problemas potenciales y las consecuencias inesperadas derivados de la implantación de la solución, y desarrollado acciones preventivas y un plan de contingencias para hacerles frente.
SÍ NO

Figura A.6 Lista de comprobación de la etapa Mejorar

Lista de comprobación de la etapa Controlar

5. Controlar

Instrucciones:

Si puede responder «sí» a las afirmaciones siguientes, usted ha completado todos los pasos clave de su proyecto DMAMC y está listo para *celebrar* y mantener sus mejoras.

Para nuestro proyecto hemos...

1. Compilado los resultados que confirman que la mejora ha conseguido el objetivo definido en el Cuadro de Proyecto DMAMC. `SÍ` `NO`

2. Seleccionado e implantado medidas para supervisar el rendimiento del proceso y la efectividad continuada de la solución. `SÍ` `NO`

3. Determinado los gráficos clave para el «cuadro de mando» de este proceso. `SÍ` `NO`

4. Preparado toda la documentación esencial del proceso revisado, incluyendo los procedimientos clave y los mapas del proceso. `SÍ` `NO`

5. Identificado un «propietario» del proceso que asuma la responsabilidad de la solución y de gestionar las operaciones de forma continuada. `SÍ` `NO`

6. Desarrollado (con el propietario del proceso) gráficos de gestión por procesos que detallen los requisitos, las medidas y las respuestas a los problemas del proceso. `SÍ` `NO`

7. Preparado un documento que refleje el trabajo y los datos recopilados por el equipo durante el proyecto. `SÍ` `NO`

8. Dirigido otras cuestiones/oportunidades que no se han podido solucionar a la alta dirección. `SÍ` `NO`

9. Celebrado el duro trabajo y el éxito de los esfuerzos de nuestro equipo. `SÍ` `NO`

Figura A.7 Lista de comprobación de la etapa Controlar

Tabla de conversión de Seis Sigma

RENDIMIENTO (%)	DPMO	SIGMA
6,68	933.200	0
8,455	915.450	0,125
10,56	894.400	0,25
13,03	869.700	0,375
15,87	841.300	0,5
19,08	809.200	0,625
22,66	773.400	0,75
26,595	734.050	0,875
30,85	691.500	1
35,435	645.650	1,125
40,13	598.700	1,25
45,025	549.750	1,375
50	500.000	1,5
54,975	450.250	1,625
59,87	401.300	1,75
64,565	354.350	1,875
69,15	308.500	2
73,405	265.950	2,125
77,34	226.600	2,25
80,92	190.800	2,375
84,13	158.700	2,5
86,97	130.300	2,625
89,44	105.600	2,.75
91,545	84.550	2,875
93,32	66.800	3
94,79	52.100	3,125
95,99	40.100	3,25
96,96	30.400	3,375
97,73	22.700	3,5
98,32	16800	3,625
98,78	12.200	3,75
99,12	8.800	3,875
99,38	6.200	4
99,565	4.350	4,125
99,7	3.000	4,25
99,795	2.050	4,375
99v87	1.300	4.5
99,91	900	4,625
99,94	600	4v75
99,96	400	4,875
99,977	230	5
99,982	180	5,125
99,987	130	5,25
99,992	80	5,375
99,997	30	5,5
99,99767	23,35	5,625
99,99833	16,7	5,75
99,999	10,05	5,875
99,99966	3,4	6

Figura A.8 Tabla de conversión de Seis Sigma

Hoja de cálculo de Sigma

Hay varias formas de determinar los niveles Sigma de un proceso. Las etapas que siguen utilizan el método más simple, basado en el número de defectos que se producen al *final* de un proceso (lo que generalmente se llama «Sigma del proceso»).

ETAPA 1: Seleccione el proceso, la unidad y los requisitos

➤ Identifique el proceso a evaluar   _____(proceso)

➤ ¿Qué es lo «principal» que produce el proceso?   _____(unidad)

➤ ¿Cuáles son los requisitos de cliente clave para la unidad? _____

_____

_____(requisitos)

ETAPA 2: Defina los «defectos» y el «número de oportunidades»

➤ Basándose en los requisitos señalados anteriormente, haga una lista de los posibles *defectos* de una sola unidad (por ejemplo, plazo incumplido, tamaño inadecuado, entrega en una dirección equivocada, etc.). Asegúrese de que los defectos descritos se pueden identificar *objetivamente*

_____

_____(defectos)

➤ ¿Cuántos defectos pueden hallarse en una *sola* unidad? _____ (oportunidades)

ETAPA 3: Reúna los datos y calcule el índice de DPMO (defectos por millón de oportunidades)

➤ Reúna los datos del final del proceso _____(recuento de unidades) _____(recuento total de defectos)

➤ Determine el total de oportunidades de los datos reunidos:

Número de unidades contabilizadas × oportunidades: _____(total de oportunidades)

➤ Calcule los defectos por millón de oportunidades:

(Número de defectos contabilizados/Total de oportunidades) × 10^6: _____(DPMO)

ETAPA 4: Convierta DPMO en Sigma

➤ Utilice la tabla anterior de conversión a Sigma y anote aquí el resultado _____

NOTAS: 1) La tabla le dará una horquilla amplia de su nivel Sigma 2) La cifra Sigma puede variar significativamente según la precisión de sus datos y el número de oportunidades que identifique en una unidad.

Figura A.9   Hoja de cálculo de Sigma

Glosario

Actividades que añaden valor
Fases/tareas de un proceso que cumplen los tres criterios que definen el valor percibido por el cliente externo: 1) al cliente le importa; 2) el elemento que fluye a lo largo del proceso cambia; 3) se hace bien a la primera.

Actividades que no añaden valor
Fases/tareas de un proceso que no añaden valor al cliente externo y que no cumplen los tres criterios de valor añadido; incluyen la repetición de trabajos, entrega, inspección/control, espera/retrasos, etc. *Véase también* Actividades que añaden valor.

Actividades que permiten añadir valor
Fases/tareas de un proceso que permiten progresar y añadir valor para el cliente, pero sin cumplir los tres criterios de valor añadido; aun así, conviene vigilar el tiempo de ciclo y las mejores prácticas, es decir, ¿se puede hacer mejor?

Aguas abajo
Procesos (actividades) que se producen después de la tarea o actividad en cuestión.

Aguas arriba
Procesos (tareas, actividades) que se producen antes de la tarea o actividad en cuestión.

Alcance
Define los límites del proceso o del proyecto de mejora; señala específicamente dónde residen las oportunidades de mejora (puntos inicial y final); define dónde y qué hay que medir y analizar; tiene que estar dentro de la esfera de influencia y control del equipo que trabaja en el proyecto y, cuanto más amplio sea el alcance, más complejo y más tiempo requerirá el esfuerzo de mejora del proceso.

Análisis de campo de fuerzas
Identifica fuerzas/factores que respaldan o se oponen a una idea; los factores «restrictivos» a un lado de la hoja, las «fuerzas conductoras» en el otro; se utilizan para fortalecer los puntos fuertes (ideas positivas) y para superar los puntos débiles y los obstáculos.

Analizar

Tercera fase de DMAMC en la que se estudian los detalles del proceso, en busca de oportunidades de mejora. Obsérvese que:

1. Se investigan y verifican los datos para comprobar nuestras sospechas sobre las causas raíz y fundamentar así la declaración del problema (véase también diagrama causa-efecto).

2. El análisis del proceso incluye la revisión de los mapas del proceso para identificar las actividades con y sin valor añadido. *Véanse también* Mapa del proceso; Actividades que añaden valor; Actividades que no añaden valor.

Aseguramiento de la calidad o QA (Quality assurance)

Disciplina (o departamento) de mantenimiento de la conformidad de productos o servicios respecto a las especificaciones de cliente; las herramientas principales son inspección y control estadístico de procesos. *Véase también* Control estadístico de procesos.

Black Belt

Un jefe de equipo formado en el proceso DMAMC y con habilidades de facilitador, responsable de dirigir un proyecto de mejora hasta la conclusión del mismo.

Bucle de reproceso o retrabajo

Una situación, dentro de un proceso, en que lo que pasa por el proceso debe ser corregido, devolviéndolo a la etapa o persona/organización anterior dentro del proceso; añade tiempo, costes y la posibilidad de crear confusión y más defectos. *Véase también* Actividades que no añaden valor.

Calidad

Un amplio concepto y/o disciplina relativo al nivel de excelencia; un atributo o naturaleza diferenciadora; conformidad con las especificaciones; estándares de comparación medibles, para que las aplicaciones se puedan orientar de forma consistente hacia los objetivos de la empresa.

Capacidad del proceso

Determinación de si un proceso, con la variación normal, es capaz de satisfacer las necesidades del cliente; mide el grado en que dicho proceso *cumple/incumple* los requisitos de cliente, comparado con la distribución del mismo. *Véanse también* Control; Gráficos de control.

Causa común

Influencia diaria sobre un proceso; generalmente es más difícil de eliminar y requiere cambios en el mismo. Los problemas que surgen de las causas comunes se llaman «males crónicos». *Véanse también* Gráficos de control; Gráfico de tendencias o Gráfico de tiempos; Causa especial; Variación.

Causa especial

Evento que impacta en los procesos solamente bajo circunstancias «especiales», es decir, que no son parte de la operación diaria o normal del proceso. *Véanse* Causa común; Variación.

Cliente

Cualquier persona u organización, interna o externa, que recibe el resultado (producto o servicio) del proceso; comprender el impacto del proceso tanto en los clientes internos como externos es fundamental para la gestión y mejora de los procesos.

Consejo o Comité de calidad
Grupo de líderes que conducen la implantación de la calidad o de Seis Sigma en una organización; establece, revisa y apoya el progreso de los equipos de mejora de la calidad.

Control estadístico de procesos (Statistical Process Control o SPC)
Utiliza la recopilación de datos y el análisis para supervisar procesos, identificar cuestiones de rendimiento y determinar la variabilidad/capacidad. *Véase también* Gráficos de control.

Controlar
✦ Última fase de DMAMC; una vez implantadas las soluciones, las medidas en curso sirven para realizar el seguimiento y verificar la estabilidad de la mejora y la predecibilidad del proceso. Frecuentemente incluye técnicas de gestión por procesos y sistemas que comprenden la figura del propietario del proceso, gráficos de gestión por procesos, etc. *Véase también* Gestión por procesos.
✦ Un concepto estadístico que indica que un proceso que opera dentro de una horquilla de variación prevista está siendo influido principalmente por factores de «causa común»; los procesos que operan en este estado se llaman «bajo control». *Véanse también* Gráficos de control; Capacidad de proceso; Variación.

Costes de mala calidad o CMC
Medidas, en términos económicos, que describen el impacto de los problemas (fallos internos y externos) en el proceso existente; incluyen costes humanos y materiales de reprocesos, inspección y otras actividades que no añaden valor.

Cuadro de Proyecto
Documento del equipo de trabajo que define el contexto, los detalles y los planes de un proyecto de mejora; incluye los objetivos de negocio; la declaración de problemas y objetivos; limitaciones y suposiciones; roles; plan preliminar, y alcance. Las revisiones periódicas con el patrocinador garantizan la coincidencia con las estrategias empresariales; revisión y perfeccionamiento periódicos mediante el proceso DMAMC basado en datos.

Datos continuos
Cualquier variable medida en un continuo o escala que se pueda dividir infinitamente; los tipos principales comprenden tiempo, dinero, tamaño, peso, temperatura y velocidad; también se denominan «datos variables». *Véase también* Datos discretos.

Datos discretos
Cualquier dato *no* cuantificado en una escala infinitamente divisible. Incluye un recuento, proporción o porcentaje de una característica o categoría (por ejemplo, género, tipo de préstamo, departamento, ubicación, etc.); también se denominan «datos atributos».

Declaración de hipótesis
Una descripción completa de la probable causa o causas del problema de un proceso.

Declaración de objetivos
Descripción del objetivo o resultados deseados en las actividades de mejora o diseño/rediseño de procesos; generalmente está comprendido en el *Cuadro de Proyecto* y se apoya en cifras y detalles reales una vez obtenidos los datos.

Declaración del problema/oportunidad
Descripción de los síntomas o del «mal» del proceso; generalmente se incluye en el *Cuadro de Proyecto* y se soporta con cifras y otros detalles una vez obtenidos los datos.
Véase también Cuadro de Proyecto.

Defecto
Cualquier caso en que el producto o servicio fracasa en satisfacer al cliente.

Definición operativa
Una descripción clara y precisa del factor a medir o del término a utilizar; garantiza una comprensión clara de la terminología y la capacidad para operar un proceso o recoger datos de forma consistente.

Definición de la solución
Una descripción de la solución propuesta; se emplea para evaluar y seleccionar la mejor solución a implantar.

Definir
Primera fase de DMAMC, en la que se define el problema/oportunidad, el proceso y las necesidades del cliente; dado que el ciclo DMAMC es iterativo, el problema, flujo y requisitos del proceso deben verificarse y actualizarse para seguir con nitidez las siguientes fases. *Véanse también* Cuadro de Proyecto, Necesidades del cliente, Mapa del proceso, Voz del Cliente.

DFSS
Acrónimo de Diseño para Seis Sigma *(Design for Six Sigma)*. Describe la aplicación de las herramientas Seis Sigma al desarrollo de productos y al diseño de procesos, con el objetivo de alcanzar una capacidad de rendimiento Seis Sigma para el nuevo diseño.

Diagrama de afinidad
Herramienta de tormenta de ideas utilizada para reunir grandes cantidades de información de muchas personas; generalmente, las ideas se ponen en notas adhesivas y luego se clasifican en columnas; las columnas se denominan según el grupo general de ideas.

Diagrama causa-efecto
También se llama diagrama de Ishikawa o «raspa de pescado»; es una herramienta de tormenta de ideas por categorías utilizada para determinar hipótesis sobre la causa raíz del problema, partiendo de las causas potenciales (las espinas del pescado) para un efecto específico (la cabeza del pescado).

Diseño del proceso
Creación de un proceso innovador necesario para actividades, sistemas, productos o servicios recientemente introducidos.

DMAMC
Acrónimo del sistema de gestión y mejora de procesos que comprende las fases Definir, Medir, Analizar, Mejorar y Controlar; provee la estructura para aplicaciones de mejora, diseño o rediseño de procesos.

DPMO o Defectos por millón de oportunidades
Cálculo utilizado en las iniciativas de mejora de procesos Seis Sigma que indica la cantidad de defectos de un proceso por millón de oportunidades; el número de defectos dividido por (el número de unidades por el número de oportunidades) = DPO, por un millón = DPMO. *Véanse también* DPO; Seis Sigma; Oportunidad de defecto.

DPO o Defectos por oportunidad
Cálculo utilizado en las iniciativas de mejora de procesos para determinar la cantidad de defectos por cada oportunidad; el número de fallos dividido por (el número de unidades por el número de oportunidades) = DPO. *Véanse también* Defecto; Oportunidad de defecto.

Eficacia
Mide la forma en que los resultados del proceso satisfacen las necesidades del cliente (por ejemplo, entrega a tiempo, conformidad con las especificaciones, experiencia en el servicio, precisión, características que añaden valor, nivel de satisfacción del cliente); enlaza principalmente con la satisfacción del cliente.

Eficiencia
Mide la cantidad de recursos empleados en la producción de resultados de un proceso (por ejemplo, costes del proceso, tiempo de ciclo total, consumo de recursos, coste de los defectos y desperdicios); enlaza principalmente con la rentabilidad de la empresa.

Elaboración del mapa del proceso «como debería ser»
Método de elaboración de mapas de procesos que muestra el diseño de un proceso de la manera en que *debería* ser (por ejemplo, sin actividades que no añadan valor; con un flujo de trabajo correcto y nuevas soluciones incorporadas). Contrasta con el formato «como es». *Véanse también* Rediseño de procesos; Actividades que añaden valor; Actividades que no añaden valor.

Entrada
Cualquier producto, servicio o información que entra en el proceso procedente de un proveedor.

Entrega
Cualquier momento de un proceso en que una persona (o un cargo laboral) pasa el «elemento» que fluye a través del proceso a otra persona; es un lugar potencial para añadir fallos, tiempo y coste a un proceso.

Estratificación
Observación de datos en numerosas capas de observación como: qué (sugerencias, quejas, etc.), cuándo (mes, día, año, etc.), dónde (región, ciudad, país, etc.) y quién (departamento, persona, etc.).

Fallo externo
Cuando hay unidades defectuosas que pasan a través de todo el proceso y se envían al cliente.

Ficha de puntuación ponderada (Balanced Scorecard)
Clasifica las medidas en curso en cuatro áreas significativas: Finanzas, Procesos, Personal e Innovación. Se utiliza como herramienta de presentación para poner al día a los patrocinadores, a la alta dirección y a otras personas del progreso de un negocio o proceso; también es útil para los propietarios del proceso.

Gestión por hechos
Toma de decisiones basada en criterios y hechos; apoya la «intuición» con datos; las herramientas utilizadas incluyen medida de procesos, técnicas de gestión por procesos y herramientas de toma de decisiones razonadas (por ejemplo, matriz de criterios).

Gráfico de Pareto

Herramienta de calidad basada en el principio de Pareto; utiliza datos atributos con columnas organizadas en orden descendente, con la categoría más frecuente (la barra más alta) en primer lugar; emplea una línea acumulativa para trazar los porcentajes de cada categoría/barra, que distingue el 20 por ciento de los elementos que causan el 80 por ciento del problema.

Gráfico de series temporales

Herramienta de representación de medida que muestra la variación de un factor a lo largo del tiempo; indica tendencias, patrones y eventos debidos a causas especiales de variación. *Véanse también* Gráfico de control; Causa especial; Variación.

Gráfico o diagrama de dispersión

Gráfico utilizado para mostrar las relaciones o correlación entre dos factores o variables. *Véanse también* Coeficiente de correlación.

Gráficos de control

Gráfico especializado de series temporales que muestra el rendimiento de un proceso, la media (promedio) y los límites de control; sirve para determinar las influencias de las causas comunes (normales) o especiales (inusuales, exclusivas) sobre los procesos.

Histograma o gráfico de frecuencias

Gráfico utilizado para representar visualmente la frecuencia, distribución y «tendencia central» de una población.

Hoja de comprobación

Formularios, tablas u hojas de trabajo que facilitan la recopilación de datos y su compilación; permite reunir datos estratificados. *Véase también* Estratificación.

Institucionalización

Modificaciones fundamentales en el comportamiento, actitudes y prácticas diarias que hacen los cambios «permanentes», una adaptación cultural a los cambios implantados por la mejora, el diseño o el rediseño de procesos, que incluye sistemas complejos empresariales como HR, MIS, Formación, etc.

ISO 9000

Norma utilizada para certificar que las organizaciones son competentes para definir y cumplir los procesos documentados; la mayoría están asociadas con sistemas de aseguramiento de la calidad, no con mejora de la calidad.

Mapa o diagrama de flujo del proceso

Representación gráfica del flujo del proceso que muestra todas sus actividades, puntos de decisión, bucles de reproceso o retrabajo y entregas.

Matriz de criterios

Herramienta de toma de decisiones utilizada cuando hay que ponderar elecciones potenciales frente a diversos factores (por ejemplo, coste, facilidad de implantación, impacto en el cliente). Enfatiza el empleo de hechos, datos y objetivos empresariales claros en la toma de decisiones.

Medida de la situación de partida

Datos que indican el nivel de rendimiento del proceso según opera u operaba al inicio de un proyecto de mejora (antes de la solución).

Medidas de entrada

Medidas para describir la entrada a un proceso; predictores de medidas de resultados.

Medidas del proceso
Medidas relacionadas con las etapas individuales, así como con el proceso total; predictores de las medidas de resultados.

Medidas de resultados
Medidas que describen el resultado del proceso; cifras totales y medidas globales.

Medir
1. Segunda fase de DMAMC, en la que se identifican las medidas clave y se recogen, compilan y muestran los datos.
2. Una evaluación cuantificada de características específicas y/o nivel de rendimiento basado en datos observables.

Mejora del proceso
Método de mejora centrado en cambios/soluciones incrementales para eliminar o reducir los defectos, costes o tiempo de ciclo; deja intacto el diseño básico del proceso. *Véase también* Rediseño del proceso.

Mejorar
✦ Cuarta fase de DMAMC, en la que las soluciones y las ideas se generan creativamente y se decide sobre ellas.
✦ Una vez identificado, medido y analizado plenamente un problema, se pueden determinar soluciones potenciales que resuelvan lo descrito en la declaración del problema, y que den soporte a la declaración de objetivos. *Véase también* Cuadro de Proyecto.

Misión del proyecto («objetivos de negocio»)
Declaración amplia que define un área de problemas u oportunidades, incluyendo el impacto/beneficio de las mejoras potenciales o el riesgo de no mejorar un proceso; enlaza con las estrategias de la empresa, con el cliente y/o con los valores de la compañía. Lo proporcionan los líderes de la empresa al equipo de mejoras y se utiliza para desarrollar la declaración del problema y el *Cuadro de Proyecto*.

Momento de la verdad
Un evento o punto de un proceso en que el cliente externo tiene la oportunidad de formarse una opinión (positiva, neutra o negativa) acerca del proceso o de la organización.

Muestreo
Empleo de un grupo pequeño para representar un todo; fundamento estadístico que puede ahorrar tiempo, dinero y esfuerzo; permite obtener más datos significativos; puede mejorar la precisión del sistema de medida.

Muestreo aleatorio
Método que permite que cada elemento o persona a medir sea seleccionado totalmente al azar.

Muestreo estratificado
Dividir una población grande en subgrupos y luego tomar una muestra de cada subgrupo.

Muestreo de opinión
Método que implica realizar averiguaciones acerca de los elementos o personas que son representativos de un conjunto.

Muestreo sistemático

Método de muestreo en que se seleccionan los elementos de la población con un intervalo uniforme (por ejemplo, cada media hora, cada veinte elementos); es recomendable para muchas actividades de medida Seis Sigma.

Oportunidad de defecto

Un tipo de defecto potencial en una unidad de resultado (salida) que es importante para el cliente; por ejemplo, campos específicos de un formulario crean una oportunidad de error que podría ser importante para el cliente.

Patrocinador (o Champion)

Persona que representa a un equipo ante la alta dirección; da el aprobado final a las recomendaciones del equipo y apoya su trabajo ante el consejo de calidad; facilita la obtención de recursos para el equipo según sean necesarios; ayuda al *Black Belt* y al equipo a superar los obstáculos; actúa como mentor para el *Black Belt*.

Plan preliminar

Se utiliza para desarrollar hitos para actividades de equipo relativas a mejora de procesos; incluye las tareas clave, las fechas previstas de finalización, las responsabilidades, los problemas potenciales, los obstáculos y contingencias y las estrategias de comunicación.

Planes de revisión

Un mecanismo (proceso) para actualizar procesos, procedimientos y documentación.

Planificar-Hacer-Comprobar-Actuar o PDCA (Plan-Do-Check-Act)

Modelo básico o conjunto de etapas de mejora continua; también se llama «ciclo de Shewhart» o «ciclo de Deming».

Precisión

La exactitud de la medida que se lleva a cabo. Está vinculada con el tipo de escala o grado de detalle de la definición operativa, pero puede tener también impacto sobre el tamaño de la muestra.

Principio de Pareto

La regla del 80/20; se basa en las investigaciones de Vilfredo Pareto, que establecen que las pocas causas vitales (el 20 por ciento de las causas) tienen mayor impacto que las muchas causas triviales (el 80 por ciento).

Proporción de unidades defectuosas

Fracción de unidades con defectos; número de unidades defectuosas dividido por el número total de unidades; traduce la cifra decimal a un porcentaje. *Véase también* Defectos; Unidad defectuosa.

Proveedor

Cualquier persona u organización que proporciona entradas (productos, servicios o información) al proceso; en una organización de servicios, muchas veces el cliente es también el proveedor.

Prueba piloto

Implantación de prueba de una solución, a escala limitada, para garantizar su eficacia y comprobar su impacto; es un experimento que verifica una hipótesis sobre la causa raíz del problema.

Rediseño del proceso

Método de reestructuración de los elementos del flujo del proceso que elimina las entregas, los bucles de reproceso, los puntos de inspección y otras actividades que no añaden valor; suele ser un diseño «limpio» de un segmento de la empresa, acomoda cambios relevantes y arroja mejoras exponenciales (similar a la reingeniería). *Véanse también* Entrega; Mejora del proceso; Reingeniería.

Reingeniería

Diseño o rediseño de la empresa; similar al rediseño de procesos, aunque en la práctica suele ser a mayor escala.

Rendimiento

El número total de unidades gestionadas correctamente a través de las etapas del proceso.

Rendimiento acumulado

El cálculo acumulativo de fallos a lo largo de varias etapas de un proceso; las unidades totales de entrada, menos el número de fallos en la primera etapa del proceso sobre el número de elementos que «circulan» por esa etapa; para obtener un porcentaje hay que tomar el número de elementos que pasan correctamente en el proceso, dividido por el número de unidades totales que entran en el proceso; hay que repetirlo para cada etapa del proceso para obtener un porcentaje global de rendimiento acumulado. *Véase también* Rendimiento.

Repetibilidad

Concepto que mide la estabilidad en que una sola persona obtiene los mismos resultados cada vez que mide y recopila datos; es necesario para garantizar la consistencia y la estabilidad de los datos. *Véase también* Reproducibilidad.

Reproducibilidad

Concepto que mide la estabilidad en que diferentes personas obtienen los mismos resultados cuando miden o recopilan datos utilizando el mismo método; es necesario para garantizar la consistencia y la estabilidad de los datos. *Véase también* Repetibilidad.

Requisitos de cliente

Define las necesidades y expectativas del cliente, traducidas a términos medibles y utilizados en el proceso para garantizar la compatibilidad con las necesidades del cliente.

Resultado

Cualquier producto, servicio o información que sale o resulta de las actividades de un proceso.

Seis Sigma

1. Nivel de rendimiento de procesos equivalente a producir solamente 3,4 defectos por cada millón de oportunidades o de operaciones.
2. Término utilizado para describir las iniciativas de mejora de procesos que utilizan medidas de proceso basadas en Sigma y/o intentan lograr un nivel de rendimiento de Seis Sigma.

Sesgo del muestreo

Cuando los datos muestran cierta tendencia (no son escogidos de forma perfectamente aleatoria) y, por tanto, no son representativos de la población completa.

SIPOC
Acrónimo de proveedores, entradas, procesos, resultados y clientes (*suppliers, inputs, process, outputs* y *customers*); facilita una visión a alto nivel de un proceso, «de un vistazo».

Storyboard
Una representación pictórica de todos los componentes del proceso DMAMC, utilizada por el equipo para llegar a una solución; se emplea en presentaciones al patrocinador, a la alta dirección y a otras personas.

Tiempo de ciclo
Todo el tiempo utilizado en un proceso; incluye el tiempo real de trabajo y el tiempo de espera.

Unidad defectuosa
Cualquier unidad con uno o más fallos o defectos. *Véase también* Defecto.

Variación
Cambio o fluctuación de una característica específica que determina la estabilidad o predicibilidad del proceso; le afectan el entorno, el personal, la maquinaria o equipamiento, los métodos/procedimientos, las medidas y los materiales; cualquier mejora de proceso debe reducir o eliminar la variación. *Véanse también* Causa común; Causa especial.

Votación múltiple
Herramienta de priorización. A cada elemento de una lista de ideas, problemas, causas, etc., se le da un número de «votos». Los que reciben más votos obtienen mayor atención/consideración.

Voz del Cliente o VOC (Voice of Customer)
Datos (quejas, cuestionarios, comentarios, investigaciones de mercado, etc.) que representan la perspectiva/necesidades de los clientes de la empresa; debe traducirse a requisitos medibles para el proceso.

X
Variable empleada para indicar factores o medidas en los segmentos de entrada de un proceso o sistema empresarial.

Y
Variable empleada para indicar factores o medidas en los resultados de un proceso o sistema empresarial. Equivale a «resultados». Un principio fundamental de Seis Sigma es que Y es función de los factores «aguas arriba»; $Y = f(X)$.

Referencias

Mejora y diseño/rediseño de procesos

Ashkenas, Ron, Dave Ulrich, Todd Jick y Steve Kerr. *The Boundaryless Organization: Breaking the Chains of Organizational Structure*. San Francisco: Jossey-Bass, 1995.

Cross, Kelvin E., John J. Feather y Richard Lynch. *Corporate Renaissance: The Art of Reengineering*. Cambridge, Mass.: Blackwell Publishers, 1994.

Davenport, Thomas H. *Process Innovation: Reengineering Work through Information Technology*. Boston, Mass.: Harvard Business School Press, 1993.

Hammer, Michael. *Beyond Reengineering: How the Process-Centered Organizations is Changing Our Work and Our Lives*. Nueva York: HarperBusiness, 1996.

Hammer, Michael, y James Champy. *Reengineering the Corporation: A Manifesto for Business Revolution*. Nueva York: HarperBusiness, 1993.

Harrington, H. James. *Business Process Improvement: The Breakthrough Strategy for Total Quality, Productivity, and Competitiveness*. Nueva York: McGraw-Hill, 1991.

Holpp, Lawrence. *Dirija el mejor equipo de trabajo*. Directivos Hoy. Madrid: McGraw-Hill, 2002.

Ramaswamy, Rohit. *Design and Management of Service Processes: Keeping Customers for Life*. Reading, MA: Addison-Wesley, 1996.

Stalk, George Jr. y Thomas M. Hout. *Competing Against Time: How Time-Based Competition is Reshaping Global Markets*. Nueva York: The Free Press, 1990.

Voz del Cliente

Carlzon, Jan. *Moments of Truth*. Nueva York: HarperCollins, 1989.

Gale, Bradley T. *Managing Customer Value: Creating Quality and Service That Customer Can See*. Nueva York: The Free Press, 1994.

Heil, Gary, Tom Parker y Deborah C. Stephens. *One size Fits One: Building Relationships One Customer and One Employee at a Time*. Nueva York: John Wiley and Sons, 1999.

Kaplan, Robert S. y David P. Norton. *The Balanced Scorecard*. Boston, Mass.: Harvard Business School Press, 1996.

Treacy, Michael y Fred Wiersema. *The Discipline of Market Leaders: Choose Your Customers, Narrow Your Focus, Dominate Your Market*. Reading, Mass.: Addison-Wesley, 1995.

Aprendizaje e innovación

Imparato, Nicholas y Oren Harari. *Jumping the Curve: Innovation And Strategic Choice in an Age of Transition*. San Francisco: Jossey-Bass, 1994.

Janov, Jill. *The Inventive Organization: Hope and Daring at Work*. San Francisco: Jossey-Bass, 1994.

Senge, Peter M. *The Fifth Discipline: The Art and Practice of The Learning Organization*. Nueva York: Doubleday, 1990.

Organizaciones y Seis Sigma

Breyfogle, Forrest W. *Implementing Six Sigma: Smarter Solutions Using Statistical Methods*. Nueva York: Wiley-Interscience, 1999.

Porter, Michael E. *Competitive Advantage: Creating and Sustaining Superior Performance*. Nueva York: The Free Press, 1985.

Rummler, Geary A. y Alan P. Brache. *Improving Performance: How to Manage the White Space on the Organization Chart*. San Francisco: Jossey-Bass, 1990.

Slater, Robert. *Jack Welch and the GE Way: Management Insights and Leadership Secrets of the Legendary CEO*. Nueva York: McGraw-Hill, 1999.

Tichy, Noel M y Stratford Sherman. *Control Your Destiny or Someone Else Will: Lessons in Mastering Change–from the Principles Jack Welch Is Using to Revolutionize GE*. Nueva York: HarperBusiness, 1993.

Voz del proceso

Brassard, Michael y Diane Ritter. *The Memory Jogger II*. Methuen, Mass: GOAL/QPC, 1994.

Fraenkel, Jack, Norman Wallen y Enoch I. Sawin. *Visual Statistics: A Conceptual Primer*. Needham Heights, Mass.: Allyn & Bacon, 1999.

Kume, Hitoshi. *Statistical Methods for Quality Improvement*. Tokyo, Japón: The Association for Overseas Technical Scholarship, 1985.

Notas

Capítulo 1

1. Dirigido a la reunión anual de General Electric, Cleveland, Ohio, 21 abril 1999.
2. Para la reunión anual, 21 abril 1999.
3. Dirigido a la reunión anual de General Electric, Charlotte, NC, 23 abril 1997.
4. En su página Web corporativa hay documentación disponible sobre algunos proyectos Seis Sigma de Motorola. Véase, por ejemplo, www.mot.com/MIMS/MSPG/Special/CLM/sld001.htm.
5. Seis Sigma fue adoptado como el principio de unión de todas las iniciativas de calidad de AlliedSignal en 1995. En cierto sentido, la decisión de Allied y su influencia sobre GE es lo que devolvió a Seis Sigma su rol original en Motorola, donde, como hemos señalado, fue un proceso de cambio cultural total.
6. AlliedSignal, *Informe Anual 1998*, página 8.
7. Citado en *San Francisco Chronicle*, 9 agosto 1999, página B7.
8. Reunión anual de GE, 21 abril 1996, citado en: Slater, página 209.
9. *Informe Anual AlliedSignal*, 1998, página 2.
10. Citado en *Fortune*, 27 septiembre 1999, página 132.
11. Véase, por ejemplo, *The Boundaryless Organization*, de Ron Askenas, Dave Ulrich, Todd Jick y Steve Kerr (San Francisco, Jossey-Bass, 1995).

Capítulo 2

1. Debemos esta frase a nuestro amigo y colega Chuck Cox, al que citaremos más adelante en este libro.
2. La metáfora de la curva se refleja en un concepto presentado por el presidente de Intel, Andy Grove, en su libro *Only the Paranoid Survive:* el «punto estratégico de inflexión». Grove pone de relieve que el fallo de una empresa en ajustar su estrategia en el momento adecuado puede suponer un desastre. Sugerimos que hay muchos «puntos de inflexión» menores que pueden tener un impacto enorme en una organización o en alguna de sus unidades organizativas, y que Seis Sigma es un método para negociar mejor tanto la curva estratégica como

la diaria. Véase *Only the Paranoid Survive* (Nueva York, Currency Books, 1996), página 32, Andrew Grove.

3. Un par de puntualizaciones para hacer más precisos nuestros comentarios: en primer lugar, σ se utiliza para representar la desviación estándar de una población o de un grupo completo. Generalmente, la desviación estándar se calcula en base a una muestra de población, para la cual se emplea la notación «s» (de «sample», muestra). Por eso, normalmente verá «s» en las fórmulas estadísticas y no σ.

En segundo lugar, también se utiliza la letra z en este contexto. La distancia a la media en número de desviaciones estándar se mide en lo que los estadísticos llaman «unidades z», pero la escala es la misma (por ejemplo, 1,65 unidades z de la media es igual a 1,65 desviaciones estándar). Además, el porcentaje de la muestra de población representada por un sector de la «campana de Gauss» se suele llamar el «valor z». Por tanto, cuando indicamos que el 34,1 por ciento de nuestros recorridos duraron entre 18 y 20,7 minutos, el 34,1 por ciento es el «valor z».

4. Más adelante veremos que las medidas Seis Sigma se han ajustado para adecuarlas a la forma en que los procesos varían a largo plazo. Debido a ello, hay una diferencia entre la «Sigma» estadística y las cifras empleadas en el sistema de medida Seis Sigma. Pero el concepto básico de estrechar la variación es el mismo, con independencia de la escala.

5. Michael Hammer, *Beyond Reengineering* (Nueva York: Harper Business, 1996), página 82.

6. Deming lo llamó el «Ciclo Shewhart» por su amigo y mentor Walter Shewhart. A veces se llama «P-D-S-A» por «Plan-Do-*Study*-Act» (planificar-hacer-analizar-actuar).

7. Este modelo particular tuvo su inicio en GE Capital y fue adoptado posteriormente en todas las empresas de GE. El modelo original, que todavía se utiliza en algunas de ellas, incluía solamente cuatro etapas: Medir-Analizar-Mejorar-Controlar.

Capítulo 3

1. La gestión por procesos se trata con detalle en el Capítulo 17.
2. *Informe Anual* 1998 de GE, página 4.
3. *Informe Anual* 1998 de AlliedSignal, página 3.

Capítulo 4

1. Véase «Qualcomm: From Wireless to Phoneless», en *Business Week*, 6 diciembre 1999, páginas 96-98.
2. Solectron, dos veces ganadora del premio Malcolm Baldrige, mencionada en el capítulo 3, es un ejemplo de empresa capitalizada con esta tendencia. Solectron es fabricante de componentes electrónicos para una amplia gama de aplicaciones. En el mercado de semiconductores, existe actualmente una asociación de empresas de chips «Fabless», es decir, las que fabrican poco o nada.

3. La disciplina de la contabilidad basada en actividades ofrece a los financieros nuevas perspectivas y herramientas para vincular los costes y las tareas de los procesos de forma más íntima.
4. Véase «Cowboy Quality», en *Quality Progress*, octubre 1999, página 30.
5. ISO 9000 es un conjunto de normas internacionalmente reconocidas que se utilizan para validar la consistencia de los procesos, generalmente en la fabricación y diseño de productos, pero también en otras áreas. La empresa obtiene la certificación de un auditor independiente reconocido, indicando principalmente que: *a)* sus procesos están correctamente documentados y *b)* sus procesos tienen el seguimiento que indica la documentación. Hay muchas otras industrias, así como certificaciones específicas para el cliente que interesan a las empresas fabricantes, generalmente como un requisito básico para considerarlas como distribuidores potenciales.

Capítulo 5

1. Conocemos a un vendedor de automóviles que visitó Detroit en los años setenta para pedir coches más económicos y rentables en el gasto de combustible. Después de escucharle (o fingir que lo hacían), los altos directivos le dieron unos golpecitos en la espalda y le dijeron amablemente: «Limítese a vender lo que fabricamos».
2. Véase «Can the New Repairman Fix GE's Appliances Unit?», en *The Wall Street Journal*, 15 noviembre 1999, página B-1.

Capítulo 6

1. *Only the Paranoid Survive* (Nueva York, Currency Books, 1996), Andrew S. Grove.
2. Estas cifras proceden de la presentación «Formación sobre calidad Seis Sigma en una organización de servicios», celebrada en una reunión de la Conferencia Nacional de la Sociedad Americana para Formación y Desarrollo, en Atlanta, GA, el 26 de mayo de 1999.

Capítulo 8

1. También hemos visto algunos esfuerzos de marketing para un *buen* cambio. Por ejemplo, cuando un banco importante trasladó su sede a un nuevo edificio y cambió al personal de oficinas a cubículos (un cambio muy poco afortunado), el cambio se estuvo anunciando anticipadamente con un eslogan («Es tu traslado»), camisetas, fiestas, folletos, etc., solamente para que la gente aceptara mejor el nuevo entorno.

Capítulo 9

1. Los roles y la estructura citados son comunes en los esfuerzos Seis Sigma y de calidad de numerosas organizaciones, incluyendo a GE.

2. Obsérvese que nos centramos solamente en los *Black Belts* como el rol de «caballo de batalla» en la mayoría de las iniciativas Seis Sigma. También se pueden aplicar algunas de estas consideraciones a la preparación y despliegue de los *Master Black Belts*.

Capítulo 11

1. Esta gran analogía procede de un libro de la consultora Jill Janov, que llegó realmente al efecto de «guisantes secos» mientras aprendía a redactar notas para la cartelera publicitaria. Véase *The Inventive Organization* (San Francisco: Jossey-Bass, 1994), páginas 11-12, Jill Janov.

Capítulo 12

1. Véase un estudio clásico: *The Visible Hand: The Managerial Revolution in American Business* (Cambridge, MA, Harvard University Press, 1977), página 462, Alfred Chandler.
2. *Competitive Advantage* (Nueva York: The Free Press, 1985), p. 36, Michael Porter.
3. Porter, *op. cit.,* página 38.

Capítulo 13

1. Empleamos el término en singular «Voz del Cliente» en todo el libro, para indicar ambos esfuerzos: comprender las necesidades actuales y futuras de los clientes existentes y potenciales, así como las actividades para reunir información sobre la competencia, nuevas tecnologías, etc., a lo que también se llama sistemas de «Voz del mercado».
2. Citado en *Business Week* e.biz, 26 julio 1999, página 23. Estudio dirigido por Forrester Research. Utilizado con permiso.
3. Nota: Aunque la mayor parte de este capítulo se centra en los clientes y mercados externos, *animamos* a los responsables de mercados *internos* o procesos de soporte a adoptar una perspectiva similar que pueda ayudarles a comprender mejor a sus clientes y «mercados».
4. *Moments of Truth* (Cambridge, MA: Ballinger, 1987), Jan Carlzon.
5. Conocemos esta norma de rendimiento por Barbara Friesner, directora de formación de Loews Hotels, que utiliza ampliamente «10, 5, primero y último» en sus evaluaciones de rendimiento del servicio. En el capítulo siguiente trataremos la forma en que Loews mide con esta norma.

Capítulo 14

1. *Measuring Six Sigma and Beyond: Continuous vs. Attribute Data* (Schaumberg, IL: Motorola University Press, 1997), página 16, Bob Lawson y Ron Stewart.

2. Una advertencia respecto a los tipos técnicos: PPM y DPMO no son realmente sinónimos, por lo que conviene tener cuidado. Mucha gente supone que PPM significa unidades defectuosas, por lo que 6σ significaría 3,4 unidades «malas» por cada millón producido. Sin embargo, en nuestro ejemplo de componentes electrónicos, hemos observado que cada elemento tiene aproximadamente 4.000 oportunidades. Si utilizamos el cálculo DPMO, obtendremos un rendimiento de 6σ con 3,4 defectos por cada 250 unidades (250 unidades × 4.000 = 1.000.000 oportunidades). Si los defectos estuvieran repartidos a razón de uno por unidad, el rendimiento sería del 98,64 por ciento y el total de *unidades defectuosas* por cada millón de componentes electrónicos sería de 13.600. Bastante bueno para un producto complejo, pero mucho más que 3,4.

3. En estas explicaciones y ejemplos suponemos solamente *una* oportunidad de defecto en los cálculos de Sigma. Determinar las oportunidades es dificultoso para las medidas de procesos internos.

4. Otro método de calcular el resultado interno es el llamado «rendimiento acumulado», que se obtiene multiplicando los resultados de cada subetapa. En nuestro ejemplo sería 0,98 × 0,99 × 0,97 = 0,94.

5. Coste de mala calidad (que presentamos en el Capítulo 6), que también se llama «Precio de la no-conformidad (PNC)». La medida relacionada, «Coste de calidad» incluye los costes *tanto* del reproceso como de los defectos (por ejemplo, mala calidad), así como los de las soluciones, prevención y evaluación/prevención (es decir, conseguir buena calidad).

Capítulo 16

1. Véase *GE's Quality Gamble* en *Computer World*, 8 junio 1998.

2. Al igual que el del Capítulo 15, este escenario se basa en distintas organizaciones de la vida real. Lo hemos hecho ficción para que resulte más ameno al lector y para evitar producir cualquier incomodidad a los personajes reales.

3. Hay otras dimensiones del «valor» que influyen también en las decisiones de la organización; por ejemplo, integridad, respeto a la diversidad, conciencia ambiental, apoyo a la vida privada del personal, etc. Estos otros factores pueden justificar actividades técnicamente «sin valor añadido» para el cliente.

Capítulo 17

1. *The Balanced Scorecard* (Boston: Harvard Business School Press, 1996), Robert S. Kaplan y David P. Norton.

Capítulo 18

1. Véase *Numbers Tell the story* en la revista *Selling Power*, julio-agosto 1999, páginas 58-64.

2. Si quisiéramos comprobar *dónde* hay que poner la dirección de correo electrónico en el formulario, habría más «niveles» posibles. Hay pocos factores que sean *realmente* binarios, pero a menudo es más fácil manejarlos de esta manera.

3. Algunos practicantes diferencian entre «modos de fallo», referido a problemas en sistemas y equipos, y «modos de *error*» (o «AMEE»), referido a errores humanos. Nosotros preferimos combinar los dos en un solo análisis.

Índice

Acerca de los autores

PETER S. PANDE

Pete Pande es fundador y presidente de Pivotal Resources Inc., una empresa internacional de consultoría que ofrece la implantación del método Seis Sigma, así como formación y servicios de desarrollo de directivos para empresas cuya gama abarca desde servicios financieros hasta alta tecnología. Pete trabaja en el campo del desarrollo empresarial desde hace más de 15 años, dando soporte para iniciativas de cambio a diversas compañías como General Electric, Citicorp, Chevron y Read-Rite. Vive con su esposa y sus dos hijos en la Bahía de San Francisco.

ROBERT P. NEUMAN, PH.D.

Bob Neuman es consultor senior y un orador notable en el área de los métodos de desarrollo empresarial y Seis Sigma. Su historial en Seis Sigma y sistemas de calidad incluye dos años en un importante sistema de atención sanitaria y trabajos de consultoría con clientes de Pivotal Resources como NBC, General Electric Capital, Cendant y Auspex Systems. Vive con su esposa en Davis, California.

ROLAND R. CAVANAGH, P.E.

Roland Cavanagh es ingeniero con un extenso historial profesional en procesos de mejora de fabricación y servicios. Sus áreas de experiencia incluyen medición de procesos y estadística aplicada, reorganización empresarial y métodos Seis Sigma. Ha trabajado con organizaciones como America West Airlines, Commonwealth Edison, General Electric y Tencor Instruments. Vive con su familia a las afueras de Chico, California.

Esta obra se terminó de
Imprimir en Febrero de 2005 en
Programas Educativos, S.A. de C.V.
Calz. Chabacano No. 65- A
Col. Asturias, C.P. 06850, Méx. D.F.
Empresa Certificada por el Instituto Mexicano
de Normalización y Certificación A.C., bajo la
Norma ISO-9002: 1994/NMX-CC-004: 1995 con
el núm. de Registro RSC-048 y bajo la Norma
ISO-14001-1996/NMX-SAA-001: 1998 IMNC
con el núm. de Registro RSAA-003